동학,
우리 삶의 방식

행복한 삶을 위한 동학의 원리와 이론

행복한 삶을 위한 동학의 원리와 이론

동학,

우리 삶의 방식

임상욱 지음

동학 모시는사람들

'스타트렉(Star Trek TNG)'이라는 SF 드라마가 있다. 암울한 미래를 당연시하는 대부분의 SF와 달리, 이 작품엔 인류의 미래를 긍정적으로 바라보는 탄탄한 세계관이 자리 잡고 있다. 전자가 한정된 자원을 두고 벌어지는 만인 간의 투쟁을 그의 필연적 원인으로 본다면, 후자는 과학기술의 발전을 통한 자원 부족 문제의 완전한 해결을 전제로 하기 때문이다. 의식주의 문제가 해결되자 사람들은 더 이상 직업을 가질 필요가 없었고, 그 에너지를 이제 광활한 우주 탐색에 쏟을 수 있게 되었다. 인간 활동의 의미를 더 이상 치열한 생존이 아니라 순수한 지적 호기심의 충족 과정에서 찾게 되는, 그야말로 이상세계가 펼쳐진 것이다.

얼핏 SF와 동학은 서로 아무런 관련성이 없어 보이지만, 양자는 각자의 이상세계에 이르는 필수 단계에서 한 가지 중요한 공통점을 갖는다. 바로 민생이다. 저마다의 이상세계를 어떻게 기대하든 상관없이, 그에 이르는 성패는 적어도 의식주 문제의 해결, 즉 민생 문제의 해결을 전제로 할 것이기 때문이다. 민생의 문제는 인간 삶을 꿰뚫는 가장 기본적인 문제이기에, 동시에 가장 본질적인 문제이기도 하다. 그렇다고 민생의 문제가 인간 삶의 모든 것이라고 말하는 것은 물론 아니다. 의식주의 문제가 완벽히 해결되는 장소는 누구도 가고 싶지 않아 할 감옥일 것이기 때문이다.

이상사회의 의미를 '행복한 삶' 정도로 이해한다면, 동학의 이상사회란 동학의 방법론을 통해 행복한 삶을 영위해 가는 것을 말한다. 동학의 이상사회에 이르는 여정에서 최제우가 고민한 최초의 지점이 바로 민생의 문제였다. 민생의 안정은 행복한 삶을 위한 필수 선결 조건이기 때문이다. 웅장한 형이상학으로 시작한 『동경대전』이 나라 걱정으로 마무리되는 이유도 그와 같다. 나라 걱정이란 결국 당시 공동체 구성원들의 불안정한 민생이었다. 최제우가 보기에, 유가의 방법론도, 불가의 방법론도, 그리고 도가의 방법론 역시 행복한 삶을 담보하기에는 역부족이었다. 이 점에서, 최제우가 제안한 새로운 방법론이 바로 동학이다. 동학이란 행복한 삶을 위한 우리(동) 삶의 방식(학)이다.

그렇다면 동학, 즉 우리 삶의 방식이란 과연 어떤 모습일까? 다르게 표현하면, 동학의 방법론은 왜, 그리고 어떻게 우리 삶을 행복하게 바꾸어 갈 수 있을까? 이 책은 이러한 질문에 대한 철학적 관점의 답변이다. 즉, 동학적 사유와 삶의 태도를 매개로 현대를 살아가는 우리가 더욱 행복해질 수 있는 원리 탐색을 통해 실제로 행복해지고 싶은 것이다. 이에, 이 책은 우선 2010~2015년 사이에 발표한 논문 중 12편을 선별해 수정·보완 작업을 거친 후 '행복한 삶을 위한 동학의 원리와 이론'이라는 큰 범주 아래 다음의 세 가지 부분으로 구성되었다. (차후 '행복한 삶을 위한 동학의 방법과 실천'이라는 범주 아래 후속편을 내놓을 예정이다.)

1부는 동학의 존재론에 대해서이다. 존재론은 모든 인간 활동의 전제이기 때문이다. 여기에서는 동학적 삶의 터전이 갖는 특성은 과연 무엇이고, 이로부터 행복한 삶의 근거가 동학 존재론으로부터 어떻게 도출되는가를 다루었다.

2부는 동학의 사람들에 대해서이다. 사람이 다른 만물보다 더 중요해서 라기보다는 우리가 바로 사람이기 때문이다. 여기에서는 동학적 인간학 이 추구하는 바와 그 현실적 한계 상황을 짚어보았다.

마지막으로, 3부는 행복의 추구와 직결되는 동학적 가치의 위치에 대해 서이다. 여기에서는, 동학사상이 어떻게 인간과 우주 모두를 아우르는 보 편가치로 자리매김할 수 있는가에 대해 논의했다.

이 책이 우리 삶의 방식과 행복 담론에 의미 있는 도움이 되었으면 한 다. 이 책을 읽는 모든 독자의 행복을 빈다.

2024년 11월
임상욱

차례

서문 —— 4

제1부 동학의 존재론

1장 Drang과 지기 ———————————————— 13

지기 존재론의 세계 이해 모델 • 14
셸러(M. Scheler)의 Drang • 16
Drang과 지기 존재론의 본질적 접점 • 26
만물 간의 존재 관계와 그 실천적 의미 • 36
조화와 모심의 생태 존재론 • 41

2장 영겁회귀와 후천개벽 ———————————— 45

후천개벽의 존재론적 특성에 대한 관찰 필요성 • 46
니체의 영겁회귀 • 48
영겁회귀와 후천개벽 • 57
후천개벽의 현대적 의미 • 65
후천개벽의 정체기에 놓인 과제 • 72

3장 허무주의와 후천개벽 ———————————— 75

최제우 사상의 토대에 대한 철학적 고찰 • 76
최제우의 '민주적' 리더십 • 78
니체의 니힐리즘 • 84
후천개벽과 니힐리즘 • 91
지상천국과 운명애(Amor fati) • 96
천도와 개벽 • 100
일상의 개벽 • 103

4장 지기와 상생 ─────────────── 105

지기 기반 리더십의 가능성 • 106
존재론적 관점의 지기 관련 연구 현황 • 107
내유신령과 인간 • 114
상생의 존재론적 필연성과 그 방법론 • 122
지기 존재론에 따른 윤리적 리더십의 현대적 의미 • 128
상생과 변화의 두 가지 화두 • 133

제2부 동학의 사람들

5장 정신과 시천주적 인간학 ─────────── 139

동학적 인간학의 등장 • 140
정신과 인간학 • 142
정신의 비실체성과 조화의 비지속성 • 145
정신의 성장과 '되어감'의 특성 • 153
정신의 복권과 인간중심주의 사상 • 156
시천주 인간학의 실천적 의미와 과제 • 159
전환기의 시천주 인간학 • 166

6장 초인과 신인적 인간학 ───────────── 167

최제우와 새로운 인간 • 168
니체의 초인 • 171
초인과 신인 • 178
신인의 현대적 의미 • 186
신인의 리더십 • 191

7장 동학의 리더십과 팔로워십 ——————————— 195

동학 공동체의 '리더-팔로워' • 196
팔로워의 존재 가치 • 198
효과적인 팔로워를 구분하는 기준 • 201
팔로워의 비모범적 유형 • 206
상생의 삶을 구현하는 인간상 • 214
팔로워의 주인의식 • 219

8장 영해 '혁명'의 빛과 그늘 ——————————— 221

이필제와 최시형 • 222
이필제의 동학 관련 정체성 • 223
이필제와 최시형의 연합? • 234
영해의 민중 봉기는 동학혁명인가? • 247
두 가지 근대적 특성의 단초 • 250
반생명적 폭력의 지양 • 254

제3부 동학의 가치론

9장 슈퍼리더십과 수양 ——————————— 259

셀프리더로 이끄는 수양 • 260
수양론 관련 연구 현황 • 261
리더십과 수양의 변화 지향적 특성 • 264
셀프리더십의 행동 전략과 수양론 • 272
수양론의 현대적 의미 • 283
일상의 변화 • 287

10장 퍼실리테이션과 파트너십 ──────── 289

최시형 리더십의 원천 • 290
최시형의 리더 정체성 • 291
퍼실리테이터(Facilitator) 최시형 • 304
최시형의 퍼실리테이션 지향점과 파트너십 • 314

11장 좋은 것과 나쁜 것 ──────── 319

선과 악의 일상성 • 320
선악에 대한 동학사상의 보편적 판단 준거 • 324
악의 일상성에 대한 이원 존재론적 해석 • 337
존재 긍정과 상생 • 347

12장 동학의 행복 ──────── 349

동학 행복론의 단초 • 350
일상과 행복 • 352
아타락시아(Ataraxia)의 행복 • 366
일상의 행복 • 372
일상적 행복의 실천적 유효성 • 377

참고문헌 ── 380
찾아보기 ── 393

제1부

동학의 존재론

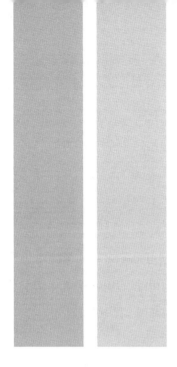

1장
Drang과 지기*

* 임상욱, 「Drang의 관점에서 바라본 지기의 존재론」, 『동
학학보』 제28호, 동학학회, 2013.

지기 존재론의 세계 이해 모델

Drang('근원적 충동')과 지기(至氣)는 각각 셸러(Max Scheler) 철학과 동학 사상의 존재론적 토대로 작동하는 핵심 개념이다. 그러나 동학사상의 경우, 그 연구 영역의 중요도에 비해 존재론 자체에 대한 사상적 접근은 다소 미흡한 실정이다.

이는 물론 동학사상이 태동하게 된 역사적 배경에 기인하는 바가 크다. 동학사상은 서세동점의 시대 상황에서 '보국안민'이라는 큰 틀 아래 그 주된 성립 근거와 문제의식을 두어,[1] 본성상 사변적이라기보다는 실천적 성향이 강한 전통을 갖게 되었기 때문이다. 그래서인지 동학사상에 관한 연구 방향이나 대상 역시 대부분 역사적 사실을 다루는 실증 연구가 주를 이루며, 철학적 관점으로부터의 근원적 접근 방식은 매우 드문 편이다.

그렇지만 설령 과거 서세동점의 위기 상황에 놓인 특수한 현실적 여건이 오히려 사상을 추동해 간 측면을 무시할 수 없다 할지라도, 지기로 대표되는 동학사상의 존재론 자체는 과거와 같은 특정 상황은 물론 오늘날 현실의 전 영역으로 확대 적용할 수 있는 보편성을 다분히 내포하고 있다.

---

1 『東經大全』,「布德文」, "이러므로 우리 나라는 악질이 세상에 가득 차서 백성들이 언제나 편안할 때가 없으니 이 또한 상해의 운수요, 서양은 싸우면 이기고 치면 빼앗아 이루지 못하는 일이 없으니 천하가 다 멸망하면 또한 순망지탄이 없지 않을 것이라. 보국안민의 계책이 장차 어디서 나올 것인가."

이 점에서, 사상의 태동 시기로부터 한 세기 반을 더 넘긴 오늘에 이르기까지 지기를 둘러싼 존재론적 논의가 동학 초기 저자들의 범주를 크게 넘어서지 못하고 있다는 사실은 매우 안타까운 일이다. 요컨대 사상의 측면에서 지기 존재론의 더욱 심도 있는 이해를 위해 좀 더 구체적이고 명확한 그림을 그려낼 수 있는 후속 연구가 필수적이다.

물론 지기 존재론을 그것 자체로 조명해 볼 수 있는 다양한 각도의 연구 방법론이 가능하겠지만, 그보다 이 글에서는 지기 존재론 외부로부터의 관점, 특히 Drang의 관점에서 지기의 의미를 탐색해 보려 한다. 아래에 다루게 되겠지만, 서구 전통사상의 이원론적 존재론과는 전혀 궤를 달리하는 Drang은 지기의 존재론적 특성과 본질적으로 맞닿아 있고, 이로부터 지기 존재론의 의미를 계승·발전시킬 수 있는 전일적 존재론으로서의 논의가 가능할 것으로 보이기 때문이다. 이는 동학 연구의 현시점에서 매우 의미 있고 또 필요한 시도일 것이다.

나아가 전일적 존재론의 특성은 필연적으로 유한·무한을 망라한 모든 개별 존재자 간의 유기적 관계성을 지시하는 것으로써 오늘날 새로운 유형의 동학적 세계 이해 모델로 해석할 수 있는 독창적 근거를 제공할 수 있을 것이다. 요컨대 무한의 일부로서의 유한적 존재가 아닌, 유한적 존재와 무한적 존재가 서로의 존재 지속과 발전을 위한 동등한 파트너로 인식될 수 있는 세계 이해 방식이 가능한 것이다.

이로부터 이 글은, Drang의 관점에서 지기 존재론의 세계 이해 모델은 어떤 구체적인 모습을 가질 수 있는지, 혹은 어떤 형태로 구체화 될 수 있는지의 탐색에 주안점을 둔다. 이를 위해, 첫째, Drang과 지기 존재론이 만나는 본질적 의미가 무엇인지를 밝히고, 둘째, 그에 따라 모든 개별 존재자가 상호 호혜적 파트너로 간주될 수 있는 존재론적 근거가 무엇인지를 중심으로 제반 논의를 전개해 가려 한다.

셸러(M. Scheler)의 Drang

유 · 무기체적 삶으로서의 Drang

철학적 인간학의 시조로 평가받는 막스 셸러의 철학에서, Drang은 그 존재론적 기반을 형성하는 핵심 개념 중 하나이다. '근원적 충동' 정도로 번역해 낼 수 있는 이 말에 셸러는 우리가 물질적 존재로 이해할 수 있는 다양한 의미를 부여하고 있다. 즉, 셸러에게 Drang은 '물질(Materie)'이자 '에너지(Energie)'이며, '물리적 힘(Kraft)'이다.[2]

그러나 셸러가 Drang을 이 중 어느 하나의 개념으로 특정하지 않은 이유는, 그에게 Drang은 기존의 전통 존재론에서 말하는 '정신-물질' 이원론에서의 물질과는 현저히 그 성격을 달리하는 어떤 것이기 때문이다. 즉, 데카르트 식 이원론의 물질이 외연을 가진 '연장된' 것이라면, Drang은 이러한 연장된 것의 존재론적 배후로서 그것의 실재화를 위해 끊임없이 '추동해 가는(drängen)' 것이기도 하다. 요컨대 셸러의 Drang 개념에는 물질, 에너지, 그리고 물리적 힘이라는 결과물과, 동시에 이것의 실재화를 가능하게 하는 적극적 원인이 모두 한 자리에 모여 있는 셈이 된다.

이는 셸러의 존재론이 기존 데카르트 식 전통의 이원론과 차이를 보이는 또 다른 지점이기도 하다. 즉, 데카르트의 물질이 외연을 가진 실체라는 확고한 대상성을 강조한다면, 셸러의 Drang은 오히려 그 비대상성을

---

2 GW Bd.11, pp. 185-202.

부각하는 '속성'으로서의 의미를 강조한 개념이다.

　물론 여기엔 속성이 물질의 존재를 보장해 줄 만한 충분조건이 될 수 없다는 논리적 난점이 존재하며, 이 때문에 셸러의 존재론은 종종 범신론 논란에 휘말리기도 했다. 특별한 형태의 속성존재론을 주장하지 않는 한, 속성과 존재가 일치하게 되는 난점을 비켜 갈 수 있는 거의 유일한 해결책은 범신론적 세계관이기 때문이다.

　이를테면, 레오나르디(H. Leonardy)는 속성으로서의 Drang에 주목하여 만물과 신을 동일시하는 일반적인 형태의 범신론보다는 신이 만물(즉, 신의 속성)을 둘러싸고 있다는 범재신론(Panentheismus)을 주장한다.[3] 그렇지만 셸러 스스로는 모든 종류의 범신론에 반대 입장을 취하며,[4] 여기에서 Drang은 비록 실체는 아니되 적어도 물질적인 것을 포함하여 의미하는 용어라는 입장을 정리할 수 있다.

　Drang이 외연에만 한정되지 않고 그것을 넘어선 어떤 것이라는 인식은 셸러가 Drang을 유기체의 심리적 · 생리적 특성을 모두 포괄하는 삶으로 간주하는 데에 기인한다.[5] 셸러에게 Drang은 곧 '삶의 근원 현상'이기 때문이다. 여기에서 유의해야 할 부분은, 셸러에게 유기체의 삶은 심리적 삶과 생리적 삶의 두 가지 서로 다른 삶의 형태가 한데 결합한 것이 아니라, 마치 동전의 앞뒷면처럼 양자는 하나의 동일한 삶의 과정에 나타나는 두 가지 측면에 불과하다는 점이다.[6]

3　H. Leonardy, *Liebe und Person. Max Schelers Versuch eines "phänomenologischen" Personalismus*, Diss, Den Haag, 1976, p. 10.

4　GW, Bd.3, p. 189, Bd.12, p. 213.

5　GW Bd.2, p. 280.

6　GW, Bd.9, p. 59.

셸러는 유기체의 삶에서 발현하는 Drang의 변화 과정을 크게 네 가지로 분류한다.[7] 첫째, '느낌의 Drang'이다. 이것은 생리적인 것과 불가분의 관계에 있는 심리적 측면의 가장 낮은 단계에서 발현하는 Drang이다. 이 단계에는 맹목적인 가고(Hinzu) 옴(Vonweg)이 있을 뿐 어떤 형태의 구체적인 방향이나 목적도 설정되지 않은 상태에 해당한다. 요컨대 느낌의 Drang이란 어느 한 유기체가 감지한 느낌, 즉 그 유기체의 심리적 측면이 어떤 충동, 다시 말해 어떤 생리적 측면으로 구체화 될는지가 아직 미분화 상태에 있는 단계를 의미한다. 이런 점에서, 느낌의 Drang은 호(好)를 좇고 불호(不好)를 피하는 이른바 '원초적 심리'와는 다르며, 오히려 그것의 이전 단계에 해당한다고 볼 수 있다.

다른 세 가지 단계에 해당하는 Drang은 각각 '본능'과 '기억', 그리고 '지성'이다. 본능은 미분화된 Drang이 점차 특수화하여 이르게 된 단계이고, 기억은 연상에 따른 습관적 행동이 가능하게 된 단계이며, 마지막으로 지성은 대상의 추상화를 통해 어느 정도의 객관적 선호가 가능하게 된 단계를 말한다.

이렇듯 셸러가 말하는 Drang은 충동의 방향이 미분화된 것으로부터 객관적 선호가 가능한 단계에 이르기까지 유기체적 삶의 전 과정을 지칭하는 것으로 이해할 수 있으며, 실제로 셸러에게 Drang은 곧 삶과 온전한 동의어로 사용된다.[8] 즉, 인간학의 관점에서 셸러가 '삶'이라고 표현한 것이 존재론의 관점에서는 바로 'Drang'인 셈이다. 그리고 이는 셸러가 Drang의 존재 특성을 물질적 대상이 아닌 속성으로 간주한 중요한 이유 중의 하나

---

7   GW, Bd.11, pp. 13-36.
8   GW, Bd.9, pp. 58-61.

가 된다.

더불어 위의 네 가지 Drang의 단계는, 마치 사자가 사슴을 잡아먹는 행위를 잔인하다고 평가할 수 없는 것처럼, 선악의 모든 가치 평가에서 자유로운 이른바 '무구'의 영역에 해당한다.[9] 결국 셸러가 말하는 Drang은 무구한 삶의 모습 전체를 총칭하는 개념인 셈이다. 여기엔 인간을 비롯한 동식물 등의 모든 유기체가 저마다의 고유 방식으로 서로 다른 단계에 속해 있을 수 있다.

다른 한편, 유기체를 제외한 다른 모든 '우주의 삶'을 셸러는 '신적인 Drang'이라고 불렀다.[10] 즉, 셸러 철학의 존재론은 유기체에 적용되는 Drang과 신적인 Drang을 통해 우리가 상상할 수 있는 모든 존재를 아우를 수 있는 '전일적 삶(Alleben)'으로 표현되는 것이라고 할 수 있다. 그리고 전일적 삶을 바라보는 시각에 따라, 이는 다시 '신', '대우주', '지고한 존재', 'Ens a se', 'Person der Personen' 등으로 표현되기도 한다.[11]

물론 이때 무기체를 대상으로 하는 신적인 Drang에서도 역시 물질적인 것 이외의 심리적이며 생리적인 Drang의 특성을 발견할 수 있는가 하는 문제가 제기될 수 있다. 요컨대 유기체를 대상으로 하는 Drang과 무기체를 대상으로 하는 신적인 Drang은 본질적으로 동일한 것인가의 문제이다.

그렇지만 이러한 문제는 유기체의 삶과 우주의 삶이 갖는 각각의 양상 차이에 기인하는 것일 뿐, 셸러 스스로는 자신이 구상한 형이상학적 구도에서 전일적 삶의 유기체적 속성과 무기체적 속성이 서로 이질적인 것이

---

9 GW, Bd.5, p. 227.
10 GW, Bd.11, p. 208.
11 GW, Bd.12, p. 209.

아니라는 점을 여러 곳에서 강조하고 있다.[12] 양자가 서로 이질적일 수 없는 또 다른 이유는 Drang이 존재론적으로 실체가 아니라는 개념 정의 자체에서도 찾을 수 있다. 요컨대 무기체인 우주의 삶에 대해서도 역시 나름의 변화 과정을 가정할 수 있는 해석이 가능한 것이다.

다만, 셸러 철학에서는 우주의 삶을 '무한한 Drang' 혹은 '신적인 Drang'으로 표현하는 반면, 유기체의 삶에 대해서는 '유한한 Drang' 혹은 '인간적인 Drang'이라고 함으로써 일련의 논리적 엄밀성의 결여가 보이기는 한다.[13] 한정된 유기체의 유한함이 인간만을 의미하는 것은 아닐 것이기 때문이다.

사실 셸러 철학의 가장 엄밀한 의미에서 '인간'이란 그것의 생긴 모양과는 아무런 관련이 없다. 셸러에 따르면, '피타고라스의 정리를 그릴 줄 아는 새가 그릴 수 없는 원시 종족보다 인간이라고 불릴 수 있는 더 큰 권리'를 갖기 때문이다.[14] 요컨대 인간 역시 특정한 항구적 대상성을 갖는 실체가 아닌 때문이다.

그리고 바로 여기에 셸러의 존재론이 궁극적으로 인간학일 수밖에 없는 이유, 즉 그의 철학에서 인간이라는 주제가 중심이 되는 이유가 도출된다. 지금까지 논의를 미뤄 왔지만, 셸러에 따르면 오직 인간만이 지고한 존재인 대우주(Makrokosmos)의 속성 두 가지를 모두 공유할 수 있는 소우주(Mikrokosmos)로 조명되기 때문이다.[15]

---

12 GW. Bd.5, p. 211, Bd.9, p. 83, 92, 122, Bd.11, p. 222., Bd.12, p. 226.
13 cf. GW. Bd.11, pp. 185-202.
14 GW. Bd.3, pp. 171-195.
15 GW. Bd.12, p. 226.

Drang 존재론에서 정신 존재의 부자연성

논의를 미뤄 두었던 지고한 존재의 또 다른 한 속성은 바로 '정신(Geist)'이다. 셸러 철학의 지향점이 궁극적으로 철학적 인간학이라는 점에서, 정신은 사실 셸러 철학에서 Drang보다 더 큰 비중으로 다루어지는 개념이다. 그렇지만 지나치게 확장된 논의를 피하기 위해 이 글에서는 모두에 설정된 관찰 주제의 맥락에 필요한 만큼의 범위에 한정하기로 한다.

셸러 철학에 보이는 정신의 특징은, 첫째, Drang과 같은 속성으로서 '지고한 존재의 현현'이며,[16] 둘째, 유기체의 삶에 관한 한 오직 인간만의 속성일 수 있고,[17] 마지막으로, Drang으로 이루어진 인간은 정신과의 조화를 통해 비로소 '진정한 인간'[18]이 된다는 점이다.

앞서 '논리적 엄밀성의 결여'라고 표현한 것은 바로 이 부분에 대해서이다. 이는, 한편, 정신은 인간만의 속성이 될 수 있다는 점이며, 다른 한편, 동물에게는 심리·생리적 현상만 드러날 뿐 정신의 측면에 대해서는 '전무(0-Wert)'한[19] 것으로 간주하기 때문이다. 즉, 현실적으로 피타고라스의 정리를 그릴 줄 아는 새를 비롯한 모든 인간 아닌 유기체는 정신의 속성을 비켜나 있기에 인간의 영역에서 제외된다.

더욱 중요한 것은, 바로 이 점은 셸러 인간학, 혹은 셸러 존재론의 근본 문제로 대두될 수 있다는 점이다. 아래에 살피겠지만, 지기 존재론의 경우 역시 인간을 중심에 둘 경우 이와 동일한 문제가 대두될 수 있다. 셸러의 Drang 존재론은 유기체와 무기체 저마다의 독특한 심리적·생리적 양상

---

16 op. cit, p. 209.
17 op. cit, p. 175, p. 226.
18 GW. Bd.3, p. 176. Bd.12, p. 53.
19 GW. Bd.12, pp. 55-56.

에 따른 존재 전체를 아우르는 것임에도, 오직 인간만을 '우주의 특별한 위치'에 두어야 할[20] 실제적이고 특별한 이유가 있다거나, 혹은 오직 인간만이 심리적·생리적 Drang의 현상을 초월한 정신적인 행위를 할 수 있다고 믿을 만한 충분한 근거를 찾을 수 없기 때문이다.

적어도 사슴을 잡아먹는 사자의 행위를 '잔인하다'고 여기는 판단은 실제로는 매우 인간 중심적인, 즉 인간이 처한 특수한 실존 상황에 제한된 이유에서 비롯된 것이라는 가정이 가능하다면, 인간의 특정한 행위만이 정신적이며 설령 그와 유사할지라도 동물의 제반 행동은 Drang의 심리적·생리적 현상에 불과하다고 간주할 만한 근거 역시 큰 폭으로 약화된다. 요컨대 인간을 우주의 중심으로 바라보는 제한된 형태의 우주관에서 벗어날 수 있다면, 논리적으로 그보다 더욱 정제되고 확장된 관점의 Drang 논의가 가능하다.

예를 들어, 화이트헤드가 말하는 '이성'은 욕망의 대척점에 있는 것이 아니라 삶의 상승을 가져오는 '욕망의 욕망'으로 이해되는 개념이다.[21] 요컨대 이성은 욕망의 다른 한 표현이며, 이성과 질적으로 다른 것이 아니다. 이처럼 셸러의 Drang 역시 정신의 대척점에 자리하는 것이라기보다는 오히려 정신과 조화를 이루어야 할 온전한 파트너로 인식될 수 있는 것이다.

일반적으로 하나의 존재론(혹은, 우주관)이 의미가 있으려면, 첫째, 그 시스템 안에 존재의 기원에 대한 설명이 있어야 하고, 둘째, 그로부터 어떤 구체적인 실행 과정을 통해 만물이 생성되는지가 드러나야 한다.

예컨대 존재의 근원은 신이고, 6일에 걸친 작업을 통해 세상 만물이 생

---

20 GW. Bd.9, pp. 11-71., Bd.12, pp. 207-219.
21 Whitehead, A, *Function of Reason*, Boston, 1958.

성되었다는 기독교의 존재론은 매우 명확한 형태의 존재론 중 하나다. 물론 그렇다면 그 신의 기원은 무엇인가 하는 또 다른 문제가 제기될 수 있겠지만, 신 스스로 그 자신의 원인이 되든 그렇지 않든 그 내용의 완결성에 상관없이 적어도 존재론의 형식적인 측면은 완벽하게 충족한 셈이다.

셸러의 Drang 존재론은, 여기에 정신의 개입 문제만 제외한다면, 오히려 고대 그리스철학의 아르케(arche)에 비견할 만한 내적 충일성을 담보하고 있다. 이를테면, 탈레스가 아르케를 물로 보았던 것처럼, 셸러에게 만물의 아르케는 Drang일 수 있다.

다만, 고대 그리스의 철학자들은 존재의 기원을 따지기 위해 따로 수고할 필요는 없었다. 이들은 관찰에 근거한 소박한 인과율을 역으로 적용하여 불생불멸의 개념을 획득할 수 있었기 때문이다. 즉, 생에서 사에 이르는 관찰 과정에서 얻은 생사의 인과율로부터 물처럼 불멸하는 것으로 간주되는 대상에 대해서는 불생을 추론한 것이다. 따라서 고대 그리스 철학자들에게 존재의 기원 문제는 저절로 충족된 셈이다.

이는 셸러에게도 마찬가지이다. 마치 고대 그리스의 철학자들처럼, 셸러 역시 시간의 무한성과 한계를 갖지 않는 공간의 특성을 들어 존재의 무한성, 즉 존재의 '시작 없음'을 적어도 가능성의 측면에서 상정하고 있다.[22]

존재 기원의 유·무한성 여부를 떠나, 셸러 존재론에 특징적인 존재의 자연스러움, 다시 말해, 존재의 기원이 인위적이지 않다는 사실은 곧 Drang 존재론에 등장하는 만물에 어떤 형태의 인위적(혹은, 정신적) 목적도 개입할 수 없다는 매우 중대한 사실 한 가지를 시사한다. 바로 이런 이유에서, 설령 우리가 살아가는 세계에 어떤 목적이라 칭할 만한 것이 주어

---

22 GW. Bd.11, pp. 134-135.

졌다 할지라도, 이는 유·무기체를 망라하고 그 목적이 적용되는 Drang의 심리적·생리적 특성에 가장 잘 부합하는 것이어야 할 것이다.

이렇게 보면, 셸러 존재론에서 정신은 Drang과 하모니를 이루게 될 궁극의 파트너라기보다는 오히려 자신의 '집'을 특정하기조차 어려운 힘없는 존재이다. 사실 정신의 힘없음은 셸러 철학이 기존의 전통 형이상학과 가장 크게 차이를 보이는 지점이다. 셸러에 따르면, 정신은 단지 Drang을 '뜻대로 하도록 놓아두지 않지 않거나(non non fiat)', 혹은 '뜻대로 하도록 놓아두지 않는(non fiat)' 소극적 능력이 있을 뿐이다.[23] 전자의 경우, 셸러가 고의로 이중 부정을 사용한 이유는 정신의 능력이 제한된 것임을 더욱 강조하기 위한 것이다.

그렇지만 설령 정신이 지극히 '소극적인 능력을 가진 힘없는 존재'라 할지라도, 어떤 식으로든 Drang에 관여하는 정신의 목적 지향적 개입은 셸러 존재론 자체를 통째로 흔들어 버리는 위험을 초래할 수도 있다. 이러한 불편한 사실의 배경에는 아마도 다음의 두 가지 요인이 작용한 것으로 유추해 볼 수 있다.

하나는, 사상의 전환 과정에 수반된 과도기적 혼란이다. 19세기에서 20세기 초에 이르는 셸러의 활동 시기는 기존 서구 사상의 패러다임에 큰 변화가 일어난 격랑기이다. 즉, 다윈(Ch. Darwin)을 필두로 학문의 각 분야에서 쏟아지기 시작한 연구 성과물들은 우주와 인간에 대한 새로운 인식의 필요성을 제기하였고, 셸러 자신도 전통적 이원론에서 급격히 벗어나는 과정에서 미처 그 흔적을 말끔히 지울 수는 없었다고 추정할 수 있기 때문이다.

---

23 GW. Bd.8, p. 22.

다른 하나는, 셸러의 전 저작에 빈번히 인용되는 아리스토텔레스의 영향이다. 아리스토텔레스 철학은 인위적 기원의 문제를 다루지 않으면서도 분명한 목적론을 제시하고 있다. 그리고 인간과 우주의 목적이 각각 자신의 자아완성에 있다는 점 역시 셸러 존재론과 뚜렷한 유사점이다. 나아가 양자의 철학에 내재된 역동적 특성과, 또한 그로부터 초래되는 난점 역시 판에 박은 듯 닮은꼴로 보인다. 이 부분은 아래 지기 존재론과 관련하여 좀 더 상세히 살펴볼 것이다.

다음으로, 셸러의 Drang 존재론을 구성하는 두 번째 논점은 바로 만물 생성의 과정과 관련해서이다. 바꾸어 말하면, 그로부터 개별 존재 간의 관계는 어떻게 설정될 수 있는가 하는 점에 대해서이다.

셸러에 따르면, 만물의 생성을 주도하는 것은 바로 'Drang의 상상력(Drangphantasie)'이다. 이 상상력은 우연적이고 자유로우며, 세상의 모든 우연적 존재는 이로부터 현실화 된다.[24] 요컨대 이를 인간학적 용어로 번역하면, 우주의 모든 유·무기체적 삶은 각기 저마다의 심리적·생리적 특성에 따라 살아갈 권리가 있다는 의미일 수 있는 것이다.

이처럼 Drang에 대한 외부의 개입을 용인하지 않는 것이 Drang 존재론의 첫 번째 논점에서 추론할 수 있는 의미라면, Drang 존재론의 두 번째 논점이 의미하는 바는 바로 모든 개별 존재자 간에 불평등을 허용하지 않는 존재 관계라고 할 수 있을 것이다.

결국 셸러 존재론의 두 가지 논점이 시사하는 바는, 첫째, 모든 유·무기체적 개별 존재자는 각기 저마다의 방식에 따른 주체적 삶을 살아갈 권리가 있다는 것이며, 둘째, 그 존재자들 간에는 존재론적으로, 즉 본질적으

---

24 GW. Bd.11, p. 189.

로 평등 관계가 설정되어 있다는 것이다. 그리고 이는 Drang 존재론에 부여된 '정신의 특별함'에 대한 가정, 나아가 정신의 존재 자체에 대한 가정이 실은 매우 생소하고 부자연스러운 것이라는 점을 강하게 시사한다.

지금까지의 논의를 바탕으로, 이제 Drang과 지기 존재론의 본질적 접점은 어디에서 찾을 수 있고, 또 그 의미는 무엇인지를 살펴볼 필요가 있다.

Drang과 지기 존재론의 본질적 접점

Drang을 관찰 도구로 삼아 지기 존재론의 세계 이해 모델을 조명해 본다는 것은 곧 Drang 존재론에서 도출된 두 가지 본질적 시사점이 지기 존재론에서도 역시 기대될 수 있는 것인지를 따져본다는 의미이다. 그렇다면 우선 그 첫 번째 시사점, 즉 모든 유·무기체적 존재자들은 각기 저마다의 방식에 따른 고유한 삶을 살아갈 권리가 지기 존재론으로부터 필연적으로 도출되는지, 혹은 동일한 맥락에서, 지기 존재론에 낯선 외부 존재의 인위적 개입을 실제로 용인하지 않는지를 확인할 필요가 있다.

Drang과 지기의 존재론적 본성 1: 외부 목적 개입의 불가성

사실 지기(至氣)에 대한 이해는 현대의 동학 연구자들 사이에 여전히 논쟁의 여지가 많은 뜨거운 감자에 해당한다. 먼저, 동학 외부적으로는 기존 동양철학에서 일반적으로 다루어온 기 개념과 동학사상의 지기는 서로 어떤 점에서 차이가 있는지의 문제가 충분하거나 뚜렷하게 설명되어 있지 않다. 예컨대 "…기운은 혼원이요 마음은 허령이니…"[25]라거나, 혹은 "「지」라는 것은 지극한 것이요, 「기」라는 것은 허령이 창창하여…보기는 어려우니, 이것은 또한 혼원한 한 기운이요"[26]라는 진술에 따르면, 기와 지기의 차이는 오직 단 한 개의 '지극한'이라는 수식어의 존재 유무에 있을 뿐이다.

다른 한편, 동학 내부적으로는 연구자들 간 이런저런 형태의 사소한 편차들을 접어두더라도, 특히 지기와 천주 개념 간의 관계 설정을 어떻게 할 것인가의 문제에서 그 방향성이 온전히 달라지기도 한다. 이는 서구 전통 사상에 비해 상대적으로 그 연원이 짧은 신생 사상의 특성상 불가피한 측면이겠지만, 그럼에도 동학사상이 태동한 초기 시점으로부터 인간과 우주를 존재론적으로 이해해 보려는 다양하고 진지한 시도들이 모색되었다.

이를테면, 이 중에는 당대 유불선의 동양사상뿐 아니라 고대 그리스철학의 영향을 뚜렷이 드러내 보이는 진술이 있다. 예컨대, "옛글에 이르기를 「천지는 한 물 덩어리이니라.」", "한울과 땅이 시판되기 전은 북극태음 한 물일 뿐이니라.", 혹은 "물이라는 것은 만물의 근원이니라." 등과 같은 진술들은 모두 아르케에 대한 탈레스 철학을 연상시킨다.[27]

그렇지만 물은 고대로부터 동서양을 막론하고 일종의 '생명의 원리'로 간주되어 온 것이 일반적이기 때문에, 이 진술의 근거를 어느 한쪽으로 특정할 수는 없을 것이다. 다만, 원저자는 적어도 존재의 문제를 다루기 위해 고대로부터 내려오는 사상을 적극적으로 참고했을 것이라고 추정할 수 있다.

---

25 『神師法說』, 「天地人・鬼神・陰陽」.
26 『東經大全』, 「論學文」.
27 『神師法說』, 「天地理氣」.

또는 서양 현대철학의 방법론을 적극적으로 수용한 듯 보이는 사례도 있다. 특히 이돈화는 당시 서구 유럽에 새롭게 등장한 제반 사상들을 동학의 철학적 사상 체계에 가장 적극적으로 접목했던 인물이다. 예컨대 그의 '인간격 중심주의'는 셸러 철학의 인격주의(Personalismus)를 연상시키며, '한울은 자율적 창조의 자연이며, 만물은 소산적 창조의 자연이다.'라는 진술로부터는 스피노자, 그리고 '지기의 본체적 활력, 생생무궁의 생명적 활동의 결과가 바로 만유이다.'라는 말에서는 베르그송의 엘랑 비탈 개념을 떠올리게 된다. 이 외에도, 다윈, 니체, 버클리 등의 논의 역시 직·간접적으로 수용한 듯 보인다.[28]

이는 물론 동학사상을 좀 더 풍부하게 해석하는 데에 큰 기폭제가 되었으나, 동시에 동학사상의 진의에 부합하지 않을 수 있는 사상조차 적절한 필터링 작업 없이 수용하고 적용하는 데 그친 잘못 역시 분명한 것으로 보인다. 이러한 시도 중엔 심지어 서구의 자연과학적 방법론을 차용한 부분도 있었다. 예컨대 "원자는 공기 가운데 원소의 일종이니 서로 떠나 있는 이치가 없는 것이오 분자는 각 원자가 서로 모이어 생성한 것이니 수소와 수소가 서로 모이면 단체요, 수소와 산소가 서로 용납하여 서로 모이면 복체니, 이는 다 천지만물 화생의 기운이니라."[29]와 같은 진술이 바로 그것이다.

이처럼 동학 경전의 원저자로부터 현대의 동학 연구자들에 이르기까지 지기에 대한 접근은 매우 다양한 각도에서 다루어져 왔다. 그렇지만 연구 방법론의 다양한 편차에도 불구하고 지기에 관련된 그간의 연구 현황과

---

28 이돈화, 『新人哲學』, 1982(3판).
29 『聖師法說』, 「原子分子說」.

그에 관련한 몇몇 대표 진술들을 추가로 살핀다면 현재의 맥락에 오롯이 집중하는 것 역시 가능하겠다.

존재론적 관점의 지기 관련 연구 현황은 아래의 글 〈지기와 상생〉에서 살필 것이다. 그곳에서 확실한 것으로 분류 가능한 결과물은, 첫째, '지기의 존재론적 형식은 지기일원론'이며, 둘째, 그 내용은 '(정신과 물질의) 속성이원론'이라는 점이다. 단, 해당 글에서 여전히 불확실한 채로 남겨지는 부분은, 첫째, '지기와 천주 간의 관계 설정'이며, 둘째, '지기의 정신적 속성을 물질적 속성보다 우위에 두는 일반적 경향'의 정당성 여부에 대해서이다. 이 중 현재 다루려고 하는 것은 바로 후자의 경향에 대한 논리적 관찰이다.

다만 이때 지기와 천주 개념 간의 관계 설정 문제는 다음의 이유에서 제외해도 좋을 듯하다. 즉, 천주는 그 본성상 노이무공하며 불택선악하는 존재이므로 '천주의 인격적 개입'을 염려하지 않아도 좋을 것이기 때문이다.

먼저, 지기의 존재론적 특성을 지기일원론으로 보는 시각에는 연구자들 간 큰 이견이 없는 듯하다. 즉, 세상 만물은 모두 지기의 소산으로서 '(지극한) 하나의 기운 덩어리'에서 나온 것이다.[30] 그리고 이 '기운 덩어리'는 만물 생성을 가능하게 하는 일종의 '궁극적 실재'로 작동한다. 중요한 것은, 이 '기운 덩어리'가 발현하는 시작점, 다시 말해, 지기의 기원 문제가 매우 명시적으로 드러나 있다는 점이다. 즉, 이 기운 덩어리는 '시작이 없는 것으로서 있다.'[31] 이 진술은 곧 그 시작을 있게 한 인격적 원인도 없다는 뜻일 것이므로, 결국 여기엔 어떤 형태의 인위적 목적도 개입할 여지가 없는

---

30 『神師法說』,「天地人 · 鬼神 · 陰陽」.
31 『聖師法說』,「覺世眞經」.

셈이다.

다른 한편, 지기의 존재론적 특성에 대해 동학 연구자들 간 큰 이견을 보이지 않는 또 다른 한 가지는 지기가 정신(혹은, 연구자에 따라 신령, 영, 로고스)적 측면과 물질(혹은, 연구자에 따라 기, 에너지)적 측면의 두 가지 속성을 모두 갖는다는 점이다.[32] 즉, 지기는 비록 존재론적으로는 단일 차원이지만, 그것이 발현하는 양상은 정신(영)과 물질(기운)의 두 가지 속성을 통해서라는 점이다.

이는 얼핏 상정 가능한 존재론적 구도로 보이지만, 여기엔 셸러 존재론에 잠재된 것과 동일한 형태의 난점이 자리한다. 요컨대, 이 경우에도 역시 문제는 물질이 아닌, 정신의 측면에 있다. 정신이 없는 물질로서의 삶은 상상할 수 있더라도, 물질 없는 정신만으로의 삶은 그렇지 못하기 때문이다. 만약 이것이 가능하다면, 속성이 아닌 오직 존재일 경우에 한정될 것이다. 물론 이 경우엔 지기 존재론이 일원론이라는 대전제에 위배된다. 다시 말해, 지기가 정신과 물질의 속성을 아무 문제 없이 가질 수 있는 경우는 세상의 만물이 '작은 지기들의 집합'일 때이다.

그럼에도, Drang 존재론으로부터 도출된 본질적 시사점 중 하나인 '만물이 간섭받지 않고 저마다의 고유한 삶을 살아갈 권리'는 지기의 존재론에서도 역시 기대될 수 있다는 점이 분명해 보인다. 지기 존재론에 인위적 목적이 개입될 수 없다는 것은 곧 '주어진 목적에 합당하려면 이렇게 저렇게 행동하는 것이 옳다'라는 식의 주장이 원천적으로 배제되기 때문이다. 이는 한울이 불택선악 하는 존재일 수밖에 없는 주요한 존재론적 근거로 작동한다.

---

32 『聖師法說』, 「講論經義」, "영과 기운은 본래 둘이 아니요, 도시 한 기운이니라."

다만, 외부로부터 주어진 목적이 아닌 Drang 자체의 본성, 혹은 지기 존재론 자체의 본성으로부터 부여된 목적이라면 어느 정도의 목적론적 논의가 허용될 여지가 있다. 예컨대 사과나무의 씨 안에 사과를 열리게 할 본성이 들어 있다면, 이때 사과 열매를 사과나무의 목적으로 보는 시각이 가능하기 때문이다.

물론 이러한 목적론적 견해는 가장 느슨한 의미에서 허용될 수 있을 뿐이다. 저마다의 환경적 조건에 따라 아무런 열매도 맺지 않는 사과나무의 존재를 얼마든지 예측할 수 있기 때문이다. 이때 열매를 맺지 않아 '목적에 부합하지 않은' 사과나무를 비난한다면, 이는 목적론적 논의가 부당하게 적용된 결과일 것이다.

이는 아리스토텔레스 목적론에 제기될 수 있는 중요한 문제일 뿐 아니라, 동시에 셸러 철학을 비롯해 '내부 목적'을 상정하는 모든 철학적 논의에 제기될 수 있는 문제이기도 하다. 아리스토텔레스에 따르면, 인간에게 주어진 본성(엔텔레키), 즉 목적은 '이성'이다. 즉, 마치 사과나무가 사과 열매를 맺어야 하듯, 제대로 된 인간이라면 '이성적이어야 한다'는 일종의 당위를 나타내는 말이다. 하지만 이런 식의 주장은 '세상에는 감성적인 인간도 있다.'라는 반대 주장을 원천적으로 봉쇄하는 논리적 오류에 해당한다.

Drang과 지기의 존재론적 본성 2: 내부 목적 상정의 불가성

먼저, Drang 존재론에서 신(Ens a se)과 인간 모두에 놓인 본성, 즉 목적은 '다르게 되어감(Anderswerden)'[33]이다. 아리스토텔레스가 '운동' 개념을 각기 자신의 목적을 실현해 가는 변화 과정, 즉 자아 완성의 과정으로 이

---

33 GW. Bd.9, p. 70.

해한 것처럼, 셸러 역시 역동적 삶의 변화 이유를 인간이 자신을 실현해 가는 목적의 여정에 있기 때문이라고 본 듯하다. 그리고 이 '다르게 되어 감'의 종착역은 바로 신이 신이 되고, 인간이 인간이 되는 지점이다. 즉, 셸러에게 신과 인간 모두는 아직 미완성의 존재이며, 서로는 서로의 완성을 위해 필요한 존재가 된다.

그러나 현재의 맥락에서 더욱 중요한 것은, 바로 이 '다르게 되어감'의 필수 요인이 바로 Drang에 대한 정신의 개입이라는 점이다. 바꾸어 말하면, Drang 존재론에서 인간을 제외한 다른 모든 유·무기체적 존재자들은 신과 인간의 역사적 대장정에서 오직 방관자일 수밖에 없다는 점이다. 요컨대 정신의 존재(혹은, 속성)를 허용한 Drang 존재론으로부터는 필연적으로 비정신적 존재인 만물에 대한 인간 우월주의, 혹은 인간중심주의가 도출되고 마는 것이다.

따라서 이런 형태의 Drang 존재론은 과연 성공적인가의 문제를 따져볼 필요가 있는데, 이는 (여러 가지 의미에서 '다행히도') 아리스토텔레스적 목적 실현 과정의 결과를 그대로 답습하는 것으로 보인다. 즉, 아리스토텔레스에게 목적이 달성되는 자아 완성의 종착역은 바로 부동의 원동자(혹은, 당시의 언어로 신)인데, 이에 이르는 과정(혹은, 변화, 운동)이 가능하기 위해서는 이 과정의 원인인 부동의 원동자를 이미 필요로 한다는 점이다.

이 같은 논리적 난점은 Drang 존재론에 대해서도 동일하게 적용된다. 예컨대 신의 '다르게 되어감'의 종착역인 신은 오직 자신을 원인으로 하는 정신과 Drang의 조화를 통해 비로소 가능할 수밖에 없는 순환 논리의 난점을 벗어날 수 없는 것이다.

이 점에서, 셸러 스스로 '새로운 이원론'이라고 지칭한 '정신-삶(Drang)'의 이중 구도는[34] 그리 새로운 개념일 수 없다. 설령 전통 형이상학에 비해 정신의 역할이 대폭 축소되었다고 하더라도, 삶에 대한 정신의 우위라는 큰 틀에서 보면 기존의 것과 본질적으로 다른 점을 찾기 힘들기 때문이다.

정신과 Drang의 관계를 거칠게 표현하면, 예컨대 운전자와 자동차의 관계에 비유할 수 있다. 그러나 Drang이라는 자동차의 운전대를 정신이 잡아야 한다는 인식은 단지 자동차가 창조되었다고 믿는 전통적 이원론의 입장을 떠나지 못했을 때에나 비로소 가능한 논의에 불과하다. 단, 위의 순환 논리적 난점은 오직 Drang 존재론에 정신이 개입되었을 경우로 한정된다. 만약, 그로부터 정신이라는 개념을 제외할 수 있다면 소위 '내부 목적'도 자연스럽게 사라질 테고, 이에 따라 더 진보된 형태의 존재론적 논의가 얼마든지 가능할 것이다.

다음으로, 지기 존재론에서 우주 만물에 놓인 본성, 즉 목적은 바로 '모심(侍)'이라고 할 수 있다. "개벽 후 오만 년에 노이무공 하다가서 너를 만나 성공"[35]한 것을 한울의 관점에서 보면 바로 자신의 노이무공에 마침표를 찍는 순간이고, 이를 다시 비(非)한울의 관점에서 보면 시천주일 수 있는 것이다. "시천주의 모실 시(侍) 자는 한울님을 깨달았다는 뜻이요, 천주의 님 주(主) 자는 내 마음의 님이라는 뜻이니라. 내 마음을 깨달으면 상제가 곧 내 마음이요, 천지도 내 마음이요, 삼라만상이 다 내 마음의 한 물건이니라. 내 마음을 내가 모셨으니 나는 곧 지명이요, 지명은 곧 현재의 몸을 말하는 것"이기 때문이다.[36] 요컨대 서로는 서로를 필요로 할 뿐 아니

---

34 GW. Bd.12, pp. 143-148.
35 『神師法說』, 「心靈之靈」.
36 『聖師法說』, 「無體法經」.

라, 서로의 '모심'을 통해 더욱 완전해질 수 있는 존재인 셈이다.

그런데 지기 존재론에서 도출되는 '모심'의 의미는 현실적으로 두 가지 전통을 갖는 것으로 보인다. 하나는, 정신이 오직 인간에게만 개입하는 Drang 존재론에 가까운 전통이고, 다른 하나는 정신이 배제된 Drang 존재론에 가까운 전통이다. 예컨대 "사람이 바로 한울 사람이라"[37]라는 진술은 전자에, "한울님 말씀이 어찌 따로 있으리오. 사람의 말이 곧 한울님 말씀이며 새소리도 역시 시천주의 소리이니라."[38]라는 진술은 후자의 전통에 가깝다.

다시 말해, 전자는 '모심'의 대상을 '현실의 나와는 다른 존재'인 일종의 '영'으로 간주할 때이고, 후자는 그것을 '나와 무차별한 것'으로 받아들일 때이다. 만약, 동학 전통에서 전자의 주장이 더 강하게 부각된다면, 정신이 개입된 Drang 존재론의 경우에서와 같이 지기 존재론은 필연적으로 인간 중심 사상을 지향할 수밖에 없다.

인간 삶의 목적 근거에 대한 시각의 대전환

이에 대해, 정신이 개입된 형태의 Drang 존재론에 주어졌던 비판적 시각을 반복하기보다는 약간 다른 관점의 관찰을 시도해 보는 것도 의미 있을 것이다. 즉, 만약 명확한 개념 정의조차 여의찮은 정신의 존재를 상정하는 작업이 상상력의 낭비가 아니라면, 과연 이로부터는 어떤 의미 도출이 가능할는지에 대한 관찰이다. 조금 다르게 표현하면, 인간 없이는 한울조차 노이무공 할 수밖에 없을 정도로 드높아진 인간의 위상은 과연 정당

---

37 『神師法說』, 「修道法」.
38 『神師法說』, 「天語」.

한 것인지, 아니면 여기엔 숨겨진 또 다른 어떤 이유가 있는지에 대한 것
이다.

이를 현재의 존재론적 맥락에서 관찰하기 위해서는, '과연 사람의 도움
없는 천지 자체는 그토록 가엾은 존재일까'라는 질문을 던져보아야 한다.
그리고 이에 대한 가장 대표적인 반대 증거는 (사람이 작성했을 것이 틀림없
을) 다음의 글에서 찾아볼 수 있다.

> 성명 「아무」는 「아무」 나라에 태어나 살면서 욕되이 인류에 처하여 천지의
> 덮고 실어주는 은혜를 느끼며 일월이 비추어 주는 덕을 입었으나, 아직 참
> 에 돌아가는 길을 깨닫지 못하고 오랫동안 고해에 잠기어 마음에 잊고 잃
> 음이 많더니, 이제 이 성세에 도를 선생께 깨달아 이전의 허물을 참회하고
> 일체의 선에 따르기를 원하여, 길이 모셔 잊지 아니하고 도를 마음공부에
> 두어 거의 수련하는데 이르렀습니다. 이제 좋은 날에 도장을 깨끗이 하고
> 지극한 정성과 지극한 소원으로 받들어 청하오니 감응하옵소서.[39]

이처럼 '천지의 은혜'와 '일월의 덕'을 생존의 조건으로 삼는 것은 오히려
인간이다. 그리고 적어도 Drang 존재론의 관점에서, 그 역은 성립하지 않
는다. 천지 만물은 인간 없이도 억겁의 세월을 살아갈 것이기 때문이다.

요컨대 인간에게만 작동하는 것으로 간주되는 정신의 기능은 인간이 다
른 여타의 만물보다 더 나은 존재라는 점을 증명해 주는 보증수표라기보
다는, 오히려 정신의 도움을 통해서야 비로소 인간은 대자연의 모습, 즉
천도에 순응하는 삶을 살아갈 수 있다는 시각의 대전환이 가능하다는 점

---

39 『東經大全』, 「懺悔文」.

이다. 즉, 인간은 정신을 통해 우주에서 가장 진보한 존재자로 자리매김할
수 있다기보다는, 정신이라는 (힘없는) 도구의 도움을 통해서야 비로소 다
른 만물들과 그나마 비슷해질 수 있다는 의미일 수 있다는 점이다. 더불어
Drang 존재론이 강조하는 정신과의 조화 역시 다른 유·무기체적 삶의 모
습을 본받아 유달리 인간 사회에서만 관찰되는 과도한 Drang의 발현을 제
어하라는 숨겨진 제안일 수 있다는 점이다.

　지금까지 Drang의 관점에서 바라본 지기 존재론의 세계 이해 모델은 과
연 외부로부터의 인위적 개입을 용인하지 않는가의 여부를 따져보았다면,
다음으로, 그 두 번째 논점인, 지기 존재론의 토양은 실제로 만물 간 불평
등을 허용하지 않는 존재 관계를 제공하는지의 여부를 살펴볼 필요가 있
다. 다시 말해, 이의 첫 번째 논점이 개별 존재자들 각각에게 저마다의 고
유한 주체적 삶을 살아갈 권리가 있다는 점을 말하는 것이라면(즉, 외부 존
재의 간섭에서 자유로울 수 있는 권리를 의미하는 것이라면), 이 두 번째 논점은
바로 그 존재자들에게 설정될 수 있는 평등의 권리를 지시한다.

만물 간의 존재 관계와 그 실천적 의미

만물 간 평등의 존재론적 근거

　Drang 존재론으로부터 도출된 두 번째 논점의 의미가 불평등을 허용하
지 않는 존재 관계일 수 있는 이유는, 만물의 생성을 주도하는 Drang의 상
상력이 특정 의도가 개입되지 않은 우연적이고 자유로운 것이기 때문이었
다. 이로부터 우주의 모든 유·무기체적 삶은 저마다의 심리적·생리적
특성에 따라 살아갈 존재론적, 다시 말해, 본성적 권리를 획득할 수 있다.

이에 비해, 지기 존재론에서 설명하는 만물 생성의 과정은 다소간 기존의 동양 철학적 우주관을 반영한 음양 조화의 구도를 따르는 것으로 보인다. 이를테면, "처음에 한 물건이 있었으니 물건이란 것은 한 덩어리요 덩어리란 것은 무극이니, 다만 처음의 나눔이 있어 이른바 무극이 태극을 낳은 것이라. 무극은 음이요 태극은 양이니, 상하로 말하면 상하도 또한 음양이요, 동서로 말하면 동서도 또한 음양이요, 그밖에 춥고 더운 것, 낮과 밤, 가고 오는 것, 구부리고 펴는 것 등이 다 음양 아님이 없으니…"[40]와 같은 진술이 바로 그것이다.

따라서 지기 존재론이 만물 간의 존재론적 평등 관계를 확보할 수 있는지의 여부를 살피려면, 지기 존재론만의 고유 특성인 한울의 '모심' 범위를 과연 어느 대상에까지 확장할 수 있는가에 달려 있다고 할 수 있다. 그리고 바로 이 점에서, 지기 존재론은 그 대상의 범위가 지기의 소산 전체라는 점을 매우 명확한 언어로 밝히고 있다. 즉, "만물은 다 성품이 있고 마음이 있으니 이 성품과 이 마음은 한울에서 나온 것이라, 그러므로 한울을 모셨다고 말하는 것"[41]이다.

물론 이 점에서 확인하고자 했던 바는 혹시나 인간의 지위가 인간을 제외한 여타의 존재자들보다 근거 없이 우월한 것으로 간주되고 있지는 않은가에 대해서였다. 그렇지만 비록 논쟁이 가능한 몇몇 진술에도 불구하고, 지기 존재론엔 오히려 인간의 위치를 만물 중 가장 비천한 것으로 간주하는 시각마저 존재한다: "높은 것은 한울보다 더 높은 것이 없고, 두터운 것은 땅보다 더 두터운 것이 없고, 비천한 것은 사람보다 더 비천한 것

---

40 『聖師法說』,「覺世眞經」.
41 『聖師法說』,「覺世眞經」.

이 없거늘, 사람이 한울을 모셨다 하는 것은 어찌된 것입니까."[42]

나아가 만물이 모두 시천의 대상이라는 점을 인식할 때, 그로부터 자연스레 만물존중사상이 도출될 것이라는 점을 적시하기도 한다: "만물이 시천주 아님이 없으니 능히 이 이치를 알면 살생은 금치 아니해도 자연히 금해지리라. 제비의 알을 깨치지 아니한 뒤에라야 봉황이 와서 거동하고, 초목의 싹을 꺾지 아니한 뒤에라야 산림이 무성하리라. 손수 꽃가지를 꺾으면 그 열매를 따지 못할 것이오, 폐물을 버리면 부자가 될 수 없느니라. 날짐승 삼천도 각각 그 종류가 있고 털벌레 삼천도 각각 그 목숨이 있으니, 물건을 공경하면 덕이 만방에 미치리라."[43] 요컨대 지기 존재론은 유·무기체적 삶을 망라한 만물존중사상의 존재론적 근거로 작동할 뿐 아니라, 만물 간의 존재 관계가 평등의 관점에서 설정될 수 있는 뚜렷한 근거를 제시하고 있는 셈이다.

이에 대한 좀 더 적극적인 해석은 만물 간의 상호 호혜적 파트너십이다. 물론 동일한 존재론적 근거를 가진다는 이유 하나만으로 과연 모든 개별 사물은 서로 '윈윈'을 지향해야 하는가 하는 점은 얼핏 개별 존재자 각자의 의지에 따른 선택의 문제로 보일 수도 있다. 같은 부모에서 나온 자식들도 서로 호불호가 갈릴 수 있기 때문이다. 그러나 '나'의 성장을 위해 (자신과 이천식천의 유기적 관계에 놓인) 상대의 성장 역시 필수적이라면 문제는 달라진다. 이를테면, 환경오염의 경우처럼 장기적인 시각으로 보아 오직 '나'만을 위한 행위는 오히려 자신에게 해가 되어 되돌아올 수 있는 것이다.

바로 이 점에서, 과거 이원론적 존재론의 전통에 따라 우리 인류의 주의

---

42 『聖師法說』,「覺世眞經」.
43 『神師法說』,「待人接物」.

가 집중된 곳이 신학이었다면, 그리고 오늘날은 그로부터 귀결된 인간 정신의 더 없는 강조와 함께 인간 존재의 위상이 한없이 높아진 인간학의 시대라면, 이제 현재의 새로운 존재론에 따라 우리 인류가 시급히 수정해야 할 미래의 지향점은 바로 생태학이라고 할 수 있다. 이는, 지기의 소산 전체가 저마다의 고유한 삶의 양식으로 자유롭게 살아갈 수 있다는 주체적 권리가 그로부터 도출되었기 때문이며, 동시에 만물 간 상호 존중과 평등의 권리를 그 존재론적 근거를 통해 확인할 수 있게 되었기 때문이다.

요컨대 우리 인간에게 간헐적으로 나타나는 (힘없는) 정신의 발현을 지지하되, 만물에 대한 인간 중심의 존재 관계가 아닌 만물 안에 인간을 두고 보는 인식의 대전환이 필요한 시점이 되었다. 그리고 이는 바로 Drang의 관점에서 바라본 지기 존재론의 가장 본질적인 의미일 수 있다.

인간 존재에 부여된 실천 과제

지금까지의 논의에 비추어 볼 때, 만약 이제 새로운 지평의 존재론에 따라 부여될 만한 과제와 대상이 있다면, 그것은 바로 오직 인간에 대해서일 것이다. Drang 존재론에서 인간이 아닌 다른 모든 유·무기체적 특성의 존재자들은 정신의 개입 없이도 자신의 심리적·생리적 특성에 잘 부합하는 삶을 영위하는 것으로 보이기 때문이다. 이와 마찬가지로, 지기 존재론에서도 역시 인간을 제외한 천지 만물 전체는 천도의 흐름에 어긋남이 없어 보인다.

그러나 천지 만물 중 오직 인간만이 (힘없는) 정신이 개입하지 않아 '진정한 인간(Person)'이 되지 못할 수 있다. 셸러에 따르면, 정신과의 조화를 이루지 못한 채 Drang만으로 이루어진 인간의 존재 양식이 가능하며(실은 절대다수이며), 이를 '겉모습만 인간(Nur-Menschen)'이라 칭했다.[44] 이때의 인간은 셸러에게 한낱 보잘것없는 여타의 생명체와 동의어로 간주된다.

이와 마찬가지로, 동학의 경우엔 '모심'을 통하지 못해 시천주자가 아닐 수 있다. 그리고 이 두 경우 모두에서 인간 삶은 중대한 문제에 봉착할 수 있다. 이를테면, Drang의 발현이 너무 미미해서 '천지의 은혜'나 '일월의 덕'에 전적으로 의존할 정도의 피폐한 삶으로 전락하거나, 혹은 이와 정반대로 Drang의 지나친 발현이 초래한 존재 파괴의 희생양이 될 수도 있는 것이다.

비록 지금까지의 논의와 동일한 존재론적 맥락은 아닐지라도, 동학 내부적으로는 이미 정신의 발현을 촉진하여 인간 삶을 상승시킬 수 있는 다양한 형태의 전략들이 마련되어 있는 듯하다. 특히, 최시형에 의해 체계적으로 제안된 수양법은 동학의 원저자들 중 만물존중사상이 가장 뚜렷하게 드러난 전략에 해당한다.

이에 덧붙여, Drang의 네 가지 진행 단계에 따라 우리 인간 사회는 물론 자연계의 심리적·생리적 특성에 부합할 만한 실천 전략들을 제안하는 방안 역시 가능할 것이다. 이 중, 예를 들어 '어린이를 때리지 말라', '배고프지 않도록 하라'라는 등의 실천 강령들은 Drang의 두 번째 변화 과정인 '본능'에 해당할 수 있는 전략이다.

또는 '자연스런 음식을 섭취하라', '유전자 조작을 하지 마라' 등의 강령들은 Drang의 네 번째 단계인 '지성'에 해당하는 실천 전략일 수 있다. 이런 전략들은 물론 Drang의 더 높은 단계로 나아가도록 촉진하는 방향, 궁극적으로는 화이트헤드적 의미에서 '지성의 지성'을 추구해 가는 방향으

---

44 GW. Bd.2, p. 277, Bd.3, p. 176.

로 추진될 수 있을 것이다.

이보다 좀 더 현대적 의미의 실천 전략으로는, 예컨대 '비정규직 노동자를 부당하게 대우하지 말라', '지구에, 또는 우주 공간에 쓰레기를 버리지 말라.' 등의 논의 역시 가능할 것이다. 또한 인구 문제에 적극적으로 개입하는 것 역시 상생의 삶을 위한 시급하고도 중요한 실천 전략에 속한다. 지구 생태계에서 최상위 포식자에 속하는 인간 개체수의 기하급수적 증가는 환경 재앙을 불러올 것이 분명해 보이기 때문이다.

이 같은 상생 전략의 측면에서 볼 때, 현재 지구 곳곳에서 고통 받고 있는 다수 동시대인의 식수나 식량 문제의 해결 또한 외면할 수 없는 실천 과제에 해당한다. 굴드의 고백처럼, 만약 '빈곤의 비참함이 자연법칙이 아니라 우리들의 사회 제도에 의해 비롯되었다면, 우리의 죄는 중대'할 것이기 때문이다.[45] 그리고 그 사회 제도는 인간의 과도한 Drang이 초래한 결과물일 수 있는 것이다.

조화와 모심의 생태 존재론

비록 길지 않은 연원이지만, 동학사상의 지기 존재론은 수천 년 동안 서구 사상의 존재론적 기반을 담당해 온 전통 이원론의 세계 이해 방식에 비해 결코 부족하지 않은 사상적 특징을 갖추고 있다. 오히려 지기일원론은 전통 이원론에서 필연적으로 귀결되는 정신의 월권행위를 중지시키고, 만물이 자신에게 고유한 삶의 방식을 영위할 수 있는 자유와 평등의 본성적

---

45 스티븐 굴드 지음, 김동광 옮김, 『인간에 대한 오해』, 서울: 사회평론, 2003, 「에세이 2」.

권리를 확인시켜 주었다.

물론 우리 인간 삶에 정신의 존재(혹은, 정신적 현상)는 무시할 수 없는 비중으로 작용하고 있는 것이 사실이다. 우리 인간이 불확실한 미래 환경에 대비하기 위해 계획과 예측을 선호하는 한, 그리고 이를 오로지 정신의 작업이라고 간주하는 한, 일상의 삶에서 정신의 특별함을 상정하는 것은 매우 자연스러울 수 있기 때문이다. 그렇지만 지금까지의 논의로 미루어 볼 때, 우리 인간이 정신을 통해 끊임없이 자신을 초월해 가야 한다거나, 혹은 인간의 심리적·생리적 삶에 정신이 개입해야 한다는 등의 진술은 오직 다음의 제한된 경우에 한해 의미를 찾을 수 있을 뿐이다.

그것은 바로, 첫째, 인간 삶에 보이는 과도한 Drang의 발현을 전일적 존재 양상의 자각을 통해 제어하는 경우이다. 이때 인간의 정신(적 현상)은 만물과 인간이 서로 조화로운 삶을 영위해 가는 데에 인식론적 도움을 주는 소극적 조력자이다. 둘째, 그 초월이나 개입의 한계를 우주의 중심이 되기 위한 지점이 아니라, 오직 우주의 자연스러운 운행 원리, 즉 다른 모든 유·무기체의 삶과 그 양식에 놓인 상생의 원리에 부합할 수 있는 곳에 두는 경우이다. 이때 인간의 정신(적 현상)은 만물과 인간이 서로 조화로운 삶을 영위해 갈 수 있도록 실천적 도움을 주는 적극적 조력자이다.

이렇게 보면, Drang과 지기 존재론에 깊숙이 잠복되어 있는 인간중심주의는 양자의 존재론에 대한 잘못된 인식에서 비롯된 불필요한 오해의 산물일 뿐이다. 양자의 존재론은 모두 온전한 일원론이기 때문이며, 이때 오직 정신만을 특별한 존재로 부각하려 한다거나, 혹은 정신의 작용을 오로지 인간에게만 한정하려는 모든 시도는 전통적 심신이원론의 또 다른 변주곡에 불과할 뿐이다.

결국 Drang과 지기 존재론의 본질적 접점은 정신의 특별함을 믿는 인간

중심주의를 경계하고, 인간의 과도한 Drang을 (힘없는) 정신을 통해 제어한다는 존재 자각에 있으며, 이는 바로 Drang과 지기의 존재론에서 각각 '조화'와 '모심'을 강조하는 이유가 되는 것이다. 이로부터 양자의 존재론에서 필연적으로 도출되는 논리적 주제는 더 이상 신학이나 인간학이 아니며, 존재자 전체의 총체적 삶을 아우를 수 있는 생태학이다.

동학운동은 주변 대다수의 이웃이 핍박받고 있는 환경에서 모든 사람이 한울님처럼 대접받을 수 있는 세상을 만들자는 목적으로 태동했다. 이는 곧 사인여천의 이상이기도 하다.[46] 핍박의 시기가 지난 오늘날 시천주적 인간관은 이제 시천주적 세계관으로서 다시 본래의 의미에서 해석되어야 한다. 요컨대 시천주적 세계관의 좁은 의미가 모든 개인의 가치를 동등하게 바라보는 인간관이라면, 그것의 본래적 의미는 만물의 평등에 근거한 만물존중사상이어야 한다는 것이다. 이와 마찬가지로, '일월성신이 걸려 있는 곳'을 한울이라 여기는 잘못된 인식[47] 또한 그와 동일한 맥락에서 다시 본래의 의미로 해석되어야 할 것이다.

---

46 표영삼, 『동학 2. 해월의 고난 역정』, 파주: 통나무, 2005, 409쪽.
47 『神師法說』,「天地人·鬼神·陰陽」, "천·지·인은 도시 한 이치기운 뿐이니라. 사람은 바로 한울 덩어리요, 한울은 바로 만물의 정기이니라. 푸르고 푸르게 위에 있어 일월성신이 걸려 있는 곳을 사람이 다 한울이라 하지마는, 나는 홀로 한울이라고 하지 않노라. 알지 못하는 사람은 나의 이 말을 깨닫지 못할 것이니라."

2장
영겁회귀와 후천개벽*

* 임상욱, 「니체의 영겁회귀 관점에서 바라본 후천개벽의
  존재론적 특성」, 『동학학보』 제23호, 동학학회, 2011.

후천개벽의 존재론적 특성에 대한 관찰 필요성

최제우는 동학사상의 존재론적 토대로서 후천개벽을 전제로 하고 있음에도, 실상 이것에 대한 명확한 정의는 유보한 채로 두고 있다. 심지어 '후천개벽'이란 용어를 명시적으로 사용한 적도 없다. 최시형 역시 최제우의 후천개벽을 '인심개벽'으로 해석하여,[1] 존재론적 의미보다는 그것에 부여된 가치 실천적 의미를 강조하는 범주에 머물고 있다. 이로부터 동학사상의 존재론은 지기일원론이라는 일반적인 평가 외에, 과연 이것이 선천 및 후천의 개벽과는 어떤 관련을 맺고 있는지, 혹은 기존의 역학이나 여타의 주장과 무엇이 어떤 점에서 다른지가 불분명한 채로 남아 있다.

이러한 경향이 개선되지 않는 이유 중의 하나는 현재까지 최제우의 후천개벽에 관한 본격적인 연구 역시 미미한 실정이기 때문이다. 차남희의 선행연구 탐색에 따르면, 최제우의 후천개벽 사상을 본격적으로 다룬 연구로는, 이를 인문 개벽에 의한 지상천국의 실현이라는 관점에서 접근한 이현희(1989), 선천과 후천의 교역을 인간 내면세계의 내재적 초월로 정의한 황선명(1999), 후천개벽을 인심개벽의 네오휴머니즘으로 규정한 오문환(2000), 후천을 영겁회귀의 순환으로 파악한 윤이흠(1987), 그리고 후천

---

1 『神師法說』, 「其他」.

개벽을 역학의 관점에서 분석한 배영순(1998) 정도에 그친다.[2]

이에 덧붙일 수 있는 2000년 이후의 주요 연구로는, 후천개벽 사상을 미륵 사상과 비교 연구한 서태원(2000), 주역과 정역의 관점에서 접근한 이찬구(2010), 그리고 후천개벽의 본질을 생태적 이상향의 관점에서 조명한 최민자(2004)의 저술 등을 들 수 있다.

후천개벽에 대한 이러한 미미한 연구 상황은 동학사상이 태동하게 된 역사적 특수성과, 그에 따른 연구 주제 선정의 우선순위를 감안하더라도 이해하기 어려운 측면이 있다. 존재론적 기반은 모든 인간 활동과 사상의 기본 방향을 가늠해 주는 바로미터로 작동하는 기제이기 때문이다. 즉, 모든 종류의 가치 부여적, 혹은 가치 선언적 주장에 앞서 최소한의 존재론적 입장을 확립할 수 있는 논의는 필수적이다.

이러한 논의의 필요성은 동학사상의 적지 않은 부분이 종교적 맥락에서 이해되고 있는 현실과도 무관하지 않다. 예를 들어, '천도교인들은 죽으면 어디로 가는 것일까?'라는 기본적인 의문을 던져볼 수 있다. 이에 대해 사상으로 접근하는 사람들은 아마도 이천식천의 원리를 논거로 하여 자연으로 환원한다고 생각할 것이다.

반면, 종교로 접근하는 사람들에게는 사후에 마련되어 있을 그들 고유의 '종교적 대지'가 무엇이고, 또 어디인지의 경계가 모호할 수 있다. 일반적으로 종교가 성립하기 위한 조건은 교주, 교인, 그리고 내세관의 3요소이기 때문이며, 이 조건이 충족되지 않은 '종교적' 성향은 종교라기보다는 다만 동양적 '도', 즉 '자연의 질서'에 해당하는 것이기 때문이다.[3]

---

2   차남희, 「최제우의 후천개벽사상」, 『한국정치학회보』, Vol. 41, No. 1, 2007, 83-84쪽.
3   cf. 표영삼, 『동학 1. 수운의 삶과 생각』, 파주: 통나무, 2004, 105-106쪽.

요컨대 일반인, 교인, 혹은 도인으로 나뉘는 정체성의 구분은 자신이 어떤 존재론적 입장을 취하느냐에 따라 달라지는 셈이다. 단, 이 글에서는 그 존재론적 연구 영역을 순수 사상적 측면에 국한할 것이다.

이를 위해 아래 이어질 글은 니체(F. Nietzsche)의 영겁회귀 사상을 그 방법론적 매개로 삼으려 한다. 니체 철학의 관점에서 후천개벽을 조명해 볼 수 있는 이유는, 먼저, 영겁회귀의 본질인 무한한 회귀성과 선·후천으로 이어지는 개벽의 순환성 간에는 시간이라는 공통의 연결고리가 존재하기 때문이며, 다른 한편, 니체의 영겁회귀 사상은 필연적으로 존재론적 논의를 수반하기 때문이다. 이에 양자의 단순 비교보다는 영겁회귀의 관점에서 접근하는 방법론을 통해 후천개벽의 존재론적 특성을 좀 더 명확히 할 수 있을 것이다.

이로부터 최제우의 후천개벽으로 대변되는 존재의 토양은 오늘날의 우리 사회에서 어떻게 해석되고 적용될 수 있는지 검토할 수 있을 것이다. 그에 따른 이 글의 핵심 내용은, 첫째, 니체의 영겁회귀 관점에서 후천개벽의 존재론은 어떻게 조명될 수 있는가를 살피고, 둘째, 이를 통해 도출할 수 있는 후천개벽의 현대적 의미는 무엇일 수 있는지를 중심으로 제반 논의를 전개해 가려 한다.

니체의 영겁회귀

영겁회귀는 본래 소위 '윤회'라는 현상을 설명하거나 정당화하기 위해 주로 종교 영역에서 취급되던 개념이다. 이 같은 이유에서 영겁회귀는 대개 '논리적 체계로는 이해될 수 없는 영적 체험의 경지'이며, 이로부터 영겁회귀는 오직 소수의 종교적 천재에게나 가능한 '인간의 초월적 직관력을 통해 비로소 발견할 수 있는 진리'[4]로 간주되곤 했다.

그러나 적어도 니체에게 영겁회귀는 자연과학의 방법론을 통해 추론 가능한 매우 자연스러운 현상이다. 즉, 니체의 영겁회귀는 일종의 요청적 형이상학이라기보다는 일상의 누구에게든 가능한 경험적 관찰의 결과일 수 있다는 점이다. 니체의 영겁회귀 사상이 필연적으로 경험적 관찰의 대상이 되는 존재론적 논의와 연결되는 이유는, 니체에게 영겁회귀란, 다름 아닌, '동일한 것'의 영겁회귀를 의미하기 때문이다.[5]

이에 관한 자세한 논의 전에, 영겁회귀 사상의 등장 배경 자체는 매우 '요청적'이었다는 점을 언급할 필요가 있다. 왜냐하면 '신의 죽음' 이후 사람들은 형이상학과 종교로 대표되는 존재 세계(Seinswelt)의 상정 아래에서만 유효했던 영혼의 불멸성, 즉 영원한 삶에 대한 희망을 더 이상 가질 수 없게 되었기 때문이다.[6]

니체는 바로 이 부분에 대한 보완을 원했고, 이를 위해 제시된 철학적 원리이자, 동시에 자연의 원리가 곧 영겁회귀 사상이다. 요컨대 이것은 '일회적인 삶에 어떤 의미가 있는가?'라는 실존적 문제에 대한 대안으로 제시된 철학적 원리 중의 하나인 셈이다.

니체의 영겁회귀를 고대 그리스 철학의 전통에 따라 상호 번역 가능한

---

4   류병덕 외, 「영겁회귀사상에 입각한 주체주의 종교관 모색」, 『한국종교』, 제20집, 1995, 6-7쪽.

5   F. Nietzsche, *Wille zur Macht*, Abs. 462. cf. F. Nietzsche, *Ecce homo*, Also sprach Zarathustra, Abs. 1.

6   F. Nietzsche, *Menschliches, Allzumenschliches,* 1. Band, Von den ersten und letzten Dingen, Abs. 22.

용어로 바꾸면 바로 '불생불멸'이 된다. 그리스 철학자들은, 예컨대 한번 가 버린 봄이 소멸하지 않고 무한히 반복된다는 관찰로부터 존재의 특성은 불멸이라는 생각에 이르렀고, 여기에서 한발 더 나아가, 생성과 소멸의 인과관계를 역으로 적용하여 불생의 개념 역시 얻어낸 것이다. 즉, 생성된 것은 반드시 소멸해 가듯, 소멸하지 않는 것은 생성되지도 않았으리라는 통찰이 바로 불생불멸이다.

이때 존재에 불생불멸의 특성을 수용하는 세계관은 또 다른 영원의 세계가 필요할 이유가 없을 테고, 바로 이 점에서 니체는 자신의 영겁회귀 사상이 영혼 불멸에 내재된 영원한 삶에 대한 소망을 대체할 수 있는 온전한 대안일 수 있다고 생각한 것이다.

이러한 요청적 원리 아래 당시 니체가 발견한 자연과학의 원리는 바로 마이어(J. von Mayer)의 에너지보존 법칙이었다.[7] 이제 니체는 그간 오직 존재 세계의 주재자만 제공할 수 있었던 불멸의 소망을 자연과학적 측면, 즉 되어감의 세계(Werdenswelt)인 우리 일상의 현실에서 찾은 것이다. 에너지의 총량이 변하지 않는다는 사실은 곧 에너지의 급격한 증가(이를테면, 창조)나 급격한 감소(이를테면, 종말)와 같은 현상이 발생할 수 없다는 것을 의미하기 때문이다.

이와 마찬가지로, 세상에는 에너지의 완만한 증가(혹은, 새로운 생명의 탄생)나 완만한 감소(혹은, 개인의 죽음) 역시 가능하지 않다는 점을 보여준다. 요컨대 에너지의 순환이 있을 뿐, 모든 생명체에는 이미 불생불멸의 특성이 내재되어 있는 것이다.

니체 철학에서 영겁회귀는 이렇듯 실존적인 동시에 형이상학적 존재론

---

7   F. Nietzsche, *Wille zur Macht*, Abs. 1063.

을 모두 포괄하는 양면적 특성을 가진 개념으로 이해된다. 전자의 이유는, 이것이 모든 일상의 존재를 포함하는 구체성을 갖기 때문이며, 후자의 이유는, 이것이 일상의 존재에 시간적 무한성, 즉 영원성을 부여하는 개념이기 때문이다.

이 관점에서 최제우의 후천개벽을 조명해 보면, 우선 후천개벽의 뚜렷한 실존적 존재론의 특성을 확인할 수 있다. 예를 들어, '도심이 쇠약해진다'거나, '인심이 위태하다'거나, 혹은 '물질문명이 극에 달한다'는 등의 진술은 분명 우리 일상의 실존적 양상을 묘사하는 것이기 때문이다.[8]

반면, 이어지는 '일대 개벽의 운이 회복되었다'는 선언을 통해 선천의 시기가 지나고 후천의 시기가 도래했다는 점을 분명히 하면서도, 어떤 이유에서 이런 식의 시기 변환이 도래하게 되었는지에 대한 논의는 생략되어 있다. 이에 대한 좀 더 자세한 논의는 아래에서 다루기로 하겠다.

위에서 잠깐 언급한 것처럼, 니체의 영겁회귀가 실존적 영원성의 특성을 확보할 수 있는 이유는 이것이 자연과학적 방법론을 적용하여 도출한 '동일한 것의 영겁회귀'를 의미하기 때문이다. 불멸의 소망을 자연과학적 측면에서 모색하려는 시도는 오늘날 그리 새로운 것은 아니지만, 영겁회귀에 대한 확고한 증거를 찾기 위해 니체는 10년이 넘는 시간을 에너지보존 법칙을 비롯한 자연과학 연구에 몰두했다. 전기 작가들이 전하는 바에

---

8 『神師法說』,「其他」, "대신사께서 늘 말씀하시기를 이 세상은 요순공맹의 덕이라도 부족언이라 하셨으니 이는 지금 이때가 후천개벽임을 이름이라. 선천은 물질개벽이요 후천은 인심 개벽이니 장래 물질발명이 그 극에 달하고 여러 가지 하는 일이 전례 없이 발달을 이룰 것이니, 이때에 있어서 도심은 더욱 쇠약하고 인심은 더욱 위태할 것이며 더구나 인심을 인도하는 선천도덕이 때에 순응치 못할지라. 그러므로 한울의 신령한 변화 중에 일대 개벽의 운이 회복되었으니, 그러므로 우리 도의 포덕천하 · 광제창생은 한울의 명하신 바니라."

따르면, 당시 대학 도서관의 최신 자연과학 서적들의 대여 목록에는 니체의 이름이 빠지지 않고 기재되어 있었다고 한다.[9]

당시 자연과학이 제공하는 근거들을 통해 니체는 유한 크기의 우주 안에 유한한 양의 에너지가 존재한다는 가정을 수용했다. 그 시기의 과학 수준에서 에너지는 곧 유한 개수의 원자 총량을 의미하는 것인데, 세상 만물은 이 원자들 간의 각기 다른 조합에 의해 저마다의 독자적인 형태를 갖는다.[10]

이 같은 사실을 근거로 도출된 니체의 구상이 바로 '동일한 것의 영겁회귀'이다. 여기에서 '동일한 것'이란 에너지, 즉 존재하는 모든 것을 의미하며, 나아가 이러한 존재 현상이 무한 반복된다는 영겁회귀는 결국 유한 개수의 원자들이 각기 결합할 수 있는 조합 가능성 역시 유한 개수일 수밖에 없다는 사실에 근거한다.

이는 마치 주사위를 무한한 시간 속에서 무한히 굴리게 되면, 1이나 2가 나올 확률이 6분의 1이 아니라 무한히 높아지는 것과 같은 원리라고 할 수 있다. 그렇다면 무한한 시간 속에서 유한한 수의 원자들이 만들어 낼 수 있는 개체(이를 테면, 책상이나 바위, 혹은 나무나 사람처럼 원자들의 특정 조합으로 인해 형태를 갖추게 된 복합체)나, 각 개체 간의 관계, 혹은 사건의 조합 역시 결국 유한할 것이라는 결론에 이를 수 있다. 요컨대, 동일한 것의 무한 반복이 가능하다는 점이다. 니체에 따르면, 심지어 '달빛 아래의 나무들 사이에 드리워진 거미줄, 그리고 그것을 바라보는 나'조차 무한 반복된

9   A. Drews, *Nietzsches Philosophie,* Heidelberg: Carl Winter's UB, 1904, p. 326.

10   F. Nietzsche, *Wille zur Macht,* Abs. 1066.

다.[11]

니체의 영겁회귀 사상에 대해서는 이 자리에 소개할 만한 가치를 지닌 몇몇 반대 논거가 존재한다. 그 첫째는, 자연과학의 관점에서 주어진 짐멜 (G. Simmel)의 반박이다. 그의 반박 요지는, 설령 단 몇 개의 사물만이 유한한 공간 안에서 무한한 시간의 흐름 속에 있다고 하더라도, 어떤 특정한 조건 아래에서는 단 한 차례의 반복 현상도 나타나지 않을 수 있다는 점에 있다.

짐멜이 설정한 '특정한 조건'은 다음과 같다. 즉, 1. 한 개의 회전축에 동일한 크기의 바퀴 3개가 걸려 있다. 2. 모든 바퀴의 바깥 표면에 각각 한 점을 찍어 표시하고, 이 점들이 일직선이 되도록 바퀴를 정렬한다. 3. 이 상태에서 두 번째 바퀴를 첫 번째 바퀴의 두 배 속도로 회전시키고, 동시에 세 번째 바퀴는 첫 번째 바퀴의 $1/\pi$의 속도로 회전시킨다. 이러한 조건 아래에서라면, 바퀴가 회전을 시작하기 전인 2의 상태는 절대 반복되지 않는다.[12]

짐멜의 반박 논거는 옳다. 회전축과 바퀴가 모두 정밀하게 제작되었다면, 무한수인 π의 속성상 3개의 바퀴 표면에 찍힌 점이 다시 일직선으로 정렬되는 순간은 반복되지 않을 것이다. 그렇지만 이런 상황을 무한의 시간 선상에서 보면, 설령 그 반복 사이클이 매우 길 수는 있을지라도 결국 동일한 상황은 무한히 반복될 것이다. 사고실험에서 상정된 정밀기계 역시 무한의 시간 속에서 언젠가는 물질의 최소 단위로 분해되어 에너지의

11 F. Nietzsche, *Die frölliche Wissenschaft*, Abs. 341.

12 W. Kaufmann, *Nietzsche. Philosoph - Psychologe - Antichrist,* Darmstadt: Wiss. Buchges. Verlag, 1988, p. 382.

이동이 있을 것이기 때문이다. 비록 탁월한 사고실험이지만, 이는 단지 반복되는 순간의 시간적 인터벌을 좀 더 벌려 놓았을 뿐인 셈이다.

영겁회귀 사상에 주어진 두 번째 반박은 심리적 측면에서이다. 실상 사소한 것에 이르기까지 세상의 모든 것이 무한 반복된다는 사실은 결코 유쾌한 생각일 수 없다. 물론 '어차피 우리는 우리의 이전 삶에 대해 의식할 수 없으므로, 영겁회귀의 프로세스와 상관없이 우리는 각자의 삶을 언제나 처음 맞는 듯이 받아들일 수 있다.'는 식의 견해도 가능하겠지만,[13] 엄밀한 철학적 관점에서 니체는 영겁회귀를 '가장 무거운 중력'으로 인식하고 있다.

> 어느 날 당신 앞에 악마가 찾아와 이렇게 말한다. '지금 이 삶을 너는 앞으로도 무수히 반복해서 살아야 한다. 앞으로 새로운 것은 단 한 가지도 없을 것이며, 너의 고통, 기쁨, 작은 일, 큰일이 한 치의 오차도 없이 순서대로 반복하여 펼쳐질 것이다. 존재의 모래시계는 영원토록 되돌려 세워질 것이다.' 영겁회귀는 당신에게 놓인 가장 무거운 중력이다.[14]

단순한 심리적 측면을 넘어, 실제로 여기엔 아무런 자유의 여지가 허용되지 않는 것으로 보이며, 니체에게 이는 분명 큰 고민거리였다. 니체의 철학적 운명이 초인보다는 영겁회귀 사상에 놓인 것으로 간주하는 뢰빗(K. Löwith)의 보고에 따르면, 이미 18세 때의 초기 작품으로부터 니체에게는 헤라클레이토스의 만물 유전을 암시하는 영겁회귀 사상의 단초가 생성

---

13 A. Drews, op. cit, p. 325.
14 F. Nietzsche, *Die fröliche Wissenschaft*, Abs. 341.

되고 있었다. 젊은 니체는 이 시기로부터 '물리적 세계(Fatum)와 역사', 그리고 '물리적 세계와 의지의 자유'라는 이중의 측면에서 혼란을 겪게 되었다.[15]

자유의 여지가 허용되지 않는다면, 그러한 사상은 일종의 '패배 사상'일 수 있다.[16] 그러나 자유에 대한 심도 있는 논의를 거치지 않더라도, 단지 동일한 것이 무한히 반복된다는 사실로부터 자유의 가능성을 박탈하는 것은 다소 무리가 있어 보인다. 여기에서 말하는 자유가 선택의 자유라고 할 때, 실상 우리 모두는 항상 어떤 특정 조건 아래에서의 선택을 수행해 왔기 때문이다.

예를 들어, 내가 물 위를 걷지 못한다는 것을 이유로 나의 행동이 자유롭지 못하다고 평가하는 것은 공정하지 않아 보인다. 혹은, 누군가 책상 위에 펼쳐져 있는 단 두 장의 카드 중 한 장을 선택한다고 가정할 때, 과연 그의 행위에는 자유의 여지가 배제된 것일까?

한 가지 다행스러운 것은, 니체의 영겁회귀는 책상 위에 펼쳐진 카드를 선택하는 경우보다 훨씬 더 자유로울 수 있다는 점이다. 선택 가능한 조합의 수가 더 많다는 것은 양적인 차이에 불과하지만, 시간의 영원성이라는 조건이 추가될 수 있다는 점은 분명 뚜렷한 질적인 차이를 만들어 내기 때문이다.

만약 이 차이가 인정되지 않는다면, 모든 행위는 오직 일회적인 것만을 자유로운 선택으로 인정해야 할 것이다. 이를테면, 평생에 걸쳐 단 한 번

---

15 K. Löwith, *Sämtliche Schriften, Bd. 6. Nietzsche*, Stuttgart: J. B. Metzler, 1987, pp. 257-258.

16 소광희, 「회귀사상에 관한 연구」, 『논문집』, 제12호, 1966, 288쪽.

의 식사, 단 한 번의 취침, 혹은 단 한 번의 기쁨이나 슬픔만이 자유롭다고 인정될 것이다.

다른 한편, 앞서 언급한 불생불멸의 측면으로부터도 영겁회귀의 프로세스에 허용 가능한 자유의 여지를 도출해 낼 수 있다. 불생불멸이라는 개념이 소박한 형태의 인과율, 즉 '생겨난 것은 사라지더라'는 관찰 결과를 역으로 적용하여 얻어진 것처럼, 동일한 것의 무한 반복 역시, 예를 들어, '나는 과거에 달려온 바로 그만큼만 달릴 수 있다.'고 간주하기보다는 '나는 지금 얼마든지 더 빨리, 그리고 더 많이 달릴 수 있다.'라는 가정 역시 가능하다.

왜냐하면 '과거에 이미 나는 수없이 그렇게 달려왔으므로!'라는 가능성, 즉 일반적인 의미의 '열린 가능성'은 아니더라도 시간의 무한성 안에서 일종의 '완결된 형태의 가능성'은 무한히 열려 있기 때문이다. 요컨대 나에겐 (과거에 그랬던 것처럼) 모든 자유로운 행위가 가능할 수 있는 것이다.

사실 니체 자신은 영겁회귀와 자유의 관련성을 적극적으로 주장하기보다는 무한한 존재 긍정인 운명애(Amor fati)를 매개로 한 수용적 입장을 취하고 있다.[17] 이 같은 입장은 다음의 진술에 압축적으로 드러나 있다: "이게 삶인가? 좋아! 그렇다면 다시 한번!"[18] 그렇지만 설령 그 강조점이 다르더라도 영겁회귀와 자유에 놓인 상관성이 약화되는 것은 아니다.

마지막으로, 세 번째는, 영겁회귀 자체가 아니라 '동일한 것'에 포커스를 두고 주어진 반박이다. 이를테면, 하이데거는 영겁회귀 사상이 다분히 형이상학적이며, 영원히 회귀하는 것은 바로 힘에로의 의지라는 입장을 취

---

17 F. Nietzsche, *Die fröliche Wissenschaft*, Abs. 276.
18 F. Nietzsche, *Zarathustra*, 3. Teil, Vom Gesicht und Rätsel, Abs. 2.

하고 있다.[19] 즉, 하이데거에게 영겁회귀의 대상은 힘에로의 의지이고, 그 방법론이 바로 영겁회귀인 셈이다.[20]

그렇지만 이러한 주장은 영겁회귀를 도출하게 된 니체의 자연과학적 탐구 과정을 완전히 도외시한 지적 태만일뿐더러, 동시에 의지의 주체를 제외하고도 의지하는 행위가 가능할 것이라고 믿는 논리적 오류에 불과하다. 또한 특수한 형태의 형이상학적 관점에서가 아니라면, 의지를 '양적으로 유한하다.'[21]라고 말하기도 힘들다. 이는 힘에로의 의지를 일련의 본연적 충동으로 이해하는 시각에 대해서도 마찬가지이다.

비록 '힘에로의 의지'라는 개념이 새롭게 등장했더라도, 현시점에서 영겁회귀의 반대 논거에 대한 재반박이 원리적 측면에서 가능하므로, 그에 대한 자세한 논의는 접어두기로 한다. 그렇다면, 지금까지의 논의를 바탕으로, 이제 영겁회귀의 관점에서 후천개벽은 어떻게 조명될 수 있는가를 살펴볼 필요가 있다.

영겁회귀와 후천개벽

최제우가 천지 운행과 변화의 대전제로 수용한 개벽 사상은 선천과 후천으로 구분되는 존재론적 논의에 바탕을 둔다. 이 중 후천개벽은 최제우 사상의 근본으로 작동하는 존재론적 토대임이 틀림없다. 여기에서 시급

---

19 M. Heidegger, *Nietzsche*, 2 Bände, Pfullingen: Neske Verlag, 1961, pp. 10-12.
20 op. cit, p. 16.
21 강영계, 「니체의 영겁회귀의 의미」, 『인문과학논총』, 제25호, 1993, 191쪽.

히 검토해야 할 점은, 첫째, 그것이 어떤 양태를 띠는가의 문제와 상관없이 과연 최제우의 후천개벽은 안정적인 존재론적 기반을 확보하고 있는가 하는 점이며, 둘째, 이것이 검증 가능성을 벗어나 있을 때 전체 시스템이 몰락하지 않을 만한 최소한의 논리적 안전장치가 마련되어 있는가에 대해서이다.

사실 이 두 가지는 서로 관점이 다를 뿐, 한 사상의 존재론적 토대라는 점에서 동일한 진술이다. 니체의 관점에서 말하면, 전자의 검토 대상은 바로 우리가 살아가는 현실 속의 '되어감의 세계(Werdenswelt)'이며, 후자의 검토 대상은 형이상학적 이상세계인 동시에 종교적 사후 세계이기도 한 '존재 세계(Seinswelt)'를 지칭하는 것이다. 따라서 영겁회귀의 자연과학적 관점에서 볼 때, 관찰의 대상이 되는 후천개벽은 바로 전자의 성격을 가진 존재론적 토대를 의미한다.

앞의 논의를 통해, 영겁회귀는 현재의 존재를 무한의 시간에 걸쳐 담보해 주는 존재론적 특성을 보여주었다. 현재성과 영원성의 양자 모두를 포괄하는 존재론적 관점에서 후천개벽을 조명해 보면, 후천개벽은 분명 우리 일상의 실존적 양상에 존재론적 지평을 제공하는 특성을 보인다. 그렇지만 이러한 존재론적 지평에 기반을 두고 있는 사상이 일회적 에피소드로 끝나지 않으려면, 그 존재론적 특성 역시 일회적이어서는 안 된다는 점 역시 틀림없는 사실이다.

이런 의미에서 볼 때, '일대 개벽의 운이 회복되었다'라는 선언을 통해 존재론적 지평의 변화를 강조하면서도, 이러한 변화가 어떤 이유로부터 도래하게 되었는지에 대한 확장된 논의는 찾아볼 수 없다. 이와 마찬가지로, 변화 이전의 양태인 선천이 어떤 이유에서 물질에 관련된 개벽인지, 그리고 후천은 또 어떤 이유에서 인심에 관련된 개벽인지에 대한 논의 역

시 선언적 범주 이상을 벗어나지 않고 있다.[22]

요컨대 최제우의 후천개벽 사상에는 현재성을 위한 존재론적 지평과는 달리 영원성 확보를 위한 논거는 부재한 것으로 보인다. 또한 선천에서 후천으로 이어지는 순환 프로세스가 믿을 만하다거나, 혹은 적어도 안정적으로 작동하리라는 보장 역시 찾아보기 어렵다. 이러한 사실들은 결국 후천개벽이 불완전한 형태의 존재론에 기반하고 있다는 점을 의미하는 것이지만, 성급한 결론을 피하기 위해 선 · 후천의 논의 자체에 초점을 둔 좀 더 구체적이고 직접적인 내용을 살펴볼 필요가 있다.

이 중 역학에서 말하는 선천 · 후천개벽과 최제우의 후천개벽 사이에 놓인 관련성을 탐색한 차남희는 기존 사상과 최제우 간에 놓인 가장 큰 차이점으로 천 개념에 대한 최제우의 독창적인 해석을 들고 있다.[23] 즉, '동학이 기존 질서나 가치관과 대립되는 점은 비록 동학이 당시 사람들에게 익숙한 유교, 불교, 도교, 도참설의 용어를 빌려 사용하고 있음에도 동학의 신앙 대상인 천은 초월적이고 인격적이며 주술적인 신이었다.'는 점이다.

나아가 '하늘을 믿고 하늘에 빌어 기원하는 목적은 인격적 완성의 지향에 있는 것이 아니었다. 다만, 이 세상에서 부딪치는 재난과 고통을 피하고, 새 세상에서 복을 받는 것이 목적이었다. 천주라는 용어를 사용하여도, 동학이 천주교와 다른 점 역시 주문을 외우고 부적의 효력을 믿는 주술적 종교라는 데 있었다.'는 점이다.[24]

얼핏 익히 알고 있는 내용에 불과한 것으로 보이는 내용을 길게 인용한

---

22 『神師法說』, 「其他」.

23 차남희, 앞의 논문, 94-95쪽.

24 위의 논문, 94쪽.

이유는, 최제우의 활동 동력이 후천개벽이라는 존재론적 토대를 기반으로 하고 있음에도 정작 최제우 자신은 후천개벽의 동학적 해석이나 구상에 대한 특별한 주의를 기울이지 않았다는 점을 대비시키고자 해서이다. 요 컨대 최제우는 후천개벽으로부터 도출할 수 있는 현상적 측면을 적극 활용한 반면, 후천개벽 자체에 대한 논의는 미루어 두었던 셈이다.

최제우는 정확하게 언제부터 선천의 세상이 시작되었다고 말하지 않는다. 그리고 하원갑에서 상원갑까지의 주기에 대해서도 구체적인 언급이 없다. 다만 경신·신유·임술·계해년을 하원갑에서 상원갑으로 운이 바뀌는 전환 기로 간주한다. 그리하여 경신년(1860)에 무극대도를 받은 그는, 운세 주기의 시작인 갑자년(1864)을 상원갑의 시작으로 확신하였던 것 같다. 원래 역학에서 운세의 전환 주기는 소강절의 『황극경세서』에 따른다. 소강절은 봄·여름·가을·겨울의 순환원리를 기초로 하여 천지가 순환하여 운행하는 법도를 밝혀 놓았다. 따라서 아주 작게는 매일의 낮과 밤의 교차, 매년 사계절의 순환도 생장수장(生長收藏)을 통한 일종의 '소 개벽'에 해당한다. 소강절에 의하면 1원(元)=12회(會)=360운(運)=4,320세(世)=129,600년이다(『황극경세서』「찬도지요」하). 따라서 최제우가 말하는 상원갑의 도래는 원이 바뀌는 '대 개벽'이다. 다만 최제우는 언제부터 하원갑이 시작되었는지 말하지 않는다. 그도 상원갑의 원회운세가 도래했다는 것을 하늘님으로부터 전해 들어서 알았을 뿐이다.[25]

『고종실록』 1864년 2월 29일 자의 기록인 '갑자년에 리(利)가 궁궁에 있

---

25 위의 논문, 86-87쪽.

다는 것은 전해 내려오는 말'이라는 최제우의 세 번째 공술을 근거로, 차남희는 최제우가 18세기부터 출현한 『정감록』이나, 당시 민간에 유행하던 각종 예언서를 접하고 1864년을 후천개벽이 이루어지는 해로 확신했을 것으로 추측한다.[26]

당시의 논의를 토대로 보면, 기존의 선천 · 후천개벽의 구분은 주로 '우주의 주기 변화'에 근거를 두었다는 점이 거의 틀림없어 보인다. 이를테면, 지구의 공전 궤도 변화, 별의 이동, 혹은 춘·추분점의 이동 등과 관련한 것이 바로 선천·후천을 나누는 구분법이었던 셈이다.

예컨대 우주의 주기 변화에 따른 선천·후천의 구분에 관한 진술은 다음과 같다: "수만 년이 지나면 반드시 동지가 갑자일이 되거나 해와 달 그리고 다섯 별(수화목금토)이 모두 정북에 모여들 것이다. 이를 상원이라 한다. 이것으로 일력의 기원을 삼는다."[27] 또는 "춘분점이 매년 동에서 서로 조금씩 이동하여 약 12,800년 후에는 추분점으로 이동하고, 다시 춘분점으로 돌아오게 되는 기간은 따라서 약 25,700년이 걸린다."[28]와 같은 진술 역시 그에 해당한다.

이로부터 천문의 운행만이 인간 세상에 일방적 영향을 줄 뿐, 그 역은 성립하지 않는다는 분위기가 당시 일반적이었다면, 이는 최제우로 하여금 선천 · 후천개벽 전반의 존재론적 맥락에 대한 추가 고려 없이 단지 후천개벽의 시점만을 중시해도 되었던 이유를 설명해 준다. 큰 틀에서, 선천과 후천의 도래가 천문의 자연스러운 현상에서 도출되는 것이라면, 이를 단

---

26 위의 논문, 주 13.
27 위의 논문, 주 28. 차남희가 백승종(2006) 42쪽에서 재인용한 부분을 재재인용.
28 위의 논문, 주 29. 차남희가 한장경(2001) 31쪽에서 인용한 부분을 재인용.

지 전적으로 수용하는 태도 역시 매우 자연스러울 것이기 때문이다.

이 점에서, 최제우의 후천개벽에 대한 순수 사상적 고찰의 맥락에서 잠시 벗어나 좀 더 현실적인 확대 해석을 시도해 본다면, 최제우는 사상의 존재론적 토대로서보다는 사회개혁가로서의 정당성 확보를 위해 때마침 다가온 후천이라는 현상을 적극적으로 활용한 측면이 있어 보인다. 마치 겨울이 오면 옷을 따뜻하게 입으라는 진술이 적절한 것처럼, 사람들로 하여금 변화된 천문지리에 합당한 행동을 하도록 요구하는 것은 이러한 사실을 깨달은 자의 정당한 권리이자 의무이기도 한 것이다.[29] 유독 최제우에게 천 개념이 주술적 성격을 띠고 있었던 것도 결국 후천개벽의 시기에 필요한 행동양식을 강화하여 구성원들의 좀 더 적극적인 행위를 이끌어내기 위한 포석이었다고도 해석될 수 있을 것이다.

다시 본 논의로 되돌아와, 영겁회귀의 관점에서 다음으로 조명해야 할 부분은 후천개벽의 존재론에 내재한 시간관과 그에 관련된 목적론에 대해서이다. 먼저, 서구의 시간관은 그리스 철학 이래 직선적 시간으로 간주되어 오는 것이 일반적이다. 시간의 진행 방향이 직선적이라면, 필연적으로 그 끝과 시작을 상정할 수밖에 없을 테고, 이로부터 도출된 두 가지 중요한 논의가 바로 목적론과 종말론이다.

양자의 근본적 차이는, 시간의 끝을 긍정적으로 예상하는가, 아니면 부정적으로 예상하는가에 의해 나타난다. 예를 들어, 아리스토텔레스에게 시간의 끝은 일종의 신적 완성체인 부동의 원동자가 실현되는 목적 달성

---

29 cf. 『聖師法說』, 「以身換性說(二)」, "후천개벽의 시기에 처한 우리는 먼저 각자의 성령과 육신부터 개벽해야 하느니라. 만일 자기의 성령 육신을 자기가 개벽하지 못하면 포덕 광제의 목적을 어떻게 달성하겠느냐. 대신사 말씀하시기를 「한울님께 복록정해 수명을랑 내게비네」 하셨으니 이것은 몸으로써 성령을 바꾸어야 한다는 말씀이니라."

의 장소인 반면, 어거스틴이 이해하는 시간의 끝은 신의 은총으로 선택된 일부의 사람을 제외하고 기존에 창조된 거의 대부분의 존재자에게 파멸이 찾아오는 종말의 장소일 수 있는 것이다.

다른 한편, 동양의 시간관은 주로 순환적 시간으로 이해되어 왔다. 원리적 측면에서 볼 때, 이러한 시간관에는 시작과 끝이 있을 수 없으므로, 목적이라든가 종말적 개념 역시 들어설 여지가 없는 것이 일반적이다.[30]

이때 니체의 영겁회귀는 직선적 시간관으로부터 순환적 시간관으로 나아가는 경계에 위치한다고 볼 수 있다. 니체에 따르면, 아직 누구도 끝까지 가보지 않은 길인 영원과 영원이 서로 조우하는 장소가 바로 순간 (Augenblick)이기 때문이다.[31] 즉, 니체에게 직선적 시간의 어느 한순간을 접촉하고 경험하는 것은 곧 순환적 시간의 영원을 접촉하고 경험하는 것과 동일한 의미를 갖는다. 요컨대 시간의 직선 개념을 부정하는 것은 아니지만, 시간의 영원성으로 인해 시간의 탄생과 종말을 허용하지 않고, 다른 한편, 시간의 순환성을 확정하는 것도 아니면서 시간 속에 나타나는 존재자들의 영겁회귀를 말하고 있는 셈이다.

니체에게 시간의 특성은 시간 자체가 아니라 존재자, 즉 에너지보존과 깊은 관련성이 있다. 그럼에도 존재 활동을 떠난 시간은 무의미할 것이므로, 영겁회귀는 시간의 영원성과 존재의 영원성을 동시에 포괄하는 개념으로 보아도 좋을 듯하다.

이로부터 영겁회귀의 관점으로 후천개벽의 존재론에 내재한 시간관을

---

30 권인호, 「김지하-저항 정신과 후천개벽적 생명 사상」, 『시대와 철학』, Vol. 7, No. 2, 1996, 113쪽.

31 cf. F. Nietzsche, *Zarathustra*, 3. Teil, Vom Gesicht und Rätsel, Abs. 2.

바라본다는 것은 곧 후천개벽에 시간의 영원성이 내포되어 있는가를 따져보는 작업인 셈이다. 그런데 이에 대한 관찰을 시작하며 가장 먼저 눈에 띄는 것은, 여기에 일반적인 동양적 시간관에서는 찾아보기 힘든 강한 목적론적 성향이 보인다는 점이다. 회귀는, 바로 회귀이기 때문에 직선적 프로세스의 특정 방향으로만 진행하는 진화론적 사고나 목적론적 사고 아래에서 성립할 수 없듯, 이 같은 내용은 순환적 시간관에도 역시 동일하게 적용된다고 할 수 있기 때문이다.[32]

동시에 그 목적의 내용 역시 포덕·광제로부터 현실의 이익 추구에 이르기까지 매우 다양한 방식으로 등장한다.[33] 요는, 이 목적들이 모두 시간의 영원성보다는 시간의 현재성에 초점을 두고 있다는 점이다. 즉, 존재의 영원성이 단지 자연의 흐름에 맡겨졌을 뿐이었던 것처럼, 최제우의 후천개벽 사상에는 시간의 영원성을 포괄하는 담론 역시 부재하다.

다른 한편, 최제우의 후천개벽 사상에 한정된 목적, 즉 현재성과 연관된 목적만 존재한다는 사실은 현재의 후천이 지나고 언젠가 다시 새로운 선천의 시기가 도래할 때, 이 목적들은 선천의 물리적 변화에 맞추어 또다시 달라져야 한다는 것을 의미하고, 결국 그 선천의 시기엔 동학이나 최제우

---

32 소광희, 앞의 논문, 267쪽.
33 『聖師法說』,「以身換性說(二)」, "만일 자기의 성령 육신을 자기가 개벽하지 못하면 포덕 광제의 목적을 어떻게 달성하겠느냐."; 『聖師法說』,「雨後靑山」, "마음을 가다듬고 앞으로 나아감에 단체가 태산이요, 목적이 보국이라. 교중청년은 그 형상이 높은 산이 우뚝 솟은 듯한 기상이로다."; 『聖師法說』,「其他」 : "문 : 교인의 목적은 무엇입니까. 답 : 대범 사람의 마음이 육신의 이익에 관계가 중(重)한지라, 신심(信心)으로 천주를 모심에 그 목적이 항상 수(壽)를 누리며 운명(運命)이 통하고 커서 지위가 높으며 복록이 진지(眞摯)하여 재산이 풍족(豊足)하기를 발원(發願)하느니, 천주는 사람의 부모요 주재(主宰)라, 사랑하고 보호하는 마음이 어찌 범연하시리오."

가 아니라, 이와는 전혀 다른 사상, 그리고 이와는 전혀 다른 인물을 필요로 하리라는 점을 말해준다.

그렇지만 이보다 더 중요한 이슈는, 선천·후천으로 구분된 이러한 포함관계는 당장 현재의 시점에서도 무한 수렴하는 방향으로 진행할 수 있다는 점이다. 요컨대 후천개벽의 존재론적 특성인 현재성을 살리지 못하는 한, 후천개벽의 현 시기에서조차 다른 인물, 다른 사상을 필요로 할 수도 있다.

후천개벽의 현대적 의미

지금까지의 논의를 바탕으로, 이제 후천개벽의 존재론적 특성으로부터 도출할 수 있는 현대적 의미는 과연 무엇인지를 살펴볼 필요가 있다. 오늘날은 여전히 최제우가 주장한 후천개벽의 시기이고, 우리 정신사의 핵심 사상 중 하나를 현대사회의 제반 문제에 적용하여 해답을 모색해 보는 것은 매우 의미 있는 작업이기 때문이다. 단, 후천개벽이 엄격한 의미의 존재론일 수 있으려면, 생략된 몇몇 기능적 논의를 보완하고 더불어 발전적 대안을 찾기 위한 비판적 시각도 필요할 것이다.

먼저, 온전히 긍정적인 현대적 관점에서, 만약 최제우의 후천개벽 사상에 놓인 존재론적 특성을 한마디로 표현할 수 있다면, 그것은 바로 역동성일 것이다. 그로부터 도출된 존재의 지평은 시간과 존재의 현재성 안에서 구체적인 현실의 목적 실현을 전적으로 지지하기 때문이다. 이 경우, 현재성이라는 존재의 지평에서 주어진 조건을 모두 만족시키는 역동성의 주체는 바로 인간이다. 요컨대, 최제우의 후천개벽 사상이 지향하는 대상은 바로 인간이며, 이런 의미에서, 후천개벽은, 다름 아닌, 인간 개벽이다.

이를 달리 표현하면, 결국 마음의 개벽을 거치고[34] 정신의 개벽을 거쳐[35] 새롭게 태어나는 인간상의 정립이 바로 최제우의 후천개벽 사상이 내놓고자 했던 결과물이라고 할 수 있다. 중요한 것은, 오늘날 이러한 역동성을 지닌 사람, 즉 현대적 의미의 리더가 갖추어야 할 품성, 혹은 역량의 구체적 모습은 어떤가에 관한 것이다.

물론 이때 가장 먼저 던져야 할 질문은 과연 영겁회귀의 관점에서 이런 리더의 등장이 가능한지이다. 이를테면, 영겁회귀에 내재된 존재의 영원성과 달리, 이에 대한 논의가 생략된 최제우의 후천개벽 도식을 통해서는 과거에도 '개벽자'가 등장했는지의 여부를 알 수 없다.

반면, 영겁회귀의 구도 아래에서는 시간성을 통틀어 언제든 초인의 등장이 가능하고, 나아가 시대적 요구에 따른 '무수한 초인의 등장' 역시 가능하다. 비록 역설적으로 보이지만, 현시점의 모든 시도는 과거에 무한히 반복되었다는 존재 구도 아래 오히려 선택과 자유의 지평이 열려 있는 셈이기 때문이다.

본보기나 모범으로 삼을 만한 선례가 없다는 사실은 그만큼 현재의 노력이 더 치열해야 한다는 것을 의미하는 것이기도 하지만, 다행히도 현재성에 초점을 둔 후천개벽의 존재론적 특성은 최제우가 활동했던 당시의 현재성으로부터 몇 가지 중요한 실마리를 제공한다. 인간 개벽을 거친 사람이라면 추구해야 할 목적들이 구체적으로 제안되어 있기 때문이다.

---

34 『神師法說』, 「其他」, "선천은 물질개벽이요 후천은 인심개벽이니…."
35 『聖師法說』, 「人與物開闢說」, "천지 만물의 개벽은 공기로써 하고 인생 만사의 개벽은 정신으로써 하나니, 너의 정신이 곧 천지의 공기이니라."

동학의 문헌 곳곳에서 보이는 여러 가지 목적들을 세 가지 정도로 축약할 수 있다면, 그중 첫 번째는 바로 포덕·광제의 목적일 것이다. 비록 '포덕'이란 용어에는 특정한 사상을 불특정한 사람들에게 전파한다는 의미가 내포되어 있지만, 그렇더라도 후천개벽의 존재론적 특성이 갖는 시간과 존재의 현재성에 비추어볼 때 '특정한' 사상의 포덕이란 단지 방법론에 불과한 것으로 간주하는 것이 좀 더 타당해 보인다. 설령 그 방법론을 현대적 의미에 더욱 적합한 다른 것으로 대체하더라도 그 도달하려는 바의 궁극적인 핵심은 바로 광제(廣濟), 즉 '세상을 구하고, 사람을 살리는' 보편적 관점에서 찾을 수 있기 때문이다.

당시 '세상을 구하고, 사람을 살리는' 작업은 불합리한 사회적 조건에서 벗어나고자 하는 사회 변혁적 성격이 강했지만, 이를 오늘날의 사회에 어울리는 현대적 의미로 해석하면 바로 '상생(win-win)'이 된다. 다시 말해, 포덕·광제의 목적을 이루기 위한 합당한 형태의 역동적 인간 개벽은 곧 오늘날의 우리 사회에서 상생을 추구하는 리더십으로 재현될 수 있다는 점이다.

이로부터 현재성의 존재론적 지평에서 상생을 추구하는 리더는 더 이상 상대방을 굴복시키고 자신을 내세우는(즉, 'win-lose'를 지향하는) 리더가 아니라 오늘날 패러다임의 유기적 관련성에 대한 정확한 인식 아래 상호 호혜성을 추구하는(즉, 'win-win'을 지향하는) 리더의 모습으로 나타나게 된다.

이 점에서, 상생을 '상호 만족'의 관점에서 접근한 코비(S. Covey)의 논의는 시사하는 바가 크다. 그에 따르면, 인간 상호 작용에 관한 패러다임은 다음의 여섯 가지로 정의할 수 있다. 1. 자신과 상대의 이익을 동시에 만족시키는 'win-win', 2. 상대를 배제하고 자신만의 성공을 추구하는 'win-lose', 3. 용기가 부족하고 상대에게 쉽게 굴복하는 'lose-win', 4. 용기와 배

려의 부족이 초래하는 'lose-lose', 5. 타인을 전혀 의식하지 않고 오직 자신만을 생각하는 'win', 그리고 6. 상호 만족할 수 있는 해결책이 없을 때, 이를 끊임없이 모색해 가는 'win-win or no deal'이다.[36] 이 중 상생적 사고의 최고 경지로 간주되는 것은 여섯 번째의 상호작용 방식이며, 앞으로 우리 사회에서도 이에 대한 심도 있는 논의가 필요해 보인다.

다음으로, 두 번째는 보국안민의 목적이다. 나라를 위한다는 목적은 예나 지금이나 크게 달라질 사안이 아니지만, 그렇더라도 이것이 집권층에 대한 무조건적인 지지를 의미하는 것이어선 안 된다. '충(忠)'이란 단어의 의미 역시 논어』의 본래 의미에 따르면 '거짓 없는 진실한 마음'을 이르는 말이며,[37] 또한 '무조건 나라를 위하자는 것도 아니기' 때문이다.[38] 따라서 나라를 위하는 소극적 측면으로는, 자신에게 부여된 의무를 충실히 수행하는 것이 무엇보다 중요할 것이다.

다른 한편, 나라를 위하는 적극적 측면으로는, 항상 정심(正心)한 눈으로 위정자들의 행동에 거짓은 없는지, 혹은 진실한 마음이 드러나는지를 살펴 그에 따른 판단을 반드시 투표로 행사하는 것도 현대적 의미에 적절한 최소한의 방법일 수 있을 것이다. 이러한 행동을 할 수 있다면, 그는 우리 사회가 필요로 하는 건강한 공동체 구성원일 뿐 아니라, 드러나지 않은 일상의 리더로 평가될 수 있을 것이다.

마지막으로, 세 번째는 무병장수나 풍족한 재산과 같이 현실의 이익을 추구하는 목적이다. 언론 보도 등을 통해 부의 축적과 도덕성 사이에 놓인

---

36 스티븐 코비 지음, 김경섭 옮김,『성공하는 사람들의 7가지 습관』, 서울: 김영사, 2004, 288-334쪽.
37 윤지산,『고사성어 인문학 강의』, 서울: 디스커버리미디어, 2011, 250쪽.
38 표영삼,『동학 2. 해월의 고난 역정』, 파주: 통나무, 2005, 409쪽.

반비례 관계를 자주 접한 때문인지, 사실 '부'나 '현실적 이익'의 담론에 대한 적극적 논의는 부담스러울 수 있다. 하지만 아리스토텔레스가 믿었던 바처럼, 물질적 풍요 역시 사람이 좀 더 행복해질 수 있는 방법 중의 하나임은 분명한 사실이다.

이에 대한 현대적 해석은 현실적 이익이라는 결과물 자체에 대해서보다는 그에 이르는 과정적 측면에 방점을 두고 수행하는 것이 좀 더 자연스러워 보인다. 이를테면, 현실의 몸과 마음을 살찌게 하는 인간 개벽은 현대 사회에서 '자기 관리', '자기 쇄신', 혹은 '자기 투자' 등의 맥락에서 재현될 수 있을 것으로 보인다.

여기에서 자기 쇄신이란 새로운 도약을 위해 자신의 신체적 · 심리적 · 지적 · 사회적 차원을 쇄신하는 것을 의미한다.[39] 물론 개개인의 특수한 상황에 따라 각 차원의 영역과 비중은 달라질 수 있다. 유사한 내용이기는 하지만, 자기 쇄신에 비해 자기 투자 개념은 조직공동체 안에서의 성과 및 목표 관리와 좀 더 깊은 관련이 있다. 이를테면, 주관적인 대인관계에 의존한 처세술보다는 객관적 자료에 근거한 좀 더 합리적인 삶의 방식에 초점을 두는 것을 의미한다.[40] 요컨대 자기 관리에 철저한 셀프리더십을 갖춘 리더이다.

이상이 역동성과 관련한 논의라면, 다른 한편, 만약 온전히 부정적인 현대적 관점에서 최제우의 후천개벽 사상에 놓인 존재론적 특성을 한마디로 표현할 수 있다면, 그것은 바로 정체성(停滯性)일 것이다. 이는, 다름 아닌,

---

39 정우일 외, 『리더와 리더십』, 서울: 박영사, 2009(2판), 645-647쪽.
40 구니도미 쓰요시 지음, 황병수 옮김, 『앞서가는 리더의 행동학』, 서울: 한국산업훈련연구소, 1996, 152-153쪽.

변혁의 빈곤이 초래한 정체성이다. 다만, 이러한 시각은 오늘로부터 시간을 거슬러 올라가 약 100년에 못 미치는 기간까지만 해당한다. 최제우 자신은 매우 변혁적인 리더였기 때문이다.

이와 달리, 후천개벽의 존재론적 특성인 시간과 존재의 현재성에 관련지어 볼 때, 1920년대 이후 동학의 사상적 · 실천적 여정 중 과연 어떤 점에 주목해야 할는지 잘 떠오르지 않는다. 요컨대 김지하가 잘 지적하고 있는 바처럼, 동학은 오늘에 맞는 재창조를 필요로 한다. '동학으로부터 많은 것을 배웠지만, 100년 전 동학 그대로는 안 된다.'라는 주장을 한 김지하의 경우, 그가 시도한 재창조의 작업은 주로 생명 사상에 대한 강조로 나타났다.[41]

그리고 이런 식의 재창조는 다양한 방식으로 아주 작은 것으로부터 시작될 수 있다. 지금까지의 논의를 고려하면, 이러한 재창조가 지향하는 방향은, 다름 아닌, 시간과 존재의 현재성을 다시 살려낼 수 있는 역동성의 영역이어야 한다. 이때 이러한 작업의 수행 여부는 오직 동학공동체 구성원 개개인의 의지에 달려 있다는 점을 강조하고 싶다. 반복하건대, 재창조는 다양한 방식으로 아주 소소한 것으로부터 시작될 수 있기 때문이다.

이를테면, 시간과 존재의 현재성에 비추어 한 사상의 존재론적 토대를, 시니컬하게 표현해서, 단지 '우주의 날씨' 변화에 두고 있다는 사실은 지나치게 '과거성'으로 보인다. 그리고 그에 대한 설명을 위해 'OO팔괘도', 혹은 'XX팔괘도'처럼 마치 암호와도 같은 도표를 필요로 한다는 점도 너무 '과거성'으로 보인다.

이와 동일한 맥락에서, 행성의 이동 주기는 천체 물리학에서 더욱 정교

---

41 권인호, 앞의 논문, 112쪽.

한 계산을 할 수 있을 것으로 보인다. 요컨대 원하기만 하면, 얼마든지 중립적 형태의 존재론을 정립하고, 일상인이 이해할 수 있는 현대 언어로 수정하고, 또 마음껏 과학의 결과물을 활용할 수 있다는 점이다. 이 역시 오직 의지의 문제일 뿐이다.

이 작업이 순조롭게 진행될 수 있다면, 최제우의 후천개벽이 지향하는 핵심 주제인 인간의 문제는 순수 사상적 측면에서 좀 더 심도 있게 논의될 수 있을 것이다. 또한 그때가 되면, 이 우주에서 인간이 차지하는 위치는 어디이며, 인간의 권리와 의무의 한계는 무엇이고, 또 어디까지인지에 대한 진지한 질문이 반드시 이어져야 할 것이다. 왜냐하면 '영겁회귀의 우주적 순환은 인간적 욕망에 대해 무관심'하기 때문이다.[42]

중세 시대까지만 해도 곱셈이나 나눗셈을 완벽하게 할 수 있는 사람은 한 도시에 몇 명밖에 없었고, 이들은 대단한 학자로 존경받았다.[43] 그렇지만 현대사회에서 곱셈이나 나눗셈은 더 이상 존경받을 만한 일이 아니다. 즉, 변화와 혁신이 필요하다. 요컨대 오늘 우리 사회에서 후천개벽의 존재론적 특성에 걸맞은 인간 개벽은 무엇보다 비판적 마인드를 통해 변화와 혁신을 주도해 가는 변혁적 리더십을 필요로 하는 것으로 보인다. 비판적인 의견의 제시는 리더의 막중한 책무 중의 하나이며, 이 책무를 회피하는 것은 자신이 속한 조직을 '그저 그런' 조직으로 만드는 무책임한 행위일 것이기 때문이다.[44]

---

42 K. Löwith, op. cit, pp. 198-199. 소광희, 앞의 논문, 281쪽에서 재인용.

43 요시다 요이치 지음, 정구영 옮김, 『0의 발견』, 서울: 사이언스북스, 2002, 60쪽.

44 램 차란 외 지음, 김은숙 옮김, 『현명한 의사결정(하버드 비즈니스 클래식)』, 서울: 21세기북스, 2009, 36쪽.

후천개벽의 정체기에 놓인 과제

니체의 영겁회귀가 존재론 자체를 지시하는 '이 세상'에 토대를 두고 형성된 사상이라면, 최제우의 후천개벽은 '새 세상'이라는 가치 실천적 지향성에 초점을 둔 사상이다. 후천개벽은 일차적으로 존재론적 의미를 함축해야 하는 개념임에도, 최제우는 그에 대한 엄밀한 사상적 입장에서의 접근을 유보하고 있다. 최제우가 활동했던 시기에는 천문의 이동과 관련한 존재론이 일반적으로 수용되는 분위기였고, 천체의 위치 변화가 우리 인간 사회에 결정적인 영향을 미친다는 인식을 전제로 그에 대한 적극적인 실천적 대응을 우선순위에 두었기 때문이다.

이때 영겁회귀의 관점에서 바라본 후천개벽의 존재론은 '지금-여기'로 대변되는 시간과 존재의 현재성에서 역동적 특성을 보이는 반면, 시간과 존재의 영원성을 확보할 만한 담론은 부재한 것으로 드러났다. 이는 후천개벽의 존재론이 천체의 운행 주기에 의존하는 시간관을 갖기 때문이며, 이로부터 선천은 어떤 이유에서 물질에 관련된 개벽인지, 그리고 후천은 또 어떤 이유에서 인심에 관련된 개벽인지에 대한 논의 역시 선언적 범주 이상을 벗어나지 않고 있다. 또한 여기에 순환적 시간관으로부터는 찾아보기 힘든 강한 목적론적 성향이 보이는 이유 역시 후천개벽의 존재론적 관점으로는 설명하기 어렵다.

뿐만 아니라, 19세기에 정점에 달했던 역동적 특성이 사라진 이후, 후천개벽의 존재론적 특성에 배치되는 오랜 정체기가 현재에 이르도록 지속되고 있다. 다만, 후천개벽의 현재성이 발현하는 중심이 인간이라는 점에서, 이를 현대사회에 재현할 수 있는 리더의 모습을 가늠해 보는 작업이 가능하다. 인간 개벽을 거쳐 추구해야 할 포덕광제·보국안민·장수복록의 목적과 관련하여 상정할 수 있는 리더의 모습은 각각 상생을 추구하는 리더, 충심을 가진 리더, 그리고 셀프리더십을 갖춘 리더이다.

　다른 한편, 후천개벽의 역동적 특성인 시간과 존재의 현재성을 되살리기 위해서는 그에 상응하는 과감한 변혁의 시도가 요구된다. 이를테면, 선천·후천이 단순한 물리적 시간의 순환을 의미하는 것에 불과하다면, 이제 비로소 사상적으로 좀 더 엄밀한 형태의 존재론을 구상해 볼 시점에 이르렀다. 그리고 이러한 변혁 작업이 순조롭게 진행된다면, 후천개벽의 핵심 주제인 인간의 문제에 대해 그것이 우주에서 갖는 특별한 위치, 권리, 그리고 의무의 문제 등에 대해 더욱 열린 논의를 수행해 갈 수 있을 것이다.

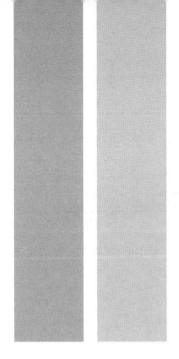

3장
허무주의와 후천개벽*

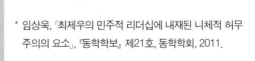

* 임상욱, 「최제우의 민주적 리더십에 내재된 니체적 허무
주의의 요소」, 『동학학보』 제21호, 동학학회, 2011.

최제우 사상의 토대에 대한 철학적 고찰

최제우는 동학의 리더로서뿐 아니라, 우리 고유의 민족종교 성립에 결정적 단초를 제공한 인물로 평가받는다. 물론 동학이 과연 종교인가에 대한 논의는 연구자에 따라 각기 다른 양상으로 나타난다.

예를 들어, 윤석산은 최제우를 '동학의 교조'로 표현하여 동학을 종교와 동일시하고 있으며,[1] 김용휘는 동학을 일차적으로 종교로 평가하면서도,[2] 다른 한편, 동학을 '종교이면서 종교가 아니고, 종교가 아니면서 종교이다'라고 진술함으로써[3] 동학의 사상적 특성에도 주목하고 있다. 반면, 표영삼은 19세기 초까지 우리나라에 '종교'라는 용어가 들어오지 않았음을 이유로 동학을 종교로 보는 시각에 매우 유보적인 입장을 취하고 있다.[4]

동학에 대한 논의가 이렇듯 여러 양상을 띠고 있는 것은 근본적으로 최제우 스스로 서로 다른 두 가지 방향에서 접근 가능한 해석의 여지를 남겨둔 측면이 있다. 요컨대, "도는 비록 천도이나, 학인 즉 동학이라"는 진술

---

1   윤석산, 『수운 최제우 연구』, 경주: 경주문화연구소, 2001, 1-2쪽.
2   김용휘, 「시천주사상의 변천을 통해 본 동학 연구」, 고려대학교 박사학위논문, 2004, 155쪽.
3   김용휘, 『우리 학문으로서의 동학』, 서울: 책세상, 2007, 21쪽.
4   표영삼, 『동학 1. 수운의 삶과 생각』, 파주: 통나무, 2004, 105-106쪽.

을 통해[5] 도와 학의 측면을 구분한 것은, 결국 그에 접근하는 방법론이 서로 다를 수 있음을 시사하는 것이기 때문이다.

그렇지만 동학이 과연 종교인가의 문제는 이 글의 한계를 벗어나므로, 이 글에서는 동학의 종교적 특성은 논외로 하고 관찰의 영역을 그 사상적 측면에만 국한하기로 한다. 따라서 이 글에서 최제우는 특정 종교의 교주나 교조로서보다는 우리 역사에 의미 있는 사회 현상을 주도한 인물로 자리매김할 것이다.

다른 한편, 이 글은 '동학농민혁명'과 같이 그동안 적지 않은 수의 역사학자와 사회 과학자들에 의해 수행되어 온 실천적 검토 영역이 아닌, 그가 발휘한 '민주적' 리더십의 근거와 배경에 대한 순수 사상적 고찰에 주된 초점을 둘 것이다. 요컨대 이 글의 지향점은 역사적 최제우를 가능하게 만든 그 사상적 토대에 대한 철학적 고찰, 특히 니체의 허무주의적 요소와 관련한 순수 철학적 고찰에 있다.

앞의 글과 마찬가지로, 동학의 사상적 토대를 순수 철학적 관점에서 고찰해 보려는 이 글의 목적은 동학에 관련된 선행연구 탐색에서 더욱 공고해졌다. 특히, 오문환은 수운 사상 연구에 대한 양적 신장세에도 불구하고 아직 깊이 있는 논의들이 진행되지 못하고 있으며, 역사학계와 사회과학계의 관심에 비할 때 철학계의 관심은 매우 미미한 것으로 평가한다.[6] 또한 황선희는 지금까지의 동학 연구가 동학의 정치·사회적 기능에만 주목하여 그 의미 부여에 주력한 나머지 사상사적 연구와 접목이 되지 못한 것

---

5 『東經大全』, 「論學文」.
6 오문환(편저), 『수운 최제우』, 서울: 예문서원, 2005, 15-58쪽.

으로 판단한다.[7]

　이로부터 이 글의 핵심 내용은 첫째, 최제우의 후천개벽이 과연 니체의
허무주의에 대비되는 사상인지를 살피고, 둘째, 그의 후천개벽 사상은 과
연 니체 철학의 허무주의 요소로부터 자유로운지를 중심으로 논의를 전개
해 가려 한다.

최제우의 '민주적' 리더십

　먼저, 최제우로부터 교조의 지위를 제거하고 난 후 그에게 남겨질 수 있
는 정체성은 과연 무엇인지를 따져볼 필요가 있다. 교조 이외의 정체성을
찾는 작업이 불가능하다면, 그와 관련한 사상을 종교적 체험이 아닌 인식
론적으로 추적하는 작업 역시 불가능할 것이기 때문이다. 이때 그에게 부
여할 수 있는 최소한의 중립적 지위는 집단의 리더이다. 유·불·도를 두
루 섭렵한 지식인이나 팔도를 주유하던 상인, 즉 개인으로서의 최제우는
우리에게 의미 있는 인물이 아니기 때문이다.

　리더십의 관점에서 최제우에게 적용할 수 있는 리더십 이론은 베버(M.
Weber)에 의해 처음으로 사회과학 분야에서 탐구되고, 이후 에치오니(A.
Etzioni), 캉거(J. Conger), 그리고 카눙고(R. Kanungo) 등에 의해 발전된 '카
리스마적 리더십'이라고 할 수 있다.[8]

7　황선희, 『동학·천도교 역사의 재조명』, 서울: 모시는사람들, 2009, 15-32쪽.

8　cf. M. Weber(ed. by S. Eisenstadt), *Max Weber on Charisma and Institution Building*,
　　Chicago-London: Chicago Uni. Press, 1968, cf. A. Etzioni, *A Comparative Analysis of
　　Complex Organizations*, New York: The Free Press, 1961; cf. J. Conger & R. Kanungo,

베버와 에치오니는 리더 스스로가 위기라고 자각한 시기에 카리스마가 발현된다고 보았으며, 특히 캉거와 카눙고는 이러한 카리스마의 실행 동력으로 기존의 상태와 크게 차이가 나는 이상적 비전의 제시, 그리고 이를 현실화할 수 있는 혁신적 수단의 사용을 들고 있다.[9] 요컨대 최제우는 당시 서세동점의 시대 상황을 민족적 위기로 인식하여 후천개벽이라는 뚜렷한 비전을 제시하며 만민평등을 위해 기존 사회의 혁신을 요구한 카리스마적 리더일 수 있다.

사회 구조상의 문제와는 별도로, 이 같은 평가는 심리학적 관점에서도 역시 가능하다. 이를테면 유클(G. Yukl)은 어떤 특정 인물이 카리스마적 리더로 인정받을 수 있는 여섯 가지 척도를 다음과 같이 말하고 있다. 즉 '첫째, 리더의 신념이 옳다는 구성원의 신뢰. 둘째, 리더의 신념과 구성원 신념과의 유사성. 셋째, 리더에 대한 구성원의 무조건적인 수용. 넷째, 리더에 대한 구성원의 애착. 다섯째, 리더에 대한 구성원의 자발적인 복종. 여섯째, 조직의 사명에 대한 구성원의 감정적 몰입.'[10]이 바로 그것이며, 이는 최제우의 경우에 잘 부합하는 것으로 보인다.

그렇다면 최제우가 가진 카리스마 리더로서의 혁신성은 과연 어디에서 찾을 수 있는가의 문제를 살펴볼 필요가 있다. 만약 이러한 리더 유형이 당시 관료나 특권층에게 일반적이던 권위적 특성과 차별성을 보이지 않는

"Toward a behavioral Theory of Charismatic Leadership in Organizational Settings", *Academy of Management review*, Vol. 12, 1987.

9   cf. J. Conger & R. Kanungo, op. cit. 강정애 외, 『리더십론』, 서울: 시그마프레스, 2010, 121쪽에서 재인용.

10 cf. Yukl, G, *Leadership in Organizations*, N. J.: Prentice-Hall, 2008(7th. ed.), 강정애 외, 앞의 책, 133쪽에서 재인용.

다면, 그 리더십의 근거나 배경을 따지는 작업 역시 무의미할 것이기 때문이다.

해크먼과 존슨에 따르면, 권위형 리더는 다음과 같은 네 가지 리더십 스타일을 선호한다. 첫째, 리더는 팔로워의 의견 수렴 없이 독자적으로 목표를 정해야 한다. 둘째, 리더는 업무 진행 상황을 팔로워의 참여 없이 혼자 파악해야 한다. 셋째, 리더는 팔로워가 규칙을 잘 지키는지 감시하고, 위반 시 처벌해야 한다. 넷째, 리더는 팔로워와 거리를 두고 지나치게 가까워지지 말아야 한다.[11]

이러한 리더십 스타일은 일견해도 당시 양반 계급이나 관료들에게 적용되는 것이겠지만, 최제우의 삶에 대한 표영삼의 기록 중 소위 '포덕' 이후의 행적에서 이것이 과연 그의 리더십 스타일에 걸맞은 것인지를 대조해 볼 수 있다. 예를 들어, 팔로워의 의견 수렴 없이 독자적인 목표를 설정한다거나 업무 진행을 팔로워의 참여 없이 혼자 파악한다는 권위형 리더십 스타일의 처음 두 가지 특성에 관한 반대 사례는 최제우가 교단 조직을 제도화하고 포덕을 진행해 간 과정에서 찾을 수 있다. 즉 최제우는 '일정한 절차와 의견 수렴 과정을 통해 접장을 선출하는 (보)부상조직을 본떠 만든' 접주 제도를 운용함으로써 일방적인 의사결정이나 정보를 통제하는 등의 방식과는 거리가 멀었다는 점을 알 수 있다.[12]

또한 최제우는 조직 구성원들을 감시하기보다는 오히려 권한을 위임함으로써 각 조직의 자치성을 보장했다는 점에서 권위형 리더십 스

---

11 마이클 해크먼 & 크레이그 존슨 지음, 김영임 · 최재민 옮김, 『소통의 리더십』, 파주: 에피스테메, 2010, 42-43쪽.
12 표영삼, 앞의 책, 221-223쪽.

타일의 세 번째 특성과도 거리가 멀었다. 리더십에서 보통 '임파워먼트 (empowerment)'라고 표현되는 권한 위임은 아랫사람에게 자신의 직급에 맞는 권한을 부여하는 것을 의미한다. 즉 권한의 크기는 원리적으로 받는 쪽보다 주는 쪽이 더 클 수밖에 없다. 그런데 최제우는 경주 남쪽만을 자신이 직접 관할하고 북쪽은 최경상(최시형)에게 맡도록 하는 파격적인 권한 위임을 실행하기도 했다.[13]

마지막으로, 이 스타일의 네 번째 특성인 팔로워와의 의도적 거리 유지에 대해서도 마찬가지의 결과를 확인할 수 있다. 즉, 『용담유사』의 「도수사」에는 "구미용담 좋은 풍경 안빈낙도 하다가서 불과 일년 지낸 후에 원처근처 어진 선비 풍우같이 모아드니 낙중우락 아닐런가."라고 하여 최제우는 팔로워들과의 교류에 매우 적극적이었다는 사실을 확인할 수 있다.[14] 표영삼의 조사에 따르면, 최제우의 양녀 주씨와 그의 모친은 밤낮으로 몰려드는 동도들의 시중들기에 '손목이 떨어져 나갈' 정도였다고 한다.

반면 민주형 리더의 리더십 스타일은 다음과 같은 네 가지 리더십 스타일을 선호한다. 첫째, 리더는 팔로워와 상담하고 의견 수렴 후 목표를 설정해야 한다. 둘째, 리더는 목표 설정을 혼자 하지 말고 위원회나 TF 등의 도움을 받아야 한다. 셋째, 리더는 항상 주요 업무 사항을 팔로워에게 전달해야 한다. 넷째, 리더는 자신이 내린 의사결정 사유를 팔로워에게 설명해 주어야 한다.[15]

이 중 처음 두 가지 특성에 대해서는 앞의 반대 사례로부터 이미 주요 근

---

13 위의 책, 232-234쪽.
14 『龍潭遺詞』, 「道修詞」. 표영삼, 앞의 책 137쪽에서 재인용.
15 마이클 해크먼 & 크레이그 존슨 지음, 김영임 · 최재민 옮김, 앞의 책, 42-43쪽.

거가 주어졌다고 보인다. 즉 최제우의 리더십 스타일은 최소한 민주형 리더십과 상반되는 것이 아니다. 나아가 최제우는 조직 정비 이후 주요 업무 사항의 전달을 위해 통유나 통문 등의 다양한 방식을 추가로 활용함으로써 민주형 리더십 스타일의 세 번째 요건도 충족시키고 있다.[16] 통유나 통문의 사용은 후에 최시형에 이르러 더욱 활성화되었고, 최제우의 첫 통유는 1862년 5월(음) 하순 남원 은적암에서 각지 도인들에게 보낸 것으로 알려져 있다.[17]

마지막으로, 민주형 리더십 스타일의 네 번째 특성으로는 「안심가」의 반포를 그에 해당하는 사례 중 하나로 들 수 있다. 이는 최제우가 '유생들의 위협을 피하기 위해서뿐 아니라 일반의 오해를 깨우치고, 자신의 가르침은 보국안민을 위한 도라는 것을 밝히고자' 한 글이다.[18] 또한 여러 가지 오해를 불식시키고, 자신이 가르치고자 하는 본뜻을 밝히기 위한 「포덕문」도 그에 해당하는 사례로 볼 수 있다.[19]

이같이 볼 때, 최제우라는 역사적 인물에게 적용될 수 있는 리더 유형은 카리스마적이며, 또한 그가 발휘한 리더십 스타일은 다분히 민주적이라고 할 수 있을 것이다. 그러나 그의 리더십 스타일을 '민주적'이라고 칭할 수 있는 더욱 근본적인 이유는, 그의 리더십 스타일이 민주주의의 기본 가치인 평등주의를 전제로 하고 있다는 데에 있다.

이 점에서 황선희는, 특히 최제우의 후천개벽 사상은, 첫째, 봉건사회의 타락한 윤리에 대한 부정이자, 둘째, 새로운 사회 질서에 대한 요구이

---

16 황선희, 앞의 책, 207쪽.
17 표영삼, 앞의 책, 183-186쪽.
18 위의 책, 142-143쪽.
19 위의 책, 138쪽.

며, 셋째, 인간성 회복을 위한 운동이고, 넷째, 이상사회의 건설을 추구한 혁명적인 역사관이기도 한 것으로 평가한다.[20] 이로부터 후천개벽 사상은 "한울님과 인간의 합일성에 기준을 두고 만인의 평등을 주장"[21]할 수 있는 근거로 작동하는 것이라고 할 수 있는 것이다.

황선희에 따르면, 후천개벽은 그 용어가 주는 상징성으로부터 정치 · 사회적으로는 혁명적 성격을 띠는 것으로 볼 수밖에 없었고, 이는 당시 동학농민혁명의 사상적 뿌리가 되어 주었을 개연성이 높다. 즉 당시의 동학도들은 갑오년의 동학농민혁명을 후천개벽 사상의 실천으로 이해했을 것이라는 점이다.[22]

요컨대 최제우가 만인의 평등을 주장할 수 있었던 사상의 기저에는 '개벽'이라는 화두가 자리 잡고 있었다. 최시형이 전하는 최제우의 '후천개벽'은 다음과 같다.

> 대신사께서 늘 말씀하시기를 이 세상은 요순공맹의 덕이라도 부족언이라 하셨으니 이는 지금 이때가 후천개벽임을 이름이라.
> 선천은 물질개벽이요 후천은 인심개벽이니 장래 물질발명이 그 극에 달하고 여러 가지 하는 일이 전례 없이 발달을 이룰 것이니, 이때에 있어서 도심은 더욱 쇠약하고 인심은 더욱 위태할 것이며 더구나 인심을 인도하는 선천도덕이 때에 순응치 못할지라.
> 그러므로 한울의 신령한 변화 중에 일대 개벽의 운이 회복되었으니, 그러

---

20 황선희, 앞의 책, 37쪽.
21 ibid.
22 위의 책, 15, 18쪽.

므로 우리 도의 포덕천하·광제창생은 한울의 명하신 바니라.[23]

즉 최제우가 개벽을 통해 도달하고자 했던 궁극의 장소는 바로 포덕천하·광제창생의 이상사회이다. 그런데 이러한 사회는 점진적 개선을 강조하는 역사적 흐름 속의 현실사회라기보다는 지기를 분유(分有)한 시천주적 유토피아, 즉 신인 합일의 이상사회를 의미하는 것이다. 최제우는 당시의 사회상을 '요순공맹의 덕'으로도 어쩔 수 없는 절망의 시기로 인식했기 때문이다.

이처럼 최제우의 민주적 리더십이 발현될 수 있었던 근거는 바로 만민평등사상에 있었으며, 이러한 사상은 다시 후천개벽을 통해 구현될 이상사회의 비전에 그 뿌리를 두고 있다는 점은 분명해 보인다. 일단 이상사회와 관련한 구체적인 논의는 잠시 뒤로 미루기로 하고, 우선 그 사상적 토대에 대한 철학적 고찰을 위해 니체의 니힐리즘을 살펴볼 필요가 있다.

니체의 니힐리즘

지금까지의 선행연구 중 동학의 개벽 사상을 니체의 니힐리즘과 연관시켜 살핀 연구자는 최동희가 유일하다.[24] 황선희에 따르면, 최동희는 최제우와 니체가 동일한 현실 인식에서 출발했음에도 불구하고, 최제우는 지

---

23 『神師法說』, 「其他」.
24 최동희, 「니이체와 최수운 - 니힐리즘과 개벽사상을 중심으로」, 『한국사상총서』 III, 1960, 264-277쪽.

상천국이라는 이상사회의 실현을 위해 적극적이었던 반면, 니체는 자신의 허무주의로 인해 아무런 현실 참여도 하지 않았다는 결론을 내리고 있다.[25]

다른 한편, 코돈(D. Cawthon)은 "민주주의적 평등주의에 근거한 리더십 논리에 정면으로 반하는 허무주의의 조류가 20세기를 향하는 역사의 흐름 속에서 독일에서부터 등장했다."[26]라고 하여, 대체로 니체의 허무주의는 동·서양 모두로부터 준엄한 비판의 대상이 되어 왔다.

비단 허무주의에 국한해서뿐 아니라, 그의 전 철학에 걸쳐 사실 이런 유의 비판은 니체에게 새로운 것이 아니다. 게다가 이러한 현상은 니체가 삶을 이해하고, 글을 쓰는 방식에 기인한 것이기도 하다는 점에서, 니체 자신이 자초한 측면도 있다. 즉 니체는 우리의 삶과 우리가 살아가는 세계가 어떤 특정 체계에 의해 일목요연하게 정리될 수 있을 만큼 논리적으로 구성되어 있다는 모든 주장에 대해 분명한 반대 입장을 취하고 있다.[27]

이로부터 그의 글쓰기 형태는 특정한 시스템을 구성하기보다는, 삶의 문제 하나하나에 대해 즉자적으로 대응하는 다양한 아포리즘의 형태로 나타난다. 요컨대 그의 철학은 오해하기가 쉽다는 점이다. 이런 의미에서, 카우프만(W. Kaufmann)은 니체를 읽는 것이 비록 칸트나 헤겔보다 수월하지만, 그렇다고 더 이해하기 쉽다는 것은 아니라는 점을 강조한다. 니체는 "시스템 중심의 사상가"가 아니라, "문제 중심의 사상가"이기 때문이다.[28]

---

25 황선희, 앞의 책, 17-18쪽.

26 데이비드 코돈 지음, 제정관 옮김, 『리더십의 철학』, 서울: 철학과현실사, 2006, 181쪽.

27 F. Nietzsche, *Götzen-Dämmerung*, Sprüche und Pfeile, Abs. 26.

28 W. Kaufmann, *Nietzsche. Philosoph - Psychologe - Antichrist*, Darmstadt: Wiss. Buchges. Verlag, 1988, p. 96.

우선 '허무주의(Nihilismus)'라는 개념은 대개 일종의 심리적 공황 상태를 설명하기 위해 가치론적 측면에서 사용하는 표현이지만, 본래 '니힐(nihil)' 이란 말은 '없다(無)'라는 의미를 나타내는 존재론적 표현이다. 이 같은 존재론적 의미에서 니체가 적시하는 니힐리즘의 대상은 바로 유럽의 니힐리즘이다. 이는 지리적 의미의 유럽이라기보다는 '유럽-기독교적 문화 세계'를 대변하는 것으로서의 유럽을 말한다.[29]

다시 말해 니체의 니힐리즘은 유럽-기독교적 문화 세계의 근거로 상정된 '저세상'이 실제로는 존재하지 않으며(nihil), 이로부터 그러한 세계와 생명력을 같이 하던 모든 종류의 유럽-기독교적 가치와 도덕은 전도될 수밖에 없는 운명에 처했음을 의미하는 개념이다. 즉 니체의 니힐리즘은 유럽의 주류 세계관을 정면으로 거부한 매우 적극적인 선언임에도 불구하고, 이를 가치론적 관점에 한정해서 이해하는 한 현 세태를 한탄하는 무력한 개인의 하소연 정도로 오해되고 마는 것이다.

이 같은 사실은 최제우가 활동했던 구한말의 시기와 니체가 활동하던 19세기 유럽의 생활상을 단순 비교하는 것만으로도 분명하게 드러난다. 전자가 사회적 불안이 만연한 격동기라면, 후자는 자본주의의 발달이 몰고 온 일련의 폐해에도 불구하고 오히려 삶의 질이 향상되고 사상계를 비롯한 사회 각 영역의 발전이 극대화되던 시기에 해당하기 때문이다. 따라서 용어에서 오는 오해를 피하기 위해서라도 이하의 본문에서는 허무주의 대신 니힐리즘이라고만 표현하기로 한다.

니힐리즘에 관련된 개념적 오해 외에 더욱 중요한 것은 그의 철학에 대한 내용적 오해이다. 니체 철학은 '니힐리즘'과 이에 맞물려 있는 '모든 가

---

29 F. Nietzsche, *Wille zur Macht*, Abs. 2.

치의 전도'를 전제로 하여 비로소 시작되기 때문이다. 따라서 니체 철학에 접근하기 위해 니힐리즘만을 다룬다거나, 혹은 니힐리즘의 부차적 의미인 가치의 측면만을 보게 된다면 오해가 필연적일 수밖에 없는 셈이다.

예컨대 '신은 죽었다.'로 대표되는 니체의 존재론적 니힐리즘은 단지 그에 그치는 것이 아니라, 이를 사유의 발판으로 삼아 '그렇다면 이제 우리는 어떻게 살아갈 수 있는가?'라는 매우 적극적이고, 동시에 주체적인 탐구가 시작된다는 점에 주목할 필요가 있다. 예를 들어 차라투스트라로 투영된 그의 작품에서 니체는 자신을 '신이 죽었다는 오래된 사실'을 알리는 전령이자, 신의 죽음 이후의 인간 삶을 이야기하는 선구자로 묘사하고 있다.[30] 그렇지만 이 자리는 최제우의 민주적 리더십이 발현할 수 있었던 사상적 토대에 대한 고찰이 주목적이므로, 이에 필요한 니체의 니힐리즘이 지시하는 바가 무엇이고, 또 그 근거는 무엇인지에 대한 탐색에 주력할 것이다. 이에 유럽의 니힐리즘으로 지칭되는 니체의 니힐리즘이 지시하는 바를 좀 더 구체적으로 살펴볼 필요가 있다.

먼저, 니체의 니힐리즘이 겨냥하는 직접적 대상은 바로 '존재 세계(Seinswelt)'이다. 기본적으로 니체는 존재가 '존재 세계'와 '되어감의 세계(Werdenswelt)'로 나누어진다고 간주하는 유럽식의 이원론적 세계관에 반대한다.[31] 전자가 의미하는 것은 그동안 유럽의 주류 정신사가 순수 진리인 이상적인 세계로서 수용해 온 세계이고, 후자가 의미하는 바는 진리의 세계에 비추어 일종의 '그림자' 정도로 간주되어 온 우리의 현실 세계이다.

이렇듯 아무리 세련된 표현으로 묘사되었더라도 대략 '저세상, 이 세상'

---

30 F. Nietzsche, *Also sprach Zarathustra*, Zarathustras Vorrede 2.

31 F. Nietzsche, *Wille zur Macht*, Abs. 569-570.

정도로 구분할 수 있는 플라톤 식의 투박한 세계 구조를 니체는 정면으로 반박한 것이다. 이와 유사한 시각으로, 예컨대 하이데거는 모든 서양철학이 실은 플라톤주의에 불과한 것으로 결론짓고, 형이상학과 이상주의 그리고 플라톤주의를 그 본질에서 동일한 것으로 간주한다.[32]

즉 신이 있고, 절대 진리가 있고, 나아가 영원불변의 유토피아로 간주되는 유럽식 이상사회에 대한 부정이 바로 니체가 말하는 니힐리즘의 본래 의미이다. 니체에 따르면, 실제로는 가장 끝자리의 보잘것없는 '공허한 개념'에 불과하던 것이 갑자기 제일 첫 자리로 옮겨와 모든 것의 원인인 체했을 뿐이므로,[33] 이제 다시 원상태로 되돌려 놓을 필요가 있다는 것이다.[34]

이런 의미에서, 니체는 부당하게 끝자리로 밀려난 '이기주의(Egoismus)'를 긍정적으로 평가하기도 한다. 이기주의는 존재의 세계로부터 내려지는 도덕 명령인 '너는 해야만 한다(Du sollst).'를 거부하고, 비로소 '나는 하고 싶다(Ich will).'를 주장하는 자기(ego) 긍정의 시작으로 이해될 수 있기 때문이다.[35] 요컨대 니체의 니힐리즘은 오히려 개체로서의 자신을 포함한 세계 긍정의 전제로 작동하는 기제이며, 허무주의와는 아무런 관련이 없는 개념이다.

다음으로, 사람들이 이상적이고 영원한 세계를 상정하는 이유를 니체는 우선 다음과 같은 잘못된 존재론적 유추의 결과로 간주한다: "이 세상은 현상에 불과하다. 따라서 참된 세계가 있을 것이다. 이 세상은 상대적이다. 따라서 절대 세계가 있을 것이다. 이 세상은 모순으로 가득 차 있다.

---

32 M. Heidegger, *Der europäische Nihilismus*, Pfullingen: Neske Verlag, 1967, p. 196.
33 F. Niezsche, *Götzen-Dämmerung*, Die Vernunft in der Philosophie, Abs. 5.
34 F. Niezsche, *Ecce homo*, Warum ich so klug bin, Abs. 10.
35 F. Niezsche, *Jenseits von Gut und Böse*, Abs. 265.

따라서 완전한 세계가 있을 것이다. 이 세상은 변화하는 되어감의 세계이다. 따라서 영원한 존재의 세계가 있을 것이다."[36]

니체가 보기에, 이러한 추론은 단지 심리적인 비약에 불과하다. 사실 존재 세계의 존재론적 근간이 되는 '절대 존재'라는 것 역시 심리적인 요인을 제외하면 논리적으로 불가능한 개념이다. 우리의 세계는 존재론적으로 서로가 서로에게 의존적인 상대 존재이고, 이는 곧 절대 존재가 있을 수 없다는 사실을 말해주는 것이기 때문이다. 파르메니데스가 주장한 바처럼, 만약 '절대 존재'라는 것이 가능하다면, 그것은 움직임을 허용하지 않는 오직 '일자(一者, eon)'로서 일 것이다.

다른 한편, 니체는 인식 불가능성의 측면에서도 절대 존재를 인정할 수 없다고 주장한다. 첫째, 일종의 '물 자체(Ding an sich)'로서의 절대 존재는 오감의 센서 범위를 벗어나 있기 때문이고, 둘째, 상대적 존재인 인간이 소위 '절대 존재'를 인식했다면 그것은 또 다른 상대 관계에 놓인 상대 존재일 뿐 절대 존재일 수 없기 때문이며, 셋째, 인식 행위 자체는 이미 특정한 형태로서의 한정 지움이기에, 어떤 대상에 대한 인식은 곧 그 대상의 유한성을 의미할 것이기 때문이다.[37]

요컨대 이러한 근거들을 통해 니체가 부정하는 니힐리즘의 대상은 서양 정신사가 전통적으로 희망해 온 기독교-유토피아적 이상세계라는 점이 분명하다. 다만 이때 중요한 것은, 그러한 이상세계가 사라진 이후 니체에게 남겨진 세계는 그에 대비되어 온 열악하고 절망적인 세계가 아니라, 우리가 살아가는 바로 '이 세계'라는 점이다. 두 세계에 설정된 기존의 각기 다

---

36 F. Nietzsche, *Wille zur Macht*, Abs. 499.

37 op. cit, Abs. 555.

른 가치는 양자 간에 놓인 상대적인 관계성을 전제로 부여된 것이기 때문이다.

이는 마치 골짜기가 없으면 봉우리도 없고, 동전의 앞면이 사라지면 뒷면도 함께 사라지는 것과 같은 이치이다. 양자는 저마다의 존재 지속을 위해 상대의 존재를 필요로 하는 유기적 관계성 아래 놓여 있기 때문이다. 즉 봉우리가 사라져도 골짜기만 남거나, 동전의 앞면 없이 뒷면만 존재하는 경우는 가능하지 않다.

그러나 그간 이상적으로 간주되어 온 세계가 실은 존재하지 않는다는 사실을 인지한 이후 일반인들에게 나타나는 가장 일반적인 심리상태는 바로 허무함이다. 니체에 따르면 우리 인간은 자신의 존재 의미를 목적, 통일, 혹은 진리 개념 아래 이해할 때 니힐리즘이 도래할 수 있다.[38] 예컨대 실은 삶의 목적이 없고 따라서 모든 것이 무가치하다는 감정, 오직 자신만이 예외라는 상실감, 혹은 설명할 수 없는 사건을 보며 갖게 된 괴리감이 바로 니힐리즘을 초래할 수 있는 것이다.

이 같은 목적, 통일, 혹은 진리 개념을 통해 존재의 의미를 탐색하는 방식은 주로 사라진 이상사회를 전제했을 때 해당하며, 세상에는 그것 외에도 수많은 형태의 다양한 존재 이해 방식이 있을 수 있다. 요컨대 니힐리즘의 출현은 존재의 고통이 더 심화하거나 삶의 의미가 사라졌다는 의미에 국한되기보다는, 단지 우리가 세계에 대해 가질 수 있는 수많은 해석 중 몇 가지가 도태되었다는 점을 보여줄 뿐이다.

그렇다면 세상을 바라보는 또 다른 관점과 해석, 그리고 방식을 통해 니힐리즘 출현의 의미 역시 다르게 해석될 수 있을 것이다. 이를테면, 니체

---

38 op. cit, Abs. 12.

에게 그랬던 것처럼, 니힐리즘은 오히려 우리가 두 발을 내딛고 살아가는 바로 이 세계에서 새로운 창조를 시작해 가는 긍정의 신호일 수 있는 셈이다.[39]

후천개벽과 니힐리즘

지금까지의 논의를 바탕으로, 이제 후천개벽을 통해 그려진 최제우의 이상사회는 니체가 비판한 니힐리즘의 대상인 기독교적 이상사회와 어떻게 대비되는지를 살펴볼 필요가 있다. 이를 위해서는, 먼저 최제우의 민주적 리더십이 발현될 수 있었던 근거가 만민평등 사상에 있었고, 이는 다시 '시천주'라는 더욱 근본적인 개념에 귀일되기 때문이라는 점에 주목해야 한다.

즉 모든 사람은 이미 '시천주자'이거나 혹은 '시천주자'가 될 가능성을 가진 존재로서, 이 같은 인식은 자연스레 모든 수직적 신분 체계의 거부와 함께 만민평등을 구가하는 수평적 인간관계를 추구하도록 한다는 점이다. 이런 의미에서, 신일철은 '개인의 기본권을 기초로 할 때 주권재민의 민주 공화정'이 탄생할 수 있다고 평가한다.[40]

그러나 비록 '동학이 지향하는 유토피아를 자유 민권사회로 이해하는'[41] 식의 세속화 해석이 가능하더라도 최제우의 사상적 배경에 놓인 개벽의

---

39 op. cit, Abs. 1055.
40 오문환(편저), 앞의 책, 190-191쪽.
41 위의 책, 189-192쪽.

의미를 이러한 이해의 지평에 모두 담아내기에는 부족한 면이 있어 보인다. 최제우가 지향한 바는 단지 일반 사회의 정치적 환경 개선을 훨씬 뛰어넘는 전 우주를 포괄하는 형이상학이자 실천학이었기 때문이다.

이로부터 좀 더 근본적인 시천주의 의미는 신과의 합일을 궁극의 목표로 한다는 관점에서 더욱 뚜렷해지는 것으로 보인다. 즉 후천개벽을 개인(지상 신선)과 사회(지상천국), 그리고 전 우주(무극대도)에 걸친 하나의 변혁적 현상이라고 할 때, 이 중 개인과 사회에 관련된 개벽은 시천주라는 일련의 인위적 신인 합일의 과정을 통해 비로소 시작되며, 이때 최제우 스스로는 자신이 이미 신인합일의 경지에 도달한 것으로 인식한 듯하다.

> 천황씨는 원래 한울과 사람이 합일한 명사라, 그러므로 천황씨는 선천개벽으로 사람을 있게 한 시조신의 기능으로 사람의 원리를 포함한 뜻이 있으니, 만물이 다 천황씨의 한 기운이니라. 오늘 대신사께서 천황씨로서 자처하심은 대신사 역시 신이신 사람이시니 후천 오만년에 이 이치를 전케 함이니라.[42]

여기에서 신인합일에 도달하기 위한 방법론으로 최제우가 제시한 것은 바로 주문과 영부이다.[43] 주문을 외워 장생을 꾀하거나, 영부를 음용할수록 몸이 튼실해지고 얼굴빛이 희어졌다는 등의 구체적인 기록을 보면, 이

---

42 『神師法說』, 「其他」.
43 『東經大全』, 「修德文」, "입으로 장생하는 주문을 외우니 그 글자는 스물한자라."; 『東經大全』, 「布德文」, "나에게 영부 있으니 그 이름은 선약이요 그 형상은 태극이요 또 형상은 궁궁이니, 나의 영부를 받아 사람을 질병에서 건지고 나의 주문을 받아 사람을 가르쳐서 나를 위하게 하면 너도 또한 장생하여 덕을 천하에 펴리라."

는 결코 단순한 상징물에 불과한 것이 아니었음을 확인할 수 있다.[44]

이에 한울을 인격적 존재로 묘사하고 있다는 점과, 최제우 스스로 자신을 천황씨로 자처하는 상황 등을 미루어 적어도 이때까지 신인합일의 형태는 개인적(혹은, 개별적) 의미의 신인합일이었음을 추론할 수 있다. 즉, 신일합일은 개인의 노력을 통해 가능한 것으로 간주되었던 듯하다.

그런데 이 같은 상황을 종교학적 관점에서 관찰하면, 최제우의 신인합일 과정은 여러 측면에서 고대의 종교, 특히 고대 그리스의 디오니소스 (Dionysos) 종교와 매우 흡사한 양상을 보인다.[45] 첫째, 디오니소스 교도들은 이원론자가 아니었다. 그들은 자신과 신 사이에 질적인 차이를 두지 않았으므로 자연스레 이로부터 이어지는 두 번째 특징이 나타난다. 즉, 디오니소스 교가 행한 종교 활동의 궁극적인 목적은 신이 되는 것, 곧 신과의 합일이었다. 셋째, 그들은 이를 위한 방법론으로 술을 마시고 해체한 들짐승의 날고기를 먹었다.

동서양을 막론하고 고대의 종교의식에서 술을 중시한 이유는 다소간 분명해 보인다. '신의 음료'로 간주되던 술에는 주어진 조건에 따라 소위 '물아일체'의 경지로 해석될 만한 기능이 들어 있기 때문이다. 그런데 디오니

---

44 『龍潭遺詞』, 「安心歌」, "모자(母子)가 마주앉아 수파통곡(手把痛哭) 한창할때 한울님 하신말씀 지각(知覺)없는 인생(人生)들아 삼신산(三神山) 불사약(不死藥)을 사람마다 볼까보냐 미련한 이인생아 네가다시 그려내서 그릇안에 살라두고 냉수일배(冷水一盃) 떠다가서 일장탄복(呑服) 하였어라 이말씀 들은후에 바삐한장 그려내어 물에타서 먹어보니 무성무취(無聲無臭) 다시없고 무자미지(無滋味之) 특심(特甚)이라 그럭저럭 먹은부가 수백장(數百張)이 되었더라 칠팔삭(七八朔) 지내나니 가는몸이 굵어지고 검던낯이 희어지네 어화세상 사람들아 선풍도골(仙風道骨) 내아닌가 좋을시고 좋을시고 이내신명(身命) 좋을시고 불로불사(不老不死) 하단말가."
45 버트란트 러셀 지음, 한철하 옮김, 『서양철학사』, 서울: 대한교과서, 1982, 16-30쪽.

소스 교에서 살아 있는 들짐승을 찢어 날로 먹은 이유는 타이탄 족에게 찢겨 죽었으나 이내 부활했다고 전해지는 디오니소스라는 소년 신과 관련이 있다. 즉 이들이 먹은 것은 찢긴 신의 몸이었던 셈이다.[46]

이를 최제우의 경우에 대입해 보면, 첫째, 동학의 우주관은 일원론이다. 둘째, 최제우에게 시천주의 궁극적 의미는 신인합일이다. 마지막으로, 신이 되기 위해 신을 먹은 디오니소스 교도들의 의식과 주문을 외우거나 불사를 보증해 주는 영부를 먹는 것 역시 그 형식과 내용에서 동일한 의미를 갖는 행위이다.

특히 세 번째는 무언가를 '먹는 행위'가 일상의 경험을 통해 종교적 의식으로 승화해 간 경우에 해당한다. 예컨대 우유나 고기를 먹으면 뼈와 근육이 튼튼해진다는 믿음으로부터 신이 되기 위해 '신을 먹는 행위'가 선택된 셈이다. 상징적이든 실질적이든 이 같은 의식, 즉 신적인 어떤 것을 먹는 행위는 대부분의 현대 종교에도 여전히 이어지고 있다.

이로부터 본다면, 시천주를 전제로 최제우가 주장한 개인의 개벽은 고대 종교에서 추구되던 종교적 양상과 다를 바 없으며 분명한 종교성을 갖는다. 나아가 양자는 그 특징을 공유할 뿐 아니라, 난점 역시 함께하는 것으로 보인다. 양자 모두 스스로 설정한 종교적 목적을 달성했다고 보기 어렵기 때문이다. 예를 들어 디오니소스 교의 경우, 자신들의 꾸준한 종교의식, 즉 술과 생고기를 반복적으로 섭취했음에도 불구하고 그들은 신이 되지 않았다. 이는 디오니소스 교가 '개혁'되어야만 했던 주요 계기로 작동했다. 사실 '개혁'의 또 다른 얼굴은 '이렇게 하면 안 되나 봐!'라는 좌절의 표현이기도 하다.

---

46 *ibid.*

이와 마찬가지로, 동학의 경우 역시 최제우 본인을 제외하고는 주문과 영부를 통한 또 다른 신인합일 사례에 대한 기록을 찾기 힘들다. 표영삼의 보고에 따르면, 최시형의 시기에 당시 동학도들은 49일을 연속해서, 심지어 하루에 2~3만 회씩 주문을 낭송하는 경우까지 있었다고 한다.[47] 요컨대, 적어도 종교로서의 동학은 어떤 식으로든 개혁이 필요한 듯하다.

위의 논의를 통해 최제우의 시천주 개벽을 니체의 니힐리즘에 대비시켜 보면, 양자 사이엔 적어도 그 형식적인 측면에서 함께 놓일 만한 관련성은 없어 보인다. 즉 시천주 개벽은 니체 니힐리즘의 대상이 아니다. 먼저, 니체의 니힐리즘은 유럽-기독교적 이상사회를 직접적으로 겨냥한 것이고, 설령 이를 확장하여 모든 종류의 이상사회에 대한 부정으로 이해하더라도 최제우의 개벽은 '저세상'이 아닌 '이 세계'에서 현세적 이상사회를 추구한 것이기 때문이다. 양자의 차이는 바로 검증 가능성에 있으며, 최제우의 이상사회는 니체가 없다(nihil)고 선언한 여타의 이상사회와 다르다. 하지만 바로 이 점에서, 최제우의 시천주 개벽 사상은 최소한 니체 니힐리즘의 한 양상일 수는 있다. 왜냐하면 시천주를 통한 신인합일의 목표는, 넓은 의미에서, 기독교 식의 이상사회가 거쳐 온 전형적인 프로토타입(prototype)에 해당하기 때문이다. 즉 피안의 이상사회를 주장하는 유럽-기독교적 이상사회는 여러 형태의 현세적 이상사회를 선 단계로 갖고 있었다.

디오니소스 교가 다른 형태의 이상사회로 진행해 간 이유는 검증의 벽을 넘지 못해 개혁의 필요성이 제기되었기 때문이었고, 뒤이은 다른 많은 형태의 이상사회 역시 마찬가지였다. 예컨대 오르페우스(Orpheus)의 경우처럼 신은 못되더라도 일상에서 최소한의 내적 정화(Catharsis)를 추

---

47 표영삼, 『동학 2. 해월의 고난 역정』, 파주: 통나무, 2005, 54쪽.

구했던[48] 시도조차 이것이 불가능함을 알게 되자, 또다시 다른 형태의 이상사회로 계속해서 대체되어갔던 것이다.

그러던 것이 결국 기독교에 이르러 더 이상의 검증 작업이 불가능한 피안의 세계로 이상사회의 장소가 옮겨간 것이고, 니체의 니힐리즘은 바로 그러한 이상사회의 존재 자체에 대해 의문을 제기한 것이다.

최제우가 서학을 거부하고 동학을 택한 행위, 그러나 이것의 종교적 의미가 여전히 니힐리즘적 이상사회의 프로토타입을 벗어나지 못한 것이라면, 이는 소위 '불완전한 니힐리즘'의 첫 단계에 해당하는 것일 수밖에 없다.[49] 이것은 자신이 신뢰해 오던 전통적 이상을 모두 부정했지만, 바로 그 자리를 또 다른 새로운 이상으로 대체하는 니힐리즘을 의미한다.[50]

우리 주변에서 흔히 볼 수 있는 불완전한 니힐리즘의 전형은 어느 개인이 한 종교에서 다른 종교로, 또다시 새로운 종교로 옮겨 다니는 경우이다. 니체에 따르면, 이러한 양상의 니힐리즘은 불완전한 상태의 가치 전도를 반복하게 되며, 문제를 더욱 심화시킬 뿐이다. 그렇다면 이제 그 내용적인 측면은 어떤지를 살펴볼 필요가 있다.

지상천국과 운명애(Amor fati)

약간 이상해 보이지만, 최제우가 제안한 시천주 개벽의 내용적 측면은

---

48 버트란트 러셀 지음, 한철하 옮김, 앞의 책, 16-30쪽.
49 F. Nietzsche, *Wille zur Macht*, Abs. 28.
50 F. Nietzsche, *Die fröliche Wissenschaft*, Abs. 124.

과연 이것이 얼마나 성공적인 시도였는가의 여부에 따라 달리 판단될 수 있는 성질을 갖는다. 니체의 관점에서 볼 때, 니힐리즘의 대상이 되는 이 상사회는, 첫째, (단지 공허한 개념에 불과하거나) 논리적으로 불가능한 존재의 세계(즉, 절대 세계), 둘째, 삶의 상승을 방해하는 데카당스(décadence)[51]가 드러나는 세계이기 때문이다.

사실 니체에게 이 두 가지 개념의 이상사회는 동일한 대상, 즉 기독교 식 이상사회를 지칭한다. 그러나 이것이 일원론이며 현세의 이상사회인 시천주 개벽에 적용되면서 이 중 첫째 조건이 제외되어, 자연스레 두 번째 조건만이 위의 판단을 위한 기준으로 남는다.

여기에서 데카당스란 이 세상을 살아가는 데에 필수적인 '건강, 성장, 힘, 삶'에 대한 본능이 '피안의 삶'에 의해 저해되는 모든 경우를 의미한다.[52] 니체에 따르면, 기독교적인 신앙의 형태가 가져오는 가치관은 소위 '진정한' 가치를 모두 피안의 세계에 두기 때문에, 이로부터 이 세상에 필수적인 삶의 본능이 실종되거나, 거부되거나, 혹은 잘못된 선택이 강요된다.[53] 따라서 이러한 상황에서는 언제나 삶의 하강이 나타나고, 삶의 상승을 방해하는 데카당스가 드러나게 된다.

요컨대 시천주적 이상사회이자 지상천국은[54] 비록 '피안의 삶'이 강요한 폐해로부터는 자유로울지라도, 넓은 의미에서, 과연 그로 인해 야기될 수

---

51 F. Nietzsche, *Wille zur Macht*, Abs. 401.
52 F. Nietzsche, *Der Antichrist*, Abs. 58.
53 F. Nietzsche, *Die Geburt der Tragödie*, Versuch einer Selbstkritik, Abs. 5.
54 『神師法說』, 「開闢運數」, "지금에 입도하는 사람들은 백지 한 권으로 예물을 드리나 일후에는 비단으로 예물을 드릴 것이요, 지금은 도를 권하면 사람들이 다 믿지 아니하나 일후에는 사람들이 다 손바닥에 시천주 주문을 써 달라고 할 것이니라. 이 때를 당하여 포덕사를 세계각국에 파송하면 모든 나라가 자연히 천국이 되리라."

있는 데카당스적 요인은 없는지를 따져보자는 것이다. 즉, 시천주적 이상사회를 위해 채택된 방법론이 삶의 상승을 가져왔는지, 아니면 반대로 삶의 하강을 초래했는지를 관찰해 보자는 것이다. 이때 던질 수 있는 가장 현실적인 물음은, 과연 주문과 영부는 성공적이었는가의 여부에 대해서일 것이다.

종교학의 관점에서 볼 때, 최제우가 구상한 이상사회는 앞서 서술한 종교 발전의 단계를 거스르는 일종의 역주행이었다. 이는 신이 되고자 했던 고대인의 열망이 그랬듯 예정된 실패로 끝날 가능성이 농후한 것이기도 했지만, 다른 한편, 피안의 세계로 숨어 버리는 '세련됨'을 거부하고 시선을 다시 이 세상으로 돌렸다는 점에서 중대한 의의를 찾을 수도 있을 것이다.

그럼에도 불구하고 그가 채택한 방법론인 주문과 영부가 과연 성공적이었는가에 대해서는 (앞의 논의로 미루어) 회의적일 수밖에 없다. 비록 성공적이지는 않더라도 최소한 무의미하지는 않았다는 주장이 있을 수 있겠지만, 설령 그렇다 해도 거대한 형이상학적 실천학이 가져온 결과치고는 매우 실망스럽지 않을 수 없다. 따라서 만약 주문이나 영부로부터 예상한 바의 결과를 얻을 수 없는 것이 사실이라면, 이 역시 전도되어야 할 니힐리즘의 대상이라고 간주될 수 있는 것이다.

이렇게 볼 때, 최제우 식의 지상천국은 일련의 개혁이 필요한 상태이지만, 사실 이로부터의 개혁은 이미 동학의 초기 단계로부터 진행되었던 것으로 보인다. 특히 최시형은 시천주를 위한 더 이상의 특별한 개인적 수행 과정을 요구하지 않고 오히려 지기의 분유라는 사상적 측면에서 사람은 물론 만물 역시 천과 동일시 할 수 있다는 입장을 보인다: "어찌 반드시 사람만이 홀로 한울님을 모셨다 이르리오. 천지만물이 다 한울님을 모시지 않은 것이 없느니라. 저 새소리도 또한 시천주의 소리니라."[55]

이런 의미에서, 황선희는 '주술적 시천주 신앙이 점차 합리적인 방향으로 정리'되었다고 평가한다.[56] 또한 최민자는 최시형에게 특징적인 향아설위 역시 '우주적 본성으로의 회귀를 강조한 것'으로 해석하고 있다.[57] 이 같은 경향은 이후에도 지속되는데, 손병희에 이르러 개벽의 의미는 매우 '개혁'된 형태로 나타난다.

> 개벽이란 한울이 떨어지고 땅이 꺼져서 혼돈한 한 덩어리로 모였다가 자·축 두 조각으로 나뉘임을 의미함인가. 아니다.
> 개벽이란 부패한 것을 맑고 새롭게, 복잡한 것을 간단하고 깨끗하게 함을 말함이니, 천지 만물의 개벽은 공기로써 하고 인생 만사의 개벽은 정신으로써 하나니, 너의 정신이 곧 천지의 공기이니라. 지금에 그대들은 가히 하지 못할 일을 생각지 말고 먼저 각자가 본래 있는 정신을 개벽하면, 만사의 개벽은 그 다음 차례의 일이니라.[58]

손병희는 개벽이 일순간에 일어나는 현상이 아님을 강조하며, '하지 못할 일을 생각지 말고'라는 말에서 알 수 있듯 매우 합리적이고 세속화된 방식의 점진적 개벽을 제안한다. 요컨대 '시대에 따라 문명이 발달하고 인간의 인지가 발달해 왔듯, 이에 따라 신앙과 수도 방법도 달라져야 한다.'[59]는

---

55 『神師法說』, 「靈符呪文」.
56 황선희, 앞의 책, 45쪽.
57 최민자, 「수운의 후천개벽과 에코토피아」, 『동학학보』 제7호, 동학학회, 2004, 124쪽.
58 『聖師法說』, 「人與物開闢說」.
59 이돈화, 『천도교창건사』, 서울: 경인문화사, 1970, 72쪽; 김용휘, 「시천주사상의 변천

현실 인식을 적극적으로 반영하고 있다.

물론 엄격한 종교적 관점에서 이러한 사상적 변화에 동의하지 않는 견해가 있을 수 있겠지만, 모든 어려움에도 불구하고 다행인 것은 시천주적 개벽으로 대표되는 사상의 지향점엔 피안으로부터 부여된 도그마가 개입할 수 없다는 점이다. 다시 말해, 이러한 지향점은 언제나 검증의 예리한 시선에 노출되어 있으면서도 여전히 바로 '이 세계'를 향하고 있다는 점이다. 이는 그 체계 안에서 니힐리즘의 대상이 발견되었을 때, 설령 더디기는 할지라도, 언제고 개선될 가능성이 열려 있다는 매우 긍정적인 신호를 의미한다.

니체에게 니힐리즘의 다른 얼굴이 존재 긍정의 신호로 간주되는 이유도[60] 이와 동일한 맥락에서 이해될 수 있다. 니힐리즘으로 인해 도래한 모든 가치의 전도는 동시에 이 세상의 삶 본연에 대한 가치의 복권과 탐색을 요구하는 것이기도 한 때문이다. 그리고 이 세계 안에서의 가치 추구는 우리가 살아가는 세계 자체와 삶에 대한 긍정 없이는 불가능하다. 이런 의미에서, 니체가 말하는 무한한 존재 긍정인 운명애(Amor fati)와 시천주 개벽의 지향점은 많은 부분 서로 맞닿아 있는 것으로 보인다.

천도와 개벽

문학적 의미에서가 아니라면, 사실 일원론적 사상체계 안에서 어떤 현

을 통해 본 동학 연구」, 고려대학교박사학위논문, 2004, 119쪽에서 재인용.
60 F. Nietzsche, *Wille zur Macht,* Abs. 1055.

상이나 사안에 대해 '신비롭다!'라고 말하는 것은 표현의 오류에 불과하다. 설령 드물더라도, 당연히 있을 수 있는 일이 일어난 것이기 때문이다. 반면, 이원론적 사상체계 내에서는 수많은 신비로운 현상이 가능하다. 이런 사상체계 안에서는 서로 존재론적으로, 그리고 질적으로 다르다고 상정된 존재(즉, 신비한 존재)와의 소통을 위해 종교라는 장치가 필요했을 것이다. 요컨대, 이런 관점에서 본다면, 일원론적 사상체계와 종교는 서로 어울리는 개념이 아니다.

이는 종교 개념이 철저한 이원적 존재론의 토대 위에 세워진 서양의 문화 세계에서 발달해 온 것과 달리, 동양의 문화 세계에서는 도 개념이 중시된 이유이기도 하다.[61] 즉, 동양의 도학이 지향하는 대상은 언제나 우리가 살아가는 현실 세계이다. 표영삼에 따르면, 동양적 도관은 "사람을 교화하여 변화시킬 수 있는 신념 체계와 의례를 가진 집단이면 모두 도"[62]로 이해하였다.

이러한 관점에서 본다면, 동학의 천도 개념 역시 좁은 의미의 종교 개념을 넘어 일종의 신념 체계, 즉 그들이 이해한 우리 현실 세계의 반영으로 이해할 수 있다. 그리고 그로부터 시천주 개벽에 연관될 수 있는 모든 가능한 니힐리즘적 요소에 대한 합리적 제어도 가능할 수 있을 것이다.

왜냐하면 천도는 '이 세계'에 가장 자연스러운 자연의 법칙이기 때문이다.[63] 다시 말해, 자연의 성쇠 변화 과정인 천도와 인간의 흥망 변화 과정

---

61 표영삼, 앞의 책(2004), 65-66쪽.
62 위의 책, 105쪽.
63 『神師法說』, 「開闢運數」, "성한 것이 오래면 쇠하고 쇠한 것이 오래면 성하고, 밝은 것이 오래면 어둡고 어두운 것이 오래면 밝나니 성쇠명암은 천도의 운이요, 흥한 뒤에는 망하고 망한 뒤에는 흥하고, 길한 뒤에는 흉하고 흉한 뒤에는 길하나니 흥망길흉은 인

인 인도는 서로 번역 가능한, 즉 어느 한쪽에만 특별한 것이 아닌 양자 모두 대자연의 법칙으로 귀일하는 것이기 때문이다. 그렇다면 천도에 거스르지 않는 삶을 사는 것이 곧 인도라는 결론이 가능해진다: "만물을 순응함은 바로 천도이며, 천도를 체와 용으로 함은 바로 인도이니, 천도와 인도 그 사이에 한 가닥의 머리털이라도 용납하지 않을 것이니라."[64]

천도와 인도 모두 쌍방향의 번역이 가능한 자연의 원리라면, 인도에 거스르지 않는 삶을 사는 것이 곧 천도이기도 할 것이다. 이때 인도에 거스르지 않는 것으로 최시형이 생각한 것은 바로 동학 구성원들의 풍족하지 않은 현실이었다. 현실 대비 과도한 제사 의례를 감안하여 최시형은 제사 음식을 줄인 인등제를 시행하기도 하였다.[65] 요컨대, 설령 동학을 좁은 의미의 종교로 한정하더라도, 최시형의 판단이 그랬듯 '시행착오의 과정을 거치면서 보완해 나아가지 않으면 민중들이 받아들일 수 있는 종교 행위는 창출되지 않을 것이기' 때문이다.[66]

이는 비록 종교 발달 과정에 흔히 나타나는 소위 '세속화 과정'에 불과한 것으로 간주될 수도 있겠으나, 사실 '세속화'라는 개념에는 주어진 현실에 맞게 '편안하게 다가옴'이라는 현실 반영적 요소, 즉 개혁적 요소가 내포되어 있다. 당시의 동학 구성원들에게 '익숙했던' 방식 대신 최시형은 기꺼이 '낯선' 개혁을 이끌어낸 것이다.

중요한 것은, 과연 천도에 거스르지 않는 삶, 곧 인도에 거스르지 않는 삶은 우리의 현실에서 어떤 양태로 나타날 수 있는가이다. 이에 대해 표영

　　도의 운이니라."
64 『神師法說』, 「其他」.
65 표영삼, 앞의 책(2005), 91-92쪽.
66 위의 책, 74-75쪽.

삼은, 개벽의 명확한 의미는 지식이 아닌, 수행의 측면에서 찾아져야 한다고 말한다.[67] 천도와 인도 양자 모두는 만물의 순행 원리로서 다분히 동사적 개념이기 때문이다.

그렇다면 개인의 정신개벽 역시 오묘한 진리를 추구하는 데에 있는 것이 아닐 것이다. 오묘하거나 신비한 진리는 이원적 존재 세계에나 가능한 존재 양상이기 때문이다. 즉 서양의 이원적 세계관이 존재의 세계로부터 부여된 체계에 우리의 현실 세계가 부합할 것을 요구하는 것이라면, 여기에서는 단지 '일상생활을 참되게 살아가라'고 말한다.[68] 즉 기적이나 신비와 같은 비일상을 추구하지 말라는 것이다.

이때 지식의 역할은 우리 일상의 삶에 비일상적인 요소가 개입하지는 않았는지, 혹은 니힐리즘의 대상이 오히려 참된 존재로 왜곡되고 있지는 않은지의 여부에 대한 사후적 관찰과 점검에 만족할 수 있을 것이다.

일상의 개벽

최제우에게 만민평등이 강조된 민주적 리더십이 발현될 수 있었던 사상적 토대는 개벽이며, 이는 다시 '시천주'라는 더욱 근본적인 개념으로 귀일한다. 이때 개인의 개벽을 위한 방법론으로 제시된 것은 주문과 영부이다. 최제우의 개벽은 '저세상'이 아닌, 검증 가능한 '이 세계'에서 현세적 이상사회를 추구한다는 점에서, 비록 니체식 니힐리즘의 직접적인 대상은 아

---

67 표영삼, 앞의 책(2004), 346쪽.
68 표영삼, 앞의 책(2005), 114-115쪽.

니더라도 최소한 그것의 한 양상일 수는 있다.

　시천주를 통한 신인합일의 과정은 넓은 의미에서 기독교적 이상사회가 지나온 전형적인 프로토타입(prototype)이기 때문이며, 다른 한편, 그로부터 기대한 바의 결과를 얻을 수 없을 때 데카당스적 요인이 개입할 수 있기 때문이다. 이로부터 니체 식 니힐리즘의 요소에서 벗어날 수 있는 개벽의 온전한 의미는 기적이나 신비와 같은 비일상을 추구하지 않는 일상 삶의 긍정에 있다고 할 수 있다.

　최제우는 인식론적으로 매우 탁월한 동학의 세계관을 기반으로 시대를 앞서간 리더였음에도 불구하고, 그로부터 한 세기 반을 지난 오늘날까지 우리 사회에서 아직 충분한 주목을 받고 있지 않다. 아마도 그 이유 중의 하나는, 기존의 동학에 대한 접근 방법론 자체가 '학'보다는 '교'의 측면에 치우친 경향이 있고, 이 또한 지나치게 '보호주의적인 성향'에 정체되어 있었기 때문으로 추측해 볼 수 있다. 다른 한편, 동학은 초기부터 서학에 비견되는 사상적 지위를 자기 자신에게 부여하고 있으나, 이는 4세기 이후 교부·중세·스콜라 철학을 거치며 끊임없는 인식론적 보완이 이루어진 서학을 지나치게 경시한 성급한 결론에 불과하다.

　반면, 동학의 사상적 배경이 되었다는 유·불·선은 엄밀한 의미에서 사상적 배경일 수 있는지의 의문 역시 제기될 수 있다. 문학적 표현을 빌리면, 이는 앞에 놓인 보석의 크기에 만족하여 '여기저기를 깎고 다듬어야 하는' 세공 작업에 소홀했다는 의미이기도 하다. 그러나 비판이 없으면, 치열한 고민도 있을 수 없고, 그에 따른 개선도 없다. 이런 의미에서, 이 글은 그에 대한 하나의 실험적 제안일 수 있겠다.

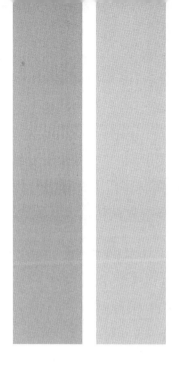

4장
지기와 상생*

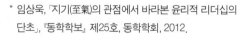

* 임상욱, 「지기(至氣)의 관점에서 바라본 윤리적 리더십의
  단초」, 『동학학보』 제25호, 동학학회, 2012.

지기 기반 리더십의 가능성

리더십은 특정 사회의 모습이 어떤 형태를 보이는가에 따라 유동적인 개념임에도, 현재 우리에게 알려지고 전파된 대개의 리더십은 서양 사회의 특성을 반영한 서양식 리더십이다. 이로부터 우리 사회에 적용할 수 있는 리더십의 근거를 외부가 아닌 바로 우리 고유의 영역에서 탐색하고, 이를 토대로 우리의 리더십을 발전시키고 체계화해 가는 작업은 매우 의미 있고 필요한 시도일 수 있다.

이는 단순히 동서양의 서로 다른 문화 차이에 주목하는 것을 넘어 양자에 본질적인 존재론적 특성을 반영하려는 시도이기도 한 때문이다. 바로 이 점에서, 지기(至氣)는 바로 동학의, 혹은 우리 고유의 존재론적 토양으로 주목받기에 충분히 매력적인 개념이다. 아래 논의해 가겠지만, 지기로 대표되는 우리 고유의 존재론적 특성은 리더십을 새로운 유형의 파트너십으로 해석할 수 있는 독창적 근거를 제공할 수 있다.

서양 세계관을 구축하는 존재론적 특성이 개별 존재의 독립성을 강조하는 데에 있다면, 동양 세계관의 존재론적 특성은 모든 개별 존재자 간의 유기적 관계성을 강조하는 데에서 찾을 수 있다. 존재자를 바라보는 전자의 시각에 따르면, 각각의 개별 존재는 시간 축과 공간 축을 가진 사분면 위의 특정 좌표로 고착되어 개별 존재들 간의 차이와 다름이 강조되는 반면, 후자가 존재자를 바라보는 시각은 각각의 개별 존재를 전체의 일부로 인식하여 개별 존재들 상호 간의 유기적 관계성이 강조되기 때문이다.

이로부터 이 글은 동학의 존재론적 토양인 지기가 어떤 원리와 방법을 통해 오늘날 우리 사회에 적용 가능한 윤리적 리더십으로 접목될 수 있는지의 고찰에 그 지향점을 둔다. 이를 위한 이 글의 핵심 내용은, 첫째, 지기의 관점에서 윤리적 리더십의 단초가 어떻게 마련될 수 있는가를 살피고, 둘째, 지기 존재론에 기반을 둔 윤리적 리더십으로부터 도출될 수 있는 현대적 의미는 과연 무엇일 수 있는지를 중심으로 제반 논의를 전개해 가려한다.

존재론적 관점의 지기 관련 연구 현황

사실 '윤리적 리더십'이란 용어는 매우 광범위한 외연을 가진 개념이다. 더구나 과연 '어떤 것이 윤리적인가?'라는 질문에 대한 답변은 또다시 어떤 존재론적 성향을 보이는가의 문제와 불가분의 관계에 있을 수밖에 없다. 이를테면, 만약 존재를 불변으로 간주하는 존재론을 갖는 경우라면, 이로부터 도출되는 윤리적 명제엔 패러다임의 변화와 상관없이 언제 어디서든 유효하다는 의미가 담기게 될 것이다.

예를 들어, '어떤 경우든 거짓말을 하지 말라'는 칸트의 정언명제는 '물자체(Ding an sich)'라는 존재론에 기반을 두고 있기 때문이다. 우리가 초·중등 교과 과정에서 '무엇 무엇을 하라!', 혹은 '무엇 무엇을 하지 말라!'는 형식의 100% 명령문으로 구성된 윤리적 명제를 들은 이유는 바로 이런 식의 윤리관을 수용한 데에 기인한다. 소위 '절대론적 윤리설'이라 불리는 윤리관에 부여되는 당위나 정당성은 대개 서구적 신관에 따른 항상적 존재론에 그 뿌리를 두고 있다.

이와 다르게, 존재를 변화하는 것으로 간주하는 존재론에 바탕을 둔 윤리적 명제는 그 유효성을 특정 시기나 특정 장소에만 한정할 것이다. 요컨대 윤리적 리더십에 대한 논의를 가능하게 하는 선행 조건이 바로 존재론의 정립인 셈이다.

현시점에서, 지기의 존재론적 의미를 리더십과 연관하여 조명한 연구는 전무하다. 또한 존재론적 관점에서 지기 자체만을 두고 수행된 선행 연구 역시 없거나, 거의 없다. 그럼에도, 앞의 이유로부터, 비록 다른 맥락에서 접근하고 있더라도 지기를 존재론적 관점에서 다룬 기존 연구를 살펴보는 작업은 필수적이다.

먼저 황경선은 지기를 '개별 존재자는 아니면서 모든 존재자에 속하며, 또한 그것들을 존재하게 하는 존재'로 이해하고 있다.[1] 즉 지기는 우주 시원에 만물화생의 본원을 이루는 것으로서 음양미분의 원초적 생명 기운을 의미하는 것이다. 다른 한편, 지기는 맹목적인 충동이나 힘이 아니라 스스로에게 고유한 이치나 로고스를 지녔다는 점에서, 지기의 본성을 신으로 파악한다. 즉 지기를 형이상학적 관점에서 보면 신이고, 형이하학적 관점에서 보면 기인 셈이다.

바로 이 점에서, 황경선은 시천주에서 시의 대상으로 말한 '내유신령하고 외유기화하는' 바가 실은 모두 지기이며, 이로부터 지기와 천주는 서로 짝을 이루는 개념으로 이해한다. 그럼에도, 그는 천주를 인격신으로 받아들이는 관점과 천주를 지기와 동일시하는 관점 사이에서 유보적 입장을 취하고 있다.

---

1   황경선, 「존재와 신 사이에서」, 『존재론 연구』 제15호, 2007, 110-115쪽.

장열이는 지기가 유가의 전통적인 기 사상과 관련되어 있으면서도, '그 근본에 들어가면 물질과 정신도 초월한 일원적인 극이자 존재의 근원으로서의 지기일원론'으로 파악하고 있다.[2] 즉 지기는 '우주 공간에 공기처럼 가득 차 있으면서 무한히 많은 존재 생성의 근원'인 것이다.

여기에서 장열이는 모든 생명 생성의 원리로 작동하는 영과 기가 상호 내재화 과정으로 혼원(渾元)된 일기, 즉 지기 일원으로 귀착된다는 점을 들어 성리학의 이기이원론에 대해 차별점을 두고 있다. 그리고 이 혼원일기인 지기가 지시하는 궁극적인 실재가 바로 한울이라고 본다. 그러나 지기와 한울 간의 엄밀한 존재론적 관계성에 대해서는 통합적 관점의 교육적 맥락을 넘어서는 더 이상의 시도는 유보해 두고 있다.

이정희는 생명 사상의 관점에서 지기의 존재론에 접근하여, 지기를 '단순히 우주를 구성하는 물질이나 에너지가 아니라, 신령성을 내포한 궁극적 실재'로 정의하고 있다.[3] 즉 지기는 우주 생명의 궁극적 본질로서 물질적·정신적 본체로서의 의미를 동시에 내포하는 개념이다. 요컨대 우주 자체가 곧 스스로 살아 있는 거대한 기의 생명체인 것이다. 이로부터 모든 사물에는 지기 본체의 심성과 물성이 차별적으로 내포되게 된다. 즉, 현상적 사물은 동일한 지기의 궁극적 실재인 지기가 현현한 결과인 셈이다.

이때 개별 사물은 일련의 개체성을 지니는 동시에 타자와 관계함으로써 온전한 생명성을 지니게 된다. 여기에서 각 사물 간에 놓인 유기적 관련성을 담보하는 원리로 제시된 것은 바로 '감응'인데, 이정희는 이러한 감응이 가능한 이유를 일체 생명의 근원이 하나인 혼원일기로 연결되어 있기 때

---

2 장열이, 「동학 통합사상의 교육적 함의」, 경상대학교 박사학위논문, 2008, 23-30쪽.
3 이정희, 「동학의 생명철학에 관한 연구」, 충남대학교 박사학위논문, 2008, 32-39쪽.

문으로 보았다. 요컨대 세상 만물은 모두 지기의 소산이다.

다른 제반 사상과의 비교 방법론을 적용하면서도, 앞서와는 조금 다른 관점에서 지기의 존재론적 이해에 도달하고자 하는 시도도 있다. 예를 들어 이원희는 지기와 도가 사상의 기에 놓인 공통점을 양자 모두 만물에 품부(稟賦)되어 사람과 만물을 생장시키는 기운이라는 점에서 찾고, 다른 한편, 도가의 기와 달리 지기는 천주의 영적인 기운이라는 점에서 장자의 기에 대한 차별점을 두고 있다.[4]

서학과 동학에서 각각 달리 설명되는 천주를 '동일한 창조주의 다른 표현'으로 이해하는 이원희는 지기와 천주 간의 존재론적 관계 설정에서도 역시 천주의 위계를 지기 위의 최상위 단계에 위치시키고 있다. 이로부터 이원희는 '지기 자체가 천주는 아니며, 인간과 만물에 깃든 지기는 천주로부터 받은 생명'이라는 결론을 내리고 있다. 즉 지기의 존재 근거가 바로 천주라는 관점이다.

노태구는 지기와 천주의 존재론적 관계성을 각각 존재(Sein)와 존재자(Dasein)의 변증법적 관계로 이해한다.[5] 즉 지기는 나름의 개별 대상적 특성을 갖지 않은 존재 자체인 데 비해, 천주는 특정한 성격을 소유한 존재로 이해한다. 이로부터 노태구는 동학사상의 중심이 지기와 천주의 균형, 조화에 있음을 강조한다. 천주의 존재를 부각하면 동학은 기독교와 같은 유신론이 되고, 지기의 실체에 비중을 두면 무신론의 문제가 대두되기 때문이다.

---

4   cf. 이원희, 「동학의 시천주 사상에 관한 연구」, 대구가톨릭대학교 박사학위논문, 2003.

5   노태구, 「동학의 지기와 천주의 변증법적 관계에 대해」, 『동양정치사상사』 Vol. 1, No. 2, 2002, 96-101쪽.

다르게 표현하면, 동학이 도가나 불가에 기울면 천주가 위축되고, 반대로 유교에 기울면 지기가 위축되고 말기 때문이라는 입장이다. 다만 노태구는 지기와 천주의 관계성을 전류와 전선, 추상화와 구체화, 무와 유, 혹은 비인격과 인격 등의 관계성에 주목할 뿐 더 이상의 심도 있는 존재론적 논의는 생략하고 있다.

마지막으로, 김용휘는 지기를 '우주의 궁극적 실재'로 이해한다.[6] 나아가 지기의 특성이 기존 기론자들의 주장과 다른 점을 지기의 영적인 속성이 좀 더 강하다는 점에서 찾고 있다. 요컨대 지기의 물리적 속성과 정신적 속성을 동시에 포괄하는 지기일원론적 관점을 취한다.

김용휘는 이로부터 설정될 수 있는 지기와 천주 관계의 여러 가지 가능성 중 양자를 이위일체의 관계성에서 조명할 수 있다고 주장한다. 즉 지기의 인격적 의인화가 천주이고, 천주의 존재 양식이 바로 지기라는 것이다. 단 이는 신앙인의 입장에 한정할 때 가장 적절한 설명 방식이며, 초월적 천주관을 제외한 다른 모든 가능성을 염두에 둘 것을 제안하고 있다.

이렇듯 선행 연구를 통해 보면, 지기에 대한 존재론적 이해에서 연구자들 간 많은 편차를 보인다는 점을 확인할 수 있다. 사실 이에 대한 일련의 책임은 최제우 자신에게서도 찾을 수 있다. 특히 21자 주문의 경우, 지기와 천주라는 용어를 유사한 맥락에서 사용하면서도 양자 간의 관계 설정이 명확하지 않을 뿐 아니라, 천이나 천주에 대한 설명은 생략된 채로 남아 있기 때문이다.

그럼에도 '지극히 혼원한 한 기운'이라는 최제우 자신의 설명과[7] 앞의 논

---

6 김용휘, 「최제우의 시천주에 나타난 천관」, 『한국사상사학』 제20호, 2003, 226-231쪽.
7 『東經大全』, 「論學文」, "「지」라는 것은 지극한 것이요, 「기」라는 것은 허령이 창창하

의를 통해 적어도 지기의 존재론적 특성에 대한 몇 가지 확실한 부분과 불확실한 부분을 구분해 내는 작업은 가능해 보인다.

먼저, 지기의 존재론적 특성 중 확실한 것으로 분류해 낼 수 있는 것으로는, 첫째, 지기는 모든 우주 만물을 생성하게 하는 궁극의 실재로서 이것의 존재론적 차원은 일원적이며, 이로부터 지기의 존재론적 형식은 지기일원론이다. 지기는 일종의 '혼돈 상태'에 불과한 카오스가 아니며, 또한 현실태로 이행해 가기 위한 가능태로서의 의미를 갖는 질료(hyle)도 아니다. 이때 질료는 형상(eidos)이라는 또 다른 차원의 존재를 필요로 할 것이기 때문이다. 지기는 오히려 고대 그리스 철학의 아르케(arche)에 매우 근접한 의미를 갖는다. 즉 지기는 만물과 다른 별개의 초월적 존재가 아닌, 모든 개별 사물의 존재 근원으로 작동하는 실재이다.

둘째, 지기가 표현되는 존재 양상은 정신적 · 물질적 현상을 통해서이며, 이로부터 지기의 존재론적 내용은 정신과 물질의 속성이원론이다. 지기의 두 가지 속성인 정신과 물질을 통해 드러날 수 있는 존재 양상은, 1. 오직 정신적 현상이거나, 2. 오직 물질적 현상이거나, 혹은 3. 정신과 물질 양자가 동시에 관련된 복합현상이다. 단, 순일한 정신적 현상에 관련된 사안은 인간의 물리적 검증 영역을 벗어난 것이기에, 이에 대한 인식은 논리적 추론을 통해 비로소 가능할 수 있거나, 또는 개인적인 특수 체험의 영역에 국한될 수밖에 없다. 요컨대 지기는 우주 안에서 관찰되는 모든 정신적 · 물질적 현상의 근거가 되는 것이다.

여 일에 간섭하지 아니함이 없고 일에 명령하지 아니함이 없으나, 그러나 모양이 있는 것 같으나 형상하기 어렵고 들리는 듯하나 보기는 어려우니, 이것은 또한 혼원한 한 기운이요…."

다음으로, 지기의 존재론적 특성에 대한 것 중 여전히 불확실한 채로 남겨진 것은, 무엇보다 지기와 천주 간의 관계 설정이다. 이것이 우리 인간 삶에서 특히 중요한 이유는, 바로 여기에 종교와 사상이 나뉘는 분기점이 존재하기 때문이다. 만약 천주와 지기를 동일시한다면, 천주, 즉 지기는 종교와 신앙의 대상이 될 수 있는 존재론적 토양으로 작동할 것이고, 이와 다르게, 만약 천주를 지기의 정신적 속성을 통해 드러나는 양상 중 '오직 정신적 현상'에 속하는 것으로 이해한다면, 종교적 입장이 세워질 만한 터전은 처음부터 존재하지 않았을 것이기 때문이다.

이는 사실 매우 중요한 문제이면서 동시에 민감할 수 있는 사안이기에 한 가지 본질적인 부분을 먼저 짚어두고 논의를 이어가는 것이 합당할 듯하다. 그것은 바로 개인의 특수한 체험은 모든 객관적·논리적 잣대에 앞서 존중받아야 한다는 점이다. 이는 이론 일반이 측정할 수 없는 개인의 고유성, 즉 유일성의 영역에 속하는 것이기 때문이다. 이로부터 앞서 논의된 연구자들 각자의 개인적 입장이나 성향을 충분히 인정하면서도, 동시에 이를 떠나 오직 형식 논리적 측면에서 지기의 존재론적 특성을 가늠해 보는 작업 역시 가능해 보인다.

요컨대, 논리적 관점에서 보면, 천주와 지기를 동일시하는 시각은 단순한 매칭 오류에 불과하다. 소위 '천주'라는 용어는 현대의 종교 정서상 아무래도 정신적인 어떤 것을 지칭하는 것인데, 이때 지기의 물질적 측면은 자연스레 제외되고 말 것이기 때문이다.

과거의 소박한 종교 형태 역시 신비한 존재의 신비로운 힘과 소통하려 했다는 점에서, 사실 모든 종교의 정서적 성향은 정신적이라고 보아야 타당할 것이다. 예를 들어, 나무나 돌을 숭배한 자연종교(natural religion)의 경우 역시 앞에 놓인 나무나 돌이라는 '물질'과는 아무런 직접적인 연관성을 맺고 있지 않았다. 이 경우, 지기일원론은 무너지고 만다. 직관적 설명이 어려울 때, 드러난 난점을 피해 가기 위해 전통적으로 적용된 대표적인 방법론은 바로 '동일한 존재를 다양한 측면에서' 접근하는 시도이다.

이를테면, 그 진술의 진실성 여부를 떠나(!) 기독교의 삼위일체설을 형식 논리로만 보면 '아버지와 아들을 부당하게 동일시'하는 매칭 오류를 야기하는 것과 동일한 맥락이다. 즉 지기의 정신적 속성을 천주와 동일시하면 이것의 물질적 속성이 제외되고, 이때 물질적 속성과 이것의 상위 개념인 지기가 물질로 동일시되는 이중의 오류를 범하는 것으로 보인다.

다른 한편, 천주와 지기를 동일시하는 입장을 취하다 보면, '그렇다면 왜 지기에는 물질보다는 정신적 속성이 우월하게 드러나는가?'라는 또 다른 논리적 난점에 봉착하게 될 것이다. 이는 서양 정신사에 중심적인 정신주의와 크게 다르지 않은 오류를 내포하는 것으로 보인다.

지금까지의 논의를 통해 보면, 지기는 우리 인간을 대상으로 하는 주제, 즉 윤리적 사안에 자연스레 이어지는 연결 고리를 제공한다. 결국 사람 역시 지기의 소산이기 때문이다. 그런데 지기가 윤리의 대상인 사람에게 관계하는 경우는 지기의 정신적 속성이 사람 안에 들어 있음을 표현한 '내유신령'이 유일한 방법인 듯하다. 이는 곧 지기의 관점으로부터 윤리적 리더십의 단초가 탐색되는 필연적 접점이기도 하다.

내유신령과 인간

비록 인간이라는 존재가 지기의 자연스런 소산이라는 관점이 온전히 수용된다 하더라도, 그 즉시 양자 간의 유기적 소통이 가능한 것은 아니다.

그 이유는, 한편으로, 인간에게 부여된 것으로 간주할 수 있는 지기의 두 가지 속성 중 몸을 구성하는 물질적 속성에는 자체적인 지각 처리 프로세스의 부재로 인해 지기와의 소통이 불가능한 것으로 여겨지기 때문이다. 다른 한편으로는, 지기의 정신적 속성인 천주와 소통할 수 있는 인간의 정신적 속성은 과연 무엇인지가 확실하지 않은 채로 남아 있기 때문이다. 이때 인간의 정신적 속성으로서 지기와의 유기적 소통을 위한 매개로 최제우가 제안한 것이 바로 내유신령(內有神靈)인 듯하다.

그렇지만 이 '신령'은 소크라테스에게 아폴로의 의중을 알려주던 다이몬(Daimon)과는 다르게 '내 안에' 존재한다는 점에서 천주의 목소리를 들려주는 전령은 아니며, 또한 '내 안의 나'인지, 혹은 '내 안의 타자'인지에 대한 정체성의 측면에서 여전히 매우 모호한 위치에 있는 것도 사실이다. 요컨대 '나'와 함께 있다는 이 신령한 존재가 '나 자신'에 대해 갖는 관계성은 도대체 무엇인가 하는 점이다.

이 문제에 대한 가능한 해답을 찾기란 사실 원전의 저자들에게서조차 쉽지 않은 일이다. 심지어 최제우의 경우에는 내유신령 자체에 대한 의미 부여나 설명을 생략한 채 단지 '시(侍)'의 함의를 드러내기 위한 부가적 설명에서 찾아볼 수 있는 것이 전부이고,[8] 그나마 최시형에 이르러 '내유신령은 한울', 혹은 지금까지의 논의에 따라 달리 표현하면 지기의 정신적 속성이라는 짧은 설명이 주어질 뿐이다.[9]

---

8 『東經大全』, 「論學文」, "「시」라는 것은 안에 신령이 있고 밖에 기화가 있어 온 세상 사람이 각각 알아서 옮기지 않는 것이요…."

9 『神師法說』, 「以天食天」, "대신사께서 모실 시자의 뜻을 풀어 밝히실 때에 안에 신령이 있다함은 한울을 이름이요, 밖에 기화가 있다함은 한울로써 한울을 먹는 것을 말씀한 것이니 지극히 묘한 천지의 묘법이 도무지 기운이 화하는데 있느니라."

아마도 이 같은 난제를 해결하려는 이유를 포함하여, 손병희에 이르러 지기에 관한 연구는 기존의 '의미 부여하기' 방식에서 과감히 벗어나 '객관적 사실을 확보'하고자 자연과학의 방법론을 적극 수용한 듯하다. 다음의 진술은 분명 지기의 외유기화(外有氣化)를 자연과학의 언어로 풀어내려는 시도로 볼 수 있을 것이다.

> 원자는 공기 가운데 원소의 일종이니 서로 떠나 있는 이치가 없는 것이오. 분자는 각 원자가 서로 모이어 생성한 것이니 수소와 수소가 서로 모이면 단체요, 수소와 산소가 서로 용납하여 서로 모이면 복체니, 이는 다 천지만물 화생의 기운이니라.[10]

이렇듯 만물의 생성 과정을 포함하여, 지기의 묘리를 이해하기 위한 당시 동학의 연구 전통은 이질적인 자연과학의 성과물조차 온전히 수용하려는 최대한의 의도와 의지가 있었던 것이 분명해 보인다. 아직도 경전 해석에 대한 어거스틴 식의 엄밀성이 종종 요구되곤 하는 오늘의 현실에 비추어볼 때, 비록 초보적 형태에 불과하다 하더라도 '경전의 권위'를 넘어선 새로운 시도가 있었다는 것은 동학사상이 가진 역동성을 잘 드러내 주는 긍정적 사례라 할 수 있다.

그렇다면 오늘날의 동학 연구에서도 역시 시의적 상황에 더 이상 어울리지 않는 요소들을 과감히 걷어내고 새로운 역동적 시도들을 추가하지 못할 이유는 없을 것이다. 이를테면, 동학 전문가들만 겨우 이해할 수 있는 130여 년 전의 전문 용어들을 현대어로 병기 하는 작업을 고려해 볼 수

---

10 『聖師法說』, 「原子分子說」.

있다.

또한 '상제가 있다'는 식의 진술을 허무지설로 인식했던 최시형과 같이, '천', 혹은 '천주' 등의 개념에 인식론적으로 지나치게 함몰되는 것에서도 벗어날 필요가 있어 보인다. 오히려 당시 사람들의 일반적인 인식처럼 이 개념을 '땅 위의 존재 세계' 정도로 이해하거나, 혹은 '천과 내가 하나가 되었다.'는 진술의 의미 역시 '대자연과 내가 질적으로 서로 다르지 않다.'는 일종의 지적 자각 정도로 받아들이는 연구 방식의 일대 변환이 필요한 시기인 듯하다.

이 점에서, '나와 내유신령 간의 관계는 무엇인가'를 따지기 전에, 먼저 과연 '내유신령은 내 안에 들어 있는 실체인가'의 여부를 동일한 맥락에 있는 현대 자연과학의 한 가지 주요 사례와 대비시켜 검토해 보는 것은 의미 있는 일일 것이다. 단, 여기에서 '실체'라는 개념은 물심 이원론에서 정의하는 의미에서라기보다는 '나와 다른 어떤 것(thing)'이라는 좀 더 넓은 의미에서 사용될 것이다. 요컨대 굴드(S. Gould)의 논의를 차용하여, 내유신령의 존재 주장에 혹시라도 물화(物化. reification)의 가능성은 없는지를 검토하려는 것이다.

소위 '물화'라고 하는 것은 인간의 특정한 정신적 기능에 대해 이에 상응하는 주체를 상정함으로써 이를 물질적 대상으로 규정하는 행위를 의미한다.[11] 예를 들어, 지능이 발현되는 정신적 현상에 대해, 이는 정신적 기능을 담당하는 실체가 있기 때문이라고 상정하여 이러한 가정을 뒷받침할 만한 충분한 근거 없이 '일반지능 g가 있다'로 확정하는 식의 행위가 바로 물화이다.

---

11 cf. 스티븐 굴드 지음, 김동광 옮김, 『인간에 대한 오해』, 서울: 사회평론, 2003.

좀 더 넓은 의미로는, 가변적이고 유동적인 특성을 고정적인 것으로 확정하는 모든 행위가 물화에 속한다. 예컨대 인간의 정신적 특성에 대해 별다른 근거 없이 정신이라는 실체를 상정했다면, 이때 정신은 물화된 존재이다.

지금은 대중들에게 너무 일반화되어 거의 사실처럼 받아들여지고 있지만, 어떤 정신적인 작용을 단순한 현상으로서가 아니라 실제 존재하는 '것(thing)'의 기능으로 판단하게 되는 과정에는 사실 여러 형태의 논리적 비약이 수반된다. 요컨대 이런 식의 정당화 작업은 매우 어렵거나, 혹은 불가능하다. 그럼에도 현상에 대한 이해의 편리성과, 다른 한편, 그로부터 기대할 수 있는 대중성의 확보는 거의 모든 학문 분야에서 물화의 유혹으로부터 자유롭지 못하게 되는 한 이유를 제공해 준다.

굴드에 따르면, 이런 맥락에서 예컨대 스피어맨(Ch. Spearman)이 물화한 결과물은 바로 g라고 부른 일반지능(general intelligence)이었다.[12] 그는 g를 모든 지적 활동에 기본적인 일종의 원자라고 생각했다. 즉, 스피어맨은 모든 IQ 테스트의 공통 요인을 g라고 본 것이다. 그는 이러한 g가 순수한 양적 요인이며, 동시에 에너지나 힘과 같은 성질로 존재한다고 생각했다. 그러나 스피어맨은 말년에 이르러 요인분석을 통해 얻은 수학적 추상이 반드시 물리적 실재에 상응해야 할 필요가 없다는 점을 인정하고, 자신이 주장했던 모든 관련 내용을 철회했다. 다른 한편, 서스턴(L. Thurstone)은 자신이 발견했다고 믿은 지적 실체를 '기본적 정신 능력(primary mental abilities, PMA)'이라고 불렀다.[13] 그는 뇌 측정 자료상의 벡터 안에 클러스터

---

12 앞의 책, 412-436쪽.
13 앞의 책, 471-500쪽.

들이 서로 분산되어 무리를 이룬다는 사실은 곧 소수의 독립된 기본적 정신 능력들을 가리키는 증거로 생각했다.

서스턴의 기본모형에는 7개의 PMA가 포함되어 있다. 7개의 PMA는 각각 V(언어 이해), W(유창한 언어 구사), N(수 계산), S(공간의 시각화), M(연상기억), P(지각 속도), 그리고 R(추론)이다. 현재 우리나라만 해도 PMA와 유사한 형태인 '7개의 독립 지능'이라는 명목으로 진행하는 다수의 교육 기관들이 있다.

적어도 전문가 집단에서는 이미 망령이 되어 버린 g나 PMA가 현재 우리의 일상에서는 여전히 건재하다는 점 외에도, 수학적 결과물들인 g나 PMA 그리고 과거의 종교적 · 사상적 결과물들 사이에 놓인 중요한 공통점이자 현재의 맥락에서 주목해야 할 부분은, 이 결과물들이, 다름 아닌, '보이지 않는 존재'에 대한 표현들이라는 점이다.

지금으로부터 100년 전엔 g나 PMA의 자리에 정신이라는 '실재'가 있었고, 더 이전엔 이성, 혹은 영혼 등의 용어로 불리던 '실재'가 그 자리를 차지하고 있었으며, 이들은 모두 정신적인 능력이나 그에 상응하는 존재로 간주되었다. 물론 이와 동일한 맥락에서, 그보다 더 이전엔 제우스나 아폴로 등의 물화된 '실재'가 있었다.

요는, 비록 우리는 더 이상 과거의 제우스나 정신의 영향권에 들어 있지는 않을지라도, 현재의 또 다른 '실재'들에 의해 우리에겐 여전히 동일한 틀 속의 동일한 담론이 반복되고 있다는 점이다. 물론 이 같은 담론을 수용할 수 있는 많은 증거가 존재하는 것도 사실이다. 이를테면, 서로 다른 문화권에 속하는 구성원들이 서로 비슷한 생활양식을 보이는 이유는 '보편적인 인간 본성이 실재'하기 때문일 수도 있다. 그러나 적어도 엄밀한 학문의 영역에서라면 단순한 형식 논리조차 충족시키지 못하는 이 같은 결론을 쉽게 받아들일 수는 없다. 반대의 관찰 결과를 통해 굴드가 잘 지적하고 있는 것처럼, 유사성은 필연성을 보증하지 않기 때문이다.[14]

순수한 지기일원론적 관점에서, 그리고 이를 잘 따르는 한 엄밀한 논리적 관점에서, '내유신령이 무엇이다'라는 식의 정체성 문제는 그리 중요한 것이 아닐지 모른다. 만약 정체성이 '무엇 무엇임을 유지하는 것'이라면, 지기의 존재론에서 '개별적인 지속 상태'는 본질적인 의미를 벗어난 것이기 때문이다.

만약 이런 식의 대상에 지나치게 집중한다면, 헤라클레이토스가 언명한 바처럼 '개별적인 것에 치우쳐 전체의 모습을 놓치고 마는' 오류를 범하는 셈이다. 서구식 존재론의 일반적 특징이 개체 자신의 자기동일률(a=a)을 통한 개체 간의 차이가 강조되는 데에 있다면, 이와 다르게 지기일원론은 개체 자신의 비자기동일률(a≠a)에 따른 개체 간의 유기적 관련성에 그 특징이 있기 때문이다.

실제로 모든 인간은 내유신령의 존재일지 모른다. 그러나 이것이 지금보다 더 나은 인간이 된다거나, 지금보다 더 멋진 인간이 된다는 점을 보장해 주는 것은 아니다. 왜냐하면 인간과 내유신령 모두 지기의 소산임이 분명하다고 할 때, 지기의 정신적 속성인 천주는 노이무공하며,[15] 동시에 불택선악하는 존재이기[16] 때문이다.

---

14 앞의 책, 513-527쪽.
15 『龍潭遺詞』, 「龍潭歌」, "한울님 하신말씀 개벽후(開闢後) 오만년(五萬年)에 네가또한 첨이로다 나도또한 개벽이후 노이무공(勞而無功) 하다가서 너를만나 성공(成功)하니 나도성공 너도득의(得意) 너희집안 운수(運數)로다."
16 『龍潭遺詞』, 「道德歌」, "한울님은 지공무사(至公無私) 하신마음 불택선악(不擇善惡) 하시나니 효박(淆薄)한 이세상(世上)을 동귀일체(同歸一體) 하단말가."

이로부터 지기의 특성상 내유신령을 바라보는 더욱 중요한 관점은 총체적 관련성에서일 수 있다. 즉 이 신령이 (물화되어) '개인으로서의 나' 안에 존재하는지는 중요하지 않을 수 있다는 점이다. 인간과 관련한 총체적 관점에서 이보다 더 큰 비중은 오히려 다양한 개인들의 집합인 우리 인간이 우리 자신의 사회 환경을 어떻게 변화시키려는가 하는 의지의 문제에 있을 수 있다. 이는 지기의 총체성이 윤리적 문제에, 그리고 나아가 (아래 논의하겠지만) 윤리적 리더십에 맞닿아 있는 필연적 접점이기도 하다.

그렇지만 이 같은 논리적 관점을 제외하면, 다시 말해, 더 이상 논리가 아닌 개인 영역의 체험까지 포함한다면, 이 내유신령이란 개념이 과연 물화의 오류를 범하고 있는지에 대한 증거는 그 어느 쪽에도 충분하지 않은 것처럼 보인다. 이와 마찬가지로, 지기의 정신적 속성인 천주(즉, 논리)를 인격적 실재인 천주(즉, 체험에 따른 신념)로 보는 것이 합당한지의 문제 역시 여전히 진행형의 논의 중 하나로 보인다.

요컨대 문제는, 지기와 천주의 관계 설정에서 그랬던 것처럼, 내유신령을 어떻게 보는가에 따라 또다시 중대한 선택의 기로에 서게 된다는 점이다. 즉, 이것이 물화된 어떤 것이라면 그로부터의 선택은 종교나 신학에 더 가까워질 것이고, 반면 지기의 자연스러운 정신적 속성이라면 인간은 인간 자신에게 적용할 수 있는 철학과 주체적 윤리를 가질 수 있을 것이기 때문이다. 비록 선택의 권리는 양자 모두에 열려 있더라도, 이 글의 경계는 지금까지의 맥락에서와 같이 검증 가능성, 혹은 논리의 영역에 한정할 것이다.

다시 강조하건대, 만약 '나'와 내유신령이 서로 다른 존재가 아니라는 관점이 가능하다면, 이는 지기가 자신의 정신적 속성인 천주에 대해 그런 것처럼 내유신령 역시 바로 '나'의 정신적 속성이라는 관계성에 기인하는 것이기 때문이다. 즉, '나'에게 지기의 정신적 속성과 물질적 속성이 드러나는 것이다. 동일한 맥락으로부터 여기에서 한 발 더 나간다면, '나' 자신이 곧 내유신령이며(지기의 정신적 속성), 동시에 외유기화 된(지기의 물질적 속성) '작은 지기'인 셈이다.

바로 이 점에서, 한때 최제우에 의해 인격적 천주로 표현된 지기는 본래적으로 불택선악의 존재이다. 만약 그렇지 않았다면, 천주는 마치 서양의 인격적 신관에서 보이는 것과 같은 '택선악'의 존재로 드러났을 것이다. 그러나 지기의 정신적 속성은 노이무공하고 불택선악이라는 점에서, 이제 우리가 살아가는 세상에서 선악을 규정하고 택하는 것은 다분히 인간의 몫으로 넘겨지는 셈이며, 바로 이 점에서 지기 존재론에 윤리적 접근법이 적용되어야 할 또 다른 이유가 있는 것이다.

지금까지 지기 존재론과 윤리가 서로 필연적인 접점을 찾게 되는 이유를 살펴보았다면, 다음으로는 지기 존재론에 적용될 수 있는 가장 적절한 형태의 윤리적 원리와 그 방법론은 무엇인지를 상세히 관찰할 필요가 있다.

상생의 존재론적 필연성과 그 방법론

지금까지의 논의를 조금 다른 관점에서 조명한다면, 지기일원론적 존재론에는 여기에 놓인 개별 대상 간의 관계적 특성상 필연적으로 상생의 원리가 내재되어 있다는 점을 쉽게 간파할 수 있다. 만물은 지기의 소산일 뿐더러, 이러한 '관계성 안에서만 생명은 생명으로서의 의미'가 있기 때문이다.[17] 즉, 지기 존재론은 원리적으로 만물 간 상생의 관계성을 지시한다. 요컨대 '내'가 잘되기 위해 '나'와 유기적 관계에 놓인 우주가 잘되어야 한다는 필연성이 도출되는 것이다. 이런 의미에서, 노이무공에 관련한 최제우의 보고는 결국 상생의 필연성에 대한 자각이기도 할 것이다. 물론 여기엔 우주가 잘되기 위해 '내'가 잘되어야 한다는 역의 관계 역시 성립한다.

이로부터 각 개체 간에 놓인 상생의 필연성이 확인되었다면, 이제 필요한 것은 바로 실천, 즉 인간과 인간 간에 서로의 삶을 촉진하는 상생의 구체적 노력이다. 이때 상생의 관계성을 '나'의 입장에 국한해 보면, 상생의 삶과 관련한 이중의 관계성을 인식하게 된다. 하나는 '나'와 지기 간의 상생이며, 다른 하나는 '나'와 다른 사람들 간의 상생이다. 요컨대 인간과 자연 간의 상생, 그리고 인간과 인간 간의 상생이 바로 그것이다. 이는 앞서 말한 '인간의 몫'이 무엇인지를 분명히 해주는 것이기도 하다.

최제우 시기의 사상 정립 과정 초기에 수반되는 불가피한 혼란기를 지나 최시형에 이르러 만물존중사상이 일관되게 주장되거나, 혹은 손병희의 논의가 인내천으로 집중되는 현상은 상생을 위한 이중의 관계성 중 각각 인간과 자연 간의 상생, 그리고 인간과 인간 간 상생의 측면이 특별히 부각된 결과로 이해할 수도 있을 것이다.

양자의 관계성 중 인간과 인간 간의 상생을 위한 방법론은 물론 윤리를 통해서이다. 윤리는 다름 아닌, 사람들 간의 가치문제를 다루는 분과이기 때문이다. 그런데 이 글에서 특별히 윤리적 리더십을 방법론으로 채택하려 한 이유는, 리더십은 현재 패러다임의 특성을 적극 반영한 목표 지향적 변화를 의미하는 개념이기 때문이다. 즉, '현재'를 살아가는 우리가 '어떤

---

17 이정희, 앞의 논문, 53쪽.

방향'으로 가야 할지를 좀 더 분명히 할 수 있다는 의미이다. 이로부터 윤리의 일반 영역보다 윤리적 리더십의 범주 내에 지기 존재론의 의미가 접목된다면, 양자의 관계성을 더욱 뚜렷하게 드러낼 수 있을 것이다.

이런 의미에서, 윤리적 리더십이란 곧 개개인 간 상생의 변화를 지향하는 행위 원칙을 뜻하는 것이라고 정의할 수 있다. 즉 개인의 행복에 주안점을 두어 이를 촉진하는 행위를 최선의 선으로 간주하기보다는, '나'와 타인의 행복이 상생의 관계성 안에서 다 함께 촉진될 수 있는지가 바로 윤리적으로 '좋은' 행위를 판별해 내는 기준이 되는 것이다. 지기 존재론에 따르면, 개별 개체 간의 상생이 촉진되는 행위는 '좋은' 것이고, 이를 저해하는 것은 윤리적으로 '나쁜' 행위로 귀착되기 때문이다.

다른 한편, 자연과 인간의 상생을 위한 원칙의 정립은 지기의 정신적 속성인 천주와 인간의 정신적 속성인 내유신령 간의 교감을 통해 가능할 수 있다. 양자의 교감이란 결국 지기의 전체적 모습, 즉 자연과 인간 간에 놓인 상호 유기적 관계성을 인식하고 상생을 위한 방향으로 인간 삶의 조건과 환경을 변화시켜 가려는 노력일 것이기 때문이다. 이를 실행에 옮기기 위한 구체적 방법론의 단서는 수많은 환경단체의 생태 관련 보고서나 지구온난화 관련 연구 등을 통해 발견할 수 있을 것이다.

이렇게 보면, 지기 존재론에 따라 제안될 수 있는 윤리의 형식은 개인의 자유를 중시하는 밀(J. Mill) 식 자유주의보다는[18] 공동의 선 추구에 더 큰 의미를 두는 샌들(M. Sandel) 식 공동체주의에[19] 더 가까운 모습일 수 있다. 단, 지기 존재론에 따른 윤리적 기준이 기존의 자유주의나 공동체주의와

---

18 cf. 존 밀 지음, 서병훈 옮김, 『자유론』, 서울: 책세상, 2006.
19 cf. M. Sandel, *Liberalism and the Limits of Justice*, Cambridge University Press, 1998.

다른 점은 개인의 선과 공동의 선이 결코 별개가 아니라는 데에 있다. 다시 강조하건대, 지기 존재론의 특성은 바로 만물 상호 간의 유기적 관계성에 있기 때문이다.

정리하면, 지기 존재론에 따른 윤리적 리더십의 원리는 바로 상생이며, 이를 실행에 옮기는 방법론은 이러한 상생의 원리에 걸맞은 '좋은' 변화를 촉진하고 '나쁜' 변화를 억제하는 것이다. 다음의 표는 윤리적 리더십의 영역에서 이를 위한 구체적 행위 원칙으로 제안될 수 있는 한 가지 가능한 평가 기준에 해당한다.

〈표 1〉 윤리적 리더십을 평가하기 위한 기준

기준	윤리적 리더십	비윤리적 리더십
리더의 권력과 영향력의 사용	부하들과 조직을 위하여 봉사함	개인적 욕구와 경력 목적들을 만족하기 위함
다수 이해관계자들의 다양한 이익들을 처리	가능하다면 다양한 이해관계자들의 이익을 균형·통합하려고 시도함	가장 개인적 이익을 제안하는 연합 파트너들을 편애함
조직을 위한 비전의 발전	부하들의 욕구, 가치, 그리고 아이디어에 대한 투입에 기초한 비전을 발전	조직의 성공을 위하여 개인적 비전을 가지고 설득하려 함
리더 행태의 정직성	지지받고 있는 가치와 일치하는 방법으로 행동	개인의 목적을 달성하기 위하여 편리한 방법을 행함
리더의 결정과 행동의 위험 부담	사명 완수 혹은 비전 달성을 위하여 기꺼이 개인의 위험과 행동을 택함	리더의 개인적 위험을 필요로 하는 결정과 혹은 행동을 회피함
운영에 필요한 관련 정보의 의사소통	사건, 문제들, 그리고 행동들에 대한 관련 정보의 완전하고 시기적절한 발표를 함	문제 그리고 진전에 대한 부하들의 지각이 편견을 갖게 하기 위하여 속임수와 왜곡을 사용함
부하들의 비평과 반대에 대한 반응	문제에 대한 해결책을 찾기 위하여 비판적인 평가를 장려함	어떠한 비평과 반대도 허용치 않음
부하들의 재능과 자신감의 발전	부하들의 발전을 위하여 광범위한 코치, 지도, 그리고 훈련을 활용	부하들을 나약하고 의존적으로 만들기 위하여 발전을 강조하지 않음

출처: G. Yukl, Leadership in Organizations (5th. ed.), N. J.: Prentice-Hall, 2002, p. 406. 정우일 외, 『리더와 리더십(2판)』, 서울: 박영사, 2009, 537쪽에서 재인용.

〈표1〉은 일반적 의미의 윤리적 리더십과 지기 존재론에 기반을 둔 윤리적 리더십 간의 공통점과 차이점을 이해하는 데에 중요한 단서를 제공한다. 즉, 위의 표에서 각각 윤리적 리더십과 비윤리적 리더십으로 분류된 내용들을 살펴보면, '좋음(선)'에 해당하는 행위는 각 조직 구성원 간의 관계망을 염두에 둔 행위 원칙을 따랐을 때이고, 반대로 '나쁨(악)'에 해당하는 것은 그 행위의 원칙이 오직 개인 영역에 국한되어 있을 때라는 점을 확인할 수 있다.

이는 오늘날 '유능한 리더'보다 '윤리적 리더'를 선호하게 된 주요 이유가 된다.[20] 마치 히틀러의 경우처럼, 유능하지만 나쁜 리더가 미치는 해악은 그 유능함이 가져오는 이익을 압도하기 때문이다. 그렇지만 현재의 맥락에서 '나쁨'이란, 다름 아닌, '상생을 저해하는' 요소를 지칭하는 개념임을 상기할 필요가 있다.

다른 한편, 양자 간의 차이점이라면, 이러한 관계망을 염두에 둔 원칙의 적용이 개연적인가 아니면 필연적인가에 따라 달라진다고 할 수 있다. 요컨대 상황 논리에 따라 단지 '가능한 노력'에 그친다면 이는 일반적 의미의 윤리적 리더십이라 할 것이고, 이와 달리 개개인의 다양한 가치에 대한 '인정과 조화'를 필연적인 것으로 인식한다면 이는 바로 지기 존재론에 기반을 둔 윤리적 리더십이다.

이는 상생의 원리가 지기 존재론 자체의 특성으로부터 필연적으로 도출되기 때문이다. 더구나 이것은 존재 전체를 아우르는 존재론에 기반을 두기 때문에, 비단 특정 패러다임이나 지역뿐 아니라 지기의 소산인 존재 영역의 모든 곳에 적용할 수 있는 보편성마저 확보할 수 있다는 큰 장점이

---

20   정우일 외, 『리더와 리더십(2판)』, 서울: 박영사, 2009, 533-534쪽.

있다.

이 같은 비교·대조를 통해서 지기 존재론에 따른 윤리적 리더십은 다음의 두 가지 점에서 독창적인 특징을 갖는다고 할 수 있다. 첫째, 지기 존재론에 따른 윤리적 리더십은 그 윤리적 특성이 보편적이고, 둘째, 각기 다른 패러다임과 장소에도 각각의 사회적 특수성을 살린 변화를 지향할 수 있다. 이는 물론 전자의 경우 지기의 측면에, 그리고 후자는 리더십의 측면에 해당하는 특성에 기인한다.

요컨대 지기 존재론의 윤리적 리더십은 보편성과 특수성을 동시에 담보하는 개념이다. 이를 시간의 관점에서 보면, 지기의 윤리적 리더십은 영원성과 현재성을 모두 포괄하는 개념이기도 하다. 바꾸어 말하면, 지기 존재론의 윤리적 리더십은 지극히 세계적이며, 또한 지극히 지역적인 특성을 동시에 갖춘 개념일 수 있다.

덧붙여, 지기의 윤리적 리더십이 확산한 사회는 결코 수직적인 위계질서에 매일 수 없다. '위계'라는 피라미드 구조 아래에서는 필요한 변화를 수용하고 추진하는 데에 둔감할 수밖에 없기 때문이다.

이와 달리, 설령 조직 내에 일정 정도의 위계질서가 존재하더라도 조직 구성원 간에 위계의 높낮이에 상관없는 원활한 소통이 이루어지고, 나아가 각 위계에 해당하는 구성원들에게 합리적 수준의 권한 위임(empowerment)이 되어 있는 조직이라면, 이곳은 이미 지기의 윤리적 리더십이 자리 잡은 곳이라고 보아도 무방하다. 이때의 위계란, 다름 아닌, '역할이 다를 뿐인 파트너들의 집합'을 뜻할 것이기 때문이다. 이런 의미에서, 지기의 윤리적 리더십은 곧 파트너십이기도 하다.

지기 존재론에 따른 윤리적 리더십의 현대적 의미

지금까지의 논의를 토대로, 이제는 지기의 윤리적 리더십이 우리 사회에서 상생을 강화하기 위한 어떤 긍정적 역할을 담당할 수 있고, 다른 한편, 또 어떤 한계를 갖는지에 대한 검토가 요구된다. 이는 각각 다시 두 가지로 나뉘는데, 첫 번째는 상생의 원리를 통한 보편적 윤리관으로서의 역할(윤리) 검토이고, 두 번째는 구체적 변화를 선도해 갈 추동체로서의 역할(리더십) 검토가 될 것이다.

우리 사회에서 지기의 윤리적 리더십이 상생의 원리를 통한 보편적 윤리관으로 기능하기 위해서는 무엇보다 우리 사회 전반에 걸쳐 있는 차이를 인정하고 수용하는 태도가 요구된다. 요컨대 다양성의 인정이 관건이다. 이와 달리, 다양성이 수용되지 않는다는 것은 곧 저마다의 고유한 차이가 부당하게 차별받는다는 것을 뜻한다.

이를테면, 학력의 차이, 출신 지역의 차이, 재력의 차이, 혹은 나이나 성별의 차이 자체가 바로 차별 요인이 된다는 의미이다. 이는 최시형이 적서와 반상의 차별, 나아가 여성과 어린이에 대한 억압을 큰 폐풍으로 간주했던 것과 정확히 같은 맥락에 있다고 할 수 있다.[21] 요컨대 우리 몸이 여러 형태를 가진 지체들의 유기적 결합으로 이루어진 것처럼, 하나의 지기로

---

21 『神師法說』, 「婦人修道」, "지난 때에는 부인을 압박하였으나 지금 이 운을 당하여서는 부인 도통으로 사람 살리는 이가 많으리니, 이것이 사람이 다 어머니의 포태 속에서 나서 자라는 것과 같으니라."; 『神師法說』, 「內修道文」, "어린 자식 치지 말고 울리지 마옵소서. 어린아이도 한울님을 모셨으니 아이치는 것이 곧 한울님을 치는 것이오니 …."; 『神師法說』, 「布德」, "우리나라 안에 두 가지 큰 폐풍이 있으니 하나는 적서의 구별이요, 다음은 반상의 구별이라. 적서의 구별은 집안을 망치는 근본이요 반상의 구별은 나라를 망치는 근본이니, 이것이 우리나라의 고질이니라."

부터 다양한 양상으로 드러난 존재들이 함께 모여 사는 우리 사회에서는 적어도 저마다의 개인이 가진 다양한 사고와 다양한 가치에 대한 온전한 인정이 필수적이다.

그렇다고 폭력적이며 무질서한 사고나 가치마저 제한 없이 용인하자는 의미는 물론 아니다. 지기의 존재론으로부터 우리는 이미 이에 대한 검증의 원리를 마련해 두었기 때문이다. 그것은 바로 그러한 사고나 가치의 추구 과정에서 상생이 실현되는지의 여부이다. 실은 바로 이런 점에서라도 내유신령에 대한 신앙을 통한 개인적 구원과 같은 방식은 상생을 위한 '적극적' 방법론일 수 없다. 적어도 종교적 판단에 관한 한 대개의 종교인들은 매우 배타적 성향을 드러내기 때문이다. 또한 어느 종교에서든 자신들만의 절대 진리를 주장하는 경우가 대부분이기 때문이다. 요컨대 관계성이 아닌 개인 차원에서, 다른 한편, 검증 가능한 공공의 영역이 아닌 개인의 내밀한 정신세계 안에서만 발현하는 '소극적' 방법론이 고수되는 한, 우리 사회에서 상생을 위한 보편적 윤리관의 역할은 매우 제한적일 수밖에 없을 것이다.

다른 한편, 우리 사회에서 윤리적 상생의 삶을 촉진할 수 있는 구체적 변화는 부당한 차별로 박탈당한 '차이의 권리'가 복권될 수 있는 방향으로 그 지향점을 설정할 수 있다. 즉 차이가 차별로 변질되는 악순환의 지점이 바로 상생의 변화가 개입해야 할 영역인 셈이다.

단, 이러한 변화를 달리 보면 결국 (변화에의) '요구'나 마찬가지일 것이기 때문에, 황금률에 따라 동학 내부의 변화가 선행되는 것이 올바른 순서일 것이다. 예컨대 머리와 심장이 서로 다르듯, 동학에 사상으로 접근하는 방법과 종교로 접근하는 방식은 서로 다를 수밖에 없다. 혹시라도 이 점에서 서로의 무구한 차이가 상대방에 대한 왜곡된 차별로 이어지는 것은 아닌

지 깊은 성찰이 필요한 것이다.

이는 물론 실제로 서로에 대한 차별이 있어서라기보다는 어쩌면 지금보다 훨씬 더 긴밀한 형태의 유기적 관계성을 확보할 수 있을 것이라는 기대에서이다. 그리고 이에 대한 개선과 변화의 고리는 간단한 스킬 적용으로 마련할 수도 있다. 이 점에서, 천도교 관련 기관 중 아직 그 어느 곳에서도 상생의 삶을 추구하기 위한 구체적 비전이 설정되어 있지 않다는 사실은 큰 아쉬움으로 남는다.

어느 해 어느 달 천도교 홈페이지 교령의 인사말에는 "천도교는 인간과 자연과 신이 모두 함께 어우러져 살 수 있는 〈우주 공동체의 삶〉을 지향합니다."라는 진술이 있었다. 또한 "사람이 곧 한울이다."는 문구도 특별히 강조되어 있었다.[22] 이는 인간과 인간 간의 상생뿐 아니라 자연과 인간 간의 상생까지 포괄적으로 아우른 것으로서 현재 진행 중인 논의와 맥을 같이 하는 것이라고 볼 수 있을 것이다.

이와 유사한 맥락에서, 동학학회 홈페이지 회장의 인사말에는 "인간 존재의 세 중심축인 천 · 지 · 인 삼재의 연관성"과 "전 지구적 차원의 새로운 연대"를 강조하고 있었다.[23] 반면, 한국동학학회의 홈페이지에서는 이와 유사한 맥락의 진술이나 표현을 찾을 수 없었다.[24]

그렇지만 진술의 유무와 관계없이 여기에서 중요한 것은, 그리고 동시에 한 가지 유감스러운 점은, 이런 인사말들은 그다음 대의 교령이나 학회장에 의해 어쩌면 다른 문구로 대체될지도 모른다는 점이다. 요컨대, 이는

---

22 http://www.chondogyo.or.kr/c01/insa.php
23 http://www.donghaks.org/sub01.asp
24 http://www.kdonghak.com/modules/doc/index.php?doc=intro

개별적이고 일시적인 '근사한 에피소드'의 반복일 뿐, 이로부터 동학 공동체 전체의 역량을 한 곳에 집중시킨다거나, 혹은 우리 사회에 상생의 변화를 끌어낼 실질적인 힘으로 작용하기에는 아쉬움이 있다는 점이다.

또한 '타자'와의 관계를 시작하기 전에 먼저 '나'를 돌아본다는 의미에서, 우리 사회에 지기의 윤리적 리더십을 발휘하기에 앞서 동학 관련 자료의 전반적인 재정비 작업 역시 구체적인 변화의 한 모습일 수 있을 것이다. 여기엔 자료의 현대화 작업도 분명 큰 몫을 차지할 것이다. 예컨대 소수의 전문가만 이해할 수 있는 동학의 전문 용어들을 요즘의 젊은이들이 들어도 이해할 정도의 현대적 표현으로 바꾸는 작업은 매우 중요하며, 또한 시급한 작업으로 보인다. 관계성이란 곧 효율적인 매개 수단이 전제되었을 때에야 비로소 구축 가능한 것이기 때문이다.

또한 이러한 구체적 변화의 틀 안에는 김용옥의 제안과 같이 정확한 용어의 사용(에 대한 검토) 역시 포함될 수 있을 것이다.[25] 김용옥에 따르면, 『龍潭遺詞(용담유사)』는 『龍潭諭詞(용담유사)』로 표기되어야 옳다. 그 근거로는, 첫째, 용담유사는 '正傳(정전)에서 무언가를 빠뜨렸기 때문에 이를 보충하는 이야기(遺詞)'가 아니라 『東經大全(동경대전)』에 앞서 민중에게 쉽게 전달하기 위해 쓴 정전이기 때문이다. 둘째, 1890년대까지만 해도 손병희 등의 집단지도체제에서 공문이 나갈 때 쓰던 용어는 언제나 諭詞(유사), 혹은 諭辭(유사)였다. 즉 용담유사는 '용담 연원을 민중에게 깨우치기 위해 쓴 가사'이지 '용담에 남긴 노래'나 '한문 정전에서 빠진 가사들'이 아니란 때문이다.

이에 덧붙여, 김용옥은 '한울님'이란 용어 역시 '하늘님'으로 고쳐 써야

---

25 김용옥, 『도올 심득 東經大全 1』, 파주: 통나무, 2004, 147-159쪽, 그리고 223-225쪽.

한다고 주장한다. 이는 첫째, 최제우의 의도에 가장 부합하고(혹은, 신을 나타내는 당시 말의 표기에 가장 부합하고), 둘째, 언문 전통에 대한 자기 비하를 피하고, 셋째, 하날님이란 용어에 대한 이돈화의 곡해를 바로잡을 것이기 때문이다.

이를 바탕으로, 우리 사회에 상생의 변화를 추동할 수 있는 모든 외부적 변화는, 마치 과거의 동학 구성원들이 당시 사회에 대해 그랬던 것처럼, 사회 현상에 대한 적극적 관심으로부터 시작된다. 표영삼의 제안에서와 같이, '사인여천의 사회를 만들겠다는 꿈을 품고 사회적 모순을 극복하려는 자각을 갖는다면, 변화의 길은 어떻게든 열리게 되어' 있기 때문이다.[26]

요컨대 이 관점에서 우리 주변을 다시 둘러보면, '나도 좋고, 너도 좋고'의 상생이 막힌 곳, 이를테면, 정규직과 비정규직, 너무 많이 가진 자와 너무 적게 가진 자, 단일문화가정과 다문화가정, 개발 지향적 정책과 환경 보존형 정책 등등 사실은 셀 수 없을 만큼 많다. 중요한 것은, '나를 위해 너를 무너뜨리는' 승패(win-lose)가 아닌, '나와 너에게 모두 좋은' 승승(win-win), 즉 상생의 원칙 안에서 해결 방안을 모색해야 한다는 점이다.

그렇지만 상생이 무너지는 외부 사회의 지점에 집중할 수 있는 충분한 역량과 동력이 (사상계와 교계를 모두 포함하여) 동학 공동체 내부에 있는가 하는 점은 다시 한번 면밀한 검토의 대상이 될 수밖에 없다. 특히, 동학 관련 구성원들의 노령화 현상이 빠르게 진행되고, 동학사상에 동의하는 젊은 세대의 진입이 부진하다는 점은 부인할 수 없는 한계로 남는다.

그럼에도 전국 각지에서 동학학회 주관의 전국 학술대회가 꾸준히 개최되고, 또한 소위 '5대 종교', 혹은 '7대 종교'라는 공동의 이름으로 생태 문제

---

26 표영삼, 『동학 2. 해월의 고난 역정』, 파주: 통나무, 2005, 147쪽.

등에 적극적인 천도교 구성원들의 모습을 자주 볼 수 있게 된 것은 매우 고무적인 현상이다.

상생과 변화의 두 가지 화두

'지기(至氣)'로 대표되는 동학 고유의 존재론적 특성은 윤리적 보편성과 시의적 특수성을 모두 담보할 수 있는 윤리적 리더십의 설립 근거로 작동한다. 지기는 우주 안에서 관찰되는 모든 정신적·물질적 현상의 근거이며, 이를 존재론적 형식과 내용으로 정의하면 각각 지기일원론과 속성이원론이 된다. 반면, 여러 방면의 해석 여지가 있는 지기와 천주 간의 관계는, 형식 논리의 관점에서, 양자를 동일시하기보다는 천주를 지기의 정신적 속성으로 간주한다.

인간 역시 정신적·물질적 속성을 가진 '작은 지기'라는 점에서, 지기 존재론과 윤리적 리더십이 접목되는 필연적 지점은 바로 양자 간에 놓인 원리적이며 유기적인 관계성에 있다. 이때 지기의 윤리적 리더십이 던지는 화두는 바로 상생과 변화의 두 가지이다.

지기 존재론에 따른 윤리적 리더십의 원리가 상생과 변화인 이유는, 세상 모든 만물이 지기의 소산으로서 각 존재자 간의 유기적 관련성이 필연적이기 때문이다. 이때 상생의 변화를 촉진하는 인간 행위를 선한 것으로 평가한다면, 이와 달리 상생의 변화를 저해하는 행위는 악한 것으로 간주된다. 요컨대 지기의 윤리적 리더십은 상생을 촉진하는 변화의 방향으로 인간 행위를 추동해 갈 수 있는 효과적인 방법론이다.

'나'의 입장에서 가능한 상생의 방향은 크게 두 가지이다. 하나는, '나'와 지기 간의 상생이며, 다른 하나는, '나'와 다른 사람들 간의 상생이다. 요컨대 인간과 자연 간의 상생, 그리고 인간과 인간 간의 상생이 바로 그것이다. 이로부터 지기의 윤리적 리더십이란 개개인 간 상생의 변화를 지향하는 행위 원칙을 의미하는 것이라고 정의할 수 있다. 즉 개인의 행복에 주안점을 두어 이를 촉진하는 행위를 최선의 선으로 간주하기보다는, '나'와 타인의 행복이 상생의 관계성에서 다 함께 촉진될 수 있는지가 바로 윤리적으로 '옳고, 그른' 행위를 판별해 내는 기준이 되는 것이다.

우리 사회에서 지기의 윤리적 리더십이 보편적 윤리관으로 기능하기 위해서는 무엇보다 우리 사회 전반에 걸쳐 있는 차이를 인정하고 수용하는 태도가 필수적이다. 반면, 공공의 관계성이 아닌 개인 차원의 방법론이 적용된다면, 우리 사회에서 상생을 위한 보편적 윤리관의 역할은 매우 제한적일 수밖에 없을 것이다.

다른 한편, 윤리적 상생의 삶을 촉진할 수 있는 구체적 변화는 부당한 차별로 박탈당한 '차이의 권리'가 회복되는 방향에서 모색될 수 있다. 단, '타자'와의 관계를 시작하기 전에 우선되어야 할 것은 스스로에 대한 동학 내부의 변화이며, 여기엔 내부 구성원 모두가 공유할 수 있는 상생의 비전 설정이나, 혹은 자료의 현대화 작업과 같은 것도 포함된다. 상생의 관계성 구축에는 동학 구성원의 에너지를 집약시킬 수 있는 지향점과 함께 이에 다가갈 수 있는 효율적인 매개 수단이 필요할 것이기 때문이다.

만약 내부적 검토 사항들이 적절한 방향으로 개선되거나 변화되지 않는다면, 지기의 윤리적 리더십은 출발 전부터 근본적인 한계에 부딪히고 말 것이다. 반면, 상생의 관계 구축을 위한 내부 준비가 완료되었을 때, 우리 사회를 향한 외부적 변화는 '사인여천의 사회를 만들겠다는 꿈을 품고 사회적 모순을 극복하려는 자각을 갖는' 방향으로 빠르게 진행해 갈 수 있다. 이 같은 자각을 거친 이들에게 '변화의 길은 어떻게든 열리게 되어' 있기 때문이다. 중요한 것은, 상대를 무너뜨리려는 대결 의식(win-lose)이 아닌, 사회 구성원 모두에게 좋은 상생(win-win)의 원칙 안에서 해결 방안이 모색되어야 한다는 점이다.

제2부

동학의 사람들

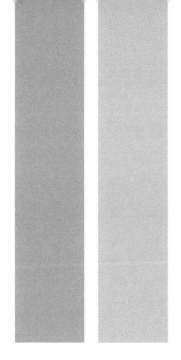

5장
정신과 시천주적 인간학*

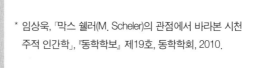

* 임상욱, 「막스 쉘러(M. Scheler)의 관점에서 바라본 시천
주적 인간학」, 『동학학보』 제19호, 동학학회, 2010.

동학적 인간학의 등장

막스 셸러(Max Scheler)는 이른바 철학적 인간학의 시조로 평가되는 인물이다. 이러한 견해는 주로 볼노프(O. Bollnow, 1972), 프링스(M. Frings, 1965), 하이데거(M. Heidegger, 1951), 그리고 플레스너(H. Plessner, 1975) 등에 의해 제기되었다. 특히, 인간의 생물학적인 측면에 방점을 둔 연구를 기반으로 소위 '인류학적 방법(hominide Methode)'을 사용한 플레스너는 셸러와 함께 인간학의 또 다른 시조로 평가받는 인물이다.

비록 요즘은 '인간학'이라는 개념이 그리 낯설지만은 않지만, 인간 자체를 다루는 인간학이라는 분과는 적어도 19세기 이전까지만 해도 사뭇 생소한 영역이었다. 이는 인간 스스로 자신에 관한 관심이 적어서라기보다는 대개 신을 다루는 신학으로부터 이미 인간에 관한 완성된, 혹은 고정된 형태의 설명이 주어져 왔기 때문이다. 요컨대 '인간'에 대해 모르는 바가 없고, 새로울 것이 없어서였다.

물론 '인간'이라는 주제는 다소간의 차이만 있을 뿐, 인류 활동기 대부분의 시간에서 다루어져 왔다. 이를테면, 이성적 인간(homo sapiens), 정치적 인간(homo politicus), 혹은 척도적 인간(homo mensura) 등 인간에 관한 수많은 다양한 그림들이 제시되어 왔다. 다만 이 경우의 인간상들은 인간 자체를 전문적인 연구 대상으로 했다기보다는 특정한 사상의 전개 과정에서 추가로 발견된 인간의 특성을 기록하고 있다는 점에서, 전문가들은 이를 소위 '인간학적 라인(anthropologische Linie)' 정도로 한정해 두고 있다.

인간의 특징을 일반화한 이 같은 견해와 달리, 예컨대 인간을 단순히 그리스인과 바바리아인으로 나누어 생각한 헤로돗(Herodot. 기원전 5세기)의 저술이나, 혹은 세속의 명리에 밝은 상인이었던 폴로(Marco Polo. 14세기)의 기행문 등은 각각 너무 자의적인 해석이거나 상상에 기초한 허구에 불과한 것으로 인간학적 라인에서는 제외되는 작품들이다.[1]

그런데 인간을 특정 상황의 결과물로 바라보는 시각에서 벗어나 인간 자체를 연구의 대상으로 삼게 되었다는 사실에는 이러한 결과물을 도출하게 만든 전제, 혹은 그 원인을 거부한다는 의미가 내포되어 있다. 즉, 인간학을 다루는 사상은 일반적으로 기존 사상에 대한 반동적 성격이 강하다. 예를 들어, 셸러는 신학적 인간상의 전제인 이른바 '신의 아이'라는 개념을 거부함으로써, 이와 마찬가지로 동학사상의 경우에는 기존의 수직적인 '천-인' 관계에서 벗어남으로써 비로소 각각의 독창적인 인간학이 시작되는 것이다.

이에 이 글은 동학적 인간학의 특징을 셸러 인간학의 관점에서, 특히 셸러의 '정신' 개념에 초점을 맞추어 관찰할 것이다. 이 과정을 통해 두 인간학의 공통적 특징은 무엇이고, 또 그 차이점은 무엇이며, 나아가 동학적 인간학의 등장이 현재의 우리 인간 삶에 어떤 의미를 주고, 또 어떤 과제를 부여하는지에 대해 그 이론적 · 실천적 측면의 논의를 전개해 보려 한다.

---

1   cf. W. Mühlmann, *Geschichte der Anthropologie,* Frankfurt am Main-Bonn: Athenäum Verlag, 1968.

정신과 인간학

기존 사상 체계에 대한 변혁적 시도로서 인간학이라는 학문 분과에 놓일 수 있는 주요 특징은 무엇보다 소위 '초월적 정신'에 부여된 무한 권능의 거부에서 찾을 수 있다. 동서양을 막론하고, 설령 그것이 어떤 이름으로 불리든, 여기에서 의미하는 초월적 정신이란 물론 이원론적 세계의 주재자를 지시한다. 인간의 만사를 주재한다고 알려진 초월자는 거의 강력한 정신의 형태로 존재해 왔기 때문이다.

바꾸어 말하면, 인간학의 등장은 이렇듯 강력한 초월적 존재를 기반으로 지탱되어 오던 기존 질서의 몰락과 깊은 연관이 있다. 서구 사상계의 경우, 이러한 시대적 분위기는 특히 18세기 말 칸트(I. Kant)가 '모든 학문의 여왕(전통적 형이상학)이 폐경기를 맞게 되었다.'라고 한 선언에 잘 드러나 있다.[2] 전통 철학과 신학의 관계를 굳이 따지지 않더라도, 요컨대 신학이 힘을 잃은 자리에 비로소 인간학이 등장할 수 있는 여건이 형성될 수 있었다는 의미이다.

이원론적 세계관 아래 인류 역사기의 대부분을 차지했던 모든 형태의 전통적 질서, 특히 서양의 사상 체계는 매우 엄밀한 논리적 시스템 위에 구축되었다. 따라서 이로부터 도출된 결과물들은 대부분 불변의 진리로 간주되었고, 그에 대한 더 이상의 변형을 허용하지 않는 분위기가 조성되어 있었다. 이때 이원론적 세계관의 특성상 이러한 전체 시스템을 지탱해 주는 최후의 토대는 언제나 신의 존재 여부에 달려 있었고, 이로부터 수많은 주류 학자에 의해 수많은 신 존재 증명들이 나오게 된 것은 결코 우연

---

2   I. Kant, *Kritik der reinen Vernunft,* Hamburg, 1956, A VIII-IX.

이 아니었다.

주지하는 바처럼, 19세기는 이러한 '닫힌 세계'의 종말이 가속해 가던 시기였다. 즉 신학과 전통적 형이상학의 토대가 강력한 초월적 정신의 존재에 의존해 왔다면, 이제는 역으로 정신의 힘없음은, 다름 아닌, 인간학의 토대로 작용하게 된 것이다. 이런 이유에서라도, 다시 말해 정밀한 관찰을 토대로 하지 않은 원리적 측면에서만 보더라도 셸러와 동학사상 사이에 공통분모의 생성을 가능하게 해준 키워드는 바로 '정신의 힘없음'이다.

양자를 현재의 맥락에서 조명해 볼 때, 동학의 천주 개념에 상응할 수 있는 셸러의 용어로는 '지고한 존재', '자존하는 존재(Ens a se)', '대우주', '신', '신적인 것', 혹은 '최고 인격(Person der Personen)' 등을 들 수 있다.[3] 셸러의 경우, 이 '지고한 존재'의 정신적 능력은 극히 제한되어 있으며,[4] 동학의 천주 개념 역시 전지전능함과는 거리가 멀기 때문이다.[5]

이러한 인식은 시천주 사상이 결코 종교를 대변해 주는 시천주 신학이 될 수 없음을 말해준다. 시천주 사상은 오히려 가장 변혁적이고 적극적인 형태의 인간학이다. 이것이 변혁적인 이유는, 천자와 같은 극소수의 인간을 제외하고는 기존 사상 체계의 절대 금역이었던 천의 영역이 온통 인간의 영역으로 전환되었기 때문이며, 또한 이것이 적극적인 이유는 그에 대한 인간의 주체적 역할이 무엇보다 중요하기 때문이다. 요컨대 시천주 사상은 시천주적 인간학인 셈이다.

사실 '시천', 즉 '신을 모신다'는 관념은 종교학적인 관점에서 그리 낯선

---

3   M. Scheler, *Gesammelte Werke* Bd.12, p. 209.
4   op. cit, Bd.11, p. 206.
5   표영삼,『동학 1. 수운의 삶과 생각』, 파주: 통나무, 2004, 122쪽.

풍경이 아니다. 고대로부터 신을 모시는 행위는 주로 '먹는 행위'를 통해 구체화되었기 때문이다. 과거 디오니소스 종교의 거친 의식과 비교해 볼 때 비록 아주 많이 세련된 형태로 바뀌긴 했지만, 지구 위 대부분의 종교에서 요즘의 종교인들 역시 자신들의 종교적 목적을 위해 나름의 신비스러운 어떤 것을 '먹는다.'

단, 이 경우 자신과 질적으로 다른 어떤 것(즉, 신적인 어떤 것)을 통해 자신이 아닌 것(즉, 인간이 아닌 어떤 것)으로 진행되는 존재 형태의 변화를 이 행위의 궁극적인 목적으로 삼는다는 점에서, 이때의 '신을 모시는' 행위는 분명 인간학의 범주를 벗어나 있다. 이에 앞으로의 논의에서 '시천' 개념을 사용할 때엔 비단 최제우의 의미에만 한정하지 않고 내용적 맥락이 허용하는 한 최시형, 손병희, 이돈화 등의 사상에도 자유롭게 넘나들 것이다.

논의로 되돌아와, 인간 자체를 인간의 시각에서 바라보는 온전한 의미의 인간학이 시작될 수 있으려면, 즉 신학의 영향력에서 벗어나 인간학의 독자 영역이 구축될 수 있으려면, 어떤 식으로든 인간에게 특정한 지위를 부여하거나 존재의 원인을 제공하는 그러한 초월자로부터의, 나아가 그러한 초월자를 상상해 내는 사고 패턴으로부터의 해방이 필수적이다.

비록 아무리 정교하게 작동하더라도, 일종의 데카르트 식 '자동기계(automata)'는 흥미로운 관찰 대상일 수 없기 때문이다. 마찬가지로, 초월적인 존재를 가정하는 사고 패턴은 성찰의 우선순위에서 인간이라는 존재를 필연적으로 밀어내기 때문이다. 요컨대 힘없는 정신으로부터 인간학은 시작될 수 있는 것이며, 바로 이 점에 셸러의 인간학과 시천주 인간학의 가장 중요한 공통점이 놓여 있는 것이다.

그런데 비록 힘없는 정신과 함께 인간학이 시작되었을지라도, 동시에 여기엔 과연 과거의 전통 사상이 제공했던 바와 같은 보편적 특성을 끌어

낼 수 있는가의 문제가 필연적으로 제기된다. 이 문제가 해결되지 않는다면, 인간학은 '인간'이라는 특정 영역에만 머무르는 '특수학'에 불과할 수 있기 때문이다. 하이데거의 주장처럼, 이때 '인간학은 바로 인간학이기 때문에 형이상학적일 수 없다.'는 시각이 가능할 것이다.[6] 이에 대한 해답을 찾기 위해서는 셸러의 정신 개념이 갖는 몇 가지 본질적 특징에 대한 이해가 필요하다.

정신의 비실체성과 조화의 비지속성

전통 형이상학과 다른 셸러 정신 개념의 가장 큰 특징은 이것이 '실체 (Substanz)'가 아니라는 점에 있다. 실체 개념은 사실 매우 복잡하며 다양하게 해석될 수 있는 성질의 것이다. 따라서 여기에서는 일종의 자족적·불변적 특징을 갖는 실체 정도로 그 의미를 제한하기로 한다. 이를테면, 자족적 측면에서는 데카르트적 의미에서의, 그리고 불변적 측면에서는 고대 철학에서 '원소'로 불린 의미 정도로서의 실체이다. 그렇지만 특정한 형태로 고정된 특성을 지닌 대상은 결코 아니다.

이런 의미에서, 엄밀한 논리적 측면에서 볼 때 셸러의 정신 개념은 인식이 불가능한 어떤 것이다. 인식이 가능하려면 그것의 정의나 설명을 위한 일련의 고정된 상태, 즉 자기 동일률을 충족시키는 상태로서의 존재 양식이 필수적인데, 셸러의 정신 개념에 놓인 비실체적 특성은 인식을 위한 최

---

6 M. Heidegger, *Kant und das Problem der Metaphysik*, Frankfurt am Main: Vittorio Klostermann Verlag, 1951, p. 190.

소한의 조건을 만족시킬 수 없기 때문이다.

이는 곧 셸러 인간학의 존재론적 기반이 전통 형이상학의 그것과 다르다는 것을 말해준다. 사실 '존재가 무엇이냐?'라는 물음에 대한 해답을 변치 않는 원리적 측면에서 찾았던 전통에서는 '절대 유(a=a)'가 '진정한 존재'로 자리매김 되었다. 이에 대한 의미 있는 인식론적 물음 역시 불변의 절대 진리에 관한 것이었다.

이런 시각이 일상에 투영되었을 때, 변하는 것은 진리의 영역에서 이미 벗어나 있는 것으로 간주되었고, 철학은 오직 자기 동일률을 유지할 수 있는 존재만을 자신의 탐구 대상으로 삼아야 한다는 믿음이 지배적이었다. 이런 절대 세계를 상정한 상태에서는 필연적으로 우리가 살아가는 상대 세계(a≠a)가 남겨지게 마련이므로, 이때의 세계관은 언제나 이원론적일 수밖에 없었다.

덧붙여, 대상의 자기 동일적 특성 아래 개별 존재의 독립성을 설정하는 서구 존재론은 물리학의 기본 축인 시간과 공간을 전제로 두고 있다는 점에서 소위 '물리학적 우주관', 그리고 개별 존재들 간의 유기적 관계성에 주목한 동양적 존재론은 개별 존재 각각을 하나의 커다란 전체의 일부로 본다는 점에서 소위 '생물학적 우주관'이라고 부를 수 있다.

그런데 시간과 공간을 존재의 좌표로 이해하는 소위 '물리학적 우주관'으로 대표되는 이런 식의 세계관에 따르면, '나(P)'와 '외부 세계(non P)'가 동시에 존재하는 것은 불가능하다는 이상한 결과를 초래하고 만다. 나(P)와 외부 세계(non P)는 각각 그 존재의 질(긍정, 부정)과 양(전칭, 특칭)에서 모두 다른 모순관계에 놓여 있기 때문이다.

내가 세상에 존재한다는 사실 자체가 모순인 문제에 대한 적절한 해결책은 모든 존재자 간의 유기적 관계성을 인정하는 소위 '생물학적 우주관'

에서 찾아질 수 있다. 그리고 이러한 생각은 '세상 어디를 둘러보아도 자기 동일적 P를 유지하는 것은 없던데!'라는 소박한 관찰에서도 도출될 수 있다.

반면 서구의 주류 존재론과 달리 셸러의 정신 개념은 자기 동일률을 유지하는 고정된 대상으로서의 실체가 아니며, '다르게 되어감 (Anderswerden)'의 성격을 가진 속성(Attribute)이라는 점에 그 첫 번째 특징이 놓여 있다.[7] 여기에서 속성에 불과한 정신에게 '다르게 되어감'이 가능할 수 있는 조건은 정신이 어떤 '외연적 특성을 가진 또 다른 속성'과 조화를 이룰 때이며, 이러한 조화를 가능하게 만드는 정신의 파트너로서 셸러가 제시한 것은 바로 '드랑(Drang, 근원적 충동)'이다.[8] 즉 외연을 갖지 않은 가능태로서의 정신이 외연적 특성을 가진 Drang과 하모니를 이루는 과정에서 '다르게 되어감'의 특성이 드러나게 되는 것이다.

셸러는 정신과 Drang이라는 두 속성이 귀속되는 동일한 근원으로서 '지고한 존재'를 내세우는데, 이 지고한 존재를 지칭하는 다수의 명칭 중, 예컨대 그것이 '대우주(Makrokosmos)'일 경우라면, 인간이 이것과 관계할 때, 즉 정신과 Drang의 하모니가 인간에게 일어날 때 인간은 이른바 '소우주 (Mikrokosmos)'로 조명되는 것이다.[9] 그리고 바로 이 점은 셸러 인간학과 시천주 인간학이 만나는 또 다른 지점이 된다. 인간을 소우주로 파악하는 셸러의 관점은 인간을 시천주자로 인식하는 시천주 인간학과 매우 근접해 있기 때문이다.

---

7   M. Scheler, op. cit, Bd.9, p. 32., Bd.11, p. 222.
8   op. cit, Bd.12, p. 226.
9   *ibid*.

다만, 짐작할 수 있는 바처럼, 전통 학문의 경향이 강한 유럽의 중심에서 행해진 셸러의 이런 진술은 많은 비판을 가져왔다.[10] 부연하면, 셸러의 저작이 그의 사후 30년이 지나서야 비로소 출간될 수 있었던 이유도 유대인 역시 소우주로 간주되는 것을 혐오한 나치 정권의 억압 때문이었다.[11]

그런데 셸러에 의해 종종 '절대적 존재', 혹은 '신'으로까지 불리는 이 지고한 존재는 아직 온전한 형태로 존재하지 않는다. 자신의 두 속성인 정신과 Drang의 조화를 통해서야 비로소 자신의 존재 실현이 가능하기 때문이다. 즉, 이 지고한 존재는 아직 미완성이며, 동시에 자기 자신의 완성을 위한 역동적 과정 위에 있는 셈이다.

그것이 신적인 정신이든, 아니면 인간적인 정신이든 셸러의 정신에는 자체의 '힘없음'으로 인해 외연적 특성을 가진 Drang과의 조화를 적극적으로 끌어낼 아무런 능력을 갖추고 있지 않다. 즉 물질적인 것과의 조화를 이루지 못하는 한 정신은 일종의 가능태로서의 속성으로 남을 뿐이다. 설령 이 지고한 존재의 이름이 신이라 할지라도, 이 '신'은 두 속성의 조화 이전까지는 조금도 신적이지 않다. 즉, 아직 신이 아니다.

고정된 실체 이원론을 거부한 셸러의 입장에서 소위 '신적인 정신'과 '인간적인 정신'(혹은, '무한한 정신'과 '유한한 정신')의 구분은 얼핏 그리 중요하지 않았을 수도 있다. 그러나 셸러 자신이 '신적인 정신'과 예컨대 '산(이나 바다 등)의 정신'을 모두 말하지 않은 이상 셸러 자신도 그에 대해 언급할 필요성을 느꼈을 것이다.

---

10 K. Hiller, "Scheler spukt", in: *Die Weltbühne*, Königstein/Ts.: Athenäum Verlag, 1978, 27. Jahrgang vom 7. Juli 1931, p. 18.

11 M. Scheler, op. cit, Bd.9, pp. 343-364. 〈편집자 후기〉 참조.

실제로 그의 말년 작업에서는 형이상학과 인간학으로 특정한 정신 개념의 간극을 메워 보려는 일련의 시도들(예컨대 양자 간의 '부분적 동일성'이나 '기능적 동일성'에 관한 논의들)을 찾아볼 수 있다. 예기치 못한 그의 이른 죽음으로 인해 비록 그에 대한 만족할 만한 논증에까지는 이르지 못했을지라도, 다수의 저작에서 확인할 수 있는 그의 진술에 따라 신과 인간의 두 가지 정신 개념을 별다른 구별 없이 사용하는 데에 큰 무리는 없어 보인다.[12]

이로부터, 셸러 정신 개념의 두 번째 특징은, 정신이 무한한 존재의 영역에서는 신의 속성이지만 우리 인간의 존재 영역에서는 인간만의 속성이 된다는 점이다. 요컨대 신의 경우와 마찬가지로, 인간 역시 정신과 Drang의 조화가 이루어지지 않는 한 아직 인간이 아니다. 단, 여기에서 유의할 점은, 셸러가 의미하는 '인간'은 결코 겉모습을 말하는 것이 아니라는 점이다. 셸러에 따르면, '부리로 피타고라스의 정리를 그릴 줄 아는 새가, 그렇지 못한 원시 종족보다 인간이라고 불릴 수 있는 더 큰 권리'를 갖기 때문이다.[13]

이런 의미에서 보면, 외연적 특성을 가진 Drang에 정신이 조화되지 못한 '무늬만 인간(Nur-Mensch)'[14]도 있을 수 있다. 셸러는 정신 활동이 결여된 이러한 인간을 '단순 생명체(Nur-Lebendige)'와 동의어로 간주한다. 즉 인간은 정신과 Drang의 조화를 통해 완성되고, 또한 이 두 속성은 실체가 아니라는 점에서, 인간은 어떤 항구적 대상성을 갖는 개체로 이해될 수 없다.

---

12 M. Scheler, op. cit, Bd.9, p. 92, 122., Bd.12, p. 226. cf. op. cit, Bd.5, p. 211, Bd.9, p. 83.
13 M. Scheler, op. cit, Bd.3, pp. 171-195.
14 M. Scheler, op. cit, Bd.2, p. 277.

요컨대 정신의 조화 여부에 따라 인간과 비인간 사이를 오가야만 하는 것이 바로 인간의 숙명인 셈이다.

이렇게 보면, 정신은 그것이 신의 경우이든 인간에서든 자아 완성을 위한 양자의 프로세스엔 아무런 차이가 없는데, 이로부터 세 번째 셸러 정신 개념의 특징인 '상호 의존성'이 도출된다. 즉 신과 인간은 각자의 '되어감(의 완성)'을 위해 서로 의존적일 수밖에 없다는 의미이다. 결국 정신과 Drang이 함께 어우러져 서로 조화를 이루는 과정을 인간의 측면에서 보면 '인간의 되어감(과 완성)'이요, 신의 측면에서 보면 '신의 되어감(과 완성)'인 것이다.

셸러의 이러한 진술은 얼핏 스피노자 식의 범신론을 떠올리게 한다. 스피노자는 단일한 하나의 존재 체계를, 그것을 바라보는 관점에 따라 소위 '능동적 자연(natura naturans)'과 '소산적 자연(natura naturata)'으로 구분하기 때문이다.[15] 그리고 이는 실제로 셸러의 '정신-Drang' 구도를 일종의 속성 이원론으로 설명하는 데에 필수 불가결한 측면이 있다.

왜냐하면 정신과 물질을 실체로 간주하는 데카르트의 방법론과 달리 셸러의 '정신-Drang' 이원론은 양자 모두 속성에 불과하기 때문이다. 그런데 어떤 한 실체가 여러 가지 속성을 갖는 것은 가능할지라도, 그 역은 성립하지 않는다. 즉, 정신과 Drang이라는 두 개의 속성을 한 데 섞더라도 그로부터 특정한 대상이 생성된다고 말할 수는 없다. 요컨대 속성이 존재가 되어 버리고 마는 존재론적 · 인식론적 오류를 피하면서, 동시에 현재의 세상을 설명할 수 있는 해결책은 범신론적 세계관이 거의 유일한 것이다.

---

15 cf. B. de Spinoza: *Die Ethik. Nach geometrischer Methode dargestellt*, Hamburg: Meiner Verlag, 1967.

이 점에서, 셸러 철학을 범신론으로 간주하는 학자 중 특히 레오나르디 (H. Leonardy)는 그의 철학이 '우주 전체와 신을 동일시하는 일반적인 형태의 범신론(Pantheismus)이 아닌 우주가 신 안에 둘러싸여 있다고 보는 범재신론(Panentheismus)에 가깝다'고 주장한다.[16] 그렇지만 셸러는 자신의 저작 곳곳에서 자신이 범신론자가 아니라는 점을 강조하고 있다. 나아가 범신론 역시 (유일)신론의 변주곡에 불과할 뿐이라는 점을 들어, 셸러는 범신론적 사상가들, 이를테면, 스피노자(B. de Spinoza), 브루노(G. Bruno), 셸링 (F. Schelling), 하르트만(N. Hartmann) 등을 비판하기도 한다.

실제로 셸러의 철학은 범신론이 아니다. 그의 세계관이 범신론일 수 없는 결정적인 이유는, 무엇보다 신이 아직 존재하지 않기 때문이다. 즉 '미완성'이기 때문이다.[17] 나아가 셸러 사상의 핵심은 전통적 이원론의 거부로부터 출발한다는 점에서 속성이원론이라는 또 다른 이원론의 형태에 주목하기보다는 온전한 존재 일원론으로 받아들이는 것이 더욱 적절해 보인다. 그렇다고 이것이 정신과 물질적 실체 간의 양자택일을 강요받는 일원론을 의미하는 것은 아니며, 다만 질적으로 전혀 다른 제2의 존재를 인정하지 않는다는 소극적 의미에서의 일원론을 말한다.

이와 같이 셸러의 정신 개념을 개략적으로 정리한 후 다시 시천주 사상을 살펴보면, 앞서 언급한 셸러 인간학과 시천주 인간학 사이에 놓인 '소우주-시천주자' 관계는 그 형식의 유사성뿐 아니라 그 내용에서도 서로 매우 근접해 있는 개념이라는 점을 알 수 있다. 즉 신적인 정신과 인간적 정신

---

16 H. Leonardy: *Liebe und Person. Max Schelers Versuch eines "phänomenologischen" Personalismus*, Den Haag: Martinus Nijhoff Verlag, 1976, Diss., p. 10.

17 M. Scheler, op. cit, Bd.3, p. 189, Bd.12, p. 34., 213.

의 무차별성에 따라 두 인간학에서 각각 '대우주-한울'에 대해 드러나는 인간의 관계는 양자 모두 상하·강약의 관계가 아닌, 수평적 관계임을 알 수 있다.[18] 이로부터 셸러의 '신'과 '인간'이 서로의 되어감을 위해 상호 의존적 관계로 묶이는 것과 같이, 천지간의 생명계가 서로 '이천식천'[19]의 대상이 되는 것은 매우 자연스러운 현상이다.

이로부터, 앞서 제기한 '인간학은 보편적 진리를 추구할 수 없는 특수학에 불과하지 않은가?'라는 물음에 대한 답변 역시 자연스럽게 주어졌다고 보인다. 앞의 논의를 통해 보면, 실체 이원론을 벗어난 새로운 토양 위에서도 얼마든지 새로운 형식의 보편학이 가능하다는 점을 확인할 수 있기 때문이다.

인간학과 형이상학을 모두 아우르고 있다는 점을 부각하기 위해 셸러는 자신의 인간학을 특히, '형이상학적 인간학(Metanthropologie)'이라 명명했다.[20] 셸러의 인간학을 일반적으로 '철학적 인간학'으로 부르는 이유 역시 그 때문이다.

---

18 『神師法說』,「天地人·鬼神·陰陽」, "마음은 어느 곳에 있는가 한울에 있고, 한울은 어느 곳에 있는가 마음에 있느니라. 그러므로 마음이 곧 한울이요 한울이 곧 마음이니, 마음 밖에 한울이 없고 한울 밖에 마음이 없느니라. 한울과 마음은 본래 둘이 아닌 것이니 마음과 한울이 서로 화합해야 바로 시·정·지라 이를 수 있으니, 마음과 한울이 서로 어기면 사람이 다 시천주라고 말할지라도 나는 시천주라고 이르지 않으리라."

19 『神師法說』,「靈符呪文」, "우리 도의 뜻은 한울로써 한울을 먹고, 한울로써 한울을 화할 뿐이니라. 만물이 낳고 나는 것은 이 마음과 이 기운을 받은 뒤에라야 그 생성을 얻나니, 우주 만물이 모두 한 기운과 한 마음으로 꿰뚫어졌느니라."

20 M. Scheler, op. cit, Bd.9, p. 83.

정신의 성장과 '되어감'의 특성

셸러의 정신은 다분히 동사적 개념이고, 비록 외연적 특성을 가진 Drang에 대해 아무런 실제적인 '힘'을 행사하지 못하지만, 정신은 다음의 두 가지 측면에서 최소한의 제한적 능력을 점유하고 있다. 첫째, '제지하거나(hemmen), 제지하지 않는(enthemmen)'[21] 능력이다. 두 번째는 '현상(Dass-sein)'으로부터 '본성(Was-sein)'을 구분해 낼 수 있는 인식 능력이다. 셸러에게 좀 더 큰 의미를 갖는 정신의 능력은 본질 인식에 관한 두 번째 능력인데, 이로부터 인간은 세계 자체의 객관적 구조를 인식할 수 있다고 판단하기 때문이다.[22]

그렇더라도 이러한 인식이 능동적이며 즉각적으로 가능한 것은 아니다. 이러한 본질 인식 역시 소극적이고 수동적(receptio)인 정신의 특성을 반영하기 때문이다. 즉, 정신의 본질 인식 능력은 다분히 경험적이며, 그 경험의 크기(즉, 경험의 양과 질)에 따라 인간 정신은 성장하거나, 또는 퇴보하게 된다.[23]

때에 따른 일방적 퇴보 가능성에도 불구하고 우리 인류가 점점 성장해 온 것으로 보이는 현상에 대한 설명으로 셸러는 소위 본질 직관에 대한 정신의 '기능화'[24]를 말한다. 즉, 수많은 유사 경험이 일련의 정형으로 구성되는 과정으로서의 기능화이다. 예를 들어, 비록 아무런 연애 경험이 없는 사람일지라도, 그에게는 이미 연애의 정형에 대한 본질 인식이 기능화됨

---

21 M. Scheler, op. cit, Bd.11, p. 206.

22 M. Scheler, op. cit, Bd.9, p. 41.

23 M. Scheler, op. cit, Bd.5, p. 197.

24 *ibid*.

5장 정신과 시천주적 인간학 | **153**

으로써 연애의 기회를 놓치지 않을 수 있는 것이다.

'신의 되어감'이나 '인간의 되어감'의 과정은 이렇듯 정신의 성장이라는 측면과 분리할 수 없는 관계에 놓인다. 나아가 정신의 기능화 작용으로 '신의 신으로의 성장'과 '인간의 인간으로의 성장'은 점점 촉진되어 가는 것처럼 보인다. 이와 마찬가지로, 시천주 인간학에 내포된 이천식천의 생태 원리에 따르면, 모든 생명체는 서로의 '성장 발전'[25]을 적극적으로 지원하는 것처럼 보인다.

요컨대 원하든 원하지 않든 셸러와 시천주 인간학 양자 모두는 바로 이 점에서 진화 개념을 적용해야만 어울릴 것 같은 단계에까지 이르렀다는 점이다. 시천주 인간학의 진화적 특성은 최시형에서 시작하여 특히 이돈화의 작품[26]에서 두드러지게 나타난다. 이러한 진화론적 특성은 시천주 인간학의 경우 일관된 방향에서 점점 자리를 잡아가고 있는 것처럼 보이는 반면, 셸러 인간학의 경우엔 진화론에 관련된 이중의 진술이 동시에 존재한다.

셸러 인간학의 진화론에 관련된 진술 중 한 가지 방향은, '그냥 인간'에서 '진정한 인간'으로 이행해 간다는 의미에서이다.[27] 물론 '그냥 인간'과 '진정한 인간'을 나누는 기준은 정신의 개입 여부에 달려 있다. 진화론에 관련

---

25 『神師法說』, 「以天食天」, "한울은 한쪽 편에서 동질적 기화로 종속을 기르게 하고 한쪽 편에서 이질적 기화로써 종속과 종속의 서로 연결된 성장발전을 도모하는 것이니, 합하여 말하면 한울로써 한울을 먹는 것은 곧 한울의 기화작용으로 볼 수 있는데, 대신사께서 모실 시자의 뜻을 풀어 밝히실 때에 안에 신령이 있다함은 한울을 이름이요, 밖에 기화가 있다함은 한울로써 한울을 먹는 것을 말씀한 것이니 지극히 묘한 천지의 묘법이 도무지 기운이 화하는데 있느니라."

26 cf. 이돈화, 『新人哲學』, 서울: 천도교중앙총부, 1982, 3판.

27 M. Scheler, op. cit, Bd.3, p. 176.

된 다른 한 가지 방향은, '좋거나 나쁘게 되어 가는 것이 아닌, 다만 다르게 되어감'의 의미를 갖는다는 점에서이다.[28] 여기에서 셸러는 변화의 '무구함'을 강조하고 있다.

얼핏 두 진술 모두 진화를 이야기하는 듯 보이지만, 양자 사이엔 매우 중대한 차이가 놓여 있다. 즉 '다르게'를 말하는 것은 셸러에게 영향을 준 다윈(Ch. Darwin)적 의미의 진화가 틀림없지만, '더 나은'을 말하는 것은, 엄밀한 의미에서, 진화와는 전혀 관련이 없는 진보 개념이기 때문이다. 즉 이 점에서 셸러와 시천주 인간학 모두는 일련의 개념적 혼란을 겪는 것으로 보인다.

다윈의 진화론이 발표되던 시기는 종교재판의 여운이 채 가시지 않은 때였다. 그로부터 인간의 기원을 동물과 같은 진화의 시각에서 탐색했다는 사실은 그것 자체로 이미 하나의 혁명적인 사건이었다.[29] 하지만 이는 동시에 기존 질서로부터 아무런 희망도 찾을 수 없었던 동시대인들이, 당시 쏟아져 나오기 시작한 자연과학의 성과물들로부터 자신들의 정신적 공황 상태를 보상받을 만한 무언가를 강력히 갈구하고 있었다는 방증이기도 했다. 다윈 당시의 암울한 시기적 특성을 고려하더라도, 당대의 사회 분위기가 다윈의 이론에 열광했던 주된 이유는, 우리 연약한 인간 존재에게 단지 '시간만 흐른다면' 마침내 완전한 존재가 될 수 있을 것이라는 새로운 희망이 주어졌기 때문이다. 그들은 진화와 진보를 동일시했던 것이다.

그러나 실상 다윈의 진화 개념에는 어떤 식의 진보 개념도 개입할 여지

---

28 M. Scheler, op. cit, Bd.12, p. 53.

29 H. Plessner, *Philosophische Anthropologie,* Frankfurt am Main: Fischer Verlag, 1970, p. 52.

가 없다. 이것은 관찰과 경험에 근거한 결과물 이상의 의미를 가질 수 없기 때문이다. 다윈 역시 한때 진화와 진보의 개념을 일부 혼동하기도 했으나,[30] 이내 자신의 시각이 잘못되었다는 점을 곧바로 인정하고 수정하기도 했다.[31] 즉, 관찰 결과의 주된 포인트는 '어떤 개체가 살아남았다'는 사실이고, 그 부차적 의미는 '그 개체가 살아남기 위해 변화했었다'는 사실에 있을 뿐이다.

다시 말해, 한 생명체가 진화했다는 것은 살아남기 위해 단지 '달라졌다'는 의미이며, 결코 진보가 아니라는 점이다. 단순한 한 가지 예로, 지구 생태계의 특성상 포식자의 최상위 계층에 속하는 인간의 수가 현재 위험 수위에 도달했다는 사실은, 우리 인류가 이로 인해 언제든 멸망할 수도 있다는 의미로서 이는 인류의 진보를 주장하는 입장에 대한 충분한 반증일 수있다.

정신의 복권과 인간중심주의 사상

진화 개념에 대한 오해가 인간학의 영역에서 문제가 될 수 있는 이유는 다음의 두 가지 사안에 있어서이다. 먼저 셸러의 인간학과 시천주 인간학 모두에서 진화의 정점은 인간인데, 그 이유는 오직 인간만이 (포괄적 의미

---

30 Ch. Darwin, *The Descent of Man. And Selection in Relation to Sex*, New York: D. Appleton and company, 1899, p. 168.

31 Ch. Darwin, *The Origin of Species. By Means of Natural Selection. Or the Preservation of favored Races in the Struggle for Life*, New York: D. Appleton and company, 1899, p. 61.

에서) 정신적 존재라는 점에 기인한다. 요컨대 기존의 '힘 있는' 정신의 지배에서 벗어나 이제 '힘없는' 정신의 지배를 시작하려 한다는 점이다.

다음으로, 정신의 복권과 함께 근거가 희박한 인간중심주의(특히, 이돈화의 경우 절대적인 인간중심주의)로의 회귀를 정당화하려 한다는 점이다. 이는 양자의 존재론적 기반이 (지기)일원론이라는 점에 비추어 볼 때 쉽게 이해하기 힘든 결론이다. 만약 이돈화가 말하는 바처럼, 지기 자체의 본원이 '유일한 생명의 충동력 그것뿐'이라는 자신의 주장에 충실할 수 있었다면, 이는 셸러적 의미에서 일종의 'Drang 일원론'이 되어 만물에 대한 인간의 우위, 즉 Drang에 대한 정신의 우위를 오히려 배제하는 결과를 가져올 수도 있었다.[32] 요컨대 셸러와 시천주 인간학에 돌연 등장한 인간 중심 사상의 허점은 두 인간학의 원리적인 특징만 고려해도 쉽게 찾을 수 있는 것이다.

셸러와 시천주 인간학은 각자에게 특징적인 '되어감'의 역동적 성격으로 인해 그 안의 모든 생명체는 서로 유기적 관계에 놓일 수밖에 없다. 이와 달리, 세상의 존재자 중 어느 특정 대상만의 특권이나, 혹은 그로부터의 질적으로 다른 현상을 용인할 때, 다시 말해 각 생명체 사이에 놓인 유기적 관계성이 부정될 때, 이는 곧 자신의 우주관 자체를 부정하는 것과 다름없을 것이다. 그럼에도 셸러는 인간만의 '특별한 지위'를 다음과 같이 말한다. 인간은 '기계적·물리적·화학적' 특성뿐만 아니라, 즉 Drang의 요소만이 아니라 신적인 요소까지 모두 갖춘, 즉 정신적 요소마저 갖춘 '그야말로 모든 것, 곧 〈소우주〉'이기 때문에 세상의 다른 모든 존재보다 특별한 지위를 차지한다고 주장했다.[33]

---

32 cf. 표영삼, 앞의 책, 119-120쪽.
33 cf. M. Scheler, op. cit, Bd.11, p. 53.

비유적으로 말하자면, 이는 인간과 바퀴벌레가 마주쳤을 때 오직 인간만이 충격을 받을 것이라는 오해와 유사하다. 인간이 바퀴벌레보다 더 고귀하기 때문이다. 그렇지만 이 상황을 바퀴벌레의 입장에서 보면, 자신에 비해 산만큼 거대한 인간의 몸집은 그 작은 생명체에게 충격을 넘어 생명의 위협마저 느끼게 했을 것이다.

요는, 왜 인간만이 정신적 존재인가에 대한 근본적인 물음을 떠나, 설령 인간만이 정신적 속성을 가진 존재라는 점을 인정하더라도, 이는 엄밀한 진화론적 관점에서 볼 때 단지 더 '복잡하게 진화했다'는 사실을 말해줄 뿐 이것이 다른 여타의 생명체보다 진보했다거나 더 고귀한 존재라고 주장할 만한 근거가 될 수는 없다는 점이다. 진화론의 주요 특징 중 하나는 생명체의 현재 상태로부터 원인을 유추해 가는 과정이 매우 자연스럽게 연결되어 있다는 것을 의미하며, 이는 곧 모든 생명체 간에 질적인 차이가 없다는 사실을 말해주는 좋은 증거이기 때문이다.

다른 한편, 셸러의 경우와 마찬가지로 이돈화 역시 다음과 같이 인간만의 특별함을 강조한다.

인간격(人間格)은 우주격 중 최종격을 이름이므로 인간격이라 하는 말 가운데는 우주 전체를 일원으로 보아서 우주의 전 중심이 자연계를 통하여 인간계에 솟아오른 우주중추신경의 과실을 일러 인간격이라 한 것이다. … 인간격은 개인격이 아니며, 인간 전체의 격도 아니며 현재 인간을 표준한 격도 아니다. 우주격 전 중심이 전 우주를 통하여 인간에 의하여 우주생활을 하는 격이므로 개인격 중에서는 우주격을 볼 수 없으며 현재 인간 전체만에서도 우주격은 볼 수 없고, 우주격은 영원한 신비로 전적 인간 또는 미래 인간을 통하여 얼마든지 향상될 만한 격이다. 우리는 이런 의미의 인간격을 가리켜 '인내천'이라 하는 것이다. 즉 인내천은 우주격이 인간에 의하여 표현된 것을 이름이다.[34]

이는 물론, (셸러의 경우를 포함하여) 이런 식의 인간학이 등장한 시대적 배경이 인간의 존엄성을 한없이 강조해도 부족하지 않을 시기였다는 점에서, 얼마든지 이해 할 수 있다. 그러나 새로운 천년이 시작된 오늘날의 환경에 연착륙하기 위해서라도, 다음의 몇 가지 사항들에 대한 면밀한 검토는 필수적으로 보인다.

시천주 인간학의 실천적 의미와 과제

시천주적 만물 존중
정신의 힘없는 특징에도 불구하고, 우리 인간이 경험의 축적을 통한 '계획과 예측'을 선호하는 한, 정신의 우위를 인정하는 현상은 일견 부득이한 것으로 보인다. 우주를 탐험하는 비행선(물질)도 설계도(정신) 없이는 건조할 수 없기 때문이다. 셸러에게서는 Drang에 대한 정신의 우위가 여전히 진행 중이며, 이 같은 '관습적 생각'은 시천주 인간학에도 마찬가지로 드러나 있다. 이런 식의 인간 우위 사상은 정신의 존재 여부를 인간 존엄성의 평가 기준으로 삼아온 서양사상의 전통과 크게 다르지 않으며, 게다가 이는 궁극적으로 이원론적 세계관에 기반을 둔 수많은 변주곡 중의 하나에

---

34 이돈화, 앞의 책, 52-53쪽; 김용휘, 『우리 학문으로서의 동학』, 서울: 책세상, 2007, 144쪽에서 재인용.

해당할 뿐이다.

그러나 시천주 인간학의 전통에는 모든 개인의 가치를 동일하게 보는
혁신적인 인간관이 들어 있는 동시에, 또한 우주 전체를 아우르는 형이상
학적 특성으로부터 만물의 가치 역시 동일하게 간주할 수 있는 인식의 확
장이 필연적이다. 예컨대 최시형에게 인간을 포함한 천지 만물은 이미 모
두 천주와 동일한 가치를 갖는다.[35]

물론 이와 상반되는 최제우 식의 전통 역시 존재하지만,[36] 요는 이것이
인식론 자체의 문제라기보다는 단지 선택과 결단에 관련된 문제일 수 있
다는 점이다. 즉 시대를 반영할 수밖에 없었던 '역사적 진술'과 시천주 인
간학의 의미를 온전히 드러내는 '본래적 진술'을 과감하게 구분하는 체계
적 작업이 필요할 것으로 보인다. 이를테면, 「안심가(安心歌)」에서 일본인
들을 지칭한 최제우의 특정 발언[37] 역시 넓은 의미의 '역사적 진술'에 속할
것이다.

불필요하게 시류에 따라갈 필요는 없겠지만, 오늘날 수집할 수 있는 정
보의 내용이나 현대적 감각에 비추어볼 때 시천주 인간학은 인간 중심 사
상에서 인간 존중 사상으로, 동시에 자연에 대한 인간 우위 사상에서 만물

---

35 『神師法說』, 「靈符呪文」, "우리 사람이 태어난 것은 한울님의 영기를 모시고 태어난
  것이요, 우리 사람이 사는 것도 또한 한울님의 영기를 모시고 사는 것이니, 어찌 반드
  시 사람만이 홀로 한울님을 모셨다 이르리오. 천지만물이 다 한울님을 모시지 않은 것
  이 없느니라. 저 새소리도 또한 시천주의 소리니라."
36 『東經大全』, 「論學文」, "음과 양이 서로 고루어 비록 백천만물이 그 속에서 화해 나지
  마는 오직 사람이 가장 신령한 것이니라."
37 『龍潭遺詞』, 「安心歌」, "내가 또한 신선(神仙)되어 비상천(飛上天) 한다 해도 개 같은
  왜적 놈을 한울님께 조화(造化)받아 일야(一夜)에 멸(滅)하고서 전지무궁(傳之無窮)
  하여 놓고 대보단(大報壇)에 맹세(盟誓)하고 한(汗)의 원수(怨讐) 갚아보세." 표영삼,
  『동학 2. 해월의 고난 역정』, 파주: 통나무, 2005, 73쪽에서 재인용.

존중사상으로의 전이가 시급해 보인다. 현대 사회에서 가장 필요한 덕목은 사람과 사람, 그리고 사람과 만물 사이의 상생이기 때문이다. 이는 물론 시천주 인간학에서 확인한 바와 같이, 서로 수평적 관계에 놓인 천지만물 간의 유기적 관계성 때문이다.

시천주적 일상

정신을 Drang의 우위에 두는 '관습적 해석' 외에, 정신의 특성에 관련된 셸러 인간학에는 두 가지 이론적 난점이 남아 있다. 우선 정신은 실체가 아니기 때문에 정신적 행위의 지속을 담보할 수 없고, 이로부터 (인간적) 정신과 Drang이 서로 조화되는 양상은 본성적으로 동사적이며, 동시에 '일회적'이다.[38] 즉 셸러의 인간학에 따르면, 인간은 오로지 그 조화의 순간에만 인간일 수 있는 셈이다.

다음은, 셸러 인간학 전체에 걸쳐 있는 정신-Drang 구조의 순환 논리적 모순이다. 즉, 두 속성의 원인인 '미완성의 지고한 존재'는 자아 완성을 향한 되어감의 과정을 통해 도달하려는 지점이 또다시 자기 자신이 되고 마는, 다시 말해 시발점과 귀결점 간의 순환구조 속에 숨겨진 난점이다.

셸러 인간학을 구성하는 또 다른 복잡한 형이상학적 구조와 여기에 내재한 몇몇 이론적 난점에도 불구하고, 실상 '진정한 인간'에 대해 셸러가 내린 결론은 매우 단순하고 상식적이다. 그는 정신의 활동이 드러나는 인간의 본질적 계기(Wesensmoment)를 '명료함', '성숙함', 그리고 '주체적 의지'와 같은 상식적 수준에서 찾고 있기 때문이다.[39]

---

38 M. Scheler, op. cit, Bd.2, p. 37. 485.
39 cf. op. cit, pp. 470-474.

요컨대 본질적으로 셸러 인간학이 추구하는 이상적 형태의 인간상은 '건전한 상식을 지닌 지성인' 정도로 정의할 수 있다. 덧붙여 자신의 철학적 구조에 내재한 이론적 난점을 해결하기 위해 어떤 형태의 신비적 논의도 끌어들이지 않았다는 점은 매우 긍정적으로 평가될 수 있는 요소이다.

앞서 언급한 셸러 인간학의 두 가지 이론적 난점 중, 인간 존재의 비지속적 특성에 관련된 부분은 시천주자로서의 인간을 말하는 시천주 인간학에도 거의 유사한 형태로 드러난다. 천주 역시 실체가 아니라는 점에서, '천주를 모시는' 현상은 지속적이라기보다는 단지 순간적 체험에 가깝기 때문이다. 시천주 체험의 상태를 지속하기 위한 동학 내부의 전략은 대체로 다음의 두 가지 방향 정도로 나뉘는 것 같다.

첫째, 셸러 인간학과 맥을 같이하는 것으로 볼 수 있는 '일상생활의 성화'를 통한 지속이다.[40] 즉 시천주 체험을 신비나 기적의 추구가 아닌, 일상생활을 참되게 살아감으로써 실현할 수 있는 일종의 수행으로 이해하는 방향이다.[41] 이를 위한 구체적인 실천 방법으로는 스스로에 대한 존중감을 바탕으로 일상의 삶을 긍정적으로 인식하며 항상 천지를 자신의 마음에 가까이 두려는 수심정기를 들 수 있다.[42]

둘째, 지기의 강령을 구하는 주문[43]이나 영부의 음용 등 특정한 의식을 통한 지속이다. 그런데 이 같은 수행 방법에는 상당한 정도의 종교적 색채가 배어 있는 것이 사실이다. 초기 동학도들의 족적을 추적해 이를 상세히

---

40 cf. 표영삼, 앞의 책(2005), 105쪽, 114-115쪽.
41 cf. 『神師法說』, 「待人接物」, "일용행사가 도 아님이 없느니라."
42 cf. 『神師法說』, 「修心正氣」, "수심정기는 바로 천지를 내 마음에 가까이 하는 것이니, 참된 마음은 한울이 반드시 좋아하고 한울이 반드시 즐거워하느니라."
43 『神師法說』, 「靈符呪文」, "지기금지 원위대강(至氣今至願爲大降)"

기록한 표영삼의 보고에 따르면, 당시 동학도들은 하루에 2~3만 회씩 주문을 낭송하는 경우마저 있었다고 한다.[44] 이 점에서, '동학은 과연 종교인가?'라는 문제가 제기되기도 하지만,[45] 적어도 시천주 인간학과 관련한 원리적 측면의 개념 정리는 가능해 보인다.

요컨대, 어떤 식으로든 이원론을 전제로 한 종교의 접목은 시천주 인간학 자체를 부정하는 결과를 초래한다. 왜냐하면 시천주 체험에서 '모시는 주체(인간)'와 '모셔지는 대상(천주)'은 서로 질적으로 다른 존재가 아니기 때문이다. 당시의 특수한 시대 상황이 시천주 사상을 종교화하도록 강제했는지는 모르겠지만, 천지 만물이 천주(혹은 지기)의 현현이고 이로부터 시천주의 체험은 내세적인 이질적 존재와의 만남일 수 없다는 점에서, 내세관을 전제로 하는 종교의 원칙에도 부합할 수 없는 것이다.

설령 그것이 범신론과 일신론적 신관의 통합이라 할지라도, 이는 단지 논리적 오류에 기인한 불합리에 불과하다. 오히려 시천주 사상은 종교가 아닌 인문·과학적 세계관으로서의 확장이 더욱 적절해 보인다. 예를 들어, 지구에 한정된 가이아 이론을 넘어 전 우주를 포괄하는 일종의 Pan-Gaia 이론을 제안해 볼 수도 있을 것이다. 단지 여기에서 유의할 점은, 논리적으로 병립할 수 있는 개념들을 신중하게 선별해 내는 작업일 것이다.

시천주적 현실 참여

인간학은 인식의 확장에만 초점을 두는 학문이 아니기 때문에 항상 실천적 요소를 고려하지 않을 수 없다. 셸러 인간학의 경우, 실천적 요소

---

44 표영삼, 앞의 책(2005), 54쪽.
45 표영삼, 앞의 책(2004), 105-106쪽.

가 강한 작품으로는 예컨대 Die Formen des Wissens und die Bildung (인간, 지식, 그리고 교육의 관계에 관한 저술), Mensch und Geschichte (역사와 사회의 가르침에 대한 인간의 관계에 관한 저술), Der Mensch im kommenden Zeitalter des Ausgleichs (인간의 발전 가능성에 관한 저술) 등이 있다.

셸러 인간학의 실천적 요소가 주로 그의 작품 안에서 이론의 형태를 벗어나지 못하는 데에 그쳤다면, 이와 다르게 시천주 인간학은 다른 어떤 인간학의 분과보다 더욱 실천적 성향이 강한 전통을 보인다. 별개의 후속 연구를 들춰보지 않더라도 이는 웅장한 형이상학에서 시작하여 결국 나라 걱정의 속내를 드러내고 마는 『동경대전』의 「포덕문」만 보더라도 충분히 짐작할 수 있다.[46] 즉 동학사상, 시천주 인간학은 그 성립 근거와 근본적인 문제의식을 '보국안민'이라는 사회 참여에 두었다는 점이다.

그런데 동학혁명과 3·1운동을 주도하거나, 혹은 문화계몽 운동을 전개하는 등 과거의 활발하던 사회 참여는 오늘날 더 이상의 두드러진 활동성을 보이지 못하고 있는 것도 사실이다. 예컨대 (이 논문의 발간 시점인) 2010년 6월 현재, 지난 어떤 언론 기사에서도 천도교나 혹은 동학 단체 중의 어느 한 곳이 4대강 사업에 대해 의견을 개진했다는 내용을 찾아볼 수 없다. 반면, 시민사회단체는 물론이고 다른 종단, 이를테면 불교, 원불교, 기독교, 천주교 등은 환경문제에 대해 상호 연대까지 해가며 적극적으로 대응하는 모습을 보였다.[47]

모든 사물이 시천의 대상이라는 점을 감안할 때, 어쩌면 그 어떤 다른 단

---

46 『東經大全』, 「布德文」, "보국안민의 계책이 장차 어디서 나올 것인가."
47 동학 공동체 안에서 관련 활동이 감지되기 시작한 것은 2010년 10월 10일 '천도교한울연대'라는 자생 단체의 출범 이후부터이다. 다만, 인적·물적 역량의 한계로 인해 독자적 활동력이 부족한 점은 큰 아쉬움으로 남는다.

체나 기관보다 동학이 가장 적극적으로 참여하고, 나아가 엘 고어가 『불편한 진실』에서 주장하는 바처럼, 예컨대 환경문제 해결을 위해서라면 정치적 접근까지 모색했어야 했는지도 모른다. 이러한 상황을 고려할 때, 오늘날은 시천주 인간학의 실천적 과제를 진지하게 모색해 보아야 할 매우 의미 있는 시점이라 할 것이다.

적절하고 효율적인 현실 참여를 위해서는 일련의 선결 작업이 요구될 수도 있다. 이를테면 시천주 체험이 지향하는 목표인 '삶의 성화'를 안정적으로 실현하기 위해서는 문자 그대로의 원전 해석 단계에서 벗어나 현실을 좀 더 적극적으로 반영할 수 있는 유연한 윤리 기준을 마련할 필요가 있다. '삶의 성화'를 너무 엄밀한 의미에서만 해석하면 '성스러움'과 '현실의 벽' 사이에서 대개의 현대인은 좌절해 버리기 때문이다.

그러한 윤리적 기준의 한 예로, 이를테면 '사람은 기아로 인해 고통 받으면 성스러울 수 없다'는 부정명제가 가능할 수 있다. 이 경우, 부정명제는 '사람은 기아로 인해 고통 받지 않을 때 성스러울 수 있다.'는 긍정명제보다 외연의 폭을 더욱 정교하게 넓힐 수 있는 장점이 있다. 이때의 부정명제는, 예컨대 '배부른 살인범'의 경우를 제외할 것이기 때문이다.

이렇듯 큰 틀에서 동의할 수 있는 일련의 윤리적 기준들이 마련된다면, 이는 시천주 인간학의 오의를 현실화할 수 있는 적절한 이론적 준거로 작동할 수 있을 것이다. 이를테면 최시형이 말한 '사인여천'으로부터 '어린이를 때리지 말라.'는 명제에 이르기까지 시천주 인간학의 특성을 살려 현실화할 수 있는 다양한 종류의 현실 참여 (교육) 프로그램이 가능할 것이다. 중요한 것은, 이상과 현실의 간극을 좁혀 이를 선순환 구조로 전환하는 작업이다.

전환기의 시천주 인간학

셸러 인간학의 관점에서 볼 때, 시천주 사상은 생태계 전체의 보편성을 담보한 시천주 인간학이다. 즉 '인간'이라는 특수 영역뿐 아니라 전 우주에 걸친 보편적 진리를 추구할 수 있는 새로운 형태의 일원론일 수 있다. 그러나 일련의 '관습적 사고'로 인해 양자 모두에는 '물질'에 대한 '정신'의 우위가 나타나고, 그로부터 인간 중심 사상이라는 초점 흐린 결과물을 도출하고 있다. 다른 한편, 셸러 인간학과는 달리 시천주 인간학에 보이는 일정 정도의 종교적 색채는 자신만의 특성을 오히려 약화하는 요인으로 작용하며, 이와 반대로 현실 참여의 실천적 측면에서는 매우 강력한 (잠재적) 특성을 보인다.

문학적 표현을 빌린다면, 셸러 인간학과 시천주 인간학은 '나누기'에서 '합하기'로의 인식 전환이라고 평가할 수 있다. 요컨대 이 세상과 저세상을 나누어 생각하는 이원론적 세계관, 몸과 마음을 나누어 생각하는 인간관, 그리고 사람과 사람 아닌 것을 나누어 생각하는 생명관으로부터의 전환이다. 새로운 패러다임을 시작하는 전환기의 특성상 비록 다가오는 문제점들을 모두 비켜 가지는 못했지만, 여기엔 새롭고 낯설게 시작된 수평적 존재의 지평에서 우리가 해야 할 과제와 책임이 무엇인지를 뚜렷하게 제시하고 있다는 점에서 작지 않은 의미가 놓인 것으로 보인다.

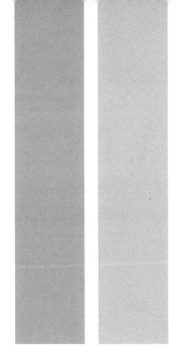

6장
초인과 신인적 인간학[*]

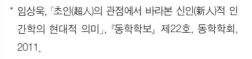

* 임상욱, 「초인(超人)의 관점에서 바라본 신인(新人)적 인
간학의 현대적 의미」, 『동학학보』 제22호, 동학학회,
2011.

최제우와 새로운 인간

최제우는 신앙을 통한 종교와 순수 사상이라는 각기 다른 두 가지 형태의 통로에 이해의 지평이 열려 있는 인물이다. 그의 우주관은 존재론적으로 이원론이 아닌, 무극을 근원으로 하는 지기일원론에 토대를 두고 있기 때문이다. 즉, 동학 존재론의 근원에 포커스를 맞추면 신앙이 되고, 존재자 간의 질적 무차별성에 초점을 두면 순수 사상이 된다.

동학의 존재론이 지기일원론으로 평가되는 점은 일원론을 오직 유심론과 유물론의 관점에서 수용하는 서양 철학적 관습과 그로부터 야기될 수 있는 오해를 피할 수 있다는 점에서 큰 장점이다. 그럼에도 형식 논리적 측면에서 볼 때, 지기일원론이라는 용어로는 존재의 차원을 구분하는(예를 들어, 일원론, 이원론, 혹은 속성이원론 등의 구분) 입장에서 완전히 벗어나 있다고 보기에는 어려움이 있다. 이런 점에서, 지기일원론 대신 '무원론' 혹은 '통원론' 등의 다른 용어로 대체 가능한지에 대해서도 적극적인 검토가 필요해 보인다.

확실한 것은, 이 우주관 안에는 아무런 본질적 단절이 존재하지 않는다는 점이다. 이로부터 시천주 신앙이 가능한 것처럼 시천주 인간학이 가능하고, 이와 마찬가지로, 최제우 본인에 대한 평가에서도 동학의 교조라는 관점이 가능한 것처럼 우리나라 근현대사의 리더라는 관점 역시 가능하다.

이와는 조금 다른 관점에서, 신일철은 최제우의 저술인 『東經大全(동경대전)』과 『龍潭遺詞(용담유사)』가 '종교적 득도 체험에 기초하여 유교 · 불교 · 선교들의 술어로 그의 사상적 배경이나 그가 받은 사상적 영향을 가려내기가 힘든 혼합물의 성격'을 가진 것으로 평가한다. 특히, 종교와 사상의 측면에 대해 그는 동학사상의 보편자가 '천주인가, 아니면 지기인가의 문제'가 아직 미해결인 채로 남아 있다고 본다.[1]

비록 여러 다른 성질의 방법론적 접근이 모두 가능하다 할지라도, 이 글에서는 그 연구 영역을 순수 사상적 측면에 국한하기로 한다. 그것이 어떤 주제에 관련된 것이든, 현대의 연구 환경에서 순수 사상적 고찰이 가능한지는 그 연구 분야에 부여될 확장 가능성의 측면에서 매우 중요한 의미를 갖는다. 이것이 가능하지 않다면, 해당 주제나 분야에 잠재되어 있을 수 있는 배타적 요인을 제어하는 작업 역시 요원할 것이기 때문이다. 이 점에서, 최동희의 다음과 같은 언명은 이를 위한 예지적인 선행 작업으로 보인다.

> 근세 이후의 학문 활동에 있어서 유럽이 압도적으로 수위를 차지하고 있는 실정에 비추어 니이췌를 통하여 아직 충분한 조명을 받지 못한 수운의 인생관을 더듬어 보려는 노력도 있을 법한 일이라고 믿는다. 물론 수운은 하나의 새 종교를 세운 교조로서 사상적으로 문제 삼을 수 없는 측면을 더 많이 가지고 있을지도 모른다. 그러나 역시 사상적 측면만을 추려내서 문제 삼을 수도 있으므로 여기서는 니이췌를 등장시켜서 그 통로를 열게 하는 바이다.[2]

---

1 신일철, 『동학사상의 이해』, 서울: 사회비평사, 1995, 142쪽.
2 최동희, 「니이체와 최수운 - 니힐리즘과 개벽사상을 중심으로」, 『한국사상총서』 III,

더구나 종교의 영역은 필연적으로 현실 체험적 요소(혹은, 주관적 요소)를 함축할 수밖에 없을 것이므로, 그에 대한 객관적 관찰이나 검증된 표현의 사용에 어려움이 따를 것이다. 이에 이 글은 최제우의 사상이 가시적으로 가장 잘 드러날 수 있는 주제인 '사람'을 연구 대상으로 한 인간학적 고찰에 그 주된 초점을 둘 것이다.

　이때 최제우라는 인물(즉, 연구 대상 '사람')을 동학의 교조라는 관점에서 보면, 그는 신인 동시에 인간인 소위 '신인(神人)'으로 간주된다. 이를테면 손병희는 "한울님과 스승님[최제우]은 일체 이위로서 다만 유형과 무형의 구별이 있는 것"[3]이라고 설명하는데, 이는 분명 최제우 스스로 자신을 천황씨로 자처한 주장을[4] 존중했기 때문일 것이다.

　다른 한편, 이돈화의 시도에서와 같이 사람을 다른 동식물과 무차별한 존재론적 터전에서 진화의 단계를 밟아나가는 존재로 보는 시각이 가능하다면,[5] 최제우는 진화의 과정을 통해 기존의 인간과는 사뭇 달라진 새로운 인간, 즉 '신인(新人)'으로 평가될 수도 있을 것이다. 그렇지만 전자의 사람 개념은 이 글에서 제외하기로 한다. 비록 신인(神人) 개념 역시 원칙적으로 인간학의 대상인 것은 분명하지만, 종교적 특성을 제외하려는 앞의 전제와 상충되기 때문이다. 나아가 후자의 사람 개념을 채택하되, 이를 이돈화의 그것보다는 좀 더 확장된 의미에서 사용할 것이다.

　　1960, 260쪽.
3　『聖師法說』,「大宗正義」, "한울님과 스승님은 일체 이위로서 다만 유형과 무형의 구별이 있는 것이라."
4　『神師法說』,「其他」, "오늘 대신사께서 천황씨로써 자처하심은 대신사 역시 신이신 사람이시니 후천 오만년에 이 이치를 전케함이니라."
5　cf. 이돈화, 『新人哲學』, 서울: 천도교중앙총부, 1982[3판].

비록 '신인(新人)'이 이돈화의 고유 개념이라 하더라도, 최제우 사상의 의미와 맥락이 허용하는 한, 이 글에서는 이를 진화적 성격을 가진 이돈화의 특정 의미에 한정하지 않고 '새로운 인간'이라는 넓은 의미에서 사용할 것이다. 이를테면, 동학이 추구하는 '이상적인 인간상', 혹은 '바람직한 인간상' 역시 이 개념의 범주에 포함될 것이다.

이로부터 이 글은, 최제우, 혹은 동학이 제안하는 '새로운 인간'은 오늘날의 우리 사회에서 어떻게 해석되고 수용될 수 있는지의 고찰에 그 목적을 둔다. 그에 따른 아래 글의 핵심 내용은, 첫째, 니체(F. Nietzsche)의 초인 관점에서 동학의 신인은 어떻게 조명될 수 있는가를 살피고, 둘째, 이를 통해 도출할 수 있는 신인의 현대적 의미는 무엇일 수 있는지를 중심으로 제반 논의를 전개해 가려 한다.

니체의 초인

니체 철학에서 유럽·기독교적 문화 세계의 부정을 의미하는 '신은 죽었다'라는 언명과 인간학적 관점에서의 초인 개념은 내용상으로 서로 맞물린 관계에 놓여 있다. 니체에게 신의 '빈자리'를 대체할 개념이 바로 초인이기 때문이다. 다만, 전자의 언명은 기독교적 이상사회에 대한 희망을 버리지 않은 전통적 지지층으로부터, 그리고 후자의 개념은 모든 인간의 동등한 인권을 옹호하려는 민주적 성향의 지식인층으로부터 니체 사후 100년 동안 끊임없는 비난의 표적이 되고 말았다.

특히, 후자의 초인 개념은 그 용어 자체가 초래한 오해 때문에 서구 인종주의자들은 물론 심지어 나치 프로파간다의 도구로 이용되기까지 했다.

비록 일본 학자들의 번역어인 '초인'이라는 용어에는 일정 부분 어떤 영웅적이고 입지전적인 존재를 연상하게 만드는 경향이 보이기는 하더라도, 카우프만(W. Kaufmann)이 잘 지적하고 있는 것처럼, 니체의 초인, 즉 위버멘쉬(Übermensch)는 결코 superman(슈퍼맨)이 아닌 overman(오버맨), 다시 말해, '그다음 단계의 (보통) 인간'이라는 의미에 더 가까운 개념이다.[6]

니체의 미완성 유고집인 Wille zur Macht(힘에로의 의지) 역시 80년대 중반까지 일본 학자들의 번역어인 '권력에의 의지'를 그대로 원용하던 것에서 이후 좀 더 순수 철학적 의미를 드러낼 수 있는 '힘에로의 의지'로 바꾸어 부르고 있다. 다만, Übermensch의 경우, '초인'이라는 번역어만 사용하던 것에서 이제는 초인과 이것의 독일어 발음인 '위버멘쉬'를 혼용하여 사용하는 실정이다.

앞의 용어 설명과 함께 '인간이 도달할 수 있는 최고의 유형은 바로 초인이며, 현재의 인간은 동물과 초인의 중간 단계에 있다.'[7]는 니체 자신의 진술로부터 초인 개념은 얼핏 다원주의적 진화 개념과 밀접한 관련을 맺고 있는 듯 보인다. 그러나 니체는 크게 다음의 세 가지 이유에서 '초인은 진화 과정을 통해 등장하는 존재이다.'라는 가설에 명백한 반대 입장을 취하고 있다.

첫째, 니체는 다원주의가 진화의 결정적 요인으로 가정하는 외적 환경보다 인간의 내면에 놓인 힘을 더 주도적인 것으로 간주하기 때문이다. 즉, 설령 외적인 환경이 무시할 수 없는 요인으로 작용하더라도, 이것이

---

6   W. Kaufmann, *Nietzsche. Philosoph - Psychologe - Antichrist*, Darmstadt: Wiss. Buchges. Verlag, 1988, p. 360.

7   F. Nietzsche, *Der Antichrist*, Abs. 2.

초인을 탄생시키기 위한 충분조건일 수는 없다는 것이다.[8] 요컨대 라마르크(J. Lamarck)나 다윈(Ch. Darwin) 식의 진화론은 종의 보존과 생존에 대한 외형상의 양적인 설명에 불과하다는 것이다.

둘째, 니체는 진화 과정에서 드러나는 진보가 인간이라는 종 전체에 걸쳐 동시에 일어난다는 주장에 동의할 수 없기 때문이다. 니체가 보기에, 인간 역사는 결코 진보적이지 않았다. 오히려 그는 당시 대부분의 유럽인이 르네상스 시대의 유럽인보다 퇴보했다는 인식을 하고 있었다. 즉, 독수리가 떼로 날아다니지 않는 것처럼, 초인은 종 전체가 아닌 개별적 방식으로 등장하는 것이라고 보았다.[9]

마지막으로, 니체가 가장 중시한 세 번째 이유는 초인이, 다름 아닌, 의도된 존재이기 때문이다. 즉, 초인은 자연 상태의 진화에 순응하여 도출된 자동적인 결과물이 아니라, 일련의 창조적 의미에서 이해되는 존재이기 때문이다. 요컨대 뚜렷한 의지로 자신이 처한 현재의 상태에서 벗어나려는 창조적 행위를 통해 비로소 초인은 등장할 수 있다.[10]

진화 개념에 반대하여 니체가 제시한 위의 세 가지 근거는 실상 니체 스스로 던진 '과연 우리 인간 역사에 초인이 존재한 적이 있었는가?'라는 질문과, 그에 따른 답변 속에 모두 함축되어 있다. 실제로 이 질문과 그에 대한 긍정적인 답변은 니체 철학의 존립을 결정짓는 매우 본질적인 것이다. 만약 우리 역사에 단 한 번이라도 실재하는 초인이 없었다면, 니체의 전 철학은 그 스스로가 그토록 비판했던 '저세상에만 존재하는' 전통적 형이

---

8 F. Nietzsche, *Wille zur Macht*, Abs. 70.

9 op. cit, Abs. 1001.

10 F. Nietzsche, *Also sprach Zarathustra*, 2. Teil, Von den berühmten Weisen.

6장 초인과 신인적 인간학 | **173**

상학과 아무런 차이점을 발견할 수 없을 것이기 때문이다.

니체는 우리 역사에 존재했던 초인의 전형으로 그리스인을 지목한다.[11] 이는 우선 진화 개념이 가정하는 진화의 시간적 순방향성을 거부하는 것이다. 다른 한편, 이는 초인 등장의 진화론적 설명 방식을 반대하는 앞의 세 가지 근거 모두와 관련이 있다.

즉, 첫째, 이는 인간의 변화가 외적 환경보다는 내적 요인에 더 영향을 받는다는 사실을 지지해 주는 사례에 해당한다. 둘째, 바로 그러한 이유로부터 특정 시대의 인간 전체가 시기적으로 이전의 다른 특정 시대의 인간 전체보다 더 진보했다고 말할 수는 없지만, 대신 내적 변화를 통한 개인의 진보는 어느 시대에든 열려 있는 셈이다. 마지막으로, 셋째, 비록 현대인이라 할지라도 만약 현재 우리가 처한 상황이 니힐리즘이 도래한 가치 전도의 시대라면, 이것에 적응하고 순응하는 진화의 과정 안에서 초인이 탄생할 수 없다는 사실은 분명하다.

이와 다르게, 초인의 등장을 위해서는 오히려 그러한 진화의 법칙에 반하는 적극적 창조 행위가 요구된다. 니체에 따르면, 필요할 경우 심지어 태양마저 창조하는 것이, 모든 것이 사라져 버린(nihil) 외부 환경에서 초인이 수행하는 창조적 행위에 해당한다.[12] 이런 의미에서, 니체의 초인 개념에 무언가 진화 개념을 적용할 수 있다면, 그것은 오직 정신의 진화를 의미할 때뿐이다. 바꾸어 말하면, 외부 환경과 연관된 외형적 변화와는 아무런 관련이 없는 정신의 성숙을 의미할 때뿐이다.

그러나 이때의 정신은 결코 삶과 분리된 독자적 존재를 지칭하는 것이

---

11 F. Nietzsche, *Wille zur Macht*, Abs. 1050.
12 F. Nietzsche, *Die fröliche Wissenschaft*, Abs. 320.

아니다. 니체가 말하는 정신은 오히려 우리 삶의 깊이를 드러내 주는 표현이다. 따라서 니체에게 정신의 변화는 곧 이전과 달라진 우리 삶의 유형을 의미한다.[13] 이때 정신의 성장은 다음의 세 가지 변화 과정을 통해 실현된다.

우선, 정신의 변화 양상은 그 첫 번째 단계인 '낙타'로부터 시작된다. 이 단계는 '저세상'과 '이 세상', 혹은 '존재의 세계(Seinswelt)'와 '되어감의 세계(Werdenswelt)'라는 존재의 이중 구도 아래 놓인 정신이 전자의 세계로부터 요구되는 '너는 해야만 한다.'의 당위적 가치 체계에 종속된 상태를 의미한다.[14] 그러므로 이 단계에서 정신의 주인은 자기 자신일 수 없다. 결국 자신의 의지와 상관없는 수많은 당위의 짐들을 짊어지게 된 '낙타'는 그 삶의 무게로부터 감당하기 힘든 고통을 감수해야 한다. 요컨대 이 단계는 삶에 대한 무비판적인 수용과 그에 대한 잠재된 부정이 혼재된 상태이다.

앞의 단계에서 삶에 대한 잠재적 부정이 겉으로 드러날 임계점에 도달하면, 이제 정신은 그 두 번째 단계인 '사자'로 변화한다. '낙타'와는 달리, 이 단계의 '사자'는 자신만의 뚜렷한 의지를 갖는다. 그러나 자신의 의지로 할 수 있는 것은 오직 전 단계에서 짊어진 수많은 당위의 짐들에 대한 거부와 부정뿐이다. 요컨대 이 단계는 수동적인 삶에 대한 거부와, 그것 외에는 더 이상의 내용을 갖지 않은 공허한 상태의 의지가 혼재된 상태를 의미한다.[15]

정신의 마지막 변화는 바로 '어린이'의 단계이다. 스스로 강력한 의지를

---

13 F. Nietzsche, *Also sprach Zarathustra*, 2. Teil, Von den berühmten Weisen.
14 op. cit, 1. Teil, Von den drei Verwandlungen.
15 *ibid*.

가진 전 단계의 '사자'마저 할 수 없었던 것이 창조 작업이었다면, 이제 '어린이'는 마치 놀이라도 하듯 모든 것을 창조하기 시작한다.[16]

얼핏 어린이와 창조는 서로 호응하지 않는 개념쌍인 듯 보이지만, 어린이에게 창조 작업이 가능한 이유는 어린이의 무구함이 세상을 호불호로 판단하지 않아 소위 무한 긍정이 가능하기 때문이다. 깨진 벽돌 조각을 장난감 삼아 놀 수 있는 것은 오직 그가 어린이이기 때문이다. 요컨대 정신의 마지막 단계는 (그것이 어떤 모습으로 다가오든) 삶에 대한 무한한 긍정과 이를 통한 창조 작업이 수행되는 상태를 의미한다.

앞서 말한 정신의 세 가지 변화 중 어린이의 단계는 바로 초인의 정신, 곧 초인의 삶을 지칭한다. 정신이 성숙해 가는 마지막 단계를 어린이로 비유한 것은 일면 이상해 보이기도 하지만, 어린이라는 상징이 갖는 가장 중요한 의미인 존재 긍정, 창조 작업(놀이), 그리고 새로운 시작으로서의 측면을 고려하면 오히려 가장 적절한 비유라고도 할 수 있을 것이다.

다른 한편, 어린이의 상태는 있는 그대로인 상태, 곧 본연의 나를 의미하기도 한다. 즉, 한편으로는 낙타의 짐이었던 내세적 존재 세계의 당위적 요구로부터 자유롭고, 동시에 다른 한편으로는 사자가 할 일을 찾지 못했던 현세적 되어감의 세계를 오히려 창조의 터전으로 삼아 새로운 시작을 가능하게 하는 바로 그러한 상태를 의미한다. 비록 그 의미는 다르지만, 바로 이 점에서 니체는 심층 신학의 문구를 빌려 '본래의 너 자신이 되어라!'라고 말한다.[17]

이렇듯 초인은 큰 틀의 존재 긍정을 통해 등장할 수 있다. 그러나 이 긍

---

16 *ibid.*
17 op. cit, 4. Teil, Das Honig-Opfer.

정은 그 선행 조건으로 반드시 사자 단계의 부정을 요구한다.[18] 이렇게 보면, 초인에 이르는 길은 두 가지이다. 하나는 앞서 말한 존재 긍정을 통해 본래의 자기 자신이 되는 길이고, 다른 하나는 자기 자신이 아닌 것에 대한 부정, 즉 자기 자신을 극복해 가는 과정을 통한 길이다.

특히 후자에 관해 니체가 종종 '망치의 철학자'로 칭해지는[19] 이유는, 부정의 대상을 파괴하여 그 안에 들어 있는 본래의 자신을 드러내 보인다는 의미에서, 니체 스스로 자신을 '망치로 철학 하는 사람'으로 표현했기 때문이다.[20] 그렇다면 우리 인간은 자기 자신을 초극해 가야 하는 존재이기도 하며, 그 과정을 통해 초인이 등장할 수 있는 것이다.[21]

이로부터 니체가 말하는 초인은 다음의 세 가지 특징을 지닌 인물로 요약될 수 있다. 첫째, 초인은 존재의 세계가 아닌 되어감의 세계, 즉 저세상이 아닌 바로 이 지구에서의 삶을 절대적으로 긍정하는 존재이다. 둘째, 초인은 자기가 아닌 존재, 즉 전도되어야 할 니힐리즘의 잔재를 부수는 파괴자이며, 동시에 현재의 기반에서 미래를 만들어 가는 창조자이다. 이를 통해, 셋째, 초인은 기존의 니힐적 신의 자리를 대신할 수 있는 구원자의 역할을 담당하는 존재이다.

초인은 우리 지구에 자연스러운 진화 과정을 통해 저절로 나타나는 진화의 산물이 아니며, 마찬가지로 절대 능력을 갖춘 외계인도 아니다. 요컨대 초인은 자신이 가진 외형의 모습과는 상관없이 자신의 삶을 긍정하고

---

18 F. Nietzsche, *Menschliches, Allzumenschliches*, 2. Band, Vermischte Meinungen und Sprüche, Abs. 135.

19 W. Kaufmann, op. cit, p. 130.

20 F. Nietzsche, *Also sprach Zarathustra*, 2. Teil, Auf den glückseligen Inseln.

21 F. Nietzsche, *Unzeitgemäße Betrachtung*, 3. Stück, Abs. 5.

창조해 가는 주체적 인간, 곧 성숙한 인간을 의미하는 것이라 볼 수 있다.

앞서 언급한 세 가지 특징은 초인의 속성인 동시에, 다른 한편, '성숙함'이라는 표현이 구체적으로 어떤 의미를 갖는지를 명료화한 것이기도 하다. 요컨대 누군가 이 세 가지 특징을 모두 갖춘 성숙함을 보인다면, 그는 바로 초인인 셈이다. 니체는 초인 100명만 있으면, 세상을 바꿀 수 있을 것으로 믿었다.[22]

초인과 신인

지금까지의 논의를 바탕으로, 이제 초인의 관점에서 동학의 신인(新人)은 어떻게 조명될 수 있는가를 살펴볼 필요가 있다. 다만, 그 전에 '신인(新人)'이라는 용어의 선택이 초인의 경우만큼이나 혼동을 불러올 여지가 있다는 점을 짚어 두어야겠다. 왜냐하면 이 글의 대상은 이돈화의 신인 사상에만 초점을 둔 것이 아님에도 오직 그만이 신인이라는 개념을 사용했다는 점에서 혼동이 야기될 수 있기 때문이다.

다른 한편, 최제우의 인간 개념은 적어도 외견상으로는 이 글의 지향점인 넓은 의미의 '새로운 인간', 즉 인간에 방점이 놓였다기보다는 심오한 시천주 체험 이후의 지상신선, 즉 이미 인간의 한계를 넘어선 특별한 존재를 지칭하는 것으로만 보일 수 있다는 점에서 오는 혼동 가능성 때문이다.

일반적으로 신인 개념은 이돈화의 고유 사상으로 알려진 측면이 있지만, 이돈화를 학문적 사상가가 아닌 천도교 이론가라는 관점에 한정해 연

---

22 op. cit, 2. Stück, Abs. 6.

구한 황문수의 보고에 따르면, 실상 이돈화 자신은 신인 사상을 올곧이 최제우의 사상으로 이해하고 있었다.[23] 즉, 『신인철학』 전체의 내용은 이돈화의 독창적 이론을 전개한 것이라기보다는 수운 사상의 체계화를 도모한 시도에 불과하다는 것이다.[24]

비록 최제우 역시 이돈화의 의견에 동의하는지는 알 수 없지만, 적어도 새로운 인간, 즉 신인 개념을 특정 관점의 너무 좁은 의미에서 사용하지 않는 한, 최제우를 비롯한 동학사상 전반에 적용해 살펴볼 수는 있을 듯하다. 따라서 앞으로의 논의에서 신인 개념은 '새로운 인간'이라는 표현 자체가 갖는 범위 내에서 인간학적 맥락이 허용하는 한 최제우, 최시형, 손병희, 이돈화 등의 사상에 큰 구별 없이 적용될 것이다.

논의로 되돌아와, 신의 죽음과 초인 사이의 상관관계는 앞서 언급한 바 있지만, 실제로 '신의 죽음'이라는 메타포는 초인의 존재 이유로서 초인 등장의 (혹은, 초인 등장의 필요성을 설명하기 위한) 필수적인 배경으로 작동한다.

이와 마찬가지로, 동학의 사상적 맥락에서도 역시 니체의 초인에 대비되는 존재가 어떤 명칭으로 불리건, 이를테면, 그것이 지상신선이든, 시천주자이든, 혹은 시천주적 개벽자이든 상관없이 이들의 존재 이유가 되는 배경을 필요로 한다. 최제우에게, 혹은 동학사상에서 새로운 인간, 즉 신

---

23 이돈화, 「인내천의 연구」, 『개벽』 창간호, 41쪽: "내가 이제 쓰고자 하는 새 사람[신인-재인용자]은 遠한 과거에 묻혀 있는 그들의 새 사람이 아니며, 따라서 정치, 문예, 학술, 軍略으로서의 새 사람도 아니오 가장 近하고 가장 위대하고, 그리하여 종교사상적으로 조선의 독창인 - 아니, 동양의 독창인 - 광의로 말하면 세계적 독창인 人乃天主義 창시자 최수운 선생의 사상을 한 말로 널리 세계에 소개하고자 함에 있다." 황문수, 「이돈화의 신인 사상」, 『동학학보』 제1호, 2000, 106쪽에서 재인용.
24 cf. 이돈화, 앞의 책.

인의 존재 이유로 작동하는 기제는 과연 무엇인가.

이 점에서, 최동희가 한울의 노이무공(勞而無功)을 들어,[25] 이를 '신(神)의 무공(無功)'[26]이라 표현한 데에 주목할 필요가 있다. 물론 최제우의 사상에 충실하기 위해서는 '신'이라는 개념 대신 '한울(하늘)'을 쓰는 것이 가장 적합하겠으나, 최동희는 니체 철학과의 대비를 위해 상제, 천주, 혹은 천이라는 용어 대신 의도적으로 신이라는 용어를 채택하고 있다. 이는 이 글의 경우에도 마찬가지이므로, 용어에 변형을 가하지 않고 동일하게 사용하기로 한다. '신의 무공'이란 결국 최제우가 깨닫기 전까지는 신이 무공 했다고 보는 시각인데, 이는 다시 신인의 존재 이유를 짐짓 하늘의 무심함에서 찾도록 해석하게 만들 수도 있는 대목이다.

반면, 최시형은 '신의 무공'을 하늘이 아닌 사람 탓으로 인식했다: "도인이 입도한 뒤에 천지 섬기기를 부모 섬기는 것과 같이 아니하고, 오히려 음사에 빠져서 음사의 마음을 놓지 못하여 혹 만들고, 혹 걷어치우고, 반은 믿고 반은 의심하여 반은 천지를 믿고 반은 음사를 믿으니, 이것은 천지부모를 배척하는 것이니라. 이러므로 천지부모가 크게 노하여 자손이 영락하나니, 이 이치를 자세히 안 뒤에라야 거의 도문에 들어섰다고 이를 것이니라. 이것이 「개벽 후 오만 년에 노이무공 하다가서 너를 만나 성공하니」 하신 한울님 뜻이니 밝게 살피고 깊이 연구하라."[27]

중요한 것은, 무공의 원인을 어디에서 찾든 '신의 무공'이라는 표현 자

---

25 『龍潭遺詞』, 「龍潭歌」, "한울님 하신 말씀 개벽 후(開闢後) 오만 년(五萬年)에 네가 또한 첨이로다 나도 또한 개벽 이후 노이무공(勞而無功) 하다가서 너를 만나 성공(成功)하니 나도 성공 너도 득의(得意) 너희 집안 운수(運數)로다."

26 최동희, 앞의 논문, 267-268쪽.

27 『神師法說』, 「心靈之靈」.

체는 순수 사상적 관점에서 볼 때, 니체가 즐겨 말하는 신의 죽음과 마찬가지로 또 다른 하나의 메타포에 불과하다는 점이다. 요는, 그렇다면 신의 무공이라는 메타포가 함의하는 바는 과연 무엇인가 하는 점이다. 다시 말해, 이 메타포는 신인의 존재 이유가 될 만한 어떤 충분조건을 배경으로 제공하는가 하는 점이다.

니체에게 '신의 죽음'은 곧 유럽적 니힐리즘, 즉 유럽·기독교적 문화 세계에 대한 부정이었다면, 최제우에게 '신의 무공'은 당시 사회를 바라보는 최제우의 현실 인식, 즉 '요순공맹의 덕으로도 어쩔 수 없는 절망의 시기'[28]가 바로 최제우로부터 이돈화에 이르기까지 그들에게 '새로운 인간'을 찾도록, 혹은 육성하도록 추동하게 만든 배경이 되었다는 점은 의심의 여지가 없어 보인다. 역사의 흥망성쇠는 다름 아닌 사람의 흥망성쇠를 의미하며, 흥성과 망쇠 각각의 열쇠를 쥐고 있는 존재 역시 사람이기 때문이다.

이렇게 보면, '신의 죽음'과 '신의 무공' 양자 모두는 피폐해진 인간 삶을 확고히 바꾸어 갈 미래 지향적인 특별한 어떤 사람을 필요로 했으리란 점이 분명해진다. 이들을 통해서야 비로소 주어진 상황에 요구되는 개혁이나 개선을 기대할 수 있을 것이기 때문이다. 그런데 이러한 '특별한 사람'의 등장을 초인의 관점에서 보면, 이러한 인물들은 결코 자연 진화의 자동적인 결과물로 나타나는 존재일 수 없다. 그렇다면 신인의 등장과 진화 사이에는 과연 어떤 상관관계가 놓여 있는지를 살필 필요가 있다.

동학 연구자들에 의해 일반적으로 평가되는 바처럼, 동학사상 중 진화의 특성이 가장 두드러지게 나타나는 저술은 이돈화의 『신인철학』이다.

---

28 『神師法說』, 「其他」, "대신사께서 늘 말씀하시기를 이 세상은 요순공맹의 덕이라도 부족언이라 하셨으니 이는 지금 이때가 후천개벽임을 이름이라."

예컨대 '인간은 우주의 과실'이라거나 '인간격은 우주격의 최종격'이라는 등의 진술은 진화 개념을 통해 이돈화가 궁극적으로 도달하고자 했던 인간중심주의 사상을 공고히 해주는 것으로 보인다.

그렇지만 설령 이에 관련된 낱낱의 언명에 대해 촘촘한 탐색 과정을 거치지 않더라도, 그에 대한 원리적인 측면에서의 접근과 조망은 물론 비판마저 가능할 것으로 보인다. 진화 개념에 관한 한, 다음의 두 가지 원리적 전제로부터 이미 일종의 탄탄한 교과서적 판결이 준비되어 있기 때문이다. 이로부터 초인과 신인의 등장 과정에서 진화 개념의 수용 여부에 대한 서로 다른 주장을 두고 성급히 초인의 손을 들어주었다는 오해 역시 피할 수 있을 것이다.

진화와 관련된 원리적 전제는, 첫째, 진화는 그 원리적 특성상 개체 간의 단절을 허용하지 않는다는 점이다. 개체 간의 연속성에 대한 보장 없이는 진화 개념의 성립 자체가 불가능하기 때문이다. 둘째, 진화는 그 원리적 특성상 진보 개념과 혼동되어서는 안 된다는 점이다. 진화는 주어진 환경에, 혹은 변화된 환경에 적응하도록 '달라졌다'는 사실을 의미할 뿐, 결코 '나아졌다'는 의미를 내포하지 않기 때문이다.[29]

이를 이돈화의 인간격 중심 사상에 대입해 보면, 이돈화의 진화론은 사실 진화 개념에 대한 전형적인 오해에 해당하는 것으로서, 위의 두 가지

---

29 cf. Ch. Darwin, *The Descent of Man. And Selection in Relation to Sex,* second edition, revised and augmented, New York: D. Appleton and company, 1899, pp. 168. 또한 cf. Ch. Darwin, *The Origin of Species. By Means of Natural Selection. Or the Preservation of favored Races in the Struggle for Life,* with additions and corrections from sixth and last english edition, Vol. I-II, New York: D. Appleton and company, 1899, p. 61.

전제 중, 특히 두 번째 전제를 위배하고 있다. 모든 생명체는 각자의 환경적 요인에 적응하여 저마다의 독특한 방식으로 변화해 왔을 뿐, 변화에 수반된 메커니즘의 복잡성이 곧바로 그 개체의 우월성을 담보해 주는 것은 아니기 때문이다. 복잡성과 우월성을 동일시하는 시각은 단지 관점의 차이가 만들어 낸 편향된 판단에 불과하다.

역으로, 진화의 진수는 오히려 그 전제, 즉 천지 만물이 결국 모두 서로 연결된 유기적 관계에 놓여 있다는 점에서 찾아야 할 것으로 보인다. 진화 개념의 첫 번째 전제에 해당하는 유기적 관계성에 대한 이러한 자각과, 나아가 여기에서 진일보한 자각의 백미는 바로 '나'와 '하늘(한울)'이 하나라는 인내천의 자각이라고 할 수 있을 것이다.[30]

유기적 관계성과 관련된 상황은 때로 예기치 않은 역설을 낳기도 한다. 아퀴나스는 신의 존재 증명을 위해 아리스토텔레스의 부동의 원동자 개념을 그대로 답습하여 피조물의 선행 원인을 차례로 유추해 가는 방법론을 활용했다. 그런데 바로 그 이유로 아퀴나스는 이단의 혐의를 받아야 했다. 피조물의 앞선 원인을 찾아나가는 과정이 매끄럽다는 것은 결국 인간과 신 사이에 아무런 초월적 단절이 없다는 사실을 의미하는 것이고, 이로부터 인간보다 신을 더 나은 존재로 간주해야 할 이유 또한 사라지고 마는 것이기 때문이다.[31] 요컨대 인내천의 자각이야말로 최제우 사상 전체의 요지요, 핵심인 셈이다.[32]

---

30 『聖師法說』, 「性靈出世說」, "한울이 곧 사람이요, 사람이 곧 한울인 관계이니라. 천지 만물은 한가지로 순응하여 시대 역조와 같이 진화하므로, 그 심법은 결코 인간을 떠난 것이 아니요, 전부 세간과 합치된 것이요, 세간에 나타난 것이니라."

31 버트란트 러셀 지음, 한철하 옮김, 『서양철학사』, 서울: 대한교과서, 1982, 632-648쪽.

32 『聖師法說』, 「大宗正義」, "대신사는 우리 교의 원조라. 그 사상이 넓은 데로부터 간략

초인의 경우에서와 마찬가지로, 그로부터 신인의 개념에 진화 개념을 적용할 수 있는 또 다른 가능성은 진화를 다만 정신의 변화 과정에 접목하는 측면에서이다. 요컨대 무형의 개벽, 곧 정신개벽을 의미할 때이다.[33] 초인의 경우와 달리, 비록 여기엔 구체적인 정신의 변화(혹은, 진화) 단계가 설명된 것은 아니지만, 외부 환경에 순응하지 않고 이에 맞서 삶의 환경을 개선하려 한다는 점에서 니체 식 의미의 '정신적 성숙'과 동일한 궤도에 놓인 진술로 볼 수 있을 것이다.

이로부터 신인의 등장은 자연 진화의 과정에 자동으로 나타나는 결과물이라기보다는 의도된 정신의 개벽을 통해 출현하는 존재로 보는 것이 좀 더 적절해 보인다. 같은 이유에서, 이런 식의 진화는 종 전체가 아닌 개별적인 형태로 나타나더라도, 누구에게든 신인으로 진입할 가능성은 열려 있는 셈이다.[34]

이를 바탕으로, 이제 신인의 적극적인 의미, 즉 초인의 관점에서 바라본 신인은 어떤 특성을 가진 존재인가를 구체적으로 예상해 볼 수 있다. 요컨대 초인의 정신은 존재 긍정을 통한 창조 작업에 그 특징이 있다고 할 때, 개벽을 통해 출현하는 신인에게는 초인에게 요구되는 부정을 통한 긍정의

한 데 이르렀으니 그 요지는 인내천이라. 인내천으로 교의 객체를 이루고, 인내천을 인정하는 마음이 그 주체의 자리를 점하여 자기 마음을 자기가 절하는 교체로, 한울의 참된 원소의 극안에 서나니 이것은 인간계에서 처음으로 창명된 대종정의라 말함이 족하도다."

33 『聖師法說』,「人與物開闢說」, "개벽이란 부패한 것을 맑고 새롭게, 복잡한 것을 간단하고 깨끗하게 함을 말함이니, 천지 만물의 개벽은 공기로써 하고 인생 만사의 개벽은 정신으로써 하나니, 너의 정신이 곧 천지의 공기이니라."

34 『聖師法說』,「人與物開闢說」, "이 미욱하고 미욱한 세계를 돌아보고 개벽함에 무슨 어려움이 있으리오. 우리 대신사를 보라. 이러한 사람이 아니신가."

과정, 곧 '사자'와 '어린이'의 단계가 동시에 발현한 것이라고 볼 수 있다. 다시 말해, '부패한 것을 부패한 채로, 혹은 복잡한 것을 복잡한 그대로 두는' 태도는 신인일 수 없는 '낙타' 단계에 속한 인간의 정신이라면, 정신개벽을 거친 신인은 '부패하고 복잡한 것을 거부하는 (즉, 사자 단계) 동시에 이를 맑고 새로우며, 간단하고 깨끗하게 바꾸려는' 존재 긍정을 통한 창조 작업(즉, 어린이 단계)을 수행해 가기 때문이다.[35]

당연한 말이지만, '부패하고 복잡한 외부 환경'을 그대로 허용하여 이에 적응하는 행위는 결코 존재 긍정의 모습이 아니다. 여기엔 삶의 하강을 초래하는 데카당스(décadence)가 드러날 것이기 때문이다.[36] 정신의 어린이 단계에 이른 사람만이 비로소 '본연의 나'를 찾은 것처럼, 손병희는 '정신 개벽 이후의 나'야말로 '참된 정신의 나'임을 강조한다.[37]

다른 한편, 삶을 긍정하고 창조해 가는 주체적 인간, 즉 초인의 특성들이 '성숙한 인간' 안에 모두 함축된다고 할 때, 이와 유사한 맥락에서 최동희는 정신개벽을 거친 신인을 '최선을 다하는 사람', 혹은 '성실한 사람'이라 지칭했다.[38] 최동희에게 개벽이란 곧 '천심 즉 인심'을 깨달은 상태를 의미하기 때문이다.[39] 요컨대 시천주자로서 최선을 다해 자신을 드러내려는 행

---

35 『聖師法說』, 「人與物開闢說」, "개벽이란 부패한 것을 맑고 새롭게, 복잡한 것을 간단하고 깨끗하게 함을 말함이니…."
36 F. Nietzsche, *Wille zur Macht*, Abs. 401.
37 『聖師法說』, 「人與物開闢說」, "이 생각을 한번 개벽하면, 이에 희고 흰 얼음과 눈의 깨끗함과 한울이 개이고 날이 밝은 광명과 산이 높고 물의 흐름이 방정함과 뜻이 크고 뛰어난 운학의 고상한 그것이 곧 참된 정신의 나이니, 이 나는 한울이 기울어지고 땅이 터지더라도 길이 이와 같을 것이요, 바다가 마르고 돌이 녹아도 또한 이와 같을 것이라."
38 최동희, 앞의 논문, 270-271쪽.
39 cf. 『東經大全』, 「論學文」, "내 마음이 곧 네 마음이니라."

위(즉, 인심)는 동시에 하늘(한울)을 드러내는 행위(즉, 천심)이기도 하다. 최선을 다하면서도 "그 이외에 아무것도 바라지 않는 자기에 성실한 태도"를 최동희는 강조한 것이다.

이때 '천심'이나 '시천주', 혹은 '한울' 등의 종교적 표현에 놓인 의미의 엄격성에서 잠시 벗어나는 것이 허용된다면, 이 맥락을 '정신의 무한 발전 가능성'의 측면에서 접목하는 작업 역시 가능할 수 있다. 요컨대 이런 방식의 작업이 가능하다면, 동서양의 지역적 차이나 시간적 간격을 뛰어넘어 초인과 신인은 한 자리에서 만날 수 있고, 또 그 의미를 새겨보는 작업 역시 가능할 것이다.

신인의 현대적 의미

지금까지 초인의 관점에서 신인적 인간학을 조명함으로써 종교적 색채를 걷어낸 이후의 신인에게 사상적 측면으로부터의 소통이 가능한지의 여부를 살펴보았으므로, 이제 가장 중립적 의미에서 현대 사회의 리더라 칭할 수 있는 신인에게 부여될 수 있는 실천적 과제는 과연 무엇일지를 따져보는 것은 매우 의미 있는 작업일 것이다.

이를 위한 효율적인 논의를 위해, 앞서 큰 틀의 원리적 논의에 덧붙여 이젠 이돈화가 정리한 '신인의 5가지 조건[40]을 구체적인 추가 검토 대상으로 삼기로 한다. 아래 '신인의 5가지 조건'은 황문수의 이돈화 저술 요약을 인용자가 현대적 의미에 좀 더 어울리는 용어로 바꾼 것이다.

---

40 황문수, 앞의 논문, 122-123쪽.

시천주자

동학의 종교적 테두리 안에서 가장 핵심적인 개념 중 하나인 시천주를 인간학의 영역인 초인의 관점에서 바라본다면, 이는 '다른 존재자들과의 교감을 전적으로 허용하는 열린 자세' 정도의 의미로 번역할 수 있는 개념일 것이다. 왜냐하면 시천주란 지기일원론의 버팀목과도 같은 것으로서 천지 만물 간의 질적인 차이를 허용하지 않는 근거가 되기 때문이다. 또한 만물이 시천주 아닌 것이 없고,[41] 나아가 어디선가 들려오는 새의 지저귐조차 시천주의 소리라면,[42] 이로부터 필연적으로 도출되는 유기적 관련성은 나 아닌 다른 존재를 구별 짓거나, 차별하는 행위가 비논리적이라는 사실을 말해줄 것이기 때문이다.

초인의 종국적인 정신 단계에서 존재 긍정이 가능한 이유 역시 바로 이런 맥락에서이다. 따라서 시천주자로서의 신인은 결국 만물의 유기적 관계성을 인식하고 있는 사람, 다시 말해, 사람은 물론 지구 전체 생태계와의 관계에서 상생(win-win)의 정당성을 인식하고 지향하는 리더라고 해석될 수 있다.

인류의 진보를 믿는 자

소위 '인류의 진보'라는 주제는 안티-다위니스트의 입장에 서 있는 초인의 관점에서 볼 때 가장 부담스러운 부분이다. 그런데 이를 '종교의 본질적 동기가 생활 혁명'이라고 인식하는 이돈화의 입장에서 본다면,[43] 이때

---

41 『神師法說』, 「待人接物」, "만물이 시천주 아님이 없으니…."
42 『神師法說』, 「靈符呪文」, "저 새소리도 또한 시천주의 소리니라."
43 이돈화, 앞의 책, 134쪽. "종교도 원시적[근본적 - 인용자] 의미에서는 역시 생활혁명으로 생겼다." 황문수, 앞의 논문, 112-113쪽에서 재인용.

'인류의 진보'는 특정한 원리적 통찰이라기보다는 오히려 일련의 희망을 드러낸 입장으로 해석하는 것이 좀 더 타당해 보인다.

그렇지만, 다른 한편 인류의 진보를 정신의 변화라는 측면에서 본다면, 사회 개혁을 위한 개인의 적극적 참여와 실천이 가능할 것이고, 나아가 그로부터의 '진보'를 기대할 수 있을 것이다. 100명의 초인이 사회를 바꿀 수 있는 것처럼, 정신개벽은 부정(파괴)과 긍정(창조)을 동시에 추동하는 기제로 작동하기 때문이다. 따라서 인류의 진보를 믿는 자로서의 신인은 비판적·창의적 마인드를 두루 갖춘 매사에 적극적인 리더의 의미로 해석될 수 있다.

개인보다 사회의 영속성을 위해 헌신하는 자

초인의 관점에서 볼 때, 자신보다 사회의 영속성을 위해 헌신하는 태도는 초인의 특성을 가리키는 뚜렷한 표식 중의 하나이다. 소인의 관심사는 자기 자신의 생존과 성공에 머물지만, 초인은 끊임없이 인간의 다음 단계를 고뇌하는 존재이기 때문이다.[44] 요컨대 소인은 자기 자신을 위해 고민하지만, 초인은 인간을 위해 고민한다.

그런데 개인보다 사회를 먼저 생각하라는 위의 명제는 얼핏 자유주의와 공동체주의의 대립하는 두 입장 중에서 일방적으로 후자의 손을 들어주는 듯한 인상을 주는 것도 사실이다. 이를 정치·사회적 관점에서 보면, 민주주의보다는 사회주의를, 혹은 미국보다는 일본의 손을 들어주는 것처럼 보인다(물론 일본은 사회주의보다는 전체주의의 성격에 가깝다.).[45] 이 점에서,

---

44 F. Nietzsche, *Also sprach Zarathustra*, 4. Teil, Vom höheren Menschen.
45 허수, 「이돈화의 『신인철학(新人哲學)』 연구」, 『史林』 제30호, 2008, 222쪽.

허수는 1924년 이후의 이돈화 저술로부터 일정 부분 사회주의 사상의 영향을 받은 흔적들이 감지된다는 점을 지적한다.

그렇지만 사상의 측면에 초점을 둔 관찰에 한정해서 보면, 이는 소위 '각자위심'을 버린 자라는 의미로 받아들이는 것이 타당할 것이다. 각자위심이란, 다름 아닌, 천리에 순종하지 않는 자,[46] 곧 자신과 자신 아닌 것을 구별 지어 만물의 유기적 관계성을 부정하는 자이기 때문이다. 따라서 개인보다 사회의 영속성을 위해 헌신하는 자로서의 신인이란 곧 이기주의에서 벗어나 공동체 구성원의 책임과 역할을 다하는 리더라고 할 수 있다.

각 시대와 사회에 맞는 창조적 적응력을 가진 자

초인의 관점에서 볼 때, 이 네 번째 신인의 조건에는 원리와 방법이라는 두 가지 측면의 고찰이 요구되며 사실 매우 조심스럽게 접근해야 할 대목이다. 먼저, 이 조건이 충족되는 원리적 측면의 무게 중심은 실현 가능한 모든 변화가 '하늘의 나라'가 아닌 '땅의 나라'를 위한 것이어야 한다는 점에 있다. 곧 모든 창조적 변화는 '저세상'의 어떤 것이 아닌, 바로 이 땅 위의 만물을 존중하는 것으로부터 시작되어야만 한다는 점이다.

반면, 다음으로, 이 조건을 실행하고 적용하는 방법의 측면에서는 그 외연의 융통성이 매우 크다. 하지만 현실은 이와 다른 것 또한 사실이다. 요컨대 비록 위의 조건을 만족시킬 수 있는 원칙은 비교적 쉽게 결정될 수 있어도, 오히려 그 구체적인 실행 방법에서만큼은 여의찮을 수 있다. 예를 들어, 콜레라가 창궐하던 시기에 불사른 종이를 물에 타 마시게 하는 민간

---

46 『東經大全』,「布德文」, "또 이 근래에 오면서 온 세상사람이 각자위심하여 천리를 순종치 아니하고 천명을 돌아보지 아니하므로…."

요법을[47] 응용한 것으로 보이는 영부의 음용은 최제우가 활동했던 당시의 시대적 특성을 잘 반영한 방법론에 속한다. 그럼에도 이제 시대와 사회가 달라졌으므로 영부 음용을 중지하자거나, 혹은 새로운 다른 방법으로 대체하자는 등의 제안이 활발히 논의되는 모습은 쉽게 상상이 가지 않기 때문이다. 아무튼 각 시대와 사회에 맞는 창조적 적응력을 가진 자로서의 신인은 생명 존중 사상을 흔들리지 않는 중심에 두고 다가오는 변화를 두려워하지 않는 리더, 나아가 우리 시대와 사회가 필요로 하는 변화를 오히려 주도적으로 이끌어가는 리더라고 할 수 있다.

지상천국의 실현에 대한 확고한 신념을 가진 자

초인의 관점에서 볼 때, 소위 '지상천국'이란 우리 주변에 수많은 신인이 출현하여 지속적인 개선이 이루어지는 사회를 지시하는 메타포이다. 신의 죽음 이후 땅의 나라에서 수행되는 초인의 역할은 인간 본성에 어긋나는 모든 것에 대해 '망치'를 들이대어 삶의 하강을 가져오는 데카당스적 요인을 제거하고, '신의 나라에 속한 것들'에 의해 오염되기 이전의 본래 인간의 모습을 찾도록 하는 것이다.

마찬가지로, 여기에서 지상천국이란 끊임없이 좀 더 나은 사회를 건설해 가는 신인들의 창조적 역할을 통해 종국적으로 도달하려는 희망의 지명, 곧 '새로운 사회'에 다름 아니다. 이돈화 역시 지상천국의 의미를 "그 시대 시대에서 각각 보다 좋은 신(新)사회" 정도로 인식하고 있었다.[48]

이같이 볼 때, 지상천국의 실현에 대한 확고한 신념을 가진 자로서의 신

---

47 김인환, 『동학의 이해』, 서울: 고려대학교출판부, 1994, 머리말 i.
48 이돈화, 앞의 책, 232쪽. 허수, 앞의 논문, 218쪽에서 재인용.

인이란 우리 삶의 상승을 촉진하는 희망적 비전을 제시하고, 이를 구체적인 실행에 옮겨가는 행동하는 리더라고 할 수 있다. 이런 의미에서, 신인은 "꿈과 뜻을 가진 사람이 사람을 따르게 하여 목적을 달성"하게 만드는 리더이기도 하다.[49]

신인의 리더십

역사가 명징하게 알려주는 바대로, 우리 인류의 흥망성쇠를 쥐고 있는 존재는 항상 사람이다. 이 같은 사실은 과거와 마찬가지로 아마도 인류의 먼 미래에 이르기까지 거의 변하지 않을 것이다. 설령 인간학적 의미에서가 아니더라도, 이는 '인내천'의 천보다는 인에 방점을 찍어야 할 불가결의 이유가 된다. 이때 동학이 지향하는 인은 신인(新人)이며, 신인은 곧 오늘날 우리 사회를 새롭게 변화시켜 갈 수 있는 동학의 선도적 인간상을 지칭하는 용어이기도 하다. 신인이란 결국 동학의 자양분을 먹고 자란 현대 사회의 리더인 셈이다.

초인의 함축적 의미가 성숙한 인간, 즉 자신의 삶을 긍정하고 창조해 가는 주체적 인간이라 할 때, 초인의 관점에서 바라본 신인은 다음의 세 가지 원리적 특성에 기반을 두고 출현하는 존재이다. 요컨대 그가 누구이든 이러한 세 가지 특성을 갖춘 사람이라면, 그는 또한 신인이기도 한 것이다. 그리고 바로 이때 초인과 신인은 서로 한 지점에서 만나게 된다.

첫째, 신인은 지상의 나라를 존재론적 기반으로 갖는 존재이다. 초인이

---

49 정우일 외, 『리더와 리더십』, 서울: 박영사, 2009[2판], 8쪽.

정신의 변화를 통해 '되어감의 세계'를 자신의 존재 기반으로 긍정할 수 있었듯, 초인의 관점에서 바라본 신인의 정신 변화는 곧 정신개벽, 즉 지상의 일(인심)이 곧 하늘의 일(천심)이라는 깨달음을 통해 천지 만물을 온통 긍정할 수 있었기 때문이다.

둘째, 신인은 자신의 의지로 삶을 살아가는 주체적 존재이다. 초인이 자연 진화의 작동 방식에 따른 피동적 삶을 살아가는 존재가 아니듯, 초인의 관점에서 바라본 신인은 '부패하고 복잡한' 외부 환경에 순응하기보다는 이에 맞서 주어진 삶의 환경을 개선하려는 의지의 소유자이기 때문이다.

셋째, 신인은 더 나은 사회를 추동해 가는 창조적 존재이다. 정신의 어린이 단계에 이른 초인이 내면의 변화인 존재 긍정을 통해 외면의 변화인 놀이(즉, 창조 작업)를 시작하듯, 초인의 관점에서 바라본 신인은 정신개벽에 이어 곧바로 현실 세계를 향한 '만사의 개벽'을 이끌어가는 존재이기 때문이다.

이를 바탕으로, 신인의 리더십이 발현되는 구체적 양상은 다음의 다섯 가지 측면에서이다. 첫째, 신인은 상생(win-win)의 리더십을 발휘하는 리더이다. 신인은 천지 만물이 모두 시천주자라는 자각을 통해 만물의 유기적 관계성을 인식하게 된 존재이기 때문이다. 둘째, 신인은 비판적 마인드를 가진 리더이다. 정신개벽을 거친 신인은 사회 개벽을 위해 제어되어야 할 요인이 어떤 것인지를 가려낼 수 있는 존재이기 때문이다. 셋째, 신인은 사회적 책임을 다하는 리더이다. 각자위심을 버린 신인은 개인보다는 사회의 영속에 더 큰 관심을 두는 존재이기 때문이다. 넷째, 신인은 변화를 주도해 가는 리더이다. 신인은 만물 존중이라는 대원칙 아래, 삶의 상승을 촉진해 갈 수 있는 '새롭고, 간단하고, 깨끗한' 정신의 소유자이기 때문이다. 마지막으로, 다섯째, 신인은 비전을 제시하는 리더이다. 정신개벽을 거친 신인은 더 나은 사회 건설을 위한 창조의 방향이 어떤 것인지를 아는 존재이기 때문이다.

니체의 초인 개념이 종국적으로 수렴되는 인간상이 '성숙한 사람'이었듯, 인간학적 관점에서 신인에게 덧씌워진 여러 치장을 걷어내고 남은 실체는 '최선을 다하는 사람', 혹은 '성실한 사람'이 핵심이었다. 실상 우리 인류의 성인이라고 일컬어진 사람들이 전하고자 하는 메시지 역시 놀라울 정도로 단순하다. 그런데 사랑이나 자비, 혹은 성숙이나 성실 등의 메시지가 수렴되는 곳은 결국 사람들 간의 관계에 대해서이다.

이런 의미에서, 그것이 사랑이든, 자비든, 성숙이든, 아니면 성실이든, 관계의 유기성을 이미 그 사상적 토대로 하고 있다는 것은 신인적 인간학의 커다란 장점이라고 할 것이다. 그럼에도 위에 언급한 신인의 리더십이 구체화 되는 다섯 가지 양상(특히, 변화를 주도하는 네 번째 양상)이 현실화하지 않는 한, 이 장점은 아마도 '종이' 위에만 머무는 은둔의 운명에서 벗어나지 못할 것이다.

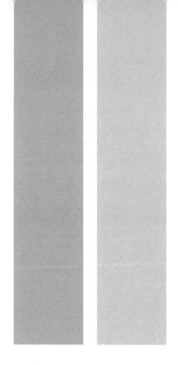

7장
동학의 리더십과 팔로워십[*]

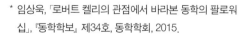

* 임상욱, 「로버트 켈리의 관점에서 바라본 동학의 팔로워
십」, 『동학학보』 제34호, 동학학회, 2015.

동학 공동체의 '리더-팔로워'

리더라는 용어는 본질적으로 리딩의 대상, 즉 팔로워의 존재를 전제로 가능한 개념이다. 만약 리더와 팔로워 사이에 여러 단계의 중간 리더를 허용한다면, 그로부터 구축된 사회관계망은 피라미드 식 위계의 형상을 띠기 쉽다. 이를테면, '리더-팔로워'로 구분된 사회는 오늘날의 군대나 회사의 조직 구도와 유사할 수 있다. 혹은, 과거의 '왕-백성' 구도와도 차이점을 찾기 힘들다.

특히 리더라는 개념이 적용되던 초기엔 리더가 대개 신적인 카리스마를 지닌 특별한 존재로 간주되었다는 점을 고려하면, 리더와 팔로워 간에 놓인 상하관계는 더욱 분명해 보인다. 그로부터 우리에게 일반적으로 각인된 인식 역시 '리더는 이끌고, 팔로워는 따른다.'는 틀에서 크게 벗어나지 않는다. 이에 덧붙여, 리더를 성공한 사람과 동일시하는 일반의 인식과 맞물려, 리더의 지위는 우리 사회에 자리 잡은 초미의 관심사 중 하나로 작동한다.

이렇듯 분명해 보이는 '리더-팔로워' 간 관계성을 동학사상의 맥락 안에서 다시 고찰해 보려는 이유는, 다음의 세 가지 문제의식으로부터이다. 이 중 한 가지는 동학사상의 존재론으로부터 제기할 수 있는 원리적인 측면이고, 다른 두 가지는 기존의 관계성이 우리 사회에 적용되었을 때 야기되는 현실적 측면을 고려한 것이다.

첫째, '리더-팔로워'를 단순한 상하관계가 아닌 수평적 관계로 보는 시각이 얼마든지 가능하기 때문이다. 원리적으로 모든 종류의 이분법은 이원론적 존재론을 기반에 둔다. 반면, 동학사상에 놓인 지기일원론의 관점은 사람과 사람은 물론 사람과 새(자연)의 관계에 대해서조차 온전히 평등한 관계 설정이 가능하다. 요컨대 얼핏 당연해 보이는 '리더-팔로워' 간 관계는 또 다른 존재론적 지평에 따라 얼마든지 재설정될 수 있다는 의미이다.

둘째, '리더-팔로워'로 양분되는 관계의 고착화는 필연적으로 오늘날의 주요 사회 문제 중 하나인 계층 간 불평등을 더욱 심화시킬 것이기 때문이다. 양적으로, 리더는 소수이고, 팔로워는 다수이다. 그런데 우리 사회가 일궈낸 이런저런 성과들이 오롯이 팔로워를 이끌어 준 리더의 역할이라는 인식에 그친다면, 그 성과의 최대 수혜 역시 리더가 누려야 마땅하다는 인식에서 벗어날 수 없다. 사회 구성원 간 권력이나 부의 비대칭 현상이 심화하고 마는 것이다.

셋째, '리더-팔로워' 간의 역할이 각각 부당하게 과대 포장되었거나, 혹은 축소되었다는 시각이 가능하기 때문이다. 원리적으로, 그리고 현실적으로 보아 리더는 소수이기 때문에 그 역할 역시 제한적일 수밖에 없다. 만약 리더 혼자 모든 일을 할 수 없는 것이 사실이라면, 한 조직의 성패를 좌우해 온, 혹은 좌우하는 핵심 동력은 과연 무엇일까?

이 글은 위에 제기한 세 가지 문제의식 중, 특히 세 번째 것에 중점을 두고 동학 공동체의 '리더-팔로워' 간 더욱 효과적인 관계성은 과연 무엇일 수 있는지를 논의해 보려 한다. 이를 위해, 이 글은 위 문제의식의 직접적인 계기가 되어준 동시에, 실증 연구를 통해 팔로워(십)의 중요성을 처음으로 제기한 로버트 켈리의 관점을 연구방법론으로 채택하였다.

팔로워의 존재 가치

켈리의 관점에 따른 팔로워의 논의를 시작하기 전에 먼저 분명히 해 두어야 하는 것은 바로 비켈리 식 팔로워 이해에 놓인 한 가지 전제를 철저히 제외하는 것이다. 그것은 바로 리더의 권위나 정당성에 대한 확고한 믿음이다. 그에 대해 팔로워는 한 치의 의심도 품지 않고, 이를 당연한 것으로 받아들인다. 예를 들어, 예수나 세종대왕은 한 치의 흠결도 없는 리더로 간주되어, 그로부터 도출 가능한 팔로워의 바람직한 자세 중 하나는 무조건적인 순종일 수 있다.

이 경우, 팔로워들은 일단 '예스맨'이 될 것을 권유받는다: "어떤 직장에서든 상사가 하는 말이라면 일단 예스맨이 되어 무조건 긍정적으로 받아들이는 자세 역시 팔로우를 추구하는 사람들에게는 필수적으로 요구되는 자세이다."[1]

설령 리더의 요구가 당장 이해되는 것이 아니더라도, 거기엔 분명 무언가 의미 있는 일이 내포되어 있을 것이기 때문이다. 이는 '팔로워'라는 동일한 용어를 사용함에도 그에 대한 켈리 식 이해와 비켈리 식 이해가 차이를 보이는 지점이다.

이는 동시에 팔로워의 존재 이유, 즉 팔로워의 존재 가치를 주장할 수 있는 주요 이유가 된다. 기존에는 팔로워의 존재 가치가 전적으로 리더에 의존적인 존재로 이해되었다면, 켈리 식 팔로워는 결코 리더에 의존적이기만 한 존재는 아니며, 따라서 팔로워의 가치 역시 리더에 절대 뒤지지 않

---

1   김효석 · 이인환, 『당신을 행복으로 이끄는 인생의 원리 - 팔로우』, 서울: 미다스북스, 2012, 141쪽.

는다. 여기에서 한발 더 나아가, 가장 현실적인 이유로부터 팔로워는 리더보다 오히려 더 중요한 존재일 수 있다. 실증 연구를 통해 켈리가 도출해 낸 관찰 결과에 따르면, 리더와 팔로워 간에는 다음의 세 가지 점에서 기존의 이해와 다른 역학관계를 형성하고 있기 때문이다.

* 리더가 조직의 성공에 기여하는 것은 고작해야 20%도 안 된다.
* 그 나머지 80%는 폴로어의 기여이다.
* 아무리 직함이나 급여가 대단한 사람일지라도 리더로 일하는 시간보다 폴로어로 보내는 시간이 더 많다. 즉, 다른 사람으로부터 보고를 받는 시간보다 다른 사람에게 보고하는 시간이 더 많다.[2]

'리더-팔로워' 간 역학관계에 관한 이 같은 새로운 인식은 켈리가 주도적으로 참여한 벨 연구소의 〈생산성 향상 그룹〉에서 5년에 걸친 실증 연구를 통해 도출되었으며, 이 책의 축소판이라고 할 수 있는 켈리의 논문 「폴로어 예찬」은[3] 『하버드 비즈니스 리뷰』의 25대 논문 중 하나로 선정되었다.[4]

그리고 이 연구 결과가 명시적으로 드러내는 바는 바로 팔로워가 리더보다 더 중요한 존재라는 점이다. 조직 성공을 위한 기여도에서 팔로워는 리더보다 적어도 4배의 실증적인 성과를 올리며, 설령 그가 현재의 리더라

2   로버트 켈리 지음, 장동현 옮김, 『성공기업을 창출하는 폴로어십과 리더십』, 서울: 고려원, 1994, 6-7쪽.
3   Robert E. Kelley, "In Praise of Followers", *Harvard Business Review*, Boston: Harvard Business Publishing, November-December, 1988.
4   로버트 켈리 지음, 장동현 옮김, 앞의 책, 저자 서문 참고.

할지라도 실은 그 역시 팔로워로 활동한 기간이 더 길었을 것이기 때문이다. 국내 어느 기업 회장의 의견과는 달리, 10만 명을 먹여 살린 것은 한 명의 천재가 아닌, 바로 10만 명 그들 자신이었던 셈이다.

켈리의 관찰 결과를 좀 더 확장할 수 있다면, 이는 곧 우리 인류 역사의 주역이 단번에 이름을 떠올릴 수 있는 몇몇 리더가 아니라, 바로 묵묵히 자신의 역할을 담당해 왔던 일반 대중, 다름 아닌, 팔로워일 수 있다는 것을 의미한다. 리더가 중요했던 만큼 팔로워 역시 중요했고, 나아가 팔로워의 역할이 실은 더욱 중요했던 것일 수 있다.

이 같은 '리더-팔로워'의 역학관계는 큰 틀에서나마 동학 역사의 변천 과정에도 분명 적용 가능한 것으로 보인다. 동학 공동체 안에서 팔로워에게 놓인 존재 가치 역시 켈리 연구의 관찰 모집단이었던 조직 구성원들의 특성과 원리적으로 다를 바 없을 것이기 때문이다. 요컨대 동학사상은 최제우와 같은 카리스마 형 리더나 최시형과 같은 퍼실리테이터 형 리더에 의해 시작되고 발전되었지만, 그렇더라도 이것이 전적으로 동학 리더들의 활동에만 귀인(歸因)하는 것은 아니라는 점이다.

바꾸어 말하면, 최제우의 동학은 신비한 시천 체험에 동조한 팔로워들과 함께 시작할 수 있었고, 동시에 모든 만물이 실은 시천의 대상이라는 최시형의 주장에 공감한 팔로워들과 함께 발전해 갈 수 있었던 셈이다. 이는 생전에 변변한 팔로워들을 갖지 못했던 예수나 싯달타의 가르침이 각각 사후 400년과 200년 후에 발전할 수 있었던 이유가 되기도 한다.

물론 여기엔 콘스탄티누스 황제와 아쇼카 대왕이 활용하고자 했던 정치적 요소를 고려하지 않을 수 없겠지만, 적어도 팔로워의 가치가 리더 이상일 수 있다는 점만은 분명해 보인다. 두 공동체의 발전은 원조 격인 리더가 모두 사라진 후 팔로워들이 거둔 성과였기 때문이다.

이와 마찬가지로, 리더와 팔로워가 하나 되어 당대에 이미 부흥기를 누릴 수 있었던 동학의 쇠퇴 이유 역시 최제우나 최시형으로 대표되는 리더보다는 현재의 팔로워들에게 있는 듯하다. 요컨대 변화를 원한다면, 현재의 팔로워들이 변하면 되는 것이다. 그리고 그 변화의 방향은 지금까지와는 다른 온전히 변혁적인 어떤 것이어야 한다. 아인슈타인이 강조했듯, 동일한 과정을 통해 다른 결과를 기대하는 것은 단지 미친 짓에 불과할 것이기 때문이다.

효과적인 팔로워를 구분하는 기준

켈리의 관찰 결과가 말하는 바는 결코 팔로워가 단지 리더만큼 중요하다거나, 혹은 리더보다 더 중요하다는 단순 사실에 있는 것이 아니다. 조직 구조의 특성상 대부분의 사람은 한 방향에 대해서는 리더이자, 동시에 다른 한 방향에 대해서는 팔로워이기 때문이다. 즉 우리 중 대부분은 리더이자 동시에 팔로워이며, 리더와 팔로워의 구분이 과거처럼 더 이상 명확한 것은 아니다.[5] 이 점에서, 켈리에게 리더와 팔로워를 구분해 사용하는 것은 마치 모순처럼 보인다.

그럼에도 켈리가 팔로워라는 용어를 사용하는 것은 현실적인 이유에서인 듯하다. 예컨대 경제적인 관점에서 누군가 만약 자신을 중산층이나 하류층이라고 생각한다면, 비록 자신보다 경제적으로 더 열악한 처지의 사람들을 가정할 수 있을지라도 그는 자신을 팔로워로 간주할 것이기 때문

---

5 위의 책, 8쪽.

이다. 이와 마찬가지로, 만약 그가 상류층에 속한다면, 비록 자신보다 경제적으로 더 여유 있는 사람들을 가정할지라도 그는 자신을 리더의 위치로 판단할 것이기 때문이다.

1992년[6], 경영학자인 로버트 켈리가 이런 식으로 구분한 리더와 팔로워의 비율은 바로 2 : 8이었다. 여기에서 한 걸음 더 나아가, 만약 2011년 월가로부터 시작된 '우리는 99%다.'라는 팔로워들의 시위를 그대로 인용한다면, 오늘날 리더와 팔로워의 비율은 1 : 99가 되는 셈이다. 인터넷에서 쉽게 검색할 수 있는 통계 자료에 기초하더라도, 팔로워의 비율이 점점 더 커져 가는 것만은 틀림없는 사실로 보인다.

이때 현재의 경제 불평등 상황을 두고 리더 탓만 하기보다는 조직 구성원 중 절대다수를 차지하는 팔로워 자신에 대한 진단 작업 역시 매우 의미 있어 보인다. 이를 위해, 우선 어떤 팔로워가 조직의 성장에 도움이 되는지 알 수 있는 팔로워십 지수의 진단 기준을 확인하고, 다음으로 각각의 기준에 해당하는 팔로워 유형을 구체적으로 살펴볼 필요가 있다.

팔로워십 지수 측정을 위한 설문 문항

오늘날 리더십 지수를 측정하기 위한 설문 문항은 리더십의 유형과 스타일은 물론 직군이나 연령별에 이르기까지 매우 상세하게 세분되어 있다. 켈리의 학문적 업적이라면, 그가 팔로워십 지수 측정을 위한 최초의

---

6 우리나라에 1994년 번역되어 소개된 『성공기업을 창출하는 폴로어십과 리더십』의 원작은 1992년 출간된 『팔로워십의 힘』이다. 저자 서문에서 켈리는 자신의 연구 대상이 벨연구소를 비롯하여 휴렛패커드, IBM, AT&T, 인텔, 엘코어, 필스베리, 머크, 재무성, 연방 주택은행 이사회 등 기업은 물론 정부 기관 및 비영리단체를 망라했다고 밝히고 있다.

설문 문항을 제공했다는 데에 있다. 이는, 각 연구마다 해당하는 모집단의 성격에 맞도록 필요한 문항 수정이 가능하다는 점에서, 차후 동학 공동체의 팔로워십 지수 측정을 위해서도 매우 유의미한 자료일 수 있다.

이 같은 설문 문항은 연구 대상으로부터 사전에 수집한 다음의 세 가지 질문에 기초한다. 첫째, 함께 일하는 조직 구성원 중에서 누구를 최고의 팔로워라고 생각하며, 그 이유는 무엇인가? 둘째, 최악의 팔로워는 누구이며, 그와 함께 일하고 싶지 않은 이유는 무엇인가? 그리고, 셋째, 최고도 아니고 최악도 아니지만 전형적인 팔로워는 누구이며, 그 이유는 무엇인가?[7]

이 과정을 통해 설계된 문항은 총 20개의 질문이었지만,[8] 이 중 현재 동학 공동체의 팔로워십 측정에도 직·간접적으로 적용할 만한 설문 문항은 다음의 10개 질문이다. 각각의 질문에 대한 답변은 '거의 드물다'로부터 '거의 언제나'에 이르는 리커르트 7점 척도가 적용되었다.

〈표 2〉 팔로워십 설문 문항

질문 1	리더나 조직의 목표에 크게 공헌할 수 있는 새로운 아이디어를 독자적으로 고안해서 적극적으로 제기하는가?
질문 2	리더에게 의존해서 어려운 문제들 – 기술적인 것이든 조직적인 것이든 – 을 해결하기보다는 스스로 해결하려고 하는가?
질문 3	자신은 아무런 인정을 받지 못할 때라도 다른 동료들이 좋은 평가를 받도록 돕는가?
질문 4	필요할 경우 일부러 반대의견을 개진해서라도 리더와 그룹이 아이디어나 계획의 상향 잠재력과 하향 위험성 모두를 볼 수 있도록 돕는가?
질문 5	리더의 요구나 목표, 제약을 이해하고, 그것들을 충족시키기 위해서 열심히 일하는가?
질문 6	자신에 대한 평가를 미루기보다는 장점과 약점을 적극적이고 솔직하게 인정하는가?
질문 7	지시받은 일만을 하는 데서 탈피해 리더가 내린 판단이 얼마나 현명한가를 스스로 평가해 보는 습관이 있는가?

---

7   로버트 켈리 지음, 장동현 옮김, 앞의 책, 109쪽.
8   위의 책, 106-108쪽.

질문 8	리더가 전문 분야나 개인적인 흥미에 정면으로 배치되는 일을 해달라고 부탁할 때 〈싫다〉고 하는가?
질문 9	리더나 집단의 기준이 아니라 자신의 윤리적 기준에 따라 행동하는가?
질문 10	당신이 속한 집단과 갈등하거나 리더로부터 보복을 당한다고 해도 당신은 중요한 이슈에 대해서 자기 견해를 주장하는가?

출처: 로버트 켈리 지음, 장동현 옮김, 『성공기업을 창출하는 폴로어십과 리더십』, 서울: 고려원, 1994, 106-108쪽. 총 20개의 문항 중 현재의 맥락에 적합한 10개 문항을 선별함.

각각의 질문 문항에 해당하는 구체적인 사례를 동학 공동체에 적용하여 생각해 보는 것은 동학 공동체의 발전과 당면 문제 해결에 분명 의미 있는 일일 것이다. 특히 1번 문항의 경우, 우선 이것이 가능할 수 있는 전제로서 팔로워가 제안한 아이디어를 공동체 전체에 공론화시킬 수 있는 시스템의 정비 또한 필요해 보인다. 설령 1%의 팔로워만이 조언하는 것이 사실이더라도,[9] 이것이 시스템을 통해 검증되는 한 10%의 그렇지 않은 의견보다 좀더 진중하게 다루어질 것이기 때문이다.

팔로어십 유형 구분의 두 가지 기준: 독립적 사고와 적극적 사고

설문 문항 설계를 위한 사전 조사를 통해 켈리가 얻을 수 있었던 팔로워십의 두 가지 잣대는 바로 독립적인 사고와 적극적인 사고이다.[10] 즉 최고의 팔로워는 '스스로 생각하고, 건설적인 비판을 하며, 개성을 잃지 않은 창조적인 개인'으로 묘사된다. 반면, 최악의 팔로워는 '할 일을 지시받아야 하고, 스스로는 화장실도 못가며, 생각을 하지 않는' 개인들이다. 다른 한편, 전형적인 팔로워는 '지시를 받으며, 리더나 조직에게 저항하지 않는'

---

9 심윤섭, 『리더십의 또 다른 얼굴, 팔로워십』, 서울: 예문당, 2013, 150쪽.
10 로버트 켈리 지음, 장동현 옮김, 앞의 책, 110쪽.

사람들이다.[11]

위에 인용한 설문 문항 중 독립적 사고에 해당하는 항목은 1, 2, 4, 6, 7, 8, 9, 그리고 10번 문항이다. 다른 한편, 적극적 사고에 해당하는 항목은 3번과 5번 항목이다. 이에 따라, 어느 한 팔로워가 독립적이고 비판적 사고를 하는지, 혹은 의존적이고 무비판적 사고를 하는지 합산된 점수를 통해 확인할 수 있다. 이와 마찬가지로, 누가 적극적이고 혹은 수동적인지의 여부 역시 가시화할 수 있다.

다음은 독립적 사고와 적극적 사고를 진단하는 문항에서 취득한 점수에 따라 구분 가능한 팔로워의 유형이다. 20문항 기준, 0에서 6까지의 7점 리커르트 척도를 적용했을 때, 40점 이상을 '높음', 그리고 20점 이하를 '낮음'이라고 평가한다.[12]

〈표 3〉 취득 점수에 따른 팔로워십 유형

팔로워십 유형	독립적 사고 점수	적극적 사고 점수
모범형	높음	높음
소외형	높음	낮음
순응형	낮음	높음
실무형	중간	중간
수동형	낮음	낮음

출처: 로버트 켈리 지음, 장동현 옮김, 『성공기업을 창출하는 폴로어십과 리더십』, 서울: 고려원, 1994, 115쪽.

---

11 *ibid.*
12 위의 책, 114쪽.

위에서 보는 바와 같이, 독립적 사고 점수가 높더라도 조직 활동에 적극적이지 않으면 소외형 팔로워이고, 이와 달리 조직 활동에 적극적이지만 독립적 사고가 미흡하면 순응형 팔로워로 구분한다. 다른 한편, 모범형 팔로워는 양자의 점수가 모두 높은 경우이고, 실무형 팔로워는 독립적 사고와 적극적 사고 모두 20점에서 40점 사이의 중간에 해당하는 경우이다.

다음으로는 동학 공동체의 팔로워십 진단과 개선이라는 관점에서, 우선 팔로워의 비모범적 유형 네 가지를 살펴보고, 이를 오늘날 동학 공동체의 상황에 조응시켜 보도록 한다.

팔로워의 비모범적 유형

소외형 팔로워

소외형 팔로워는 모범적 팔로워가 갖춘 두 가지 특성 중 독립적 사고에서 높은 성취를 보인 사람을 말한다. 이러한 팔로워는 대개 도덕적 행동을 취할 수 있는 용기가 있는 사람이다.[13] 도덕적 입장에서가 아니라면, 자신의 주장을 관철하려는 동력은 눈앞에 놓인 개별 이익 앞에 돌연 중단될 수 있을 것이기 때문이다. 문제는, 도덕적임에도 불구하고 조직에 협력적이지 않은 함수관계를 어디에서 풀어야 할는지에 대해서이다. 이 경우 대개의 팔로워는 리더로부터 '부정적이거나, 반항적이거나, 혹은 고집이 세다'

---

13 아이라 샬레프 지음, 박영수 옮김, 『겁 없는 폴로어가 리더를 만든다』, 서울: 시그마북스, 2007, 231쪽.

는 평가를 받기 쉽다.[14]

소외형 팔로워로 전락해 가는 다른 여러 가지 이유가 있을 수 있음에도, 특히 도덕적인 소외형 팔로워가 중요한 이유는, 이들은 조직이 설정한 공동 목적에 동의했을 때 조직의 일에 가장 자발적이며 협력적일 수 있기 때문이다.[15] 이 경우의 소외형 팔로워는, 역설적이게도, 자신에게 부족한 적극적 사고가 약점으로 작동해서라기보다는 자신의 장점인 독립적 사고가 너무 강해서 나타난다. 요컨대 자신의 도덕적 입장이 조직의 공동 목적을 수용하지 못하는 것이다. 그렇다면 동학 공동체는 공동의 목적을 갖고 있는가? 예컨대 동학의 주요 공동체 중 하나인 천도교의 공식 홈페이지나 동학의 또 다른 주요 공동체인 동학학회의 홈페이지를 살펴보아도 동학 공동체 전체의 공동 목적은 아직 마련되어 있지 않은 듯하다.

그렇지만 현시점에서 동학 구성원들 간, 혹은 여러 유형의 동학 공동체 간 전체를 아우를 만한 공동 목적을 설정하는 것보다 더욱 시급한 것은 오히려 그 작업의 전제가 되는 공통 지대의 마련에 있는 것으로 보인다. 생각으로는 우주 전체를 담으면서도 실제의 행동에선 상대의 다름을 온전히 수용하지 못하는 한계가 종종 목격되기 때문이다.

지나간 경험에 비추어 볼 때, 동학 구성원들이 각자의 한계 상황에 직면하게 되는 가장 큰 요인은 아마도 동학의 정체성을 둘러싼 해석 방식의 차이에 있는 듯하다. 이를테면, 어느 한 공동체는 동학을 종교로 해석하고, 다른 한 공동체는 사상으로 이해한다. 그리고 나는 아직도 이것이 왜 문제

---

14 로버트 켈리 지음, 장동현 옮김, 앞의 책, 117쪽.
15 조엘 커츠먼 지음, 신순미 옮김, 『공동 목적의 힘』, 서울: 리드리드출판, 2011, 135, 289쪽.

인지 모르겠다. 비록 동일한 사안이라 할지라도, 관점을 달리하면 얼마든지 서로 다른 해석이 가능할 것이기 때문이다.

지나치게 낭만적인 생각일 수 있겠으나, 해석의 차이는 서로를 소외시키는 공격 수단이라기보다는 오히려 주어진 사안에 더욱 충일하게 다가갈 수 있는 자양분일 수 있다. 다양한 해석들이 지향하는 궁극의 지점은 해석 그 자체가 아니라, 지금보다 더 나은 삶, 즉 행복에 있을 것이기 때문이다.

물론 가치 독점을 통해 자신을 제외한 상대 모두를 배타적으로 대하는 중세적 마인드 역시 가능한 선택지 중의 하나이다. 그럼에도 이미 학습된 폐해를 반복하기 위해 군이 과거로 회귀할 필요는 없어 보인다. 이에 동학 구성원 전체에게 소외형 팔로워의 문제 해결을 위한 대안의 제시 역시 가능해 보인다.

그리고 이 대안은, 다름 아닌, 사안을 바라보는 관점의 다양성을 인정하자는 것으로서 상식 이상도 이하도 아니다. 옆에서 보면 옆모습이 보이고, 앞에서 보면 앞모습이 보일 것이기 때문이다. 또한 내가 보았다고 그것이 전부가 아닐 수 있으며, 내가 보지 못했다고 그것을 거짓이라고 말할 수도 없을 것이기 때문이다. 이 제안이 수용되거나, 적어도 진지하게 검토되지 않는 한 동학 공동체 전체를 아우르는 공동 목적의 설정은 한동안 더 요원할 수밖에 없을 것이다.

순응형 팔로워

순응형 팔로워는 독립적 사고가 낮은 대신, 적극적 사고가 활발한 유형이다. 소외형과 달리, 순응형 팔로워는 조직에서 자신의 역할에 충실한 반면, 리더의 판단에 지나치게 의존하는 경향을 보인다.[16] 이 유형의 팔로워는 자신에 대한 평가 역시 리더에 의존적이기 때문에, 더 많은 칭찬을 듣기 위해 리더에게 충성하는 성향이 강하게 나타난다. 그렇지만 리더나 조직에 대한 충성이 종종 과잉 충성을 불러와 결국 파국에 이르는 결과를 초래하기도 한다.[17]

켈리는 프롬(E. Fromm)의 인식에 동조하여, 순응형 팔로워의 주된 원인을 두려움에서 찾는다.[18] 프롬에 따르면, 스스로가 내린 판단이나 선택이 자기 내면에 지나친 불확실성을 일으켜, 결국 자신이 내리게 될 독자적 판단 자체에 대해 원초적 두려움을 갖게 된다. 이러한 두려움은 집단으로 나타나기도 하는데, 프롬은 독일과 이탈리아의 국민이 민주주의를 포기하고 파시즘을 신봉한 이유 역시 두려움에 있는 것으로 분석했다.[19]

물론 순응하는 성향 자체가 부정적인 것은 아니다. 오히려 순응적인 기질의 조직 구성원은 조직을 원활하게 작동하도록 유인하는 가장 기본적인 요인일 수 있다. 다만, 나날이 복잡해져 가는 시대 상황과 리더십의 부재 환경에서 리더에게만 의존하려는 성향은 우리 사회에 아무런 도움도 되지 않을 뿐 아니라, 현재 상황을 더욱 악화시킬 가능성이 크다. 세상을 바꾸기 위해 '똑똑한 팔로워'로 변화해야 하는 것은 이제 시대의 요구이기도 한 셈이다.[20]

---

16 로버트 켈리 지음, 장동현 옮김, 앞의 책, 129쪽.

17 최진, 『참모론』, 파주: 법문사, 2009, 164-165쪽.

18 로버트 켈리 지음, 장동현 옮김, 앞의 책, 129쪽.

19 Erich Fromm, *Escape from Freedom*, New York: Holt, Rinerhart and Winston, Inc, 1941. 로버트 켈리 지음, 장동현 옮김, 앞의 책, 129쪽에서 재인용.

20 바버라 켈러먼 지음, 이진원 옮김, 『세상을 바꾸는 새로운 리더십, 팔로어십. 리더십의 종말』, 서울: 씨앤아이북스, 2012, 206쪽.

변화를 추구하지 않는 팔로워는 곧 순응형 팔로워의 또 다른 측면이라는 시각이 가능하다면, 이때 동학 공동체의 일부 구성원들은 다름 아닌 순응형 팔로워라는 시각 역시 가능해 보인다. 동학은 자신의 초기 역사에서 주목할 만한 몇몇 리더를 잃은 이후 그 판세 역시 급격한 쇠락의 길을 걸어왔다. 이는 물론 현재의 동학 구성원들이 과거 리더들의 지향점을 벗어났기 때문이 아니다. 그 이유는 오히려 패러다임의 변화를 도외시할 정도로 온전한 순응의 길만을 걸어왔기 때문일 수 있다.

예를 들어, 동학 공동체는 요즘 젊은이라면 아무도 이해 못 할 과거의 용어들을 여전히 사용하고 있으며, 130여 년 전 방식 그대로 주문을 외우고, 덧붙여 각 공동체의 특성에 따라 따로따로 흩어져 있다. 만약 유대인들이 여전히 히브리어를 사용하고, 남녀 모두에게 할례를 고수하며, 나아가 사두개파, 바리새파, 그리고 엣시언파가 저마다의 배타성에 묶여 있었다면 과연 오늘날과 같은 환경에 이를 수 있었을까?

앞의 경우와 마찬가지로, 이 지점에서도 순응형 팔로워가 초래해 가는 문제 상황을 억제할 수 있는 대안의 제시 역시 상식선에서 가능해 보인다. 그것은 다름 아닌, 인지적으로 혹은 심리적으로 어렵다고 느끼는 부분을 쉽게 바꾸면 된다. 물론 그 의미마저 퇴색시키자는 것은 아니다. 각각의 용어에서, 그리고 의식에서 보존하고자 하는 의미는 그대로 둔 채 현대의 패러다임에 알맞은 방법론을 찾는 길은 얼마든지 열려 있을 것이기 때문이다. 변화를 도외시한 지속은 오직 한 가지 옵션만을 남겨둘 뿐이다. 그것은 바로 세상에서 잊히는 일이다.

실무형 팔로워

실무형 팔로워는 독립적 사고와 적극적 사고의 지수가 높지도 낮지도 않은 중간 위치를 점하는 경우의 팔로워 유형이다. 이 때문에 이 유형에 대한 평가는 애매한 부분이 많다. 이를테면, 현재의 맥락에서 의도하는 바와는 다르게, 때로 규정 준수의 중요성에 대한 인식이 높은 팔로워가 오히려 성과의 측면에서 긍정적인 결과를 도출하기도 한다.[21]

그렇지만 몇몇 예외적인 개별 사례들을 제외하면, 이 유형의 본질은 팔로워가 주어진 규정의 테두리를 벗어나지 않음으로써 그 안에서 안정을 취하려는 일종의 '중간 지대'를 선호한다는 점에 있다. 바꾸어 말하면, 조직은 그 유형으로부터 규정 이상의 특별히 긍정적인 성과도 기대하지 않지만, 동시에 규정 이하의 특별히 부정적인 결과 역시 예상하지 않는다. 이 같은 실무형 팔로워가 등장하는 이유는 개인과 조직 양자 모두에 걸쳐 있다.

먼저, 개인의 측면에서 볼 때, 위험을 감수하지 않으려는 보신주의 성향의 개인은 실무형 팔로워가 되기 쉽다. 이들은 안전지대 안에 머물기 위해 대체로 규칙과 규정을 강조하는 관료주의적 성향을 보인다.[22] 다음으로, 조직의 측면에서 실무형 팔로워가 등장하는 경우는 대개 조직 자체가 불안정할 때이다. 예를 들어, 구조 조정의 시기에 대개의 팔로워는 안정 지향적이기 쉽다.[23]

만약 최선을 다했음에도 능력의 한계로 인해 실무형 팔로워가 된 것이 아니라 안전 지향을 위해 의도적으로 자신이 가진 능력 이하를 발휘하는

---

21 김덕수 · 최태현, 「공공부문 팔로워 유형화 연구: 한국의 지방자치단체 공무원의 규정 준수 및 성과 인식을 중심으로」, 『한국사회와 행정연구』 제25권 제2호, 서울행정학회, 2014.
22 로버트 켈리 지음, 장동현 옮김, 앞의 책, 139쪽.
23 위의 책, 141쪽.

경우라면, 이때 실무형 팔로워는 스스로 파놓은 함정에 빠지고 마는 오류를 감수해야 한다.[24] 그로부터 자기만족이란 도무지 기대할 수 없을 것이기 때문이다. 다시 말해, 해고되지 않을 정도의 자기방어를 수행하기 위해서는 동료에게 경계심을 풀 수 없고, 조직의 방침에 늘 촉각을 곤두세워야 하며, 소문을 감시하고, 또 필요한 제휴를 맺기 위해 많은 시간과 노력이 필요할 것이기 때문이다.[25]

앞의 경우와 달리, 동학 공동체에 대해 실무형 팔로워 유형이 갖는 관련성은 미미한 것으로 보인다. 급변하는 현대 사회의 모습에 비추어 '옛것'을 지켜 가는 태도는 자발적인 열정 없이는 불가능한 일이기 때문이다. 다만, 다시 강조하건대, 이제 그 열정의 방향에는 관용과 변화를 포용하려는 노력이 필요해 보인다.

수동형 팔로워

수동형 팔로워는 독립적 사고와 적극적 사고의 지수가 현저히 낮은 유형의 팔로워를 의미한다. 이 유형의 팔로워는 켈리의 설문 문항 설계를 위한 사전 조사에서 도출된 최악의 동료이자, 동시에 결코 함께 일하고 싶지 않은 조직 구성원을 가리킨다.

설령 리더가 가진 좋은 점을 따라 하는 것이 팔로워의 기본이라는 논의가 가능할지라도,[26] 수동형 팔로워는 이유를 따지지도 않고 따라 하기에

---

24 요시다 덴세 지음, 구현숙 옮김, 『조직을 성공으로 이끄는 리더십 & 팔로워십』, 서울: 멘토르, 2010, 129쪽.
25 로버트 켈리 지음, 장동현 옮김, 앞의 책, 142쪽.
26 신인철, 『팔로워십, 리더를 만드는 힘』, 서울: 한스미디어, 2007, 192쪽.

조직의 성과 증진에 아무런 도움도 기대할 수 없다.[27] 사실 좋은 팔로워는 리더를 따라 하는 행동을 보이는 것과 별반 상관이 없다. 팔로워 각자는 모두 일정한 자극에 반응하며, 리더는 이 자극 중 하나에 불과하기 때문이다.[28]

전형적인 수동형 팔로워는, 생각하는 일은 리더에게 맡기고 임무에 열정적이지도 않다. 이 때문에 대개의 리더는 이런 유형의 등장 원인을 팔로워 개인의 성격 탓으로 돌리려는 경향을 보인다.[29] 다른 한편, 팔로워의 모든 일을 감시하고 간섭하는 리더 아래 일하는 팔로워 역시 이런 수동성에 빠지기도 한다.[30] 비록 이 유형을 '조직 시스템의 노예'로 지칭하는 가혹한 평가도 있지만,[31] 사람은 누구나 때로 무기력증에 빠질 수 있으며, 이때 필요한 것은 원색적 비난이 아니라 그 원인에 대한 가치중립적 진단과 해결책의 모색일 것이다.

다행히 동학 공동체 안에 이런 식의 수동형 팔로워가 있다고 생각되지는 않는다. 물론 이런 유형의 팔로워들은 이미 공동체 활동을 접었기 때문일 수도 있다. 만약 이들 동학적 '냉담자들'이 쇠락해 가는 동학의 모습으로 인해 의욕을 상실하게 된 것이라면, 그들이 다시 돌아올 이유 역시 동학 내부의 역동적 변화에서 찾게 될 것이다.

---

27 로버트 켈리 지음, 장동현 옮김, 앞의 책, 146쪽.
28 바버라 켈러먼 지음, 이동욱 외 옮김, 『팔로워십』, 서울: 더난출판, 2011, 349쪽.
29 로버트 켈리 지음, 장동현 옮김, 앞의 책, 146쪽.
30 위의 책, 148쪽.
31 배정훈 · 송경수, 『리더십 에센스』, 서울: 형설출판사, 2014 (개정증보3판), 208쪽.

상생의 삶을 구현하는 인간상

팔로워십: 팔로워의 리더십

대개의 리더십 연구자가 리더를 '이끄는 사람', 팔로워를 '따르는 사람'으로 이해하는 반면, 켈리는 독일의 고어를 통해 양자의 관계성을 이와 다른 별개의 맥락에서 찾는다. 이를테면 팔로워를 'follaziohan', 즉 '돕다, 후원하다, 공헌하다'의 의미로, 다른 한편 리더를 '참다, 고통 받다, 견디다'의 의미로 새긴다.[32] 얼핏 어색해 보이는 각 단어의 의미를 양자의 관계적 맥락에서 살펴보면, 리더는 자신이 어찌해 볼 수 없는 결핍으로부터 고통 받는 존재이고, 팔로워는 바로 이 결핍을 자기 능력으로 채워주는 존재이다.

이렇게 보면, 리더는 결코 팔로워의 우위에 있는 개념일 수 없으며, 오히려 팔로워의 개입을 통해 비로소 온전해질 수 있는 존재가 된다. 이와 마찬가지로, 팔로워 역시 단순히 리더의 지휘를 받는 존재에서 오히려 리더의 결핍을 해소해 줄 수 있는 필수적인 존재로 이해된다. 이 구도 아래에선 일견 리더보다 팔로워가 더 큰 능력을 갖춘 능력자로 보일 수 있다.

그렇지만 각자의 본성적 특성과 양자 간에 놓인 관계성을 염두에 두고 관찰하면, 이는 단순히 일방적으로 주거나, 혹은 받기만 하는 한 방향의 관계라기보다는 양자의 본성에 가장 잘 어울리는 방향으로 서로의 상생을 촉진해 가는 파트너십이라는 점을 발견할 수 있다. 즉, 팔로워는 리더에게 필요한 것을 채워주고, 리더는 자신에게 결핍된 것을 수용함으로써 오히려 각자의 본성을 온전히 발현할 수 있는 것이다.

이때 리더와 팔로워 사이를 본성적으로 연결하는 파트너십은, 앞의 글

---

32 로버트 켈리 지음, 장동현 옮김, 앞의 책, 40쪽.

'지기와 상생'에서 확인한 바처럼, 바로 동학의 지기 존재론으로부터 필연적으로 도출되는 상생의 삶에 맞닿아 있다. 즉, 팔로워에 본연한 팔로워십은 바로 상생의 파트너십을 의미하는 것이다. 만약 팔로워 본연의 본성이 단순히 따르는 데에 있는 것이 아니라 관계성을 염두에 둔 상생의 지향에 있는 것이라면, 팔로워십은 자신과 상대의 성장을 돕는 리더십, 곧 팔로워의 리더십으로 자리매김할 수 있는 것이다.

켈리가 지칭하는 모범적 팔로워란, 다름 아닌, 이러한 팔로워십을 발휘하는 존재이며, 이는 다분히 만물과 만물 간의 상생을 지향하는 동학적 삶의 축소판, 즉 상생의 삶을 지향하는 동학의 인간 버전으로 이해할 수 있다. 요컨대 켈리가 제안한 팔로워십형 인간상, 즉 모범형 팔로워와 동학사상에서 필연적으로 도출되는 본성적 인간상은, 양자 모두 상생의 삶을 구가해 간다는 점에서 유의미한 공통점을 찾을 수 있다.

모범형 팔로워

모범형 팔로워는 독립적 사고와 적극적 사고의 지수가 다 같이 높은 수준에 도달한 팔로워 유형을 말한다. 팔로워의 개인 영역에 해당하는 전자의 특성만을 보면, 모범형 팔로워는 독립심이 강하고, 혁신적이며 독창적이어서 다른 사람의 눈에는 '스스로 생각하는' 사람으로 비친다.[33]

다른 한편, 조직의 성과 증진과 관련한 후자의 측면에 국한해 보면, 모범형 팔로워는 주인의식을 갖고 솔선수범하며, 팀과 리더를 돕고, 자기가 맡은 일보다 훨씬 많은 일을 한다는 평을 듣는다.[34] 요컨대 모범형 팔로워는

---

33 위의 책, 149쪽.
34 위의 책, 150쪽.

얼핏 양립하기 어려워 보이는 독립적 사고와 참여적 사고를 균형 있게 충족시킨 인물을 말한다.[35]

그렇다고 모범형 팔로워가 완벽한 존재라는 점을 말하려는 것은 아니다. 모범형 팔로워 스스로는 자신이 모든 것을 알아야 한다고 생각지도 않는다. 오히려 그는 자신에게 부족한 점을 끊임없이 능동적으로 배워 가는 미완의 존재이다.[36]

이와 동시에, 모범형 팔로워는 직무 수행 중 필요하고 가능한 모든 곳에 자신의 재능을 쏟음으로써 자연스럽게 리더와 팔로워의 위치를 번갈아 맡게 된다는 점을 잘 이해하고 있다.[37] 모범형 팔로워, 즉 최고의 팔로워는 바로 최고의 파트너인 셈이다. 바꾸어 말하면, 최상의 수준에서 발현되는 팔로워십은 곧 파트너십이며, 이는 결국 팔로워와 리더 간, 그리고 팔로워와 조직 간 상호 상생의 삶을 촉진하는 결과를 가져온다.

그렇지만 모든 상황에서 최상의 팔로워십이 발휘될 수 있는 것은 아니다. 그가 어떤 유형의 팔로워이든 상관없이 모든 조직엔 반드시 이런저런 형태의 문제가 산재해 있을 것이기 때문이다. 이때 팔로워에게 가장 어려운 문제는 아마도 리더와의 갈등 상황일 수 있다. 만약 리더가 조직의 이익에 명백히 반하는 잘못된 결정을 내리려 한다면, 이 상황에서 모범형 팔로워는 현실적으로 어떤 대응을 할 수 있을 것인가? 예를 들어, 리더가 비행기를 회항시키려는 결정을 내리려 한다면?

이는 모범형 팔로워의 등장이 저해되고, 설령 등장했더라도 (리더의 보복

---

35 *ibid*.
36 위의 책, 198쪽.
37 위의 책, 191쪽.

으로) 이내 도태되기 쉬운 가장 결정적인 이유일 수 있다. 그에겐 상호 상생의 삶을 지켜내고, 촉진해 갈 수 있는 현실적 힘이 부족하기 때문이다. 이 경우, 그는 직책을 걸고 (혹은, 때에 따라 생계를 걸고) 정면 대결을 할 수밖에 없는 위험에 노출되거나, 아니면 모범형 팔로워의 책무를 포기할 수밖에 없을 것이기 때문이다.

동학의 '모범적' 인간상

위에 제기된 문제는 동학의 인간상에도 역시 동일하게 적용된다. 바꾸어 말하면, 이는 곧 적절한 형태의 사회 시스템이 뒷받침되지 않는 한 함께 어울려 살아가는 상생의 삶에 도움이 되는 개인의 지속적이고 안정적인 출현은 기대하기 어렵다는 의미이기도 하다. 이에 대해서는 차후 사회적 차원의 심도 있는 논의가 반드시 필요해 보인다.

다시 논의로 돌아와, 인간을 비롯한 만물 전체를 지기의 소산으로 인식하는 동학의 관점에서 볼 때, 팔로워라는 용어는 사실 낯설고 이질적이다. 그렇지만 켈리에게 팔로워의 형식적 의미가 사회 구성원의 절대다수를 지시하는 것이고, 다른 한편, 다수인 팔로워가 소수인 리더에 대해 갖는 관계성, 특히 양자 간의 상생을 추구하는 파트너십을 그 내용적 의미로 두는 것이라면, 저마다 사용하는 용어는 비록 다를지언정 켈리의 모범형 팔로워와 동학적 인간상은 상생적 삶의 관점에서 온전히 동질의 것으로 간주될 수 있을 것이다. 요컨대 설령 동학 공동체의 구성원들에게 '리더-팔로워'의 형식적 관계성을 부여하더라도, 그 내용적 의미마저 바뀌는 것은 아닐 것이다. 비록 켈리가 수행했던 것과 같은 실증 연구에 기반을 둔 것은 아니더라도, 동학사상으로부터 도출해 낼 수 있는 동학 본연의 인간상은 독립적 사고와 적극적 사고 두 가지를 특징으로 갖는 켈리의 모범형 팔로위, 즉 상생의 삶을 지향하는 파트너십의 의미에 온전히 부합하는 것으로 보인다. 특히, 아래의 원리적 특성 중 존재 전체를 아우른 첫 번째 특성을 제외한 나머지 두 특성은 켈리가 제안한 두 가지 특징과 완벽하게 일치한다. 그리고 실증 연구의 결과물과 원리적 탐색을 거친 결과물이 서로 완벽하게 동일할 수 있다는 사실은 바로 동학사상의 견고함을 강화해 주는 좋은 증거이다.

위의 글 〈초인과 신인적 인간학〉에서 살펴본 바와 같이, 먼저 동학사상에 본연한 인간은 다음의 세 가지 원리적 특성에 기반을 둔 존재이다. 첫째, 동학적 인간은 지상의 나라를 유일한 존재론적 기반으로 갖는다. 지상의 일(인심)이 곧 하늘의 일(천심)이라는 지적 자각은 존재 긍정의 전제로 작동한다. 둘째, 지기의 소산으로서 동학적 인간은 자신의 의지로 삶을 살아가는 주체적 존재이다. 그리고 셋째, 동학적 인간은 정신개벽을 통해 더 나은 사회를 추동해 가는 창조적 존재이다.

다음으로, 이에 바탕을 둔 동학적 인간은 다음의 다섯 가지 구체적 양상을 통해 출현한다. 첫째, 동학적 인간은 상생의 리더십을 발휘하는 존재이다. 이는 이천식천의 묘리에 따라 만물의 유기적 관련성을 인식한 때문이다. 둘째, 동학적 인간은 비판적 마인드를 가진 존재이다. 이는 정신개벽을 거친 후 사회개벽을 위해 제어되어야 할 요인이 무엇인지를 가려낸 때문이다. 셋째, 동학적 인간은 사회적 책임을 다하는 존재이다. 이는 각자위심을 버린 후 사회의 영속에 더 큰 관심을 두게 된 때문이다. 넷째, 동학적 인간은 변화를 주도해 가는 존재이다. 이는 삶의 상승을 촉진해 갈 수 있는 새로운 정신을 소유한 때문이다. 마지막으로, 다섯째, 동학적 인간은 비전을 제시하는 존재이다. 이는 정신개벽을 통해 사회개벽의 방향성을 가늠한 때문이다.

팔로워의 주인의식

'하인리히 법칙'이라는 것이 있다. 하인리히라는 사람은 산업 현장에서 어떤 대형 사고든 사전에 수백 건의 경미한 사건, 즉 수백 번의 경고가 감지된다는 사실을 발견했다. 그렇지만 리더는 이 경고를 들을 수 없다. 그는 현장에 없기 때문이다. 경고에 주의를 기울이고 대형 사고를 예방할 수 있는 유일한 존재는 바로 팔로워이다.

요컨대 이 법칙이 말하는 바는, 주인의식을 가진 팔로워가 있는 조직은 어떤 대형 사고든 예방이 가능하다는 의미이다. 주인은 침묵하지 않기 때문이다. 바꾸어 말하면, 리더에게 팔로워는 자신을 따라야 하는 아랫사람이 아니라, 자신에게 결핍된 부분을 채워줄 수 있는 소중한 파트너인 것이다. 더구나 조직 구성원의 비율에서 팔로워는 리더에 비해 압도적인 다수를 차지한다. 다수인 팔로워가 소수인 리더에 대해 유기적인 협력 관계를 설정하지 않는 한 리더 혼자 할 수 있는 일은 그리 많지 않다. 이는 오늘날 리더십의 중요성이 감소되고, 팔로워십이 주목받는 주된 이유가 된다.

이 같은 사실은 동학 공동체에도 역시 동일하게 적용된다. 동학의 걸출한 리더에 기대던 편안한 시기는 이미 오래전에 지났다. 한때 리더의 몫이라 간주되던 모든 책임과 의무, 그리고 역할은 이제 동학의 팔로워들에게 넘겨진 것이다. 오늘날 동학 공동체의 팔로워들에게 요구되는 것은 리더와 팔로워의 경계를 자유로이 넘나드는 팔로워십이다.

팔로워십 관련한 켈리의 실증 연구로부터 도출된 네 가지 비모범형 팔로워 유형 중 동학 공동체에 유의미한 것은 소외형과 순응형 팔로워 유형이다. 전자는 동학 공동체 전체를 위한 공동 목적의 필요성을 환기하기 때문이며, 후자는 오늘날의 달라진 패러다임에 걸맞은 동학 공동체의 변화를 요구하기 때문이다.

  물론 팔로워 유형의 궁극적 목표는 모범형, 즉 공동체 구성원들 간 상생의 삶을 촉진하는 파트너십의 구현에 있다. 동학사상을 통해서도 이에 온전히 부합하는 동학적 인간상을 도출해 낼 수 있다. 다만, 동학사상의 원리 탐색으로부터 출현 가능한 동학적 인간은 아직 이론적 수준에 머물러 있다. 그리고 이를 현실화해 가는 관건은 오직 팔로워의 소외형 유형과 순응형 유형에 놓인 문제 해결이 과연 가능할는지의 여부에 달려 있다.

8장
영해 '혁명'의 빛과 그늘*

* 임상욱, 「이필제와 최시형 : 영해 동학 '혁명'의 선도적
근대성」, 『동학학보』 제30호, 동학학회, 2014.

이필제와 최시형

1871년 4월 29일(양력),[1] 경북 영해에서 일어난 민중 봉기는 이필제라는 한 개인이 일으킨 난이라는 평가로부터 민란, 변란, 병란, 사변, 작변, 그리고 혁명에 이르기까지 매우 넓은 해석의 스펙트럼을 가진 사건이다. 더구나 이 봉기는 그 주된 동기, 진행 과정, 그리고 결과와 관련한 거의 모든 세부 사항에 대해서도 엇갈린 평가가 상존하는, 사뭇 베일에 가린 역사적 사건이기도 하다. 특히 이 봉기를 주도한 두 명의 주요 인물인 이필제의 동학 관련 정체성과 최시형의 참여 의지에 대해서는 더욱 상반된 주장들이 양립하고 있다.

아래에서 다루게 되겠지만, 현재까지의 논의로만 보면 대체로 이필제라는 인물의 동학 관련성은 크게 부각되어 있지 않을뿐더러, 최시형의 영해 봉기 가담 정도 역시 그리 크지 않은 것으로 정리되어 있는 상황이다. 비록 소수이기는 하지만 이 중 특히 후자의 입장에 적극적으로 반대하는 연구자들은 영해 봉기의 동학 관련성을 보여주는 관변 측 한문 자료인 『교남공적』을 근거로 삼고 있다.

물론 한 지역의 민중 봉기를 바라보는 시각에는 다양한 형태의 편차가

---

1   당해 음력 3월 10일을 양·음력변환기 사이트 http://ivyhong.ivyro.net/pos42/calendar_um.htm에서 양력으로 변환함.

있을 수 있다. 그러나 온건한 평화주의자로 정평이 난 최시형이 동학 최초의 무력이 동반된 민중 봉기에서 주도적 역할을 했다는 점은 분명 그에 상응하는 뚜렷한 설명이 필요해 보인다.

과연 최시형은 자신의 온전한 자유의지에 따라 적극적으로 무장봉기에 동참한 것일까? 그렇다면 그의 사상과 행위 사이에 놓인 괴리는 어떤 방식으로 해명할 수 있는 것일까? 이 같은 문제의식으로부터 이 글은 당시 민중 봉기를 전후로 한 이필제와 최시형의 영해 관련 행적에 중점을 두고 이 물음에 접근해 가려 한다.

먼저, 영해 봉기에 즈음한 이필제의 행적을 추적하여 그의 동학 관련 정체성의 타당성 여부를 집중적으로 살피고, 나아가 최시형이 영해 봉기에 동참하게 된 현실적 이유를 검토하겠다. 다음으로, 그로부터의 자연스러운 귀결은 과연 영해 봉기를 동학혁명으로 자리매김할 수 있는지, 만약 그렇다면 동학혁명으로서의 의미 부여가 가능한 근대적 특성의 단초는 어떤 점에서 찾을 수 있는지에 대한 제반 논의를 전개해 가려 한다.

이필제의 동학 관련 정체성

영해 봉기는, 작게는 여기에 참여한 동학도의 총원으로부터 크게는 그 본질적 성격에 이르기까지, 이를 바라보는 시각은 동학 연구자마다 편차를 보인다. 그렇지만 더 많은 객관적 사료의 발굴을 통해 사안 자체에 대한 명확한 사실 규명이 가능할 때까지 적어도 당시 이필제에게 주어진 세간의 평가나 그의 행적을 토대로 잠정적이나마 그의 동학 관련성 여부에 대한 논리적 결론을 도출해 내는 것은 가능할 것이다.

영해 민중 봉기를 둘러싼 사실과 해석

오직 팩트의 측면에서 영해의 민중 봉기를 가장 건조한 형태로 표현한다면, 이는 전국 각지에서 집결한 다양한 계층의 민중들이 영해 관아를 기습하여 약 16시간 동안 점거하다가 퇴거한 사건을 말한다. 다른 한편, 이를 바라보는 해석의 측면에서 보면, 민중 봉기란 본래 민중의 절실한 요구가 투영된 것이므로 그 성공 여부와 상관없이 반드시 필요했을 것이라는 원론적인 의미 부여를 할 수 있다.

하지만 이와 동시에, 이 봉기는 조직적으로 실행되었음에도 결과적으로 그 조직의 존립을 오히려 위태롭게 했으므로 너무 성급했다는 평가 또한 가능할 것이다. 때문에 이 자리에서는 동학 연구자들이 보고하는 영해 관련 사실관계와, 나아가 그에 대한 평가, 특히 영해 민중 봉기의 성공 여부에 관한 판단에 논의를 국한하기로 한다.

사적지 중심의 사실과 판단 유보

먼저, 영해의 민중 봉기를 '영해작변', 혹은 '신미사변'으로 표기하는 채길순에 따르면, 당일 봉기에 참여한 동학도의 총인원은 650여 명이고, 희생자는 모두 77명이다.[2] 대개의 연구가 총 참가 인원을 최대 600여 명, 희생자를 최대 60여 명으로 추정하는 데에 비해, 비록 그 출처는 생략되어 있지만, 그는 '울진에서 온 교도 150여 명이 합류'한 것으로 파악하고 있다.

그가 제시한 〈경상북도 동학 교세 확장 지도〉[3]에 따르면, 울진은 영양이

---

2 채길순, 「동학의 사상적 특성과 흐름 분석: 경상북도 지역의 동학 활동 연구 - 사적지를 중심으로」, 『동학학보』 제27호, 2013, 106-107쪽.
3 위의 논문, 97쪽.

나 영덕과 달리 이필제의 영향력이 전무한 지역으로서 이 150여 명은 아마도 최시형을 따르는 동학도들이었을 것으로 짐작할 수 있다. 다만, 그는 '비록 동학 교단의 피해는 컸지만, 최시형의 지위가 확고해지는 계기'로 영해 민중 봉기를 평가하여, 그 성공 여부에 대한 적극적 판단은 유보해 두고 있다.

관변 측 자료 중심의 사실과 부정 평가

이와 달리, 다수의 동학 연구자는 영해의 민중 봉기를 실패로 판단하는 듯하다. 예컨대, 윤대원은 영해 봉기의 본래 목적이 봉기 자체가 아니라 '('무뢰배 기백 명'을 시작으로) 크게 세를 일으킨 뒤 경성으로 직향'하는 데에 있었던 만큼, 영해 봉기는 결국 실패였다는 결론을 도출하고 있다.[4] 즉 봉기 다음 날인 30일, 봉기 참가자들은 관아 토벌군의 반격에서 벗어나기 위해 그 목적을 뒤로 한 채 뿔뿔이 해산할 수밖에 없었다는 것이다.

사실과 해석의 관점에서, 윤대원의 진술은 서로 깊은 연관성을 맺고 있는 두 가지 매우 중요한 사실에 대한 검증을 필요로 한다. 하나는 '경성으로 직향'할 계획의 사실 여부를 중립적이며 객관적으로 확인할 수 있는 믿을 만한 사료의 확인이다. 이는 적어도 형식 논리의 측면에서, 영해 민중 봉기의 성공 여부를 가늠할 수 있는 바로미터이기 때문이다(이 부분에 대해서는 이필제의 행적과 관련하여 최소한의 정황 증거가 될 수 있는 몇몇 사실을 뒤에 다시 언급하도록 하겠다.).

설령 누군가 달리기 경주에서 1등으로 들어온 직후 부상을 당해 더 이상 선수 생활을 할 수 없게 되었더라도, 그가 1등이라는 사실은 변하지 않는

---

4   윤대원, 「이필제, 때 이른 민중운동의 지도자」, 『내일을 여는 역사』 제21호, 2005, 38쪽.

다. 요컨대, 영해 관아를 점령하는 것만이 봉기의 유일한 목적이었다면 설령 참가자들이 봉기 직후 궤멸 수준으로 해산되었다 할지라도 이는 분명 성공한 봉기일 것이기 때문이다.

윤대원에 따르면, 봉기 과정에서 구호로 나왔다는 '직향경성' 등의 진술은 모두 『좌(우)포청등록』이나 『경상감영계록』, 혹은 『동래부계록』 등과 같은 관변 자료에 의존한 것으로, 윤대원 역시 자료의 인용에서 그 신뢰성을 고려하여 "관변 측 자료이긴 하지만"이라는 단서를 달고 있다.[5] 특히, 『경상감영계록』에 등장하는 '직향경성'이란 표현은 이필제와 그 동조자들이 시도조차 하지 못하고 스스로 포기한 소위 '남해거사'의 계획 단계에서 처음 나왔던 것으로, 이는 1870년 4월(양력) 진주작변에서 체포된 양영렬이란 사람에 대한 취조 과정에서 나온 말에 불과하다.[6]

뒤에 다루겠지만, 영해 민중 봉기에 최시형이 적극 개입했다는 주장의 근거로 사용된 『교남공적』의 진술 역시 동일한 사안에 대해 사람마다 말이 다르고, 더구나 동일 인물이 동일한 사안에 대해 진술을 번복하는 경우마저 있었다. 이는 바로 공권력에 체포되어 그 취조 과정에서 나온 진술 내용의 신빙성을 의심하게 만드는 대목이다. 불과 얼마 전까지만 해도 거짓 진술과 자백 강요가 모두 사라지지 않았던 국가 공권력의 관행에 미루어 볼 때, 특히 당시와 같이 봉건적 수탈이 심화하고 민심이 흉흉하던 혼란기에 관과 민의 대립 정황을 기록한 관변 자료의 보고 내용을 문자 그대로 수용하기에는 분명 어려움이 있어 보인다.

이와 동일한 맥락에서, 다른 하나는, 봉기 이후 참가자들의 해산 시점과

---

5   윤대원, 「이필제난 연구」, 『한국사론』 제16호, 1987, 144쪽.
6   위의 논문, 152쪽.

그 동기에 대한 검증이다. 윤대원은 영해의 민중 봉기에 소요된 시간이 해시(밤 9시~11시)에서 이튿날 미시(오후 1시~3시)까지이며,[7] 그 퇴거 동기를 '토벌군의 공격 · 추격' 때문으로 서술하고 있다.[8] 이 진술이 사실과 부합하는 것이라면, 그의 판단처럼 영해의 민중 봉기는 실패인 셈이다. 이는 봉기의 진행 과정 중에 돌연 강제 해산을 당한 것이기 때문이다.

윤대원 스스로는 거론하지 않았지만, 그의 학문적 담론에는 시간의 흐름과 함께 적지 않은 관점의 차이가 나타난다. 예컨대 1987년의 저술에서 그는 영해의 민중 봉기에 대해 '이필제난'이라는 시각을 가졌던 반면, 2005년의 저술에서는 이를 '영해봉기'로 이해하고 있다. 이러한 관점의 변화는 아마도 영해 봉기의 동학 관련성 여부에 대한 인식 변화에 기인하는 듯하다. 『교남공적』이 학계에 알려지기 시작한 시기는 1986년 이후로 이를 미처 참고하지 못했을 가능성이 있기 때문이다.

윤대원에게 보이는 또 다른 관점의 차이는 바로 봉기 참가자들의 해산 동기에 있다. 그렇지만 '자진 퇴거(1987)'에서 '관군에 의한 어쩔 수 없는 퇴각(2005)'이라는 관점 변화의 차이를 추적해 볼 수 있는 출처는 각각 관변 자료 일방에 의한 것이거나(『동래부계록』, 『영해부적변문축』), 혹은 그 출처 간 내용 차이에 대한 설명이 생략되어 있어 명확한 이유를 가늠하기 어렵다. 이러한 상이한 관점의 양립과 검증 불가능성에도 불구하고, 이 글에서는 경험칙상 시기적으로 후기에 속하는 입장을 해당 연구자의 최종 입장으로 채택하였다.

---

7   위의 논문, 166쪽.
8   윤대원, 앞의 논문(2005), 38쪽.

관변 측 자료 중심의 사실과 긍정 평가

이와 달리, 비록 소수이기는 하지만 영해 민중 봉기를 확고한 성공으로 간주하는 시각도 있다. 이들은 대체로 관변 자료인 『교남공적』을 근거로 최시형의 적극적 봉기 가담을 주장하기도 한다. 앞으로의 서술에서 더욱 분명해지겠지만, 영해 봉기를 성공으로 보는 시각은 일차적으로 그 봉기가 영해 지역을 유일한 목표로 설정했기 때문으로 본다. 즉, 영해에서 봉기를 일으킨 민중이 봉기에 성공했고, 자진 해산했다는 것이다. 예컨대 김기현은 영해 봉기를 '한반도에서 처음으로 성공한 시민혁명'으로 평가한다.[9]

동학 측 자료 중심의 사실과 긍정 평가

관변 자료를 주장의 주요 근거로 삼은 윤대원과 달리, 표영삼은 동학 측 자료인 『최선생문집도원기서』를 기반에 두고 영해 민중 봉기를 서술하고 있다. 표영삼의 보고에 따르면, 봉기에 참여한 인원은 대략 600여 명, 봉기 시간은 29일(양력) 밤 9시부터 이튿날 정오에 이르는 총 15시간이다.[10]

현재의 맥락에서 표영삼의 보고를 분석해 보면, 영해의 민중 봉기는, 첫째, 동학도가 주축이 되었을 뿐 아니라, 둘째, 봉기의 목표점은 영해 관아가 유일했다고 간주할 수 있으므로, 이는 성공한 봉기로 판단하는 것이 합당하다. 왜냐하면 봉기군이 영해 읍성에 다다르자 "서문과 동문이 열렸으며", "순식간에 성중을 장악"한 것은 성 내부에 동조자를 둘 정도로 사전 계획이 치밀하고 조직적이었다는 것, 나아가 영해성의 수장인 영해 부사

9   김기현(편저), 『최초의 동학혁명-병풍바위의 영웅들』, 서울: 황금알, 2005, 32-34쪽.
10 표영삼, 「신사 최시형의 생애」, 『동학연구』 제7호, 2000, 31-32쪽.

이정을 "살해하고", 이튿날 "모두 성을 빠져나와 사방으로 흩어"진 것은 곧 야간 기습에 의한 소기의 목적 달성 외에 다른 확대된 의도가 없다는 것을 의미하기 때문이다. 더구나 관군이 반격에 나선 시점이 봉기 종료 후 3일이 지난 5월 3일(양력)이었다는 점은,[11] '토벌군의 공격·추격에 의한 강제 해산'과는 상당한 차이를 보이는 반대 증거로서 '봉기 성공 후 자진 퇴거'라는 입장을 강화해 준다.

동학 측 자료 중심의 사실과 부정 평가

다른 한편, 같은 동학 측 자료이면서도, 김기선이 전하는 영해 봉기의 상황은 표영삼의 그것과는 또 사뭇 다르다. 그에 따르면, 이필제 휘하에 모여든 인원은 5백여 명이었으며, 처음엔 경주부를 공격할 생각이었으나 거리상의 문제와 2만에 달하는 군졸을 5백여 명의 봉기군이 당해내는 것이 불가능하다고 판단하여, 첫 승기를 잡아 백성의 호응을 얻기 위해 가까운 영해부를 공격하는 것으로 결정되었다.[12]

표영삼의 보고와 비교하여 더욱 두드러지는 차이는, 영해 봉기의 성공에 고무되어 이에 동조하는 사람들로 순식간에 2천여 명으로 늘어난 봉기군은(반면, 연갑수는 이 봉기가 닷새 만에 진압된 이유를 일반 민중들의 호응을 받지 못한 점에서 찾고 있다.[13]) 다음 표적으로 영덕현을 습격하여 현감을 처치하는 등 그 공세를 멈추지 않았다는 점에 있다.[14]

영덕현의 봉기 성공 이후 또다시 인원이 늘어났는지의 여부는 생략되어

---

11 위의 논문, 32쪽.
12 김기선, 『동학정사 2: 최해월과 동학』, 서울: 정민사, 2010, 94-95쪽.
13 연갑수, 「이필제 연구」, 『동학학보』 제6호, 2003, 183쪽.
14 김기선, 앞의 책, 95쪽.

있으나, 이들은 그다음 표적인 영양 고을로 쳐들어갈 계획이었다고 한다. 그렇지만 이즈음 대구 본부의 포병부대가 합세한 관군의 반격에 막혀 이를 당해내지 못하고 결국 도망하게 되었다는 것이다. 영해 지역을 넘어선 확장된 전선에 따른 논리적 귀결로 김기선이 보고하는 봉기 희생자의 수는 1백여 명에 이르며, 이는 다른 어떤 연구자의 희생자 추정치보다 높은 수치이다.[15]

이렇게 보면, 영해에서 처음으로 시작된 봉기는 영해 봉기 자체가 목적이 아니었던 만큼, 결국 실패한 봉기로 자리매김할 수밖에 없다.

약간의 퍼즐 게임

물론 연구자마다 각기 참고한 사료가 다르다면, 그에 따라 영해 봉기를 바라보는 입장 역시 다를 것이다. 그러나 만약 봉기군의 봉기와 퇴거 사이에 '시점'을 매개 변수로 둔 약간의 완충지대가 허용될 수 있다면, '자진 퇴거'와 '강제 해산'을 구분 짓는 경계는 일순 사라져 버리고 만다. 즉, 봉기군은 4월 30일 정오 무렵 자진 퇴거한 후, 5월 3일 이후 관군의 추격에 쫓기게 된 것이다.

그리고 이 3일간의 공백에 가장 잘 어울리는 퍼즐 조각은 아마도 봉기군의 계속된 진격으로 보는 점이 더욱 타당할 듯하다. 요컨대 봉기군은 영해 봉기를 성공적으로 완료한 후 다음 목표지로 진격하기 위해 당연히 자진 퇴거했고, 이어 관의 주력부대와 조우한 3일 이후 쫓기는 상황으로 바뀌게 된 것이다.

그렇게 보는 이유는, 우선 만약 실제로 봉기군이 자진 퇴거한 후 모두 각

---

15 위의 책, 96쪽.

자의 거처로 '흩어져' 버렸다면, 그에 대응하는 관군의 기동 방식 역시 적진에 대한 집중 타격을 위주로 하는 포병이 동원될 리 없었을 것이며, 설령 포병이 동원된 것이 사실이 아니라 할지라도 봉기군의 수장이 무려 3일 동안이나 잠적하지 못한 채 일월산으로 쫓겨 간 정황도 이해하기 힘든 때문이다.

둘째, 단 (최소) 15~(최대) 17시간의 일회적 봉기를 위해 모든 봉기 참가자가 머리에 유건을 쓰고 몸엔 파란색 두루마기를 걸쳐 복장을 통일했다는 점, 그리고 청(동학도), 홍(비동학도)으로 자신들만의 신호를 정한 것은[16] 일견해도 지나친 준비성이며 상식적으로 납득하기 어려운 일이기 때문이다. 게다가 야간 기습 작전이 성공했다는 것은 곧 관군 측에서 이러한 사실을 사전에 전혀 몰랐다는 것인데, 그럼에도 그 이튿날 곧바로 최소 500명 이상의 봉기군을 압도할 정도의 대규모 병력이 순식간에 집결할 수 있었다는 점도 이해하기 어렵다.

셋째, 봉기 시간 운용의 모호성 때문이다. 만약 영해 읍성만이 봉기의 목적이었고, 또한 그토록 철저한 사전 계획 아래 성공했다면, 봉기군은 29일 밤 곧바로 철수했어야 하는 것이 상식이다. 만약 성 내에 남았어야 했다면, 목숨을 내놓은 무력 봉기의 특성상 여기에는 반드시 그에 상응할 만한 중요한 이유가 있어야 한다. 그런데 봉기군이 이튿날 오전에 한 일이라고는 고작 '이방의 돈 궤짝을 부숴 꺼낸 140냥 중 100냥은 읍민들에게 주고, 나머지 40냥을 점유한 것'[17]이 전부다.

---

16 연갑수, 앞의 논문, 183쪽.
17 『동래부계록』 제7책(奎 15105), 신미 3월 15일. 윤대원, 앞의 논문(1987), 166쪽에서 재인용.

『동래부계록』의 기록에 따르면, 봉기군은 30일 아침, 반주를 곁들인 아침 식사를 했다.[18] 비록 큰돈은 아니지만 읍민들에게 140냥 전부를 준 것도 아니고 일부를 남겼다는 점, 그리고 생사를 오갈 수 있는 상황에서 한가로이 아침 식사를 했다는 점과 같은 전제들로부터 도출할 수 있는 타당한 결론은, '그들은 각자의 거처로 해산했다.'는 것보다는 오히려 '그들은 대오를 정비한 후 다음 목표지를 향해 진격했다.'가 훨씬 더 합리적이고 상식적일 것이다. 이때 읍민들에게 건네준 100냥은 아침 식사 30상과 술 3동이에 대한 식대였을 가능성이 거의 틀림없어 보인다.

관변 자료인 『교남공적』에는 관아를 점령한 무리에게 아침 식사를 해다 준 경위를 추궁하는 과정에서 유위택이라는 사람이 다음과 같은 답변을 하는 장면이 나온다; "내가 사는 동리는 관아를 점령한 무리들의 시위가 대단하여 주는 돈을 받지 않았다면 당장에 몰매를 맞았을 것이다. 그래서 다른 동 주민 대표인 신석훈 등과도 상의해서 20냥씩 받아 동민들에게 나누어주었다. 해당 관리도 그렇게 해도 좋다고 했고, 관아를 점령한 무리들이 성내 동민들에게 밥을 시켜서 먹고 돈을 준 것도 관청 관리들이 시인했다."[19]

마지막으로, 그것이 도망이든 아니면 진격이든, 봉기군의 이동 경로와 일월산의 지리적 위치 간에 놓인 상관관계 때문이다. 만약 봉기군이 30일 정오부터 관군에 의해 쫓기기 시작한 것이 사실이라면, 그들은 왜 영해 주변의 여러 깊은 산들을 놔둔 채 영양 근처의 일월산까지 도주해야만 했는

---

18 *ibid*. "조반 30여 상과 술 3동이을 사서 가져갔으며"

19 김기현, 앞의 편저, 164쪽.; 인용 내용에서 편저자가 봉기군을 칭하는 표현은 필자 임의로 중립적 의미로 바꾸어 옮겼다. 심문관이나 피심문자가 봉기군을 '혁명의 참가자'들이라고 칭하지는 않았을 것이기 때문이다.

지 이유가 석연치 않다. 역으로 말하면, 일월산 안으로 도주하기 전까지의 봉기군은 다른 어떤 산으로도 도주할 필요가 없었다는 의미로 해석될 수도 있다는 점이다. 요컨대 그들은 도주가 아닌, 진격 중이었을 수 있는 것이다.

만약 봉기군이 실제로 진격 중이었다면, 여기엔 한 가지 매우 유의미한 사실이 드러난다. 그들은 북쪽으로 진격 중이었고, 그 진행로는 바로 동학도들의 포교 지역과[20] 정확히 일치하고 있다는 점이다. 관변 자료인 『영해부적변문축』은 봉기군이 계획했다는 영해 다음의 진격로를 '영양, 울진, 평해 등지'로 기록하고 있고,[21] 또한 동학 측 자료인 『최해월과 동학』 역시 비록 영해와 영덕의 다음 목표지로 영양만을 기록하고 있지만,[22] 이어지는 목표 지역이 어디이리라는 점은 쉽게 유추할 수 있다. 특히 영양의 북동쪽에 인접한 울진과 평해는 이필제의 손이 미치지 않는 최시형의 독자적인 포교 지역으로서, 이는 이필제에게 최시형과의 연대가 절실할 수 있었음을 짐작하게 해주는 대목이기도 하다.

지금까지의 논의에서 보듯 영해의 민중 봉기를 바라보는 시각은 대체로 다음의 두 가지 서로 다른 척도에 의해 교차적인 영향을 받는 것으로 보인다. 하나는 연구자가 활용한 사료가 관변 측 자료인지, 아니면 동학 측의 것인지에 따라 다를 수 있고, 다른 하나는 영해 봉기를 이보다 더 큰 목적을 달성해 가기 위한 여러 중간 단계 중의 하나로 간주하는지, 아니면 그것 자체를 목적으로 파악하는지에 따라 달라질 수 있는 이중의 척도 아래

---

20 채길순, 앞의 논문, 97쪽. 〈경상북도 동학 교세 확장 구도〉 그림1 참조.
21 『영해부적변문축』. 윤대원, 앞의 논문(1987), 168쪽에서 재인용.
22 김기선, 앞의 책, 95쪽.

있는 것이다.

영해 봉기의 성공 여부에 대한 판단을 유보한 채로 남겨두는 경우를 제외하면, 예를 들어 동일한 관변 측 자료를 입장의 근거로 활용한 윤대원과 김기현은 영해 봉기를 각각 실패와 성공으로 판단하고 있다. 반면, 동일한 동학 측 자료를 활용하는 표영삼과 김기선은 이를 각각 성공과 실패로 판단한다. 이에 더해, 전자의 연구자들은 이필제에 대한 평가가 엇갈리는 반면, 후자의 연구자들에게 이필제라는 인물은 그가 주도한 봉기 자체를 바람직하지 않은 것으로 볼 만큼 부정적으로 평가한다는 점에서 오히려 일치하고 있다.

이렇듯 영해 봉기를 바라보는 시각엔 매우 복잡한 형태의 고차방정식이 자리하고 있으며, 이 복잡성의 중심엔 바로 이필제라는 인물, 즉 그의 동학 관련성 여부가 주된 관건으로 작동한다. 따라서 다음으로 살펴볼 것은, 이필제라는 인물 및 사상의 정체성은 과연 무엇이고, 영해의 민중 봉기에서 이필제와 최시형의 연대는 어느 정도의 신뢰 수준에서 이루어졌으며, 나아가 최시형의 봉기 가담 정도는 어떠했는가의 문제일 것이다.

이필제와 최시형의 연합?

이필제의 인물 정체성

인물 이필제에 대한 평가는 동학 측이나 관변 측 자료에 상관없이 거의 일치하는 것으로 보인다. 동학 측 자료의 대부분은 영해 봉기를 '이필제의 난'이라고 평하고 있으며, 이필제 개인에 대해서도 '거짓으로 도인 행세를 하며, 배도의 무리를 끌어들여 역리의 단초를 일삼던 사람' 정도로 이해하

고 있다.[23]

특히, 『동학정사 2』에 묘사된 내용은 이필제에 대한 강한 적의마저 드러
낸다. 이를테면, 이필제는 상주군 옥중에서 고문을 받아 사망한 부모의 원
한을 풀기 위해 "광인처럼 혈안이 되어 날뛰는 사람"이다. 심지어 이 사료
는 영해 봉기를 '이필제의 망동'으로 기록하고 있다.[24] 이와 유사하게, 2002
년 천도교 교령을 지낸 김철은 이필제를 "폭력 주장자"로 단정하고 있다.[25]

관변 측 자료인 『경상감영계록』에서도 역시 이필제는 목적을 위해서라
면 수단과 방법을 가리지 않는 냉혈인 정도로 묘사되어 있다. 예를 들어,
양영렬의 취조 과정에서 나온 진술에 따르면, 이필제는 '자금 마련을 위해
화적이 되어 부근 김부가(金富家)의 재물을 탈취하고자 했으나 나머지 일
행이 불응하여 뜻을 이루지 못한'[26] 정도의 치졸한 인물이다. 또한 『우포청
등록』에는 이필제의 외삼촌이 등장하여 '필제는 성격이 괴팍하고 악행을
능사로 하여 도시 믿을 수 없는 인물'로 증언하고 있다.[27]

다른 한편, 반드시 동일한 맥락이라고 할 수는 없으나, 이필제는 자신의
이름을 여러 가지로 바꾸어 왔다. 이필제를 직접 심문한 기록이 담긴 『좌
포청등록』에 따르면, 이필제의 본명은 이근수이며, 영해 봉기 당시 사용
했던 이름은 이제발이었다.[28]

---

23 윤석산(역), 『도원기서』, 서울: 문덕사, 1991, 83쪽.
24 김기선, 앞의 책, 91쪽.
25 김철, 「동학 대도주 해월 최시형 선생과 동학혁명 전봉준장군의 기본사상 차이점」,
    『동학연구』 제12호, 2002, 315쪽.
26 『경상감영계록』 경오, 여러 사람에 대한 공초. 윤대원, 앞의 논문(1987), 160쪽에서 재
    인용.
27 『우포청등록』 을미 4월, 안종덕, 박회진 공초. 윤대원, 위의 논문, 147쪽에서 재인용.
28 『좌포청등록』 신미 8월 29일 이필제 공초. 윤대원, 위의 논문, 146쪽에서 재인용.

이필제가 본명 대신 현재의 이름으로 지금까지 알려진 이유는 아마도 그의 마지막 봉기에서 관군에 의해 체포될 당시의 이름이 이것이었기 때문으로 보인다. 즉, 함께 잡힌 사람들이 그에 관한 진술을 할 때 그들에게 알려진 이필제라는 이름으로 호칭했을 것이고, 이것은 이내 공문서에 기록되어 공식화되었을 것이기 때문이다.

그나마 이필제에게 주어진 긍정적 평가로는, '지리산에서 호랑이도 사냥할 수 있을 정도의 무술을'[29] 익혔을 뿐 아니라, '과거급제 경력의 문장력이 있고 박식한'[30] 인물 정도인 것 같다. 그리고『우포청등록』의 기록에 따라 심문을 당한 사람들의 진술이 사실이라면, 이필제는 실제로 무과에 급제한 양반일 수 있다. 이 점에서, 윤대원은 이필제를 무과에 급제하고도 임관되지 못한 불우한 양반으로 해석하여, 그로부터 이필제에게는 현실에 대한 불만과 개혁 의지가 남달랐을 것이라 추론하고 있다.[31]

동학이나 관변 자료의 특성을 막론하고 한 인물에 대한 평가가 이렇듯 일방적인 것은 곧 실제로도 이필제의 인물 됨됨이가 그렇기 때문일 수도 있고, 다른 한편, 사실 여부와 관계없이 동학 측이나 국가기관 모두 단지 그를 싫어할 만한 특정한 이유가 있어서이기 때문일 수도 있다. 따라서 판단의 균형감각을 유지하기 위해 이제는 양측의 평가와는 전혀 다르게 그를 평가했을 것이 분명한 이필제 동료들과의 행적을 살필 필요가 있다.

그런데 여기에서 그의 인물 정체성보다 시급히 주목해야 할 부분은 바로 그의 이름이 지방 기관의 기록지인『영해부적변문축』이나『동래부계

---

29 김기선, 앞의 책, 91쪽.
30 연갑수, 앞의 논문, 188쪽.
31 윤대원, 앞의 논문(1987), 180-181쪽.

록』을 넘어 이것의 상급 기관 기록물인 『경상감영계록』, 더 나아가 국가의 최상급 기관에서 죄인들을 문초(공초)한 기록지인 『좌포청등록』과 『우포청등록』에 등장하고 있다는 점이다. 이필제와 관련한 사안이 지방 기관에서 처리 완료되지 못하고, 국가의 최상급 기관으로 이관되었다는 것은 곧 이필제가 연루된 사안이 바로 국가적 중대 사안이었다는 의미이다.

이필제의 사상 정체성

기대했던 바처럼, 이필제에 대한 최상의 평가는 역시 그를 따르는 동료들에게서 나왔다. 그렇지만 이는 그의 인물 됨됨이에 대해서라기보다는 그가 보인 역량에 주어진 것이었다. 즉 이필제에게는 "호걸영웅의 재주가 있고, 손바닥에는 천문이 있으며, 그의 뜻은 북벌"에[32] 있었다.

그런데 이 칭찬이 주어진 곳은 좌포도청의 심문실이었고, 이것이 연루된 사안은 영해 봉기 5개월 후에 발생한 소위 조령 봉기 미수 사건이었다. 동학 측 자료에 '문경의 변'[33], 혹은 '(문경새재의) 초곡 거사'[34] 정도로 거명된 이 봉기 미수 사건은 이필제가 일으킨 네 번째이자, 마지막 봉기이기도 했다. 봉기에 실패한 그는 곧 체포되고 서울로 압송되어 심문 받고, 유죄가 인정되어 이내 처형되고 말았기 때문이다.

이필제가 일으킨 네 번의 봉기 중 영해를 제외한 다른 지역의 봉기는 모두 계획 단계에서 발각되어 실패로 돌아갔다. 이를 지금까지 해 왔던 해석의 관점에서 다시 조명해 보면, 이 네 번의 봉기를 일관하는 특정 입장이

---

32 『좌포청등록』 신미 8월 29일, 정기현 공초. 윤대원, 위의 논문, 175쪽에서 재인용.
33 윤석산, 앞의 역서, 101쪽.
34 김기선, 앞의 책, 95쪽.

나, 혹은 사상의 존재 여부에 따라 영해 봉기에 대한 평가는 사뭇 달라질 수밖에 없다. 만약 네 차례의 봉기 모두 각각 다른 동기를 가진 별개의 사건이라면, 영해 봉기는 더 이상의 조건을 따지지 않아도 되는 성공한 봉기로 자리매김할 수 있다. 반면, 만약 이 네 번의 봉기가 모두 동일한 동기를 가진 연속선상의 사건이라면, 영해 봉기에 대한 평가 역시 앞의 경우와는 정반대의 입장에 서게 될 수밖에 없다.

바꾸어 말하면, 이 네 차례의 봉기에 어떤 형태의 일관하는 입장이나 사상도 존재하지 않는다면, 이 경우 각각의 개별 봉기는 나름의 고유 특성을 온전히 주장할 수 있다. 하지만, 이와 달리 만약 그러한 특정 입장이나 사상이 실제로 존재하고, 또한 동시에 만약 그것이 각 봉기와의 본질적 접점을 갖지 않는 성질의 것인 한, 네 차례의 봉기 모두는 그 특정 입장이나 사상을 보조하는 단순한 방법론, 즉 수단에 지나지 않는다는 결론이 도출되고 마는 것이다.

비록 계획 단계에서 내부자의 밀고로 실패하고 말았지만, 이필제가 일으킨 첫 번째 봉기는 1869년 5월(양력)의 진천 봉기이다. 그런데 이에 대한 기록은 동일 사건임에도 불구하고 국보 제153호인 『일성록』과 『우포청등록』 간에 큰 차이를 보인다. 전자에는 사건의 크기에 비해 과장이 지나치다고 판단했는지 단순 사기(欺人騙財)로 기록되어 있는 반면, 후자에는 피의자의 진술을 문자 그대로 받아들여서인지 '중원을 정벌하기 위해 먼저 조선왕조를 공격해야 한다'는 취지의 기록이 담겨 있다.[35] 양자의 기록 중 어느 것이 진실이든 상관없이, 현재의 맥락에서 중요한 것은 이 봉기와 연

---

35 『일성록』 고종 6년 4월 21일, 『우포청등록』 을미 4월, 김병회 3초. 윤대원, 앞의 논문(1987), 145-146쪽에서 재인용.

관된 이필제의 행적으로부터 어떤 형태의 동학 관련성도 찾을 수 없다는 점이다.

1870년 4월(양력), 이필제는 진주 읍성을 공격하려는 계획과 함께 재차 봉기를 시도했다. 비록 이 역시 실패로 끝나고 말았지만, 진주 봉기는 이 필제 사상의 원천과 그 현실 적용 방식을 가늠하게 해준다는 점에서 매우 의미 있는 사례이다. 그리고 이는 모두 이필제 일행이 진주 봉기 3개월 전에 계획하고 중도 포기했던 남해 거사의 내용에서 확인할 수 있다. 하나는, 앞에서 잠깐 언급한 '직향경성' 개념의 등장이다.[36] 이는 북벌 중원을 상위 범주로 갖는 개념으로서 실은 진천 봉기의 중원 정벌과 조선왕조 전복 주장을 반복한 것과 다를 바 없다.

이필제의 활동 시기에는 미륵신앙이나 전통 신앙은 물론 〈비기〉나 〈참서〉와 같은 민간신앙이 유행했는데, 이 중 특히, 민간신앙은 체제 비판이나 사회 변혁운동의 사상적 기반으로 이용되는 경우가 많았다.[37] 그리고 이필제가 자신의 사상적 기반으로 활용한 것 역시 당시 민간신앙의 참서류 중 하나인 〈정감록〉이었다.[38]

그런데 〈정감록〉을 신앙한다는 것은 곧 정씨 성을 가진 이가 이 나라의 왕이 된다는 신념 체계를 가졌다는 의미이다. 위에 언급한 이필제의 사안이 국가적 중대 사안일 수 있었던 것은 이 사건이 다름 아닌 역성혁명 사건,[39] 바로 국가를 전복하려는 모반사건일 수 있기 때문이었다.

---

36 『경상감영계록』 경오 6월 16일 양영렬 2초. 윤대원, 위의 논문, 152쪽에서 재인용.

37 조성운, 「해월 최시형의 도교 전수와 초기 포교활동(1862-1875)」, 『동학연구』 제7호, 2000, 4쪽.

38 윤대원, 앞의 논문(2005), 39쪽.

39 윤대원, 앞의 논문(1987), 199-200쪽.

다른 하나는, 이러한 이필제의 사상이 현실에 적용될 때 드러나는 모습이 이필제라는 인물에 주어진 세인들의 평가와 그리 다르지 않았다는 점이다. 『경상감영계록』에 따르면, 이필제 일행은 재정 확충을 위해 심지어 어사출도를 사칭할 계획마저 적극적으로 세워 둘 정도였기 때문이다.[40]

그리고 이를 동학사상과 그 현실 적용 방식에 대비시켜 보면, 양자는 거의 완벽하게 서로 반대의 입장을 취하고 있다는 것을 알 수 있다. 부언할 필요도 없이, 이필제가 신봉하는 참서류의 신앙은 최시형이 가장 경계하는 '한심한 것'들 중의 하나이기 때문이다.[41] 즉, 이필제의 사상과 동학의 그것은 서로 본질적인 차이를 보이는 것이었다.

다른 한편, 최시형은 봉명어사를 사칭하는 무뢰배에 의해 동학도가 입은 재산 피해나 사상자가 속출하는 현실을 개탄하며 특별히 '도인은 그들의 동정을 살펴서 사기 행각에 현혹당하는 일이 없도록 각별히 조심하라.'는 통문까지 내릴 정도였다.[42] 요컨대 사상과 그것의 현실 적용 방식 모두에서 이필제와 최시형은 도무지 서로 양립할 수 있는 관계가 아니었다.

이필제의 세 번째 봉기는 개별적으로나마 유일하게 성공한 영해의 민중 봉기였다. 동시에 이는 최시형을 비롯한 동학도들과의 연계를 통해 이필제에게는 비록 외형상의 형식으로나마 지금까지의 다른 봉기들과는 달리 명백하게 동학 관련성이 부각되는 봉기이기도 했다. 다만, 영해를 거쳐 계

---

40 『경상감영계록』 경오 6월 16일 양영렬 2초. 윤대원, 위의 논문, 152쪽에서 재인용.
41 『神師法說』, 「心靈之靈」, "세상 사람은 천령의 영함을 알지 못하고 또한 심령의 영함도 알지 못하고, 다만 잡신의 영함만을 아니 어찌 병이 아니겠는가. 지금 세속에서 이르는 성황이니 제석이니 성주니 토왕이니 산신이니 수신이니 석신이니 목신이니 하는 등의 음사는 붓으로 다 기록하기 어려운 것이니라. … 썩은 유생과 속된 선비도 왕왕 흘러들어 습관과 풍속을 이루었으니, 가히 한심한 것이라 이르리로다."
42 김기선, 앞의 책, 251쪽.

속해서 북쪽으로 진격하려던 사전 계획이 사실이라면, 소위 '직향경성'으로 대변되는 그의 사상적 원천 역시 건재하다는 점도 틀림없는 사실일 수밖에 없다. 요컨대, 이 경우마저 이필제의 동학 관련성은 부정될 수 있는 것이다.

마지막으로 네 번째 조령 봉기의 경우, 이필제 본인에게는 적어도 자신이 신봉하는 사상의 원천과 관련하여 가장 이상적인 동료를 만난 것으로 보인다. 이필제의 속마음이야 어떠했든 여태까지 그가 파트너를 구해온 방식은 〈정감록〉의 예언에 따라 자신은 중원으로 나아가 천자가 되고, 그의 파트너는 이씨 왕조가 무너진 이후의 조선을 맡아 경영해 갈 것이라는 유혹적인 말이었다.[43] 그런데 예언서의 정확한 내용은 조선의 차기 경영자가 정 씨라는 점이었다. 요컨대 한 승려로부터 〈정감록〉 유의 예언을 듣고 스스로 왕이 될 것임을 자처하는 정씨 성의 부자를 찾아냈기 때문이다.[44]

4차 봉기를 끝으로 이필제는 자신의 짧은 생을 마감하게 되었지만, 불과 5개월 전까지만 해도 뚜렷이 부각되는 듯했던 이필제의 동학 관련성은 더 이상 찾기 어려워졌다. 우선 최시형은 4차 봉기에서 철저히 배제되었다. 그는 이필제의 봉기 소식을 소문으로 들어 알게 되었을 뿐이다: "8월에 이르러 홀연히 문경의 변을 듣고, 마음이 문득 놀래어 실제를 캐어 들어본즉, 필제가 또 기현과 거사를 한 것이다."[45]

반면 김기선의 보고에 의하면, 이필제의 강력한 동참 요구에도 불구하고 최시형은 이를 끝까지 거부한 것으로 보인다: "최해월 동학대도주께서

---

43 윤대원, 앞의 논문(1987), 176쪽.
44 표영삼, 『동학 2. 해월의 고난 역정』, 파주: 통나무, 2005, 19쪽.
45 윤석산, 앞의 역서, 101쪽.

순순이 타일러 무력봉기를 극구 제지하였으나 이를 뿌리치고 도리어 최해월 선생에게 욕하면서 독자적으로 스승의 원수를 갚는다고 하며…".[46]

혹은, 그와 함께 봉기했던 동료들이 더 이상 동학도가 아닌 60여 명의 유생들이었다는 점은[47] 이필제의 동학 관련성을 더욱 약화시키는 근거일 수 있다. 이 외에도 이필제는 "단신으로 충청북도 추풍령에 이르러 전에 사귀어 놓은 활빈당이라고 일컫는 도적떼에 원병을 요청"[48]하기도 했었던 듯하다.

유생과 도적떼라는, 얼핏 어울리지 않아 보이는 조합의 이해를 위해 4차에 걸친 이필제의 봉기를 참가 계층별로 분류한 윤대원의 연구는 면밀히 참조해 볼 만한 가치가 있다.[49] 이에 따르면, 봉기의 주도층은 주로 이필제와 같은 몰락한 양반·유생들이었고, 이들이 봉기에 동원하려고 끌어들였던 계층은 대개 조선시대 최하위 계층인 빈농이거나 하루 벌이 삶을 살아가는 노동자들이었다.

이필제의 동학 관련성

이필제의 동학 관련성 여부를 뚜렷이 드러내기 위한 지금까지의 집중적인 관찰에도 불구하고, 실상 그가 과연 진심 어린 동학도였는지, 아니면 〈정감록〉에 심취한 기인에 불과했는지에 대한 판단은 당분간 좀 더 유보해 두는 편이 적절해 보인다. 그 이유는 첫째, 최제우의 기일을 택해 교조신원의 의미를 찾았다는 점은 이필제의 동학 관련성 주장을 강화해 주지

---

46 김기선, 앞의 책, 96쪽.
47 윤대원, 앞의 논문(1987), 177-179쪽.
48 김기선, 앞의 책, 95쪽.
49 윤대원, 앞의 논문(2005), 41쪽.

못하기 때문이다. 이로부터 확인할 수 있었던 것은 기일의 의미를 새기거나 문자 그대로의 신원이라기보다는 오직 무력 봉기를 통해 현실의 사태를 강압적으로 해결하겠다는 의지였다. 요컨대 여기엔 '직향경성'의 성향을 완전히 배제할 수 없다는 것이다.

이와 마찬가지로, 둘째, 설령 3차 영해 봉기를 제외한 다른 모든 봉기에서 동학 관련성을 찾지 못했다 할지라도, 이 점이 곧 이필제의 동학 관련성에 대해 부정하는 주장을 강화해 주는 것도 아니기 때문이다. 다른 세 차례의 비동학적 태도는 얼마든지 상황 논리에 따른 선택의 결과일 수 있다. 즉 상황이 여의치 않을 경우, 스스로 동학도임을 드러내기보다는 그렇지 않은 쪽을 전략적으로 선택한 결과일 수 있는 것이다.

다만 상식의 측면에서 볼 때, 이필제에게는 다소간의 특이 기질이 있는 것만은 틀림없어 보인다. 2년이 조금 넘는 기간 동안 무려 4차례에 걸친 봉기 시도를 한 것이 그렇고, 결국 자기 자신을 죽음으로 몰고 간 결과를 초래했지만, 특히 4차 봉기에서 단 60여 명의 인원으로 무장봉기를 시도했다는 점은 더욱 그렇다.

『좌포청등록』의 기록에 따르면, 이필제는 명나라의 태조도 처음에는 걸인 300명으로 시작했다는 이야기를 즐겨 인용하며 자신이 추구하는 역성혁명의 옹호 논리로 삼았다고 한다.[50] 그렇지만 여기엔 성급한 일반화의 오류가 자리하고 있다. 어쩌면 이필제는 이 때문에 단 60여 명의 인원으로 4차 봉기를 일으켰는지 모르지만, 이는 그에게 너무 혹독한 결과를 가져오고 말았다.

그런데 만약, 그가 〈정감록〉에 근거하여 실제로 중국의 천자가 된다는

---

50 윤대원, 앞의 논문(1987), 151쪽.

신념을 갖고 있었다는 것이 사실이라면, 그의 특이 기질은 과대망상에 불과할 뿐이다. 자신을 지지해 줄 독자적인 기반도 갖추지 못한 채 한 고을의 지방관이나 조선의 왕도 아닌, 돌연 중국의 천자가 되겠다는 욕망은 호연지기라기보다는 오히려 정신질환에 가까워 보이기 때문이다.

요컨대 현재의 맥락으로서는, 이필제의 동학 관련성 여부보다는 오히려 그가 과연 〈정감록〉의 신봉자인지에 대한 진위 판별이 더욱 시급해 보인다. 그렇지만 이필제와 〈정감록〉의 관계를 추정할 수 있는 (거의) 모든 자료의 출처가 관변 측 자료인 한, 여기엔 앞서 언급한 자료의 특성 문제가 또다시 제기된다.

최시형의 영해 봉기 적극 가담설

이필제의 동학 관련성을 다룰 때 빠지지 않는 문제는 바로 최시형의 봉기 참여 여부와 그 가담 정도이다. 최시형을 옹호하려는 연구자들이 '겉만 동학도'인 이필제로부터 그를 격리하려는 경향을 보인다면, 이와 반대로 영해 봉기에 대한 최시형의 적극 가담설을 주장하는 연구자들은 대개 이필제를 순수한 동학도로 평가하는 듯하다.

이때 영해 봉기에서 최시형의 적극 가담설을 주장하는 근거는 『교남공적』이다. 이를테면, "해월 교주가 영해 부사 이정을 살해했다는 말을 들었다.", "배가 고파 스스로 밥을 해서 먹을 것을 찾아서 먹고 40리 밖에 권씨 성을 가진 이름을 알 수 없는 집에 도착해서 듣기로는 동학 교주 최경오가 관장을 해한 것이라고 들었다.", 혹은 이를 다시 번복한 "지난번 진술에서 겁이 나고 두려운 나머지 강사원의 말만 듣고 진술했는데 … 누가 관장을 해한 사람인지 실은 알지 못하고 미리 염탐한 사람도 밤이라 혼미하고 어두워 누구였는지 모른다."는 등의 공초(供招) 상 진술들이 바로 그것이

다.[51]

　요컨대 피심문자의 심리적 불안정, 일관되지 않은 진술, 직접 목격에 의하지 않은 진술, 문초 과정의 특수성, 그리고 관변 자료의 편향 가능성 등이 서로 얽힌 상황으로부터 어떤 신뢰할 만한 사실을 추론해 내기는 결코 쉬운 일이 아니며, 사실상 불가능에 가깝다. 만약, 이를 법정의 진술로 가정해 본다면, 이는 이미 증거로서의 능력을 상실한 진술인 것이다.

　이 자료에 무한 신뢰를 보낼 수 없는 또 다른 이유는, 이 자료가 자가당착적 내용을 포함하기 때문이다. 즉 여기엔 최시형의 적극 가담설을 오히려 부정할 만한 정황 증거 역시 다수 들어 있다. 예를 들면 "죽창을 가지고 동헌에 들어갔는데 창호를 깨뜨린 것은 지휘자 이제발(필자 주: 이필제)이었고, 김진균에게 칼로 관장을 해하도록 시켰고, 인부는 강사원에게 탈취하도록 시켰다."[52]

　여기에서 한발 더 나아가, 이 자료엔 봉기의 순수성을 의심하도록 만드는 진술마저 여러 곳에서 발견할 수 있다. 예컨대 "영해읍에 갔다가 힘없이 돌아오는 길에 봉기 대열에 참가했던 군중들 100여 명을 만나 그들이 나를 붙잡고 하는 말이 우리 당에 입당하지 않으면 죽는다고 겁을 주고 위협해서 동학당에 입당하고 봇짐에 환도와 조총 유건과 청의를 싼 것을 운반하여 주고 함께 저녁 먹으러 신 주막에 갔다."[53] 혹은, "너는 지난번 진술 기록을 보니 야심한 밤에 자는데 동학인 봉기 대열이 따라오라고 위협하여서 함께 갔다면 그 우두머리는 누구였는지 … 정황을 확실하게 다시금

51　김기현, 앞의 편저, 81, 147-148쪽.
52　위의 편저, 157쪽.
53　위의 편저, 91쪽.

바로 진술하여라."[54]와 같은 진술이 바로 그것이다. 만약 이 진술들이 모두 사실이라면, 동학도는 일반 양민들에게 무력으로 입당을 강요하고 위협을 일삼는 무뢰배에 다름 아닐 것이다.

요컨대 최시형의 봉기 가담 정도를 측정하는 척도는 그 자체로 일관성을 상실한 관변 자료『교남공적』보다는 오히려 가장 현실적인 측면에서 찾아야 더욱 자연스러운 결론에 도달할 수 있을 것이다. 그리고 이 관점에서 보면, 최시형의 봉기 참여는 '어쩔 수 없는' 선택이었을 개연성이 매우 높다.

비록 최시형은 도통을 이어받은 2대 종주였으나 그가 자신의 목소리를 적극적으로 내기 시작한 시점은 1885년 이후의 일로서, 당시 최시형의 권위는 최제우의 유족에도 미치지 못할 정도였기 때문이다.[55] 더구나 영해 봉기에서 이필제의 역할은 최시형을 압도하고 있었으며, 실제로 이필제를 따르는 세력이 그보다 훨씬 강력했기 때문이다.[56]

또한 최시형은 처음부터 이필제와의 만남을 피하려 했고, 이후 봉기에 동참했을 때에도 역시 자신의 소극적인 결정을 돌연 적극적으로 바꿀 만한 일말의 단서나 계기도 찾을 수 없었기 때문이다. 오히려『도원기서』에서 그는 적극적으로 이필제의 봉기 시도에 저항해 왔음을 일관되게 밝히고 있다. 물론 국가에 의해 이필제의 다음 수괴(차괴)로 지목된 처지에 동학도의 안전을 위해서라도 그가 봉기의 적극 가담설을 부정했으리라는 시각이 존재하는 것도 사실이지만, 그렇다고 단 하나의 정황증거가 혹은 '터프

---

54 위의 편저, 159쪽.
55 임태홍,「최시형의 양천주 사상 형성과정」,『종교와 문화』제12호, 2006, 104-105쪽.
56 연갑수, 앞의 논문, 205-207쪽.

한 2년 선배(이필제)'의 강요에 못 이겨 자신이 지나온 삶 전체의 모습을 부정하면서 유혈의 무장봉기에 적극 참여했다고 상상하기는 힘들어 보인다.

영해의 민중 봉기는 동학혁명인가?

교조 신원 운동

지금까지 우리는 베일에 가린 인물, 베일에 가린 사건이랄 수 있는 영해 민중 봉기의 전후 시점에 초점을 맞추고 이필제와 봉기군의 행적을 집중 추적해 왔다. 이제 그로부터 자연스럽게 도출되는 질문은, 그렇다면 이 봉기에 가장 합당한 정체성은 과연 무엇인지에 대해서이다. 이때 적어도 이 봉기가 난이라면 그것은 동학란이고, 혁명이라면 동학혁명이다.

형식 논리의 측면에서, 이 봉기는 첫째, 동학 수장과 동도들이 참여한 점, 둘째, 최제우의 기일을 봉기일로 결정한 점, 셋째, 교조신원의 의미를 포함하고 있는 점 등을 고려할 때 이미 동학 관련성의 필요충분조건을 충족시키고 있기 때문이다.

다른 한편, 영해 민중 봉기의 정체성 파악을 위해 내용적으로 살필 지점은 첫째, 이 봉기를 실질적으로 주도했던 이필제는 천도를 따르는 동학 정신에 충실한 진심을 가졌는가의 여부이고, 둘째, 동학의 수장 최시형은 충심으로 이 봉기에 동참하였는지의 여부에 대해서이다. 전자에 대해서는 이용만 당했다는 피해의식이, 그리고 후자에 대해서는 원치 않는 봉기였다는 의혹이 여전히 남아 있기 때문이다. 비록 내용적인 측면의 완결성까지 기대하지는 못하더라도, 영해의 민중 봉기가 그 형식에서 동학적 특성을 갖는다는 점만은 분명해 보인다. 이때 이러한 특성을 가진 봉기가 특정한 지역적 한계를 넘지 못했거나, 단순한 삶의 질 개선이라는 일반적 형태를 벗어나지 못하거나, 다양한 계층의 민중이 동참하지 않았거나, 혹은 지배 세력에 대해 자유나 평등과 같은 인간의 보편 가치를 요구하고 있지 않다면, 그것은 단지 전형적인 민란에 해당할 뿐이다. 요컨대 이 경우, 영해 봉기는 동학란에 해당한다. 반대로 만약 이러한 조건을 모두 충족시킨다면, 이 봉기는 동학혁명으로 자리매김할 수 있을 것이다.

그리고 이 점에서, 영해 민중 봉기의 정체성은 동학과 비(非)동학 사이, 그리고 혁명과 봉기 사이 아주 넓은 중간 지대의 어딘가에 위치하는 듯하다. 이는 가장 넓은 의미의 동학적·혁명적 요건의 형식을 충족했으되, 그 내용에서는 그렇지 못했으며(적어도 매우 불투명한 채로 남아 있으며), 나아가 그 형식의 측면에서조차 엄밀한 눈으로 보면 중대한 절차상의 문제가 발견되기 때문이다.

동학도들이 최제우의 기일에 맞춰 교조신원을 위한 운동을 하려 했다는 점은 동학 관련 정체성의 형식적 측면을 충족시킨다. 또한 이것이 혁명 관련 정체성의 형식적 측면 역시 충족시키려면, 영해 봉기는 다양한 지역과 계층의 민중들이[57] 지역적·계층적 한계를 뛰어넘어 인간의 보편 가치를 쟁취하려 했다는 사실을 확인할 수 있어야 한다. 이때 이 두 가지 형태의 정체성을 동시에 만족시키는 지점은 바로 교조신원에 있다. 교조신원이란 다름 아닌, 인간의 보편 가치인 양심의 자유를 요구한 행위이기 때문이다. 다시 말해 영해 민중 봉기의 정체성을 형식상으로나마 온전한 형태의 혁명으로 간주하기 어려운 이유는, 비록 봉기의 준비 단계에서 교조신원

---

57 영해 봉기의 지역 및 참가 계층의 다양성에 대해서는 각각 『경상감영계록』과 『교남공적』을 근거로 기술한 윤대원(1987, 179-196쪽)과 김기현(앞의 편저)의 저술을 참조.

의 문제가 주요 안건 중 하나로 다루어졌더라도 실제 봉기 과정에서는 그에 관련한 부분이 주장된 바가 전무했다는 점에 있다.

동학다운 혁명

요컨대 영해 봉기는 혁명의 전 단계로서의 역할은 충실히 했으나, 그 자체를 혁명으로 받아들이기에는 무리가 따르는 것으로 보인다. 설령 이를 동학 최초의 혁명으로 바라보는 시각이 가능하다 할지라도, 종류를 막론하고 대개의 첫 경험들이 흔히 그렇듯, 이는 크게 어설프고 잘못 설정된 방향의 혁명이다. 여기엔 동학의 가치, 즉 인간의 최대 보편 가치인 생명이 너무 가볍게 다루어졌기 때문이다. 동학의 첫 '혁명가'들은 손에 무기를 들고 야밤에 선제 기습공격을 했고, 사람을 죽이고, 성공을 자축했다.

영해의 민중 봉기는 우리로 하여금 단순한 동학혁명이 아닌, 그야말로 동학다운 혁명이 무엇인지에 대한 깊은 성찰을 요구하고 있는 듯하다. 과연 살인이나 폭력은 그 목적이 정당하다는 이유로 허용되거나, 나아가 미화되어도 괜찮은 것일까? 물물천사사천, 사인여천의 동학 정신에 비추어 볼 때, 살인, 그것도 선제적인 살인을, 당연하다거나, 피할 수 없다거나, 불가결하다거나, 정당하다는 이유를 들어 묵인하고, 방조하고, 독려해도 괜찮은 것일까?

만약 최시형이 '혁명'에 소극적이었던 점이 사실이라면, 이는 그가 혁명 자체를 싫어해서가 아니었을 것이다. 아마도 그는 동학 정신의 가치를 심각하게 훼손시킬 예상 가능한 폭력의 사용과 마주하는 것이 두려워서였을 것이다.

어쩌면 최시형은 이필제와의 원치 않던 연합을 통해 더욱 자신의 수행론적 입장을 공고히 할 수 있었는지도 모른다. 아래 〈슈퍼리더십과 수양〉에서 논의하겠지만, 최시형이 설파한 수행은 전격적인 변화를 동반하는 특별함의 추구가 아닌, 일상의 삶을 소중하게 살아가는 데에 있었기 때문이다.

더욱이 일상의 수행, 즉 양천주의 실천에서 무력의 사용이란 있을 수 없는 일이다. 이는 곧 한울을 상하게 하는 일이기 때문이다. 그리고 여기에 잠재된 동학사상의 선진적 근대성은 분명 비폭력 시민혁명이었던 3월 1일의 거사를 가능하게 해준 열쇠로 보인다. 모든 '혁명'은 동학다울 때 가장 아름답다.

두 가지 근대적 특성의 단초

근대성은 매우 넓은 외연을 가진 개념이다. 논의가 지나치게 확대되는 것을 피하고, 영해 동학 봉기의 근대적 특성에 그 초점을 두기 위해 이를 근대적 시민혁명의 관점에서 살펴볼 필요가 있다. 그리고 이 관점으로부터는 천부적 인권을 부여받은 개인으로서의 권리와, 객체화된 국가를 상대로 사회계약을 통한 성장이라는 두 가지 근대적 특성의 단초가 드러나는 것으로 보인다.

개인 권리의 신장

집단으로부터 주체성을 가진 개인의 분리, 즉 개인의 등장을 전제로 하는 서구 근대성과는 달리 동학사상은 모든 존재를 지기의 소산으로 이해함으로써 각각의 인간은 주체적 개인이되, 동시에 다른 개인들과의 유기적 관련성에 주목하는 인식의 틀을 갖고 있다. 만약 근대를 인간으로서 한 개인의 권리가 신분사회에 한정된 제한적인 것에서 모든 작위적 속박을 벗어난 천부적인 것으로 재조명되는 시기를 의미한다면, 최시형의 인간관 (혹은, 넓게는 우주관)은 모든 개인이 신성을 가진 동등한 존재라는 가장 뚜렷한 형태의 근대성을 띠고 있다. 요컨대 동학의 근대성을 사상의 측면에서 조명하면, 이미 무극대도의 평등사회를 지향하는 시민혁명으로서의 근대성이 자리 잡고 있다.

하지만 이 글은 동학의 사상적 근대성이라기보다는 영해에서 발발한 민중 봉기의 근대성 여부를 따지는 것이기 때문에, 이 봉기의 주체가 된 개인들을 중심에 두고 관찰할 필요가 있다. 이때 우선하여 고려되어야 할 사항은 이 봉기가 과연 민중 대다수의 총체적 요구를 반영하고 있느냐의 여부이다.[58]

이를 확인할 수 있는 가장 기본적인 방법은 이 봉기 참가자들이 과연 다양한 계층으로 구성되어 있는가를 살피는 것이다. 또한 이들이 다양한 지역에서 자발적으로 집결했는지의 여부도 매우 중요하다. 이 점에서, 비록 몰락한 지식인층의 비율이 높았을 가능성을 염두에 두더라도,[59] 다양한 지역에서 다양한 계층의 사람들이 이 봉기에 참여했다는 것은 이 봉기가 근대의 문을 열어 가는 데에 중요한 선도적 역할을 담당했다는 점을 말해준다. 다양한 지역의 연계와 다양한 계층의 참여에 한 가지를 덧붙인다면, 그것은 바로 시민운동의 조직화이다. 그리고 이는 분명 이필제의 주도적 역할이 있었기에 가능한 일이었다. 동학사상에 비추어 이필제의 신념

---

58 김교빈, 「동아시아 민중운동에 나타난 유토피아 사상: 갑오농민전쟁 과정에서 설치된 집강소를 중심으로」, 『시대와 철학』 Vol.10, No.1, 1999, 20쪽.

59 윤대원, 앞의 논문(1987), 189-190쪽.

에 놓인 여러 충돌 지점에도 불구하고, 근대성의 관점에서 그가 추구한 새로운 세상의 모습은 불평등한 신분 관계를 철폐하고 전통적 지배 이념을 부정하는 근대적 요소를 함축하고 있다는 점에서는 최시형의 그것과 다를 바가 없을 것이다. 물론 시민운동의 조직화를 포함한 이 세 가지가 문자 그대로의 근대적 요소일 수는 없을지라도, 여기엔 그것이 가능하도록 길을 열어준 단초로서의 분명한 역할이 있었다. 이 점에서, 그는 근대를 추동해 가는 개혁가이기도 한 셈이다.

다른 한편, 최시형에게 일관하는 근대성의 요소는 바로 개벽이며, 이는 천도에 따라 행동함으로써 사람이 바뀌는 것을 의미하는 것이었다. 요컨대 그에게는 개인윤리를 통해 사회변화를 추동해 가려는 가장 선구적인 시민적 근대성이 자리하고 있었다.[60]

사회계약을 통한 성장

사상의 측면으로만 보면 최시형의 그것은 전근대, 근대, 탈근대의 구분을 뛰어넘는 보편적 가치로서의 위상을 차지하는 것이 분명하겠지만, 앞서 언급한 바처럼 본 연구의 울타리인 이필제와 최시형의 '행적' 안에서의 근대성은 다름 아닌, 근대를 이끌어낼 마중물로서의 근대성, 즉 선도적 의미의 근대적 특성을 갖는다. 그리고 그 두 가지 근대적 특성은 영해의 민중 봉기가 혁명의 앞 단계로 자리매김하는 순간 이미 충족된 것이나 다름 없다.

근대성은 종교를 인간 내면의 사적 영역에 배치함으로써 저마다의 개인

---

60 차남희, 「노동의 신성화와 동학의 근대성-최시형을 중심으로」, 『한국사회역사학회』 Vol.13, No.2, 2010, 50쪽.

에게 다양한 형태의 종교가 출현하는 것을 허용한다.[61] 동학도들이 최소한 형식상의 측면을 충족시키며 처음 요구했던 것은 바로 신원, 즉 좁게는 종교의 자유, 넓게는 양심의 자유였으며, 이는 매우 의미 있는 근대적 시민 운동으로 평가받을 수 있을 것이다.

나아가 동학 정신에 입각한 시민적 근대성의 역량이 커 가면서 영해 봉기 당시에는 찾을 수 없었던 사회계약을 통한 성장 노력이 서서히 보이기 시작했는데, 이 중 가장 대표적인 것이 바로 전주화약과 같은 개인 권리의 보장을 위한 계약의 성립이다.

전주화약에서 맺어진 폐정 27개 조의 내용을 분석한 보고에 따르면,[62] 동학과 직접 관련된 조항은 27개 조 가운데 25번째 문항("동학교도를 무고히 살육하지 말며 동학과 관련하여 가둔 이를 모두 신원할 것") 하나뿐이며, 나머지 절반이 삼정의 문란에 대한 시정 요구, 뒤이어 탐관오리 처벌에 대한 요구 등으로 이어진다.

특히, 이것이 12개 폐정개혁안으로 구체화된 후의 내용을 보면, '횡포한 부호를 엄하게 다스릴 것' 등의 케이스별 약자 보호를 위한 요구사항 외에, '노비문서를 태워 버릴 것', '청춘과부의 개가를 허용할 것', 혹은 '토지를 똑같이 나누어 경작하게 할 것' 등과 같이[63] 사회적 약자를 위한 범시민적 요구가 큰 비중을 차지하고 있어, 영해의 민중 봉기 이후 20여 년의 기간을 거치며 동학도들이 키워 온 근대적 의식이 더욱 성숙했음을 확인할 수 있다.

---

61 윤승용, 「한국 근대 종교의 탄생: 한국의 근대 신종교, 근대적 종교로서의 정착과 그 한계; 개벽사상을 중심으로」, 『종교문화비평』 제22호, 2012, 169쪽.

62 김교빈, 앞의 논문, 20-21쪽.

63 위의 논문, 21쪽.

그리고 이는 동학사상, 나아가 1894년의 동학혁명을 한국 민주주의의 탄생과 발전에 연결지을 수 있는 주요 사상적 · 역사적 토대로 작동했다. 요컨대 동학사상, 그리고 동학혁명은 한국 민주주의의 탄생과 발전에 기여하고, 이를 앞당기도록 만들었다는 점에서도 그 선도적 역할을 해낸 셈이다.

반생명적 폭력의 지양

관변 측 사료를 따라 판단하게 되는 이필제는 그 사상의 원천이나 현실 적용의 방식에서 최시형과는 전혀 그 궤를 달리 하는 인물이다. 또한 대부분의 동학 측 사료는 이필제의 인물 됨됨이를 바람직하지 못한 것으로 기술하고 있다. 설령 전해지는 자료가 일관적이라 하더라도 사실과 해석을 가려내는 뜰채를 사용해서 다시 걸러 보면, 실상 뚜렷한 '증거물'로 떠오르는 것은 그리 많지 않은 것도 사실이다.

이는 물론 자료의 부족에 기인하는 바가 가장 크겠지만, 대개 인간의 존재 양상 자체로부터 기인하는 문제, 즉 사실을 바라보는 해석의 문제에 해당하는 것일 수 있다. 요컨대 이필제의 인물 · 사상 정체성에 대한 마지막 판단은 더 많은 신뢰할 만한 사료가 발굴될 때까지 유보해 두는 것도 적절한 방법의 하나가 될 수 있을 듯하다.

서로 대립하는 여러 입장에도 불구하고, 이필제와 최시형 양자는 서로의 빈 곳을 채워주는 '윈윈' 관계의 상대라는 관점 역시 가능하다. 이를테면 최시형이 봉기의 뿌리에 안정적인 사상적 기반을 제공하는 역할을 했다면, 이필제는 봉기의 성공을 위해 지역과 계층을 넘나들며 몸으로 뛰는 역할을 다했다고도 볼 수 있다.

요컨대 영해의 민중 봉기를 위해 이필제가 그 형식을 맡았다면, 최시형은 그곳에 우리 인간이 지향해야 할 보편 가치의 내용을 채워준 역할을 했다고도 볼 수 있는 것이다. 그리고 이는 물론 이필제의 언행에 대한 세간의 부정적 평가가 사실과 다르고, 나아가 천도를 따르는 동학 정신에 대한 그의 태도가 진심이었다는 확인되기 힘든 사실 자료의 발굴을 전제로 한다.

비록 군주의 전제정치를 직접적으로 겨냥한 저항, 즉 서구식 근대주의의 성격과는 다소 거리가 있을지라도, 만민 평등을 인간의 당연한 천부적 권리로 이해하는 동학 정신은 그것 자체로 이미 엄격한 신분 계급을 전제로 하는 당시의 전근대적 사회체제를 전적으로 부정하는 지극히 근대적인 것이었다.

다만 민란에서 혁명, 그리고 전근대에서 근대로 넘어가는 과도기의 특성상 그 과정엔 다양한 형태의 필요불가결한 시행착오와 판단 착오가 있을 수 있다. 그리고 그 모든 오류와 과오의 파편 중에 가장 중대하게 받아들여야 할 것은 바로 반생명적 폭력의 사용일 것이며, 동시에 이러한 반동학적 행위를 무비판적으로 수용하고 정당화하는 오늘의 우리들이다.

제3부

동학의 가치론

9장
슈퍼리더십과 수양[*]

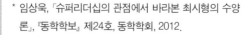

* 임상욱, 「슈퍼리더십의 관점에서 바라본 최시형의 수양
론」, 『동학학보』 제24호, 동학학회, 2012.

셀프리더로 이끄는 수양

앞의 글 〈허무주의와 후천개벽〉에서 살펴본 바처럼, 최제우를 사회 변혁가로 바라보는 관점에서 그에게 부여할 수 있는 가장 중립적인 지위는 '민주적 리더십에 기반을 둔 카리스마 형 리더'일 수 있다. 그런데 최제우로부터 리더의 지위를 승계한 최시형의 경우, 리더십 스타일에서는 전임자의 민주적 형태가 거의 그대로 존속되는 반면, 리더의 유형적 측면에서는 일련의 변화가 감지된다. 그는 동학의 비전을 실현하기 위해 혁신적 수단을 사용하기보다는 오히려 '일상의 삶'에 포커스를 두는 것으로 보이기 때문이다.[1]

나아가 최시형은 특정한 방법론의 꾸준한 적용을 통해 평범한 사람도 성인이 될 수 있다는 점을 강조함으로써,[2] 우리 일상인들도 언젠가는 자신을 이끌어 주는 리더를 필요로 하지 않는 '셀프리더'가 될 수 있다는 점을 보여준다. 요컨대 사람들이 스스로 리더가 될 수 있는 방향을 제시하고 있다는 점이다.

이를 위한 실천 방법론으로 최시형이 제안한 것은 여러 가지 형태의 수

---

1 『神師法說』, 「待人接物」, "일용·행사가 도 아님이 없느니라."
2 『神師法說』, 「明心修德」, "사람의 지혜롭고 어리석음이 같지 아니하고 성범이 비록 다르나, 작심하여 쉬지 않으면 어리석음이 가히 지혜롭게 되고 범인이 성인으로 될 수 있으니…."

양법들이다. 그리고 바로 여기에 최시형의 수양론을 슈퍼리더십의 관점에서 조명해 볼 수 있는 근거가 놓여 있다. 슈퍼리더십이란, 다름 아닌, 조직 구성원들로 하여금 셀프리더가 되도록 조력해 주는 리더십, 즉 '사람들이 자신을 스스로 리드하게 만드는 리더십'이기 때문이다.[3]

이로부터 이 글은, 최시형에 의해 성인에 이르는 길로 제안된 수양론이 오늘날 우리 사회에서 어떻게 해석되고 적용될 수 있는지의 고찰에 그 목적을 둔다. 그에 따른 이 글의 핵심 내용은, 첫째, 슈퍼리더십의 관점에서 최시형의 수양론은 어떻게 조명될 수 있는가를 살피고, 둘째, 이를 통해 도출할 수 있는 수양론의 현대적 의미는 무엇일 수 있는지를 중심으로 제반 논의를 전개해 가려 한다.

수양론 관련 연구 현황

동학사상에서 수양이라는 말에 부여되는 의미의 중요도에 비추어 볼 때, 현재까지 수행된 선행 연구는 논문 편수가 채 두 자리에 못 미칠 정도로 빈도가 매우 낮은 편이다. 특히 수양의 현대적 의미를 리더십의 관점에서 조명한 연구는 전혀 없다. 그렇지만 슈퍼리더십이라는 새로운 관점으로부터의 접근이 큰 방향을 벗어나지 않기 위해서라도 수양론에 관한 기존의 연구 성과물들을 먼저 살피는 작업은 필수적이다.

예컨대 이정희는 동학 수양관의 내용을 시천주의 '侍(시)'에 대한 수양론

---

3 찰스 만츠 & 헨리 심스 주니어 지음, 김남현 옮김, 『슈퍼리더십』, 서울: 경문사, 2002, 30쪽.

적 풀이로 해석하여, 동학의 수양론을 "미래에 깨달아야 할 시천주의 완성을 목표로 실천해야 될 수양과목에 대한 논의"로 정의하고 있다.[4] 요컨대 시의 시제를 과거·현재·미래의 모든 시간대에 적용할 수 있는 항상성으로 인식한다.

이를 전제로 하여, 이정희는 수심정기, 성·경·신, 그리고 심학의 내용 분석을 통해 동학 수양관의 특성을 밝히고 있다. 특히 그는 수양관의 입장에서 시천주 사상과 인내천 사상을 동일한 맥락으로 인식한다. 이로부터 그는 동학 수양론의 핵심 과제가 결국 시천주의 '시(侍)'와 인내천의 '내(乃)'에 내재한 의미를 밝히는 작업임을 강조하고 있다.

이길용은 '깨달음을 얻기 위한 방법론'으로 수양론을 해석하고 있으며, 이를 위한 대표적인 수련 방법의 하나를 수심정기라고 보았다.[5] 나아가 시천주 사상은 존재론의 의미보다는 수양론적 관점에서 접근하는 것이 더욱 적절하다고 본다. 예컨대 내유신령의 경우, 존재론적으로 실재하는 '내재적 신'을 지칭한다기보다는 체험적 깨달음의 내적 표현으로 판단한다. 즉 '시'의 의미를 '진리 체험', 혹은 '신 체험'과 같은 내적 체험 상태를 지칭하는 표현으로 이해하는 것이다.

이런 식의 이해는 서구적 신관의 관점으로부터 도출되는 서구적 해석을 지양하고, '물음의 대상이 아니라, 경험의 대상인' 동양 고유의 천관을 반영한 결과이다. 요컨대 이길용은 동학사상의 일관된 흐름인 천인 간의 동질성을 전제로 하되, 다만 시천주, 양천주, 그리고 인내천이 갖는 수양 방법론의 다양성에 주목한다.

---

4 이정희, 「동학의 수양관」, 『동학학보』 제11호, 2006.
5 이길용, 「수양론적 시각에서 바라본 동학의 신 이해」, 『宗敎硏究』 제45호, 2006.

임태홍은 수심정기의 의미를 수양론의 입장에서 고찰하며, 특히 성·경·신에 내포된 수양의 성격을 유학의 수양론과 비교했다.[6] 그는 동학이 성·경·신의 유학적 수양론을 수용하기 이전인 초기 시기, 즉 한울님으로부터 강화의 가르침을 받는 시기는 수양론이라기보다는 샤머니즘적 색채가 강한 수행론에 가깝다는 입장을 취한다.

하지만 동학에 놓인 성·경·신의 의미는 유학의 성·경·신과는 다르게 초월적 신에 대한 성실, 공경, 그리고 신앙을 뜻하기도 한다고 보았다. 그러다가 종내에는 한울님과의 영적인 교류를 전제로 하지 않는 성·경·신의 수양론으로까지 발전되어, 결국 동학의 성·경·신과 유학의 성·경·신 간에는 별반 차이가 없게 되었다는 결론을 내리고 있다.

용어의 사용에서 임태홍은 '수련', '수도', '수행', 그리고 '수양'의 의미를 각각 구분하고 있으나[7] 이 글에서는 리더십 개념과 관련하여 가장 무난할 것으로 보이는 수양을 쓰기로 한다. 또한 특정한 맥락에서가 아니라면, 앞으로의 논의 전개 과정에서 각 용어 간에 놓인 세밀한 차이는 고려하지 않을 것이다.

마지막으로, 송봉구는 수양론을 '누구나 정성을 들이면 도달하게 되는 쉬운 공부 방법론'으로 소개하고 있다.[8] 이를테면, 수운의 경우 성리학의 공부 방법과 비교해 볼 때 21자의 주문이 다였고, 해월은 이를 일상에서 쉽게 실천할 수 있는 공부 방법을 만들었고, 의암은 주문에 대한 의심을 통해 막연한 정성보다는 좀 더 효과적인 공부 방법을 제안했다고 보는 것이다.

---

6   임태홍, 「동학의 수양론에 나타난 유학적 성격」, 『유교문화연구』 제8호, 2006.
7   위의 논문, 322-326쪽.
8   송봉구, 「동학의 수양론 연구」, 『유학연구』 제20호, 2009.

송봉구는 한 해 뒤의 후속 연구에서는 의암 손병희의 심성 수양론에 관찰의 초점을 두었다.[9] 여기에서 그는 마음의 구도에서 보이는 악의 문제가 수양론에서 어떻게 다루어지는가의 문제를 살피고 있다.

이렇듯 선행 연구를 통해 보면, 수양론은 연구자마다 각각의 접근 방식에서 다소간의 차이를 보일 뿐 큰 틀에서 최제우, 최시형, 그리고 손병희에 이르는 원저자들의 주장을 벗어나지 않는다는 점을 확인할 수 있다. 그리고 수양론을 대표하는 핵심 개념은 원저자들이 각기 강조하는 바에 따라 각각 수심정기, 성·경·신, 그리고 심학(혹은, 이신환성) 등의 다양한 표현으로 구분될 뿐, 이 역시 큰 틀에서 하늘과 사람 간에 놓인 질적 동질성을 전제로 하고 있다는 근본적인 공통점을 갖는다. 이를테면, 수양의 강조점이 '하늘'에 맞추어 있으면 수심정기라 할 수 있고, 다른 한편, '사람'에 있다면 성·경·신이 부각될 수 있는 것이다.

다음으로는, 리더십과 수양론이 만나는 필연적 접점을 드러내기 위해 리더십과 수양론 양자 모두가 궁극의 목표로 하는 바는 무엇이며, 이것이 최시형의 '독자적인' 수양론에서는 어떤 방식으로 발현되는지를 살펴볼 필요가 있다.

리더십과 수양의 변화 지향적 특성

대개 존경받는 사상의 일반적인 특징은 그 사상 자체의 내용적 충일성 외에도 세대를 거치며 많은 사람의 생각과 행동에 긍정적 영향력을 행사

---

9   송봉구, 「의암 손병희의 심성 수양론 연구」, 『유학연구』 제22호, 2010.

할 만한 대중성과 지속성에 있다. 이 같은 조건을 갖춘 사상 중 대표적인 것으로는 예컨대 사랑이나 자비, 혹은 민주주의나 인본주의와 같은 것을 들 수 있을 것이다.

그렇지만 여기에서 한 가지 주의해야 할 점은, 이러한 개념을 채우는 실질적인 내용은 시대에 따라 항상 많은 변화를 겪어 왔다는 점이다. 예를 들어, '사랑'이라는 개념은 타인을 위해 '대가를 바라지 않고 무언가를 준다'는 의미에서 타인에게 '아무런 피해도 주지 않는다'는 의미로의 변환이 가능하다. 심지어 오늘날 '사람'이라는 개념 역시 불과 100년 전의 그것과는 전혀 다른 의미로 쓰인다.

'이성을 가진 존재만이 사람이다'라는 식의 오랜 인문학적 편견을 접어 두더라도, 한때 '흑인은 사람보다 오히려 원숭이에 가깝다'는 자연과학의 연구 결과는 노예제도를 학적으로 정당화하는 도구로 이용되기도 했다.[10] 설령 특별한 존경의 대상이 아닌 일상의 경우라 할지라도, 사실 시대의 변화에 수반되는 의미 변환은 우리가 알고 있는 거의 모든 개념에 대해 전방위적으로 진행되어 왔다.

이를테면, 조선시대와 오늘날의 남녀 개념은 다르며, 하물며 부모와 자식 간의 관계 역시 '과거의 현실'과 '현재의 현실'은 서로 다를 수밖에 없다. 대부분의 세대 간 갈등은 이러한 변화를 감지하지 못하거나, 혹은 이를 인정하지 않으려는 자신만의 현실 인식에 기인한다고 보아도 결코 과장이 아니다.

리더십 역시 필연적으로 패러다임에 의존적인 개념이다. 이를테면, 농

---

10 Th. Soemmerring, *Über die körperliche Verschiedenheit des Negers vom Europäer*, 1875.

경사회의 패러다임에서 경제활동은 토지에 집중되어 있었고, 이로부터 가장 많은 토지를 소유한 황제는 그 시대의 대표적인 리더였다. 토지를 경제 기반으로 하는 사회의 생산성은 집중된 노동력에 달려 있으므로, 이에 적용될 수 있는 리더십은 강력한 통제에 용이한 수직적 형태가 가장 이상적인 것으로 간주되었다.

다른 한편, 산업사회 패러다임의 가장 큰 특징은 규격화와 통일성이었으므로, 이에 적합한 리더십의 형태 역시 엄격한 위계에 바탕을 둔 관리형 리더십이 주목받았다. 그렇지만 정보화 사회의 도래와 함께 사회경제 환경의 전망이 점차 불투명해지자, 이제는 위로부터의 지시를 기다리는 수동적 태도보다는 각 조직 구성원 자신의 주체적 판단이 더욱 중요해지기 시작했다. 이로부터 정보를 지식으로 변환시킬 수 있는 능력인 창의력의 강조와 함께 리더십의 형태 역시 기존의 수직적인 것에서 수평적인 형태로 옮아가는 양상을 보인다.

이러한 패러다임의 변화는 비단 역사의 거시적인 흐름에만 나타나는 현상이 아니다. 개인에게도 역시 뚜렷한 사적 패러다임의 변화가 일어난다. 예컨대 한 아이가 자라 성인이 되었다면, 그는 이미 사생활 중심에서 조직생활 중심의 패러다임 변화를 겪는 것이며, 혹은 경제적 의존에서 점차 경제적 독립의 패러다임을 살아가게 될 것이다.

문제는, 패러다임은 이미 다양한 형태로 변화하기 시작했음에도, 정작자신은 변화의 흐름을 읽지 못하고 성인 이전의 패러다임 환경에 정체된경우이다. 즉 그에 상응하는 자기 자신의 변화가 수반되지 않는 경우이다. 요컨대 개인과 인류 문명의 발전 과정은 각자에게 처한 패러다임과의 상

관관계에서 더욱 분명하게 드러날 수 있는 것이다.[11]

　이렇듯 리더십의 형태를 역사 흐름의 큰 틀에서만 보더라도, 그 형태는 각각의 패러다임에 따라 전제적 리더십, 관리적 리더십, 혹은 창의적 리더십 등의 다양한 모습으로 변화되어 왔다. 그렇지만 설령 동일한 패러다임이라 할지라도 관찰의 포커스를 구체화한다면, 그에 상응하는 좀 더 구체적인 형태의 리더십이 필요할 것이라고 예상하는 것은 매우 자연스럽다. 더불어 현대 사회는 패러다임의 변화 주기가 점점 짧아져 가는 추세라는 점에서, 리더십의 형태 또한 그에 걸맞은 속도로 다변화되리라는 점도 분명해 보인다. 예컨대 소위 '제1의 물결'로 상징되는 농경시대의 지속 시기는 수천 년에 이른다. 반면 산업사회인 '제2의 물결'이 지배하던 기간은 불과 300여 년에 불과했다. 이렇게 본다면, 20세기 말부터 시작된 '제3의 물결', 즉 정보화시대는 설령 내일 당장 막을 내리고 새로운 '물결'이 시작된다고 하더라도 전혀 이상한 일이 아니다.

　또한 검색창에 '리더십(leadership)'을 검색어로 넣으면 수억 개에 달하는 항목이 나온다. 심지어 '리더십 이론(leadership theory)'과 같은 전문 영역에만 국한해도 수천만 개 이상의 항목이 검색된다. 이는 패러다임의 변화 속도에 비추어 볼 때 지나치게 과잉 공급된 경향을 보이는 것이기도 하지만, 다른 한편, 새로 직면하게 된 사안(혹은, 개별 패러다임)에 대해 그만큼 다양한 형태의 접근이 가능하다는 이중의 의미가 있다.

　여기에서 패러다임의 전환에 따른 모든 다양한 양상들을 한 번에 꿰뚫을 수 있는 키워드가 있다면, 그것은 바로 '변화'이다. 이는 곧, 각각의 패러다임에는 유효하게 적용되는 규칙이 저마다 다르므로, 현재의 패러다임에

11　cf. 앨빈 토플러 지음, 원창엽 옮김, 『제3의 물결』, 서울: 홍신문화사, 2006.

는 현실에 걸맞은 새로운 규칙(즉, 규칙의 변화)을 적용해야 한다는, 그리고 설령 이전 패러다임의 규칙이 아무리 성공적이었다 할지라도 더 이상 현재의 패러다임에 적용해선(즉, 규칙의 고수) 안 된다는 경고이기도 하다.

예컨대 '자손을 모래알처럼 번성하라'라는 진술은 인구의 수가 곧 국력이었던 과거의 패러다임에서는 대단한 통찰에 기반을 둔 일종의 성공 규칙이었지만, 현재의 패러다임에서 제한 없는 자손의 증식은 다만 지구생태계의 공멸을 가져올 뿐이다. 불안한 환경 조건에서 인구 증가를 독려하는 진술은 대개 개체 수 증감에 관여하는 자연법칙에도 위배된다.

일반적으로, 열악한 환경이 지속될 경우 포유류는 자손 증식을 억제한다. 종교사회학적 관점에서, 과거 자손의 번성을 주장한 인물을 '사회 개혁가'로 보는 이유는, 이들은 자신이 처한 현실 삶의 부정적 환경 차원을 넘어 좀 더 거시적인 안목에서 미래의 긍정적 메타 현실을 통찰했기 때문이다. 요컨대 주어진 패러다임에 적응하는 변화 방식은 자연법칙을 뛰어넘을 정도의 혁신성을 담보할 필요가 있다.

패러다임의 전환에 걸맞은 변화에 덧붙여, 이 '변화'라는 키워드에는 한 가지 중요한 본래적 의미가 더 내포되어 있다. 그것은 바로 현재로부터 목표로 한 지점까지의 변화라는 점이다. 다시 말하면, 현재의 지점과 목표지점 간에 놓인 간극을 메워 가는 활동으로서의 변화이다. 이렇게 보면, 리더십은 궁극적으로 변화가 목적이며, 이 변화는 패러다임에 관련된 외재적 변화와, 그에 따른 자신의 목표 설정과 관련한 내재적 변화를 모두 포함하는 이중 지대에 위치하는 셈이다.

리더십을 변화의 관점에서 관찰할 수 있는 것처럼, 실은 수양의 경우도 이와 다르지 않으리라는 점을 예측할 수 있다. 왜냐하면 수양의 경우 역시 그 궁극의 목표는 바로 변화일 것이기 때문이다. 예컨대 '왜 수양하는가?'

라는 물음을 던지고 그에 대한 답변을 찾다 보면, 결국 수양은 그 목적이 무엇인가에 관계없이 바로 '현 상태에서 지금과 다른 어떤 상태로의' 변화를 추구하는 행위일 것이기 때문이다. 수양의 목표 지점이 '본래의 모습'을 찾는 작업이든, 아니면 '새로운 모습'을 찾는 작업이든 변화라는 원리적 틀에서 보면 동일한 작업에 해당하는 것이다.

이렇게 보면, 수양 역시 패러다임에 의존적인 개념일 개연성이 매우 높다. 만약 그렇다면, 수양이라는 의미의 순일성은 지속되더라도 그것을 구체화하는 방법론은 달라질 수 있고, 한발 더 나아가 현재의 패러다임에 걸맞은 방법론으로의 변화가 필요할 수도 있다는 의미가 된다. 이에 대해서는 아래에서 좀 더 자세하게 다룰 것이다.

먼저, '나'는 가능한 모든 변화의 출발점이라는 점에서, 모든 리더십의 기초는 바로 셀프리더십이다. 넥(Ch. Neck)과 만츠(Ch. Manz)는 셀프리더십을 "보다 더 높은 업적과 효과성을 위해 스스로 자신을 리드해 가도록 하기 위한 철학이며 체계적인 행동이자 정신 전략"으로 정의한다.[12] 다른 한편, 리더십의 관점에서 최시형의 수양론을 보면, 여기에서 변화의 주체는 바로 '나'이며,[13] 결국 '나의 변화'를 목표로 하는, 즉 그 목표가 셀프리더십의 함양에 있다는 것을 알 수 있다. 최시형에게 '나의 변화'를 위한 셀프리더십의 함양은 곧 하늘을 양(養)하는 것이기도 하다.

---

12 cf. Ch. Neck, & Ch, Manz, *Mastering Self-Leadership: Empowering Yourself for Personal Excellence*, Prentice-Hall, 2007. 찰스 만츠 & 헨리 심스 주니어 지음, 김남현 옮김, 앞의 책, 9쪽에서 재인용.

13 『神師法說』, 「其他」, "도를 안다 함은 곧 자기가 자기를 아는 것이니, 자기를 알고자 아니 하고 먼저 남을 알고자 하는 사람이야 가히 민망치 아니하랴."

「멀리 구하지 말고 나를 닦으라」한 것도 나요(「遠不求而修我」我也),

「내마음을 그 땅에 보내라」한 것도 나요(「送余心於其地」我也),

「내 몸의 화해난 것을 헤아리라」한 것도 나요(「料吾身之化生」我也),

「말하고자 하나 넓어서 말하기 어려우니라」한 것도 나요(「欲言浩而難言」我也),

「내 마음의 밝고 밝음을 돌아보라」한 것도 나요(「顧吾心之明明」我也),

「이치가 주고받는데 묘연하니라」한 것도 나요(「理杳然於授受」我也),

「나의 믿음이 한결 같은가 헤아리라」한 것도 나요(「度吾信之一如」我也),

「내가 나를 위하는 것이요 다른 것이 아니니라」한 것도 나니(「我爲我而非他」我也),

나 밖에 어찌 다른 한울이 있겠는가. 그러므로 말씀하시기를 「사람이 바로 한울 사람이라」하신 것이니라(我外豈有他天乎 故「人是天人」也).[14]

요컨대 최시형의 수양론은 그의 양천주 사상과 직접적으로 맞닿아 있다. 이로부터 최시형은, 자신이 하늘(한울)임에도 도를 이루지 못하는 이유를 기운과 마음이 바르지 못한 것에서 찾고,[15] 본래의 자기 모습으로 돌아가기 위한 방법론으로 수양을 제시함으로써 자기 주도적 변화의 필요성을 강조한다. 이는 자신 안의 수많은 '나들'을 리드해 가는 주체로서의 셀프리더십을 강조한 것이기도 하다.

한때 우리 사회의 교육 방식은 내 안에 있는 '바람직한' 면들만을 인정하

---

14 『神師法說』, 「修道法」.
15 『神師法說』, 「修道法」, "내가 바로 한울이요 한울이 바로 나니, 나와 한울은 도시 일체이니라. 그러나 기운이 바르지 못하고 마음이 옮기므로 그 명에 어기고, 기운이 바르고 마음이 정해져 있으므로 그 덕에 합하나니, 도를 이루고 이루지 못하는 것이 전부 기운과 마음이 바르고 바르지 못한 데 있는 것이니라."

고, 나머지 '부정적인 나들'은 모두 버리도록 권유해 왔지만, 실은 그 모든 것들이 한데 모여 온전한 '나'를 이루는 것이며, 이로부터 그중 특정한 어떤 부분을 버리라는 것은 결국 자기 부정에 불과할 뿐이다. 이 점에서, 내 안의 수많은 '나들'과 조화를 이루어 가는 것이 바로 셀프리더십의 근본적인 의미라고 할 수 있다. 특히, 리마(S. Rima)는 모든 성공적이고 지속적인 리더십은 반드시 성공적인 셀프리더십의 기초 위에 세워져야 한다고 주장한다.[16]

이렇게 보면, 조직 구성원들에게 수양을 독려한 최시형은 그들 자신에게 각자의 셀프리더십이 가능하도록 조력하는 자, 즉 슈퍼리더십을 발휘하는 슈퍼리더로 평가될 수 있다. 슈퍼리더는, 다름 아닌, "조직 성원들이 스스로 자신을 리드해 갈 수 있게 만드는 리더",[17] 즉 사람들의 셀프리더십 함양을 위해 도움을 주는 리더이기 때문이다. 이때의 슈퍼리더가 사람들이 자신을 스스로 리드해 가게 하도록 자신이 할 수 있는 일이 무엇인지를 묻는 사람이라면, 이에 대한 최시형의 해법은 바로 수양론이었던 셈이다.

사실 슈퍼리더십은 이것의 주창자인 만츠 스스로 잘 지적하고 있는 것처럼, 한 사람이 이끌면 다른 사람들은 따른다는 리더십의 기본 가정에 대한 중대한 도전이기도 하다.[18] 그렇지만 오히려 바로 이런 이유에서, 슈퍼리더십은 21세기의 변화된 패러다임에 가장 걸맞은 리더십이기도 한 것이다. 21세기 리더십의 가장 큰 특징이 수평적 인간관계를 전제로 한다는 점에서 볼 때, 만물존중사상을 주창한 최시형에게[19] 이런 선구적 형태의 리

---

16 새뮤얼 리마 지음, 황을호 옮김, 『셀프 리더십』, 서울: 생명의말씀사, 2003, 10-11쪽.

17 찰스 만츠 & 헨리 심스 주니어 지음, 김남현 옮김, 앞의 책, 7쪽.

18 위의 책, 4쪽.

19 『神師法說』, 「天語」, "내 항상 말할 때에 한울님 말씀을 이야기하였으나 한울님 말씀

더십이 도출되었다는 것은 결코 우연이 아니다.

지금까지 최시형 수양론의 원리적 측면을 리더십의 일반적인 관점에서 관찰했다면, 다음으로는 셀프리더십의 수행 과정, 즉 수양을 위한 구체적 실천 지침에는 어떤 것들이 있는지를 슈퍼리더십에 놓인 실천 전략의 관점에서 상세히 분석해 볼 필요가 있다.

셀프리더십의 행동 전략과 수양론

슈퍼리더는 조직 구성원들이 가진 강점, 혹은 가져야 할 강점을 신장시킴으로써 그들의 셀프리더십 함양에 조력한다. 이를 위한 슈퍼리더십의 실천 전략으로는 크게 대인 전략(interpersonal strategies), 팀 전략(team strategies), 그리고 조직 전략(organizational strategies)의 세 가지가 있다.[20] 그러나 팀 전략과 조직 전략은 현재의 맥락에 어울리지 않으므로, 대인 전략의 중추라고 할 수 있는 셀프리더십의 행동 전략을 통해 최시형의 수양론을 살펴보기로 한다. 셀프리더십의 행동 전략을 다루는 구체적 내용으로 만츠와 심스는 다음의 여섯 가지를 제안한다. 자기 설정 목표, 단서의 관리, 예행연습, 자기관찰, 자기 보상, 그리고 자기 교정 피드백이 바로 그것이다.[21] 그렇지만 아래에서는 이를 현재 논점의 맥락에 적합하도록 비전, 실천 전략, 그리고 피드백의 3가지 단계로 단순화하여 고찰할 것이다.

이 어찌 따로 있으리오. 사람의 말이 곧 한울님 말씀이며 새소리도 역시 시천주의 소리이니라."

20 찰스 만츠 & 헨리 심스 주니어 지음, 김남현 옮김, 앞의 책, 60-65쪽.
21 위의 책, 101-122쪽.

비전

비전(vision)이란 용어는 본래 기독교 신학과 관련하여 (보통은 빛과 관계가 있는) 일종의 신적인 형상을 지칭하는 개념이다. 이런 이유에서, 비전이란 용어 곁에는 항상 사명(mission)이란 말이 따라다닌다. 즉, 신에게 다가가기 위해(비전), 내가 해야 할 일이 무엇인가(사명)를 고민한다는 의미이다. 만약 현재에도 비전과 사명이란 용어를 묶어 사용한다면, 이는 고전적인 본래 의미를 반영하겠다는 의도를 드러내는 것이다. 이와 달리, 만약 이를 중립적인 의미에서 사용하려 한다면, 비전이란 용어 대신 '목표(혹은, 최종 목표)'를, 그리고 사명 대신 '실행 계획' 정도의 용어를 사용하면 무난할 것이다.

그렇지만 비전이란 말에 놓인 강렬한 인상 때문인지 오늘날 대부분의 조직은 여전히 이 용어를 선호하는 경향이 있다. 이 경우, 종교적 색채를 완화하기 위해 사명이란 말이 들어갈 자리에는 '목표'라는 용어로 대체하는 것이 일반적이다. '비전-사명', '목표-실행 계획', 혹은 '비전-목표' 등 이중 어떤 개념 짝을 사용하든, 전자의 개념은 '개인(혹은, 조직)이 도달하고자 하는 지점', 그리고 후자의 개념은 '그에 이르는 구체적 실천 전략'을 지칭하는 것으로서 양자는 서로 상보적인 관계로 묶여 있다.

예를 들어, 한때 어느 콜라 회사의 비전과 목표는 각각 '물을 이기자'와 '매출 100억 병 달성'이었다. 즉 콜라를 100억 병 팔 수 있다면 감히 물을 이겼다고 자부할 수 있을 것이라는 의미이다. 단, 그것이 개인의 비전이든, 아니면 조직의 비전이든 비전의 내용은 언제든 달라질 수 있다.

요컨대 비전이란 곧 변화의 나아갈 방향을 말한다. 동시에 비전은 지금 내가 하는 모든 행동의 근본적인 이유이기도 하다. 현재의 모든 행동은 내가 비전의 지점에 이르기까지의 변화를 의미하는 것이기 때문이다. 따라서 비전 없는 행동이란 곧 아무런 목적지를 설정하지 않은 채 운행하는 자동차와 같다고 할 수 있을 것이다.

그렇다면 최시형의 수양론이 제안하는 모든 행위가 종국적으로 수렴하고자 하는 지점은 어디일까? 다시 말해, 최시형의 비전은 무엇일까? 이를 알아보기 위해서는, 수행에 관련된 논의 중에서 최시형의 주된 강조점이 어디에 있는가를 검토해 보는 것이 필수적이다. 이때 가장 눈에 띄는 키워드는 바로 '일상'이다. 최시형은 일상의 재발견을 강조하며, 사람들에게 '일상이 곧 도'라는 매우 변혁적인 형태의 주장을 수용하도록 제안한다.

> 일용행사가 도 아님이 없느니라. 한 사람이 착해짐에 천하가 착해지고, 한 사람이 화해짐에 한 집안이 화해지고, 한 집안이 화해짐에 한 나라가 화해지고, 한 나라가 화해짐에 천하가 같이 화하리니, 비 내리듯 하는 것을 누가 능히 막으리오.[22]

최시형의 주장처럼, 만약 도가 '지금 여기'를 떠나 존재하는 특별한 어떤 것이 아니라 일상의 변화를 통해 찾을 수 있는 자연스러운 것이라면, 누구에게든 도의 실현을 위해 자신의 일상을 떠날 이유는 사라지고 말 것이다. 이와 반대로, 얼핏 무가치해 보일 수 있는 자신의 일상을 진지하게 살아가는 길만이 마치 '비가 내리듯' 오히려 자연스럽게 도에 이르는 수행의 원리가 되는 셈이다.

요컨대 공동체 구성원 각자가 저마다의 셀프리더십을 발휘하도록 조력할 수 있는 주된 현실적 이유는, 그 실천 방법의 강조점이 바로 사람들에

---

22 『神師法說』, 「待人接物」.

게 가장 가깝고 자연스러운 저마다의 일상에 있기 때문이다. 최시형에게
이러한 언명의 논리적 근거로 작동하는 것은 바로 인도와 천도 간의 상호
무차별성에 대한 자각이다.

> 사람이 푸른 하늘을 우러러 믿고 한울을 여기에 있다고 절을 하나니, 이는
> 한울의 높은 것만 듣고 한울이 한울 된 까닭을 알지 못함이로다.
> 나의 굴신동정이 바로 귀신이며 조화며 이치기운이니, 그러므로 사람은
> 한울의 영이며 정기요, 한울은 만물의 정기니 만물을 순응함은 바로 천도
> 이며, 천도를 체와 용으로 함은 바로 인도이니, 천도와 인도 그 사이에 한
> 가닥의 머리털이라도 용납하지 않을 것이니라.[23]

천도와 인도를 구별하는 차이가 단 한 가닥의 머리털만큼도 없다는 것
은 곧 일상생활 자체가 바로 도일 수 있다는 의미이다. 대체로 종교적 수
행은 신비나 기적에 치중하는 경우가 많지만, 최시형이 제안한 수행의 목
적은 바로 참된 일상의 삶에 있음을 강조한 것이다.[24] 심지어 최시형은 자
신에게 거의 유일한 신비체험이라고 할 수 있는 소위 '천어(天語)'의 내용조
차 "갑자기 찬물에 들어가면 몸에 해롭다."[25]일 정도로 신비나 기적보다는
일상의 삶에 비중을 둔 리더이다.

이와 마찬가지로, 최시형에겐 천어(하늘의 말)와 인어(사람의 말), 혹은 하
늘과 사람은 서로 다른 별개의 존재가 아니다. 최시형의 이러한 생각은 그

---

23 『神師法說』, 「其他」.
24 표영삼, 『동학 2. 해월의 고난 역정』, 파주: 통나무, 2005, 114-115쪽.
25 「海月先生文集(1906)」, 『신인간』 Vol. 470-471, 1989. 이길용, 앞의 논문, 184쪽에서 재
   인용.

의 인시천(人是天) 사상에 가장 극명하게 드러나 있다.[26]

셀프리더십의 출발점이 '내 안의 수많은 나들 간의 조화'라고 할 때, 이 것이 최시형의 인식에 맞닿아 있는 부분은 이러한 '수많은 나들'이 결국 한 마음의 여러 가지 측면들이고, 이로부터 이심치심(以心治心)의 묘용이 가 능하다는 점이다.[27] 그렇다면, 최시형이 바라보는 일상은 보통 비일상적 이라고 간주되는 것, 특히 천과 구별되는 것이 아님이 분명해진다. 요컨대 일상의 수행을 통해 더없이 고귀한 가치가 발현될 수 있는 것이다. 더없이 고귀한 가치는 이미 우리 일상의 삶에 녹아 있기 때문이다.

최시형이 활동한 시기는 물론 비전 설정이라는 개념이 아직 정립되어 있지 않을 때이고, 이로부터 비록 어느 정도 내용 타당성의 문제를 피해 갈 수 없을지라도, 적어도 앞서 검토한 최시형의 진술로부터 추론 가능한 비전의 형태를 도출해 내는 것은 가능해 보인다.

자신의 여러 실천 전략을 통해 최시형이 도달하고자 하는 지점, 즉 그의 비전은 바로 '일상을 통한 천도의 실현'일 수 있다. 다만 이는 일상보다 천 도의 실현에 방점이 실렸다기보다는 '나의 일상'과 '천도의 실현'을 동일선

---

26 『神師法說』, 「天地人·鬼神·陰陽」, "사람이 바로 한울이요 한울이 바로 사람이니, 사 람 밖에 한울이 없고 한울 밖에 사람이 없느니라."

27 『神師法說』, 「以心治心」, "사람의 마음에 어찌 두 가지 뿌리가 있으리오. 다만 마음은 하나이지마는 그 씀에 있어 하나는 이심이 되고 하나는 치심이 되나니, 이심은 한울 님 마음이요 치심은 사람의 마음이니라. 비유하건대 같은 불이로되 그 씀에 의하여 선 악이 생기고, 같은 물이로되 그 씀에 의하여 이해가 다름과 같이, 같은 마음이로되 마 음이 이치에 합하여 마음이 화하고 기운이 화하게 되면 한울님 마음을 거느리게 되고, 마음이 감정에 흐르면 마음이 너그럽지 못하고 좁아 몹시 군색하여 모든 악한 행위가 여기서 생기는 것이니라. 그러므로 도 닦는 자 이심으로써 항상 치심을 억제하여, 마 차 부리는 사람이 용마를 잘 거느림과 같이 그 씀이 옳으면, 화가 바뀌어 복이 되고 재 앙이 변하여 경사롭고 길하게 될 수 있느니라."

상에 두고 있다는 의미에서이다. 혹은 이를 좀 더 현대적 감각에 어울리는 표현으로 바꾼다면, 예컨대 '일상 삶의 소중함' 정도로 정리할 수 있을 것이다.

이 점에서, 최시형의 경우와 달리, 현시점의 동학 관련 유관 기관 중 그 어느 곳에서도 뚜렷한 비전이 제시되어 있지 않다는 점은 의아한 일일 뿐 아니라, 사실 매우 곤혹스러울 수도 있는 부분이다. 위에서 살핀 비전의 의미를 고려할 때, '우리는 현재 이 방향으로 가고 있습니다.'라는 비전의 선언은 모든 구체적 행동 전략에 선행되어야 할 핵심 과제일 수 있기 때문이다.

실천 전략

수양론의 실천 전략 영역에서 주목해야 할 관찰 포인트는 다음의 두 가지이다. 먼저 형식의 측면에서, 적어도 비전 실현을 위한 목표 달성 원칙이 리더십의 관점으로 볼 때 큰 틀에서 허용 가능한가에 대해서이다. 만약 목표 달성을 위한 구체적인 행위 전략에서 원리적인 차이를 보인다면, 리더십의 관점으로 수양론을 조명해 보는 작업 자체가 무의미할 수 있기 때문이다.

다음은 내용의 측면으로서, 최시형에 의해 제안된 구체적인 실천 강령들이 과연 앞서 설정한(혹은, 설정했다고 간주되는) 비전을 지지하는가에 대해서이다. 요컨대 제안된 수양법을 실천해 가는 행위가 '일상의 삶이 소중하다'는 비전의 가치를 실제로 강화해 가는지의 문제인 셈이다.

우선 리더십의 영역에서 목표 달성 원칙으로 적용하는 가장 일반적인 방법론은 소위 'SMART 원칙'이다. 스마트 원칙이란, 어떤 목표를 정해서 실행할 때 '구체적이고(specific), 측정 가능하며(measurable), 행동 지향적이고(action-oriented), 현실에 맞게(realistic), 그리고 적시에(timely)' 해야 한다는 의미이다.[28]

사실 이 원칙이 말하는 바의 핵심은, 어떤 계획이나 언명으로부터 그 계획이나 언명이 의도한 바에 정확히 부합하는 구체적인 행위가 과연 나오는가의 여부에 있다. 예컨대 '일찍 자겠다'는 계획이나, 혹은 '일찍 자라'는 진술은 그 의도에 부합하는 구체적 행위를 제어하기에 어려움이 있다. 여기엔 그 계획과 진술에 해당하는 사람에 따라 주관적인 해석이 개입할 스펙트럼의 외연이 너무 넓기 때문이다.

반면 '밤 10시에 잠자리에 들어라'는 진술은 행위의 일탈을 최소화할 수 있는 좋은 전략에 해당한다. 그런데 최시형의 수양 전략이 과연 이 원칙에 부합하는지의 여부는 어차피 그 구체적인 내용을 살펴야 확인할 수 있는 것이므로, 일단 이 원칙을 염두에 둔 상태에서 수양론의 구체적인 실천 전략을 검토해 보는 것이 합리적일 것이다.

수양론의 내용에 들어가기 전에, 최시형은 수행의 원칙이라고 할 수 있는 것으로서 성·경·신을 들고 있다는 점에 주목할 필요가 있다.[29] 여기에서 성(정성)은 '천지의 지극한 도로서 쉬지 않는 것', 즉 맡은 바의 일에 충실한 것을 의미하고, 경(공경)은 그 대상을 사람과 만물의 양자 모두에 두며, 신(믿음)은 모든 인간 활동의 근본이다. 최시형은 그중에서도 특히 믿음을 가장 근본이 되는 것으로 간주하는데,[30] 이는 최시형을 슈퍼리더로 평가할

---

28 cf. 하이럼 스미스 지음, 김경섭 옮김, 『성공하는 시간관리와 인생관리를 위한 10가지 자연법칙』, 서울: 김영사, 1998.

29 『神師法說』, 「誠·敬·信」, "우리 도는 다만 성·경·신 세 글자에 있느니라."

30 『神師法說』, 「誠·敬·信」, "사람이 혹 정성은 있으나 믿음이 없고, 믿음은 있으나 정성이 없으니 가히 탄식할 일이로다. 사람의 닦고 행할 것은 먼저 믿고 그다음에 정성

수 있는 또 다른 주요 근거 중의 하나이기도 하다. 슈퍼리더십 개념의 밑바닥에 깔린 철학적 논거는 바로 낙관주의, 요컨대 사람에 대한 믿음이기 때문이다.[31]

요컨대 수행을 비롯한 도에 이르는 모든 행위의 원리가 바로 이 성·경·신의 틀 안에서 이루어진다는 점이다. 이를테면, "사람의 지혜롭고 어리석음이 같지 아니하고 성범이 비록 다르나, 작심하여 쉬지 않으면 어리석음이 가히 지혜롭게 되고 범인이 성인으로 될 수"[32] 있는 만큼, 수행에서 성·경·신을 다할 것을 전제로 한다는 점이다.

수양에 대해 언급한 진술 중에서 최시형 자신이 가장 강조하는 부분은 바로 「내칙(內則)」과 「내수도문(內修道文)」이다. 이를 가리켜 최시형은 '천지조화가 다 이 내칙과 내수도 두 편에 들어 있다'라고까지 표현한다.[33] 그런데 이 두 편의 수양법을 보면, 이는 최시형이 가장 강조한 수양법인 동시에, 또한 가장 일상적인(즉, 가장 구체적인) 내용을 다룬 수양법이기도 하다는 사실을 알 수 있다. 요컨대 「내칙」의 핵심 내용은 다름 아닌 태교를 잘하는 방법이다.

예를 들면, '임산부에게 금기 음식은 육종(肉種), 해어(海魚), 논 우렁, 거렁의 가재 등이며, 임산부의 행동 요령으로는 경사진 자리에 앉지 말 것, 잘 때에 반듯이 잘 것, 모로 눕지 말 것, 채소와 떡을 기울게 썰어 먹지 말 것, 남의 말 하지 말 것, 무거운 것은 들지도 이지도 말 것, 가벼운 것이라

드리는 것이니, 만약 실지의 믿음이 없으면 헛된 정성을 면치 못하는 것이니라. 마음으로 믿으면 정성 공경은 자연히 그 가운데 있느니라."

31 찰스 만츠 & 헨리 심스 주니어 지음, 김남현 옮김, 앞의 책, 7-8쪽.
32 『神師法說』, 「明心修德」.
33 『神師法說』, 「內則」.

도 무거운 듯이 들 것, 급하게 먹지 말 것, 너무 차거나 뜨거운 음식을 먹지 말 것, 기대앉지 말 것'과 같은 일상의 거의 모든 내용을 다룬다. 이에 덧붙여, 남편은 이 같은 규칙들을 부인이 '뼈에 새기도록' 도와주어야 한다.

다른 한편, 최시형이 '도의 진행하는 성부(誠否)가 오직 내수도의 잘하고 못하는 데에 달려 있다'[34]고 할 만큼 그 중요성을 강조한 「내수도문」은, 주로 질병을 피하는 방법을 그 핵심 내용으로 하는 7조목으로 구성되어 있다.[35] 예컨대, 침이나 콧물이 땅에 떨어지면 즉시 치우라든가, 먹던 밥과 새 밥을 서로 섞지 말라든가, 혹은 이 빠진 그릇에 음식을 담아 먹지 말라든가 하는 등의 위생과 건강관리에 관한 내용이다.

물론 내수도의 7조목을 실행하는 기반이자 수양 원리는 '부디 정성하고 공경하고 믿어 하옵는' 성·경·신이다. 그런데 여기에서 한 가지 주목해야 하는 점은, "이 칠조목을 하나도 잊지 말고 매매사사를 다 한울님께 고하오면"[36]이라고 함으로써 일종의 '고하는 행위', 즉 '심고'가 일상에서 우리가 질병을 피할 수 있는 일종의 조건으로 제시되어 있다는 점이다.

요컨대 잘 때에 '잡니다' 고하고, 일어날 때 '일어납니다' 고하고, 심지어 쌀 그릇에 쌀을 넣을 때 '쌀 몇 말 몇 되 넣습니다'라고 고하는 행위가 어떤 의미에서 일상의 질병을 피할 수 있는 조건일 수 있을까 하는 점이다. 종교를 비롯한 여타의 관점에서 주어질 수 있는 설명을 제외하고 그에 대한 가장 중립적인, 혹은 현재의 맥락에 충실하게 가장 '일상적인' 이유를 찾아본다면, 심고하는 행위에는 아마도 일상을 신실하게 살기 위한 '리마인드

---

34 『神師法說』, 「明心修德」.
35 『神師法說』, 「內修道文」.
36 ibid.

효과'가 있기 때문으로 추측해 볼 수 있다. 즉, 일상의 이런저런 일들을 단순한 반복이나 습관에 따라 행하는 것이 아니라, 심고라는 리마인드를 통해 자기 자신에게 항상 성·경·신을 다하도록 자극한다는 의미이다.

이는 마치 일련의 '기도하는' 행위와도 유사해 보인다. 그렇지만 넓은 의미에서, '기도'의 포인트 역시 기도 행위 그 자체에 있는 것이 아니라, 마치 기도하는 마음처럼 실제의 행동에 정성을 다하라는 의미일 것이다. 만약 그렇지 않다면, 이는 한낱 요행수를 바라는 행위에 지나지 않을 것이기 때문이다. 즉 심고 '만' 한다거나 혹은 기도만' 하는 행위는 그것 자체로 아무런 일상적, 혹은 신비적 효과도 기대할 수 없을 것이다.

요컨대 최시형이 심고를 강조한 것은, 사람들에게 '리더의 부재 시에도 자율적으로 일하는 능력'을 훈련시키기 위한 슈퍼리더십의 발로였다고 해석할 수 있는 것이다.[37] 동시에 이는 리더십 증진의 주요 요소 중 하나로 간주되는 자기 통제 능력이자, 동시에 셀프리더십의 발현 기법 중 하나이기도 하다.

얼핏 별것 아닌 듯 보이는 「내칙」과 「내수도문」에 천지조화의 총화가 모두 들어 있다고 보는 이유는, 이러한 조목들이 다루는 바가 바로 우리 인간 삶의 가장 자연스러운 일상이기 때문이다. 즉, 천지조화에 가장 근접해 있는 (혹은, 천지조화 바로 그 자체인) 일상의 모습이기 때문이다. 요컨대 '천지운행의 법칙과 인간의 법칙은 하나'이기 때문에, 결국 천도와 인도의 핵심은 성·경·신의 원리 안에서 만날 수밖에 없는 것이다.[38]

---

37 찰스 만츠 & 헨리 심스 주니어 지음, 김남현 옮김, 앞의 책, 62쪽.
38 이정희, 앞의 논문, 206쪽.

그럼에도 이 두 편의 글이, 특히 '여자 도인'을 위해 작성된[39] 이유로는, 비록 동일한 의미이지만 대략 두 가지 서로 다른 측면으로의 설명이 가능할 것으로 보인다. 첫째, 부인이 '조심하고 삼가게' 하려는 의도에서이다. 이는 곧 "부인을 경계하여 집안과 나라를 다스린다."는[40] 최제우의 인식에 동의하고 있는 측면이다. 둘째, '부인은 집안의 주인'이라는[41] 최시형 자신의 주체적 판단에서이다.

이는 부인 수도의 장려 의도를 궁금해하는 사람들에게 최시형 자신이 들려준 답변에서도 나타난다. 특히, 여기에서 최시형은 "지난 때에는 부인을 압박하였으나 지금 이 시기에는 부인 도통으로 사람 살리는 이가 많으리니, 이것은 사람이 다 어머니의 포태 속에서 나서 자라는 것과 같으니라."라고 함으로써,[42] 한 가정 안에서 여성의 권리와 지위를 재해석하고 재설정해야 한다는 점을 적극적으로 주장했다. 즉, 가화만사성을 가능하게 하는 가화의 주체는 각자가 맡은 역할에 따라 달라질 뿐 성별 자체의 문제가 아님을 지적한 것이라고 할 수 있다.

이렇게 보면, 비록 두 편의 수양서가 여자 도인들을 위해 특화되었다고는 하나, 한편 경계하고 다른 한편 북돋아 주면서 성 · 경 · 신에 기반을 둔 수양의 본래 의미를 드러내고 있다는 점에서는 양 측면이 서로 다르지 않은 셈이다.

---

39 李尙俊, 「本敎歷史」, 『天道敎會月報』 第3卷 第2號. 표영삼, 앞의 책, 161쪽에서 재인용.
40 『龍潭遺詞』, 「道修詞」.
41 『神師法說』, 「夫和婦順」.
42 『神師法說』, 「婦人修道」.

피드백

이제 필요한 것은 피드백, 즉 자기 점검이다. 앞에서 제안한 것처럼, 지금까지 진술해 온 최시형의 수양론을 그 형식과 내용의 측면에서 관찰하면, 다음과 같은 간단하고도 명료한 결과를 얻을 수 있다. 먼저 형식적인 측면을 보면, 굳이 앞서 언급한 SMART의 원칙에 세부적인 내용을 비교해 보지 않더라도, 최시형의 수양론은 리더십의 행동 원칙에 매우 잘 부합하는 '구체적이고, 측정 가능하며, 행동 지향적일 뿐만 아니라, 현실과 시기에' 걸맞은 방법론임을 알 수 있다.

내용의 측면에서도 역시 성·경·신을 다한 수양은 사람들에게 각자의 삶을 소중하게 여기도록, 즉 일상을 정성스럽게 살아감으로써 결국 자신의 삶을 가치 있게 만드는 덕목들이라는 점을 확인할 수 있다. 특히, 최시형의 수양론은 일상에서 소중함의 영역을 확장시키는 주목할 만한 특성을 보인다. 이를테면, 한 가정에서 여성의 소중함을 일깨워 주고, 정성을 들이는 부인을 통해 아이의 소중함을 알게 하며, 나아가 만물을 공경하는 수양론의 원리적 특성상 이를 깨닫는 정도에 따라 일상적 소중함의 영역은 근본적으로 무한 확장이 가능하기 때문이다.

수양론의 현대적 의미

이제 앞의 '리더십과 수양의 변화 지향적 특성'에서 제기한 패러다임의 변화와 관련한 측면을 좀 더 자세히 살펴볼 필요가 있다. 즉, '최시형의 수양론이 현재의 패러다임에 걸맞은 방법론으로의 변화 가능성'은 어떤 방식으로 모색될 수 있는가에 대해서이다.

이러한 관찰의 필요성은 그로부터의 현실적인 '성과 (혹은, 결과물)'와 관련하여 필연적으로 제기된다. 넓은 의미에서, 수양론을 통해 최시형이 활동하던 당시에 거둔 성과와 오늘날의 성과 사이에는 매우 큰 간극이 존재하기 때문이다.

이 점에서, 다음은 만물 공경 사상에 공감하고 또 이를 지지하는 모든 이들에게 매우 중대한 질문일 수 있다: "오늘날 최시형의 수양론(혹은, 동학의 수양론)은 왜 과거와 같은 성과를 도출하지 못하는가?"

이 글의 모두에 '변화'라는 키워드를 제기했던 바와 같이, 그 해답의 실마리는 패러다임의 전환과 깊은 관련성을 맺고 있을 수 있다. 비록 상상 속의 이야기에 불과하지만, 이는 마치 '슈타르케(Starke)' 가문의 인물들처럼 과거의 성공을 주도했던 방법론에 고착되어 패러다임의 전환에 걸맞은 변화를 수용하는 데에 기민하지 못했기 때문일 수 있는 것이다.

다음은 신인철이 전하는 슈타르케 가문의 약사이다: '한 옛날의 수렵시대에 이름도 없던 용감한 사냥꾼이 있었다. 그는 그의 강함 덕분에 〈강한 사람(der Starke)〉이라고 불렸다. 그는 수렵 시대의 저돌적 리더였다. 농경 시대에 그의 강한 특성을 그대로 이어받은 후손 슈타르케는 통솔하는 리더가 되었다. 산업화 시대에 동일한 특성을 물려받은 또 다른 후손 슈타르케는 노동자들에게 군림하는 리더로 불렸다. 그러다 산업화 시대의 막이 저물기 시작하자 동일한 특성을 가진 또 다른 후손 슈타르케는 점차 흔들리는 리더가 되었다. 이윽고 정보화 시대에 이르러 동일한 유전자를 물려받은 그의 마지막 후손 슈타르케는 버림받은 리더가 되고 말았다.'[43]

이와 다르게, 최시형은 변화를 두려워하지 않고 오히려 각 상황에 요구

---

43 신인철, 『따라야 따른다』, 서울: 한스미디어, 2011, 9-36쪽.

되는 변화를 적극적으로 주도해 간 인물이다. 이를테면, 동학 구성원들이 처한 경제적 패러다임의 특성을 고려하여 구성제보다 제수 차림이 훨씬 간단하고 비용이 적게 드는 인등제로의 변화,[44] 혹은 전통의 측면에서 당시로는 파격적인 변화임이 틀림없을 향아설위로의 변화 등이 바로 그것이다.

요는, 최시형의 경우 비록 자신은 거시적인 패러다임의 전환을 겪지 않은 세대임에도 불구하고 패러다임 전환의 원리적 특성, 즉 미시적 차원의 패러다임 전환에 적극 대응해 갔다. 그가 패러다임 전환의 원리적 특성을 잘 이해하고 있었을 뿐 아니라, 자신도 매우 적극적인 실천가였다는 증거들은 곳곳에 있다. 심지어 그는 도(道)마저도 때와 짝하여 나아가지 못하면 죽은 물건과 다름없다고 강조하여, 자신의 이름마저 시(時) 자를 넣어 바꾸기까지 했다.[45]

대개 사안의 본질에 접근하려는 노력보다는 빠른 외형적 성취를 위한 스킬을 더 강조하는 오늘날의 사회 분위기에 비추어 볼 때, 최시형의 수양론은 분명 우리 사회가 필요로 하는 의미심장한 화두를 던져주고 있다. 만약 인간과 세상에 대한 기본적인 신뢰나 공경하는 마음 없이 오직 특정한 성취를 위한 정성만을 쏟는다면, 이는 바로 그가 지적한 바의 "헛된 정성"을 면치 못할 것이기 때문이다.

---

44 표영삼, 앞의 책, 92-95쪽.
45 『神師法說』, 「用時用活」, "대저 도는 때를 쓰고 활용하는데 있나니 때와 짝하여 나아가지 못하면 이는 죽은 물건과 다름이 없으리라. 하물며 우리 도는 오만 년의 미래를 표준함에 있어, 앞서 때를 짓고 때를 쓰지 아니하면 안 될 것은 돌아가신 스승님께서 가르치신 바라. 그러므로 내 이 뜻을 후세만대에 보이기 위하여 특별히 내 이름을 고쳐 맹세코자 하노라."

그러나 여기에 아무리 심오하고 좋은 의미가 담겨 있다 할지라도 그 의미를 올곧이 전달할 수 있는 방법론들이 만약 현대인의 정서나 감각에 낯설고 어색한 것이라면, 바로 최시형이 그랬던 것처럼, 이에 대한 철저한 방법론적 전환이 모색되어야 한다. 이를테면, 당시의 수양 방법론은 위생이나 질병 관리처럼 당시에 필수적인 일상의 영역에 초점을 둔 것이었다. 물론 엄밀한 의미에서 보면, 위생이나 질병 관리는 언제나 현재 진행형이다. 이는 '인류의 영원한 과제'이기 때문이다. 또한 이는 최시형의 핵심 사상인 인시천의 발로였다는 점에서, 단순한 방법론 이상의 의미가 있다는 점 역시 상기할 필요가 있다.

그렇더라도 이런 문제가 대부분 해결된 오늘날 이를 발전적 변화 과정 없이 단순 수용하는 것은 우선 그것 자체로 아무런 의미를 찾을 수 없을 뿐 아니라, 동시에 최시형이 전하는 『神師法說(신사법설)』의 많은 부분을 쓸모없는 것으로 만들어 버리는 역설적 행위에 해당할 것이다. 이를테면, 수양 방법론의 영역을 위생과 질병에서 외모지상주의, 금권지상주의, 효율성 지상주의, 혹은 개발지상주의 등의 영역으로 옮겨와 각각 몸의 문제, 행복의 문제, 비정규직 문제, 혹은 환경 문제 등으로 구조화함으로써, 이로부터 예컨대 몸의 리더십, 행복 리더십, 인성 리더십, 혹은 환경 리더십 등으로의 발전적 제안을 모색해 볼 수 있을 것이다.(다만, 새로운 방법론의 제안은 이 글의 한계를 벗어날 것이므로 다른 기회로 미루기로 한다.)

비록 조심스런 접근이 요구되지만, 이는 주문이나 영부 등과 같은 다른 여러 방법론에 대해서도 마찬가지 변화가 필요할 수 있다는 점을 시사한다. 동일한 의미에서, 검결과 같은 수양의 방법론은 당시의 특정한 사회적 요건 때문에 이미 사라져 갔지만, 그렇다고 해도 오늘날 이를 되살릴 필요성은 크지 않다. 바로 현대의 패러다임과 연관 지을 수 있는 접점이 희박하기 때문이다. 만약 이를 되살리고자 한다면, 가장 먼저 검결에 대한 철저한 '현대화 작업'이 전제되어야 할 것이다.

요컨대 현대적 관점에서 바라본 최시형의 수양론은, 여기에 잠재된 무궁한 가치와 발전 가능성에도 불구하고 이를 효율적으로 매개할 수 있는 방법론적 모색이 정체(停滯)됨으로써, 이것 없이도 이를 이해할 수 있는 소수 전문가 그룹의 전유물로 존속할 뿐 대중의 일상으로 파고들어 실천 운동으로 이어지지 못하는 한계를 갖는다.

일상의 변화

리더십과 수양 양자는 모두 현시점으로부터 각자 설정한 비전과 목표 지점에 도달하기 위해 '나의 변화'를 핵심 원리로 삼는 방법론이다. 이때 리더십은 '나의 변화'와 함께 '패러다임의 전환에 따른 외재적 변화'라는 이중의 변화 양상을 보인다. 요컨대 리더십은 패러다임의 변화에 매우 의존적이다.

최시형은 '나의 변화', 즉 각자의 셀프리더십 함양을 위해 사람들이 할 수 있는 일이 무엇인지를 묻던 슈퍼리더이며, 수양론은 그에 대한 해법으로 제시한 구체적인 일상의 실천 방법이다. 수양을 통해 최시형이 도달하고자 한 지점, 그의 비전은 바로 '일상을 통한 천도의 실현'이라고 할 수 있다. 이는 나의 일상과 천도의 실현을 동일선상에 두고 있다는 의미에서이다.

이로부터 수양론을 통해 최시형이 의도한 변화는 바로 일상의 변화이다. 그에게 천도와 인도는 서로 다른 것이 아니었으며, 일상 자체가 곧 도였기 때문이다. 그런데 일상을 다룬다는 것은 곧 '오늘'의 일상, 다시 말해, 각자가 처한 '현재'의 패러다임을 긍정한다는 의미일 것이다. 따라서 해월의 '일상'은 곧 '오늘날의 일상'으로 확장하여 해석할 수 있고, 그렇다면 리더십과 마찬가지로 수양 역시 '나'와 '패러다임'이라는 변화의 이중 지대에 걸쳐 있는 것이라고 할 수 있다.

최시형의 수양론은 리더십의 행동 원칙에 부합하는 구체적이고도 현실적인 형식을 갖추고 있다. 내용의 측면에서도, 성 · 경 · 신을 다한 수양은 사람들로 하여금 각자의 삶을 소중하게 여겨 결국 자신의 삶을 가치 있게 만들 수 있다는 점을 확인할 수 있다. 특히 그의 수양론은 만물을 공경하는 수양론의 원리적 특성상 이를 깨닫고 실천해 가는 정도에 따라 일상적 소중함의 영역을 무한히 확장해 갈 수 있는 특성을 갖는다.

그럼에도 수양론에 잠재된 무궁한 가치와 발전 가능성이 오늘에 이르러 이전과 다른 양상을 보이는 이유는, 수양론 자체의 특성에 덧붙여 오늘날 세상의 특성(즉, 현대의 패러다임)을 반영할 수 있는 방정식을 세우려는 노력에 큰 가치를 부여하지 않았기 때문이다. 정성을 다하기에 앞서, 사람과 세상에 대한 믿음은 지금 있는 그대로 사람과 세상을 수용하는 것으로부터 시작된다. 동학 수양법의 한 부분을 리더십이라는 현대 언어로 풀어내려는 이 글의 의도 역시 바로 이 지점에 기인한다.

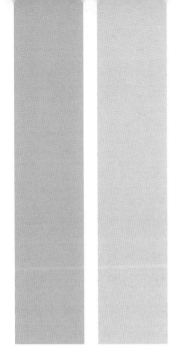

10장
퍼실리테이션과 파트너십[*]

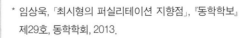

* 임상욱, 「최시형의 퍼실리테이션 지향점」, 『동학학보』
제29호, 동학학회, 2013.

최시형 리더십의 원천

최시형은 동학의 저변 확대에 결정적인 역할을 한 인물이다. 물론 동학은 그 시조라 할 수 있는 최제우를 빼놓고 말할 수 없다. 하지만 아무리 좋은 사상이라 할지라도 세상에 널리 알려지지 않는 한 우리 사회의 긍정적 변화 발전을 위한 자원으로 활용할 수 없다는 점에서, 최시형이 도출한 성과는 단순히 계측 가능한 현실적 지수 이상의 의미를 갖는다. 이를테면, 동학도들의 '수'는 최제우가 이끄는 시기엔 수천 명이었는데 반해, 최시형이 도통을 이어가던 시기엔 대략 수십만 명을 헤아리고 있었다고 한다.

물론 각 인물의 재임 기간에 큰 차이가 있다는 점을 고려하지 않을 수 없겠지만, 그럼에도 이렇듯 큰 차이는 단순한 기간의 차이로만 보기에 무리가 있는 것도 사실이다. 다만, 임태홍에 따르면, 1862년 10월, 최제우가 관아에 붙잡혀 있을 때 그곳으로 몰려가 항의하던 교도들의 수는 5, 6백 명에 지나지 않았다고 한다.[1]

또한 당시의 인구 산정 기준이 호(戶)라는 점을 감안할 때 여기에 동학도의 실제 인원과는 어느 정도의 편차를 인정하더라도, 최제우에 비해 최대 천 배가 많은 세력의 확장에는 분명 그에 상응하는 뚜렷한 이유가 있을 것으로 추론해 보는 것이 타당할 것이다. 그렇다면 도대체 그 많은 사람이

---

1   임태홍, 「최시형의 양천주 사상 형성과정」, 『종교와 문화』 제12호, 2006, 114쪽.

최시형의 제안에 기꺼이 동의하도록 만든 원천은 과연 무엇이었을까? 이같은 문제의식으로부터 이 글은 그 추론 가능한 이유를 당시의 정치·사회적 정황보다는 최시형 자신의 리더십 스타일에 초점을 두어 탐색해 보려 한다.

이에 이 글은, 먼저 최시형의 리더십 스타일을 탐색하여 그에게 적용 가능한 리더 유형을 밝히고, 나아가 그의 정체성은 왜 리더보다는 퍼실리테이터로 자리매김하는 것이 더 합당한지에 대해 논의하겠다. 다음으로, 최시형에게 퍼실리테이션의 전제가 되는 인식론적 토대이자 동시에 지향점은 과연 무엇인지, 또한 현대적 관점의 퍼실리테이션과 다른 최시형 퍼실리테이션만의 특징은 무엇인지에 대한 제반 논의를 전개해 가려 한다.

최시형의 리더 정체성

리더십의 관점에서 최시형의 리더십 스타일이나 리더 유형을 탐색한 선행연구는 아직 없다. 그간 최시형의 정체성에는 우리 사회의 리더로서보다는 동학의 수장, 혹은 천도교의 교주라는 확고부동한 지위가 주어져 왔기 때문이다. 그렇지만 천도교라는 특정 민족 종교의 2대 교주라는 지위를 잠시 덮어둘 수 있다면, 그로부터 최시형이라는 인물이 발휘한 리더십의 가치에 대해 좀 더 적극적이고 확장된 논의가 가능할 것이다.

최시형을 리더로 접근하는 관찰 방법론
한 인물의 리더 유형과 리더십 스타일을 가늠해 보는 작업은 그 인물을 리더십의 어떤 관점에서 관찰할 것인가를 정하는 문제로부터 시작한다.

이를테면, 한 인물에게 고유한 특성에 중점을 두고 찾을 것인지, 아니면 그 인물의 행동에 초점을 맞출 것인지, 혹은 그도 아니면 그 인물이 처해 있는 상황에 주안점을 둘 것인지를 먼저 결정해야 한다.

이는 각각 리더십 특성이론, 리더십 행동이론, 그리고 리더십 상황이론으로 불리는 세 가지 이론적 틀이며, 처음의 두 가지는 주로 스톡딜(R. Stogdill)에 의해, 그리고 리더십 상황이론은 주로 피들러(F. Fiedler)에 의해 주창되었다.[2] 이 중 최시형에게 적용하기로는 리더십 상황이론이 적절해 보인다.

물론 유클(G. Yukl)의 경우, 위에 제시한 세 가지 접근법 외에도 '리더십 권력-영향력 접근 방법론'과 '리더십 통합 접근 방법론'을 추가하고 있다.[3] 그렇지만 전자는 리더 중심의 영향력 과정을 탐색하는 방법론이라는 점에서 특성이론이나 행동이론과 그 방향성이 대동소이하고, 리더가 아닌 팔로워에 초점을 둘 수도 있는 후자의 방법론은 상황이론에서도 다룰 수 있다는 점에서, 여기에서는 위에 명시한 세 가지 이론적 틀만으로 충분할 것으로 보인다.

그렇다고 이 세 가지 이론은 서로에게 완전히 배타적이어서 각각 불가침의 영역을 점유하고 있는 것은 아니다. 한 인물의 특성이나 행동, 혹은 그가 처한 상황으로부터 도출되는 일단의 특수성은 그 인물에 관한 더 많은 공통점을 전제로 할 것이기 때문이다.

그럼에도 우선 리더십 특성이론이 최시형에게 적용되기 힘든 이유는,

---

2 cf. 강정애 외, 『리더십론』, 서울: 시그마프레스, 2010.
3 cf. 게리 유클 지음, 이상욱 옮김, 『현대조직의 리더십 이론』, 서울: 시그마프레스, 2004, 15-19쪽.

이것이 환경보다는 선천적 특성에 주안점을 두고 있기 때문이다. 일단의 위인전에서 확인할 수 있는 바처럼, 이런 식의 이론을 지지하는 서술 방식은 리더로서의 특성, 혹은 리더로서의 특출한 자질이 그 인물의 어린 시절부터 확연히 나타날 수밖에 없다. 예컨대 리더의 특성으로 스톡딜은 지능(intelligence), 자신감(self-confidence), 결단력(determination), 성실성(integrity), 그리고 사교성(sociability)의 다섯 가지를 들고 있다.[4]

이와 달리, 최시형의 어린 시절에 대한 보고에는 일말의 총명함이나 영민함, 혹은 인내심이나 강인한 체력 등 리더의 어린 시절로부터 기대할 수 있는 가장 일반적인 형태의 특성조차 찾아볼 수 없다.

표영삼이 개인 인터뷰를 통해 수집한 정보에 따르면, 최시형은 필부필부의 가정에서 태어나 15세까지 서당에 다녔으나, 15세에 부친을 여의고 먼 친척에게 맡겨져 배고픈 나날을 보내야 했다고 한다. 이후 17세에 한지 생산 기술을 배우고, 19세에 결혼을 한다.[5] 그러나 인터뷰의 내용 중 적어도 '15세까지 서당에 다녔다는' 진술은 사실관계를 더 따져 보아야 할 듯하다. 아래에서 보듯, 최시형은 도통을 이어받은 순간까지도 글을 몰랐다는 주장이 병립하기 때문이다.

그뿐만 아니라, 성인이 되어 최제우와 만나던 35세 전까지는 화전민 생활을 했는데, 이 점에서도 당시 일반적인 화전민과의 차별성을 찾기 어렵다. 즉, 사실 부합의 여부와 관계없이 리더 특성에 관한 기록의 부재로 인해 최시형에 대한 리더십 특성이론의 접근법은 적절하지 않아 보인다.

---

4 R. Stogdill, "Personal Factors Associated with Leadership: A Survey of the Literature", *Journal of Psychology* 25, 1948, pp. 35-71. 강정애 외, 앞의 책, 31쪽에서 재인용.
5 표영삼, 「신사 최시형의 생애」, 『동학연구』 제7호, 2000, 25-28쪽.

다음으로, 리더십 행동이론을 최시형에게 적용하기 위해서는 한 조직의 리더로서 최시형의 행동이 그 조직의 효과성 증진에 얼마나 직접적으로 기여했는지를 살펴야 한다. 이 점에서, 리더십 행동이론은 리더십 특성이론보다 훨씬 편안한 접근 방법론임이 틀림없다. 그의 행동, 즉 사상 전파에 대한 기록은 특별히 거명하지 않더라도 다양한 문헌을 통해 확인할 수 있기 때문이다.

그럼에도 이를 최시형의 사례에 직접 적용하기에는 약간의 무리가 있어 보인다. 왜냐하면 현재 우리가 알고 있는 그의 사상은 최시형이 도통을 이어받은 때로부터 많은 시간이 지난 후의 것일 가능성이 크기 때문이다. 임태홍에 따르면, 최시형이 자신의 사상을 적극적으로 전파하기 시작한 시기는 1885년 이후로서, 그가 리더의 자리에 오른 지 20여 년이 더 지난 때였다.[6]

리더로서 최시형의 권위는 오랫동안 최제우의 유족에도 못 미쳤을 뿐 아니라, 자신의 독자적인 사상을 전파하기에도 역부족이었다는 점을 임태홍은 다음의 다섯 가지 근거를 들어 설명하고 있다. 만약 이것이 사실이라면, 리더의 행동이 조직의 효과성 증진에 직접적인 영향을 미친다는 관점으로부터의 접근법은 부분적으로만 유효할 수밖에 없을 것이다.

1. 동학에 입도한 후 공부에 전념할 수 있는 기간이 짧았기 때문에(많아야 3년 정도) 한문과 한글로 된 문장을 완전히 파악하기가 어려웠을 것이다.
2. 최시형은 글을 몰랐기 때문에 문장을 통한 지식의 수용이 거의 불가능했다. 그렇기 때문에, 교조 최제우가 사망한 후 자신의 독자적인 사상을 구

---

6   임태홍, 앞의 논문, 104-105쪽.

축하여 곧바로 제시하기가 곤란하였을 것이다.

3. 설사 그럴 능력이 있었더라도, 최제우 사망 자체가 갑작스러운 일이었기 때문에 새로운 사상을 정립할 겨를이 없었을 것이다.

4. 당시는 생명의 위협을 느끼고 피신하는 기간이었기 때문에 자신의 독자적인 사상 제시보다는 몸을 숨겨서 생존하는 것이 최대의 과제였다.

5. 최시형이 새로운 사상을 제시하였더라도 진지하게 들어줄 제자들이 많지 않았다. 특히, 자신이 가르칠 수 있는 제자들은 거의 없었을 것이며, 오히려 글을 아는 제자나 최제우로부터 직접 가르침을 받은 사람들의 조언이 필요했을 것이다.[7]

이와 달리, 조직의 효과성 증진 여부는 상황에 따라 달라질 수 있다는 리더십 상황이론은 대체로 최시형의 케이스에 적용할 수 있는 만족할 만한 접근 방법론으로 보인다. 이에 따르면, 리더의 능력과 조직의 효과성 증진은 일대일의 인과관계에 놓인 것이 아니라, 주어진 상황에 따라 양자의 관계는 유동적일 수 있다.[8] 즉 주어진 상황은 리더의 능력과 조직 효과성 사이에 놓인 일종의 조절 변수로 작동한다.

이 모델을 통해 최시형의 케이스를 관찰하면, 최제우로부터 권력을 이양 받은 후 구성원들과 새로운 관계가 구축되는 시기, 그리고 관군의 추격을 피해 다니기에 바빴던 세 차례의 피신 기간은[9] 중대한 상황변수로 간주된다. 예를 들어 '쫓기느라 며칠 동안 아무것도 먹지 못하는' 특수 상황으

---

7   *ibid.*

8   강정애 외, 앞의 책, 75쪽.

9   표영삼, 『동학 2. 해월의 고난 역정』, 파주: 통나무, 2005, 13-20쪽.

로부터 적극적인 사상의 전파를 기대하는 것은 분명 무리일 것이기 때문이다. 요컨대 이런 상황에서 조직의 효과성 증진 여부는 리더 개인이 아닌, 상황의 유연성 여부에 달린 것이다.

이제 리더로서의 최시형을 바라보는 관찰 도구가 마련되었으므로, 여기에서 한 발 더 나아가 최시형의 리더 정체성은 과연 무엇인가에 대한 구체적인 논의 역시 가능할 것이다.

최시형의 리더 유형

리더십 상황이론의 관점에서, 먼저 최시형에게 적용할 수 있는 리더 유형은 번스(J. Burns)가 제안한 변혁적 리더십(transformational leadership)[10]이라고 할 수 있다. 최시형에게 보이는 리더 유형은 변혁적 리더십의 다섯 가지 요소, 즉 창의성, 소통 능력, 비전 제시, 임파워먼트, 그리고 열정의 특성을[11] 높은 수준에까지 만족시키는 것으로 보이기 때문이다.

첫째, 변혁적 리더는 현상 유지에 만족하지 않고, 항상 새로운 아이디어와 업무 수행 방식을 찾는다. 단 창의적 아이디어를 구체화하기까지 충분한 정도의 준비 단계기를 전적으로 허용한다.[12] 동학 연구자들이 일반적으로 동의하는 바처럼, 최시형은 신비적 체험을 강조하는 최제우의 시천주 사상을 일상의 수양에 초점을 둔 양천주 사상으로 전이시킴으로써 동학사상의 본질에 일대 변혁을 가져온 인물이다.

요컨대 최시형의 리더 유형은 변혁적 리더십의 가장 중요한 특성인 창

---

10 cf. J. Burns, *Leadership*, New York: Harper & Row, 1978.

11 마이클 해크먼 & 크레이그 존슨 지음, 김영민 · 최재민 옮김, 『소통의 리더십』, 서울: 에피스테메, 2010, 77-82쪽.

12 위의 책, 77쪽.

의성을 만족시킨다. 최시형에게 이러한 변혁적 리더십의 특성이 오랫동안 드러나지 않았던 것은 바로 앞서 말한 상황적 요인과 함께, 새로운 아이디어를 구체화하기 위한 준비 단계가 필요했을 것이기 때문이다.

둘째, 변혁적 리더는 구성원들과의 상호 작용을 위해 항상 소통한다. 특히, 팔로워(follower)인 조직 구성원들과 함께 생활하는 것이 필요하다.[13] 물론 상황적 조건에 따른 것일 수 있겠지만, 항상 조직 구성원들과 함께 생활하던 최시형의 소통 방식은 크게 두 가지인 것으로 보인다. 하나는, 팔로워의 니즈를 최대한 헤아리는 소통 방식이다. 최제우 사후 최시형은 자신의 목소리를 내기보다는 유족을 돕고, 최제우를 따르던 구성원들의 의견을 경청하는 데 주력했다.

다른 하나는 팔로워의 자발적 참여를 믿고 기다리는 소통 방식이다. 자신의 체제가 굳건해진 이후에도 최시형은 카리스마적 권위를 내세워 지시하기보다는 존재하는 것 모두가 '한울의 씨'를 가졌다는 자각 아래 이를 키워 가기 위한 각자의 수양에 힘쓰도록 독려했다. 즉 구성원들과의 상호 작용을 위한 소통 능력 역시 최시형에게 발견할 수 있는 변혁적 리더십의 특성이라고 할 수 있다.

그렇지만 이러한 소통 방식이 과연 조직의 효과성 증진을 위해 직접적이며 실질적으로 기여했는가의 여부는 확실치 않다. 그 반대 증거 역시 존재하기 때문이다. 예컨대 동학 공동체 구성원들이 모두 모인 공식 석상에서 최시형은 영부의 복용을 금지했음에도 불구하고 이 '지시'는 대부분 지켜지지 않았다.

셋째, 변혁적 리더는 팔로워에게 비전을 제시하고, 조직이 미래에 도달

---

13 위의 책, 80쪽.

해야 할 구체적 목표를 부여한다.[14] 변혁적 리더의 세 번째 특성인 비전에서 최시형의 제안은 매우 중대하게 다루어져야 할 것으로 보인다. 비전이란 곧 여러 창의적 실천 전략들을 통해 궁극적으로 도달하고자 하는 지점을 의미하는 것이기 때문이다. 그리고, 앞의 글 〈슈퍼리더십과 수양〉에서 살펴본 바처럼, 최시형에게 수양을 통해 도달하고자 했던 최상의 지점은 바로 '일상을 통한 천도의 실현'으로 보인다. 혹은 최시형을 리더로 보는 관점에서 좀 더 중립적인 표현을 사용한다면, '일상의 삶을 소중하게 살아가기' 정도로 정리할 수 있을 것이다. 즉 최시형의 비전은 앞의 첫 번째 특성의 내용과 유기적으로 관련되는 변혁적 특성 중의 하나일 수 있다.

넷째, 변혁적 리더는 권한을 위임한다.[15] 리더가 팔로워에게 권한을 위임하는, 즉 임파워먼트를 수행하는 가장 실질적인 이유는 리더 혼자 조직의 모든 일을 도맡아 할 수는 없기 때문이다. 더불어 리더가 자신의 권한을 위임할 수 있다는 것은 곧 위임받은 팔로워를 신뢰한다는 뜻이다. 이때 그 신뢰의 정도가 큰 만큼 임파워먼트의 범위 역시 커지게 된다.

1879년, 최시형은 의형제를 맺고 '시' 자 항렬을 나누어준 강시원, 유시헌 등과 함께 동등하게 권한과 임무를 배분한 협력관계를 구축했다.[16] 이를 두고 임태홍은 '최시형의 권위가 그때만 해도 최제우만큼 독보적인 것이 아니라는' 점에서 그 이유를 찾고 있으나, 이는 사실과 조금 다른 것 같다. 최시형의 권위가 최제우에 비해 부족하지 않은 시기인 1894년에조차 역시 최시형은 다음 세대의 지도부 구축을 위해 손병희에게 의암, 손천민

---

14 *ibid.*
15 위의 책, 81쪽.
16 윤석산(역), 『도원기서』, 서울: 문덕사, 1991, 91쪽. 임태홍, 앞의 논문, 109-110쪽에서 재인용.

에게 송암, 그리고 김연국에게 구암이라는 도호를 주어 3인 공동의 집단 지도 체제를 만들었기 때문이다.[17]

물론 여기엔 조직 내 임파워먼트가 행사된 시점의 문제가 일부 존재할 수 있다. 1879년과 1894년은 양자 모두 시기적으로 최시형의 피신 기간이 었기 때문이다. 그렇지만 같이 쫓기는 처지에서 서로 의형제를 맺었다는 사실 하나만으로도 그것은 곧 신뢰를 바탕으로 한 임파워먼트의 행사였다는 입장을 한층 강화해 준다. 다른 한편, 여기엔 피신 기간이라는 특정 상황에 따른 비상 지도 체제 구축이라는 현실적 의미 역시 부여될 수 있을 듯하다. 권한의 동등한 분배는 조직의 생존율을 더욱 높여줄 것이기 때문이다.

마지막으로, 변혁적 리더는 과업에 대해 열정적이며, 동료애를 보인다.[18] 사실 열정적 특성만큼 최시형에게 뚜렷한 것은 없다고 해도 과언이 아니다. 이는 36년간 동학에 몸담으며 수많은 사람에게 동학사상을 전파한 그의 삶 자체가 곧 증거이기 때문이다.[19] 그리고 이러한 열정의 길은 그의 동료들과 목숨을 걸고 함께 한 길이었다는 점에서, 변혁적 리더의 다섯 번째 특성 역시 충족시키는 것으로 보인다.

요컨대 최시형의 리더 유형은 변혁적 리더십을 발휘한 변혁적 리더라고 할 수 있다. 이는 앞의 글 〈허무주의와 후천개벽〉에서 살핀 최제우의 카리스마적 리더 유형과 분명한 차이를 보이는 점이다. 긴밀한 사제 간으로 이

---

17 표영삼 외, 『해월 최시형과 동학사상』, 서울: 예문서원, 1999, 227-228쪽.

18 마이클 해크먼 & 크레이그 존슨 지음, 김영민 · 최재민 옮김, 앞의 책, 82쪽.

19 "가난한 화전민으로 살던 신사는 35세에 대신사로부터 가르침을 받아 36년간에 걸쳐 동학을 이 땅에 뿌리 내리게 하였으며 새로운 삶의 틀을 만들어 나가게 한 선각자의 역할을 다하시다 갔다." 표영삼, 「신사 최시형의 생애」, 『동학연구』 제7호, 2000, 66쪽.

어진 두 사람 사이에 이런 식의 차이가 나타나는 이유는 일견해도 신비한 현상의 개입 수준에 대한 이해가 달랐기 때문인 듯하다.

즉 최제우가 시천이라는 체험을 통해 자신을 비범한 존재로 부각하려는 카리스마적 방법론을[20] 적용한 반면, 최시형은 일상에서의 수양이 특별한 신비 체험과 별반 다를 바 없다고 보았다. 아래에 다시 언급하겠지만, 최시형은 세상의 모든 존재가 그 '신비한' 것과 함께 성숙해 간다는 입장을 취하고 있기 때문이다.

최시형의 리더 유형에 이어 이젠 그의 리더십 스타일을 관찰할 필요가 있다.

최시형의 리더십 스타일

한 리더의 리더십 스타일이란 리더가 조직의 효과성을 증진하기 위해 집단 구성원들과 어떤 방식으로 소통하는가를 다루는 리더의 포괄적인 소통 스타일을 의미한다. 앞의 리더 유형 분석에서는 과연 어떤 근거로 최시형을 변혁적 리더로 볼 수 있는가에 대한 설명이 필요했다면, 이제 그의 리더십 스타일 분석을 위해서는 해크먼(M. Hackman)과 존슨(C. Johnson)이 제안한 리더십 스타일 분류표를 소개하는 것이 좀 더 직관적인 이해를 위해 도움이 될 것으로 보인다.

---

20 cf. 게리 유클 지음, 이상욱 옮김, 앞의 책, 294쪽.

<표 4> 유형별 리더십 스타일

민주형 리더	권위형 리더	자유방임형 리더
목표 정할 때 팔로워 참여	단독으로 목표 설정	팔로워에게 위임
쌍방향, 열린 소통 선호	일방적 전달	피상적인 소통
팔로워와의 토론 선호	팔로워와의 토론 통제	팔로워와의 토론 기피
과제 완성을 위한 제안, 대안 제공	개인적으로 지시	팔로워 요청 시 제안, 대안 제공
자주 긍정적인 피드백 제공	긍정적 피드백 희소	긍정적 피드백, 부정적 피드백 모두 희소
잘한 일에 대한 보상, 채찍은 최후 수단으로 사용	복종에는 보상, 실수는 처벌	당근, 채찍 모두 사용하지 않음
남의 말을 경청	남의 말을 듣지 않음	알 수 없음
집단의 이익을 위해 분쟁 중재	개인의 이익을 위해 분쟁 이용	분쟁을 피함

출처: 마이클 해크먼 & 크레이그 존슨 지음, 김영민 · 최재민 옮김, 『소통의 리더십』, 서울: 에피스 테메, 2010, 44쪽.

위의 표를 통해 관찰한 최시형의 리더십 스타일은 우선 민주형인 것으로 보인다. 최시형의 리더십 스타일이 민주적이라는 증거는 최시형의 행적을 세세한 부분까지 꼼꼼하게 추적한 표영삼의 기록에서 쉽게 찾을 수 있다. 이를테면, 최시형을 중심으로 단일 지도 체제가 자리를 잡아가는 과정에서 지도급 인사 및 도인들과 장래를 의논했다는 기록은[21] '목표를 정할 때 팔로워를 참여시킨' 증거일 수 있다.

또한 "해월은 어려운 일이 닥치면 언제든지 접주와 도인들을 만나 협의하여 왔다."[22]는 기록은 '쌍방향의 열린 소통을 선호'했다는 증거일 수 있고, 동학의 신념 체계를 올바로 인식 시켜주기 위해 '시' 자의 뜻을 해석해

---

21 표영삼, 『동학 2. 해월의 고난 역정』, 파주: 통나무, 2005, 66쪽.
22 위의 책, 197쪽.

보라는 열린 (토론) 과제를 준 사실은[23] 비록 당시 토론 문화의 부재로 인해 '팔로워와의 토론을 선호'했다고까지는 볼 수 없을지라도 적어도 '과제 완성을 위한 제안'에 해당할 수는 있을 것이다.

아울러 한울님이 베를 짠다는 소위 '천주직포설'은 서태순의 며느리가 부지런한 것에 감동한 최시형이 그녀에게 건넨 '긍정적인 피드백'이라 할 수 있을 것이고,[24] 나아가 베 짜는 소리, 새소리를 비롯한 천지 만물의 모든 소리를 하나같이 천주의 소리로 '경청하는' 자세라고 할 수 있을 것이다.[25]

이와 함께, 접 조직 사이의 분쟁을 조정하기 위해 편의장제를 만든 사실은 '집단의 이익을 위해 분쟁을 중재'하려는 적극적인 노력으로 볼 수 있고, 동학사상의 주요 전제 중 하나인 평등사상의 원칙을 두고 분쟁 해결의 기미가 보이지 않자, 이를 지킨 남계천을 도접주로 승격시킨 반면, 헌신적이지만 원칙을 지키지 않은 윤상오를 좌천시킨 사실은 '잘한 일에 대한 보상, 채찍은 최후 수단으로 사용'에 해당할 것이다.[26]

특히 상벌에 대한 좀 더 공식적인 규정은 도인들이 행할 바를 공포한 이른바 '신정절목'의 내용에서 찾아볼 수 있다. 이를테면 보상에 대한 절목으로 '가족 간에 사이가 좋고 가난한 벗을 구제하면 충효한 사람의 사례에 따라 상을 준다.'는 것이 있다. 이와 함께, 채찍에 대한 절목으로는 '수도함에 바르게 하지 않으면 해당 접주와 범한 사람을 같이 벌한다.' 등이 있다.[27]

이를 통해 보면, 최시형의 리더십 스타일은 민주적이라는 점이 분명해

---

23 위의 책, 87-88쪽.
24 위의 책, 130쪽.
25 위의 책, 134쪽.
26 위의 책, 166-167쪽.
27 위의 책, 150-151쪽.

보인다. 다음으로는, 최시형의 리더십 스타일을 업무와 대인관계지향으로 구분한 분류법에 따라 조명해 볼 필요가 있다. 이는 리더로서의 최시형이 사람보다는 목표 달성에 더 주안점을 두었는지, 아니면 팔로워 자체에 더 집중했는지를 가늠하게 해주는 주요 척도가 된다.

〈표 5〉 업무지향형, 대인관계지향형 리더십 스타일

업무지향형 리더십	대인관계지향형 리더십
정보 전달형	의견을 구하는 유형
타인의 입장, 생각, 감정 무시	타인의 입장, 생각, 감정 존중
간결하고 양식화된 소통	탄력적이고 열린 소통
타인의 말을 가로막음	타인의 말 경청
업무 관련 정보에 집중	타인의 감정과 태도에 집중
기술 습득을 통한 생산성 증대 선호	개인 능력을 통한 생산성 증대 선호
서면을 통한 소통	대화를 통한 소통
폐쇄형 정책	개방형 정책

출처: 마이클 해크먼 & 크레이그 존슨 지음, 김영민·최재민 옮김, 『소통의 리더십』, 서울: 에피스테메, 2010, 49쪽.

위의 표를 통해 보면, 민주형과 더불어 최시형에게 적용 가능한 또 다른 리더십 스타일은 바로 대인관계지향형인 것으로 보인다. 그런데 리더 최시형에게 업무와 대인관계 중 과연 어느 것이 더 중요했는지의 문제는 사실 생각처럼 그리 쉬운 문제가 아니다. 최시형에게 '업무'는 구성원들의 삶 전체와 불가분의 관계에 놓일 수밖에 없기 때문이다. 다시 말해, 업무의 최종 목표, 즉 그의 비전은 다름 아닌 '일상의 삶을 소중하게 살아가기'에 있었기 때문이다. 즉, '업무'와 '사람'은 최시형에게 서로 다른 성질의 것이 아니었다.

이와 달리, 조직의 효과성, 혹은 현실적으로 조직의 생산성 극대화가 지상과제인 현대의 리더들에게 업무와 조직 구성원은 서로 완전한 별개의 영역일 수 있다. 조직 구성원들이 보내는 업무 시간과 개인 시간의 양상은 각각 얼마든지 다를 수 있고, 리더에게 팔로워의 사적 시간은 관심의 대상이 아니기 때문이다. 그럼에도 표영삼이 전하는 최시형의 행적을 살펴, 적어도 겉으로 드러난 그의 리더십 스타일이 어떠했는지에 대한 논의는 가능해 보인다. 예를 들어, "사람이 오거든 사람이 왔다 하지 말고 한울님이 강림하였다고 하라"는 말에는[28] 이미 '타인의 입장, 생각, 감정을 존중'하는 태도와 '타인의 말을 경청'하고, '타인의 감정과 태도에 집중'하는 리더십 스타일이 뚜렷하게 드러나 있다.

다만, 당시 시대 상황의 특성상 설령 최시형에게 업무가 더 중요했더라도 어쩔 수 없이 대인관계지향형으로 구분해야만 하는 측면도 있다. 이를테면, '서면보다는 대화를 통한 소통'이라던가, 혹은 '기술 습득보다는 개인 능력을 통한 생산성 증대 선호'와 같은 측면이 그에 해당한다. 하지만 이같은 상황적 측면을 염두에 두더라도, 최시형의 리더십 스타일을 업무지향형이라기보다는 대인관계지향형으로 판단하는 데에 큰 무리는 없어 보인다.

퍼실리테이터(Facilitator) 최시형

앞의 논의로부터 최시형의 리더 정체성은 대인관계지향형의 변혁적 리

---

28 위의 책, 40쪽.

더라는 점을 도출할 수 있었다. 그런데 최시형을 단지 이런저런 리더십 특성을 갖춘 리더라고 한정하기에는 무언가 부족해 보이는 것도 사실이다. 이는 다음의 두 가지 이유에서이다.

먼저, '리더'라는 개념엔 '상대적으로 우월한 존재인 내가 팔로워를 특정 방향으로 이끌어 간다'는 의미가 함축되기 마련이다. 그런데 최시형의 사상을 고려하여 그에게 드러나는 리더십의 특성을 관찰하면, 여기엔 단순히 '이끈다'의 의미보다는 '(나와 동등한) 상대의 가치가 온전히 발현되도록 유도해 준다'의 의미가 더 강하게 나타나기 때문이다.

다음으로, 이는 최시형의 인물 정체성이 단지 특정 조직의 리더에 한정되기보다는 우주와 인간 삶 전체, 즉 하나의 조직보다는 세계를, 그리고 해당 조직의 구성원보다는 사람 전체를 관심의 대상으로 둔 인물이었기 때문이다. 바로 이 점에서, 최시형에게 적용 가능한 인물 정체성의 관점을 리더에서 퍼실리테이터로 옮겨 관찰하는 것은 의미 있어 보인다.

퍼실리테이터형 리더 최시형

소위 '퍼실리테이터'는 꽤 폭넓은 스펙트럼을 가진 개념이다. 그래서 이를 명확히 정의하는 것은 쉽지 않다. 우선 가장 넓은 의미의 퍼실리테이터는 '도움을 주는 사람'이다.[29] 그렇지만 이때의 도움은 결코 직접적인 것이 아니며, 해당 인물이 자신에게 잠재된 능력과 가치를 스스로 끌어낼 수 있도록 기여한다는 의미의 도움이다. 이를 위해 퍼실리테이터는 예컨대 질문을 던질 수도 있고, 사안을 바라보는 또 다른 관점을 찾아보기를 요구할

---

29 cf. 잉그리드 벤스 지음, 이영석 · 오동근 옮김, 『퍼실리테이션 쉽게 하기』, 서울: ORPPRESS, 2006.

수도 있다. 하지만 사안의 진행 과정에 직접 개입하거나 간섭하지는 않는다. 이는 해당 인물에게 이미 자신을 스스로 도울 수 있는 능력과 가치가 잠재되어 있다고 전제하기 때문이다.

다른 한편, 가장 좁은 의미의 퍼실리테이터는 조직의 중립적 회의 진행자를 뜻한다. 회의 진행은 해당 조직과 직접 관련 없는 숙련된 제3자가 맡으며, 대개 조직 내부 구성원들 간의 의견 충돌로 인한 갈등을 털어 버리고 건설적인 협력관계를 탐색하려는 목적으로 진행한다. 그렇지만 이 경우에도 역시 진행자는 회의의 논의 방향을 사전에 설정하거나 주도하지 않으며, 다만 원활한 회의가 진행될 수 있도록 다양한 스킬을 활용한 상세한 미팅 프로세스를 설계한다.[30] 이를테면, 테이블의 위치를 조정하거나, 플립차트에 참석자들의 발언 내용을 요약하여 기록하기도 한다.

이로부터 퍼실리테이터는 그 역할에 따라 여러 가지 유형으로 나뉠 수 있으며, 아래의 표는 슈워즈(R. Schwarz)가 분류한 퍼실리테이터 유형이다.

〈표 6〉 퍼실리테이터 유형

퍼실리테이터	퍼실리테이터형 컨설턴트	퍼실리테이터형 코치	퍼실리테이터형 트레이너	퍼실리테이터형 리더
제3자	제3자	제3자 또는 팀 구성원	제3자 또는 팀 구성원	팀 리더 또는 구성원
프로세스 전문가	프로세스 전문가	프로세스 전문가	프로세스 전문가	프로세스에 능숙
내용에 중립	내용 전문가	내용에 관여	내용 전문가	내용에 관여
실질적인 내용에 대한 의사결정권 없음. 중재자로서의 역할을 수행하지 않음	내용에 대한 의사결정에 관여할 수 있음	내용에 대한 의사결정에 관여할 수 있음	클래스 내에 한해 내용에 대한 의사결정에 관여	내용에 대한 의사결정에 깊이 관여

출처: 로저 슈워즈 지음, 봉현철 외 옮김, 『퍼실리테이션 스킬』, 서울: 다산서고, 2003, 54쪽.

---

30 cf. 호리 기미토시 지음, 현창혁 옮김, 『문제 해결을 위한 퍼실리테이션의 기술』, 서울: 일빛, 2005.

슈워즈의 분류표에 따르면, 표의 가장 왼쪽에 있는 유형이 가장 넓은 의미의 퍼실리테이터이고, 표의 오른쪽으로 옮겨갈수록 리더의 성향이 점점 강하게 나타나는 협의의 퍼실리테이터가 된다. 만약 최시형의 리더 정체성에 퍼실리테이션 유형을 접목한다면, 이때 최시형은 표의 가장 오른쪽에 있는 퍼실리테이터 형 리더에 해당한다고 볼 수 있다.

리더와 퍼실리테이터를 가르는 차이는 대개 두 가지 측면에서 찾아볼 수 있다. 하나는 위에서 다룬 리더십 특성의 존재 여부로부터이다. 즉 리더는 리더 유형과 스타일에서 자신만의 고유한 특성을 띠는 반면, 퍼실리테이터에게는 이런 특성의 존재 여부가 전혀 중요하지 않다. 다른 하나는, 리더는 자신의 리더십 특성을 발휘하여 팔로워를 '이끄는' 반면, 퍼실리테이터는 프로세스의 제어를 통해 집단 구성원의 능력과 가치가 스스로 발현할 수 있도록 '기여'한다.

그리고 이 두 번째 포인트는 퍼실리테이터 유형의 관점에서 최시형을 관찰하는 것이 과연 가능한지를 결정짓는 중요한 요소로 작동한다. 두 번째 포인트의 관건은 퍼실리테이션의 원리상 퍼실리테이터가 집단 구성원에게 잠재된 능력과 가치의 존재를 믿는 것으로부터 시작하게 되는데, 이는 곧 모든 형태의 퍼실리테이션이 가능하기 위한 기본 전제이기 때문이다. 기업을 비롯한 오늘날 퍼실리테이션이 행해지는 실제 상황에서 집단 구성원에게 잠재되어 있다고 가정하는 '능력과 가치'는 대개 '집단지성'을 의미한다. 즉, 현시점의 퍼실리테이션은 집단지성에 대한 믿음을 전제로 하는 것이기도 하다.

요컨대 이 자리에서 최시형을 퍼실리테이터의 범주 안에 두고 관찰한다는 것은, 어떤 식으로든 그에게도 역시 이러한 믿음의 전제가 필요하다는 의미이다. 이때 이를 충족시킬 수 있는 최시형의 인식, 즉 최시형의 퍼실리테이션 토대는 일차적으로 '사람은 바로 한울님을 모신 존재'라는 자각에 있는 것으로 보인다. 그 이유는, 만약 모든 사람이 한울님을 모신 동등한 존재라면, 우선 '리더-팔로워'의 도식 아래 최시형을 단지 리더로만 보는 시각이 수정되어야 할 것이고, 다른 한편, 모든 사람으로부터 틀림없이 믿을 만한 단단하고도 숭고한 가치를 기대할 수 있음으로써 퍼실리테이션의 대전제가 마련되는 것이기 때문이다.

최시형 퍼실리테이션의 인식론적 토대

퍼실리테이션의 전제가 집단 구성원에게 잠재된 능력과 가치를 믿고 이것이 잘 발현될 수 있도록 기여하는 데에 있다면, 최시형에게 이 믿음을 주는 인식론적 토대는 그가 인간 존재의 정체성을 어떻게 바라보는가에서 찾을 수 있다. 즉, 그에게 한 명 한 명의 사람은 모두 '한울 덩어리'인 것이다.[31] 이로부터 최시형에게 인간 존재는 바로 정성과 공경, 그리고 믿음의 대상이 된다.

> 마음을 믿는 것은 곧 한울을 믿는 것이요, 한울을 믿는 것은 곧 마음을 믿는 것이니, 사람이 믿는 마음이 없으면 한 등신이요, 한 밥주머니일 뿐이니라.[32]

사람을 한울로 인식하는 최시형의 인간관이 그의 리더 정체성을 퍼실리

---

31 『神師法說』, 「天地人 · 鬼神 · 陰陽」, "천 · 지 · 인은 도시 한 이치기운뿐이니라. 사람은 바로 한울 덩어리요, 한울은 바로 만물의 정기이니라."
32 『神師法說』, 「誠 · 敬 · 信」.

테이터 형 리더로 간주할 수 있도록 해주는 핵심 근거이자 전제가 된다면, 이제 최시형에게 인간 존재는 '이끌어가야 할 팔로워'가 아니라, 바로 성·경·신의 대상이다. 이 점에서, 최시형의 퍼실리테이션은 윤리적 퍼실리테이션이라고도 말할 수 있다. 요컨대 그는 변혁적 리더십을 발휘한 윤리적 퍼실리테이터인 셈이다.

이때 윤리적 퍼실리테이터로서 최시형이 자각한 실천 전략은 모든 사람이 자신 안의 한울을 깨우고 키우도록 도움을 주는 것,[33] 즉 양천주에 도움이 되는 다양한 방안들을 고민하는 것이며, 이는 그로부터의 자연스런 귀결이랄 수 있다. 이와 동시에, 한울이 있는 곳은 피안의 세계가 아닌,[34] 현실 속의 '지금 여기'이므로 양천주를 위한 실천 방안 역시 일상의 삶에 포커스가 맞춰지도록 유도하는 것 또한 그로부터의 지극히 자연스러운 귀결이다. 이를 위해, 최시형은 윤리 의식의 강조와 함께 그에 합당한 개혁된 실천 방안을 제안하게 되는데, 이는 크게 다음의 두 가지 방향성을 갖는 것으로 보인다.

첫째, 최시형 퍼실리테이션의 전제이기도 한 것으로, 이는 다름 아닌 사람이 사람을 대하는 태도에 대한 개혁이다. 그리고 모든 개혁되어야 할 태도는 다시 "사람이 바로 한울이니 사람 섬기기를 한울같이 하라"는[35] 인시

---

33 『神師法說』, 「養天主」, "한울을 양할 줄 아는 사람이라야 한울을 모실줄 아느니라. 한울이 내 마음속에 있음이 마치 종자의 생명이 종자 속에 있음과 같으니, 종자를 땅에 심어 그 생명을 기르는 것과 같이 사람의 마음은 도에 의하여 한울을 양하게 되는 것이라."

34 『神師法說』, 「天地人·鬼神·陰陽」, "일월성신이 걸려 있는 곳을 사람이 다 한울이라 하지마는, 나는 홀로 한울이라고 하지 않노라. 알지 못하는 사람은 나의 이 말을 깨닫지 못할 것이니라."

35 『神師法說』, 「待人接物」.

천과 사인여천의 자각을 전제로 한다. 심지어 최시형 자신조차 '잘난 체하거나, 도에서 벗어나고 싶은 마음'이 생길 수 있지만, 이를 억누르려 노력하는 이유가 바로 한울이 자신의 마음에서 발현하지 못하게 될 것을 두려워해서이다.[36] 즉 한 집단의 수장인 자신을 비롯하여 다른 사람들 모두는 한울을 모신 존재이자, 이것의 가치를 발현시켜야 할 동등한 인격체라는 점을 강조한 것이다.

이러한 인시천의 인간관으로부터 사인여천의 구체적인 내용은 여성을 대하는 태도,[37] 아이를 대하는 태도,[38] 혹은 타인을 대하는 태도에서[39] 결코 다를 수 없다는 점은 자명해 보인다. 심지어 오늘날에조차 남녀노소, 빈부귀천에 대한 차별이 완전히 사라지지 않은 상황을 고려하면, 당시 최시형 퍼실리테이션의 전제와 그 실천 전략은 그야말로 파격 그 자체라고 해도 과언이 아니다. 그리고 바로 이 점은 최제우에 비해 그 지지 군중의 수가 천 배 이상으로 늘어날 수 있었던 주요 동력이 되었던 것으로 보인다. 이와는 조금 다른 관점에서, 임태홍은 최제우의 사상이 민족 중심이었던 것에 반해 최시형은 민주·민권 중심이었으며, 시천주에서 양천주에로의 사상적 변환이 최시형 대에 이르러 폭발적으로 동학이 확산해 간 이유로 보고 있다.[40]

둘째, 일상의 생활양식에 대한 개혁이다. 앞의 첫째 항이 일종의 대인관계 원칙에 해당한다면, 지금의 방향성은 온전히 자기 자신에게로 돌아

---

36 *ibid.*
37 『神師法說』,「待人接物」.
38 *ibid.*
39 *ibid.*
40 임태홍, 앞의 논문, 127쪽.

와 각 개인이 자신 안의 한울을 깨우고 키우기 위한 구체적인 실천 방안에 관한 것이다. 이때 퍼실리테이터 형 리더 최시형의 프로세스 제어 방식 중 하나는 육임직의 구상에 있었다. 이는 일견 업무 지향적 성격인 것으로만 보이지만, 그 직분을 맡을 수 있는 자격 요건을 구체적으로 살펴보면 다분히 구성원의 동의를 온전히 끌어내기 위한 관계 지향적 성격임을 알 수 있다: "① 교장은 알차고 덕망 있는 이로 삼고, ② 교수는 성심 수도하여 가히 전수할 이로 삼고, ③ 도집은 위풍이 있고 기강을 밝히고 선악의 한계를 가릴 줄 아는 이로 삼고, ④ 집강은 시비를 밝히고 가히 기강을 세울 줄 아는 이로 삼고, ⑤ 대정은 공평하고 부지런하고 신임이 두터운 이로 삼으며, ⑥ 중정은 능히 바른말을 하는 강직한 이로 삼는다."[41]

뿐만 아니라, 「내칙」과 「내수도문」의 찬제,[42] 혹은 성·경·신의 강조를 통해[43] 최시형은 집단 구성원들의 몸과 마음이 모두 건강하게 성장해 갈 수 있는 원리적·실천적 기반을 제공했다. 아래 인용한 한울, 즉 사람에 대한 열 가지 금기사항은 최시형 퍼실리테이션의 토대가 무엇이고, 또 그 방향성이 어떠해야 하는지를 가장 극명하게 보여주는 사례에 해당한다.

1. 毋欺天하라: 한울님을 속이지 말라.
2. 毋慢天하라: 한울님을 거만하게 대하지 말라.
3. 毋傷天하라: 한울님을 상하게 하지 말라.
4. 毋亂天하라: 한울님을 어지럽게 하지 말라.

---

41 표영삼, 앞의 책(2005), 126-127쪽.
42 cf.『神師法說』,「內修道文」,「內則」.
43 cf.『神師法說』,「誠·敬·信」.

5. 毋夭天하라: 한울님을 일찍 죽게 하지 말라.

6. 毋汚天하라: 한울님을 더럽히지 말라.

7. 毋餒天하라: 한울님을 주리게 하지 말라.

8. 毋壞天하라: 한울님을 허물어지게 하지 말라.

9. 毋厭天하라: 한울님을 싫어하게 하지 말라.

10. 毋屈天하라: 한울님을 굴하게 하지 말라.[44]

전일적 퍼실리테이션

앞서 최시형식 퍼실리테이션을 가능하게 만든 일차적 전제가 '사람의 한울성'에 대한 것이었다면, 이제 그것의 더욱 확장된 형태를 살필 필요가 있다. 여기에는 오늘날의 퍼실리테이션과 분명한 차이를 보이는 최시형 식 퍼실리테이션만의 특성뿐 아니라, 동시에 최시형을 전일적 퍼실리테이 터로 자리매김할 수 있는 새로운 시각이 담겨 있기 때문이다.

요컨대 최시형만의 독창적 퍼실리테이션이 가능할 수 있는 또 다른 전 제, 즉 그를 전일적 퍼실리테이터로 간주할 수 있는 궁극의 전제는 다름 아닌, 사람뿐 아니라 모든 천지 만물이 한울의 영기를 공유하는 동질의 존 재라는 자각에 있다.

> 우리 사람이 태어난 것은 한울님의 영기를 모시고 태어난 것이요, 우리 사 람이 사는 것도 또한 한울님의 영기를 모시고 사는 것이니, 어찌 반드시 사 람만이 홀로 한울님을 모셨다 이르리오. 천지만물이 다 한울님을 모시지

---

44 『神師法說』, 「十毋天」.

않은 것이 없느니라. 저 새소리도 또한 시천주의 소리니라.[45]

　만약 천지 만물의 존재론적 의미가 사람의 그것과 별반 다를 바 없다면, 사람과 천지 만물은 같은 천지 부모 아래 함께 살아가야 할 공존의 파트너가 된다. 그리고 양자 간의 공존 양상엔 사람과 사람 아닌 것 사이에 아무런 가치의 차이나 계급의 차이도 있을 수 없다.[46] 이때 양자 간의 공존 방식은 바로 이천식천, 즉 사람을 포함한 우주 공동체 전체가 한데 어우러져 살아가는 삶이다.

　이는 사람을 비롯한 천지 만물이 서로 유기적으로 연결되어 조화를 이루며 살아간다는 의미이다. 그렇지만 필요 이상의 한도를 넘어서는 이천식천은 상생의 삶에 위해가 될 수 있다.[47] 오늘날 생태계 파괴의 주범이 바로 우리 인간이라는 현실에 비추어 볼 때, 최시형 역시 '한도를 넘어서는 이천식천'의 원인을 인간에서 찾은 것 같다. 이때 '천지만물의 한울성'은 인간에 의해 부당하게 억압되고 만다.

　요컨대 최시형에겐 자연에 대한 우리 인간의 기본 태도와 생활양식 역시 주된 개혁의 대상이었다. 그렇다면 이제 최시형에게 퍼실리테이션의 대상은 사람을 비롯한 천지 만물 전체이며, 후자의 경우에 대한 퍼실리테이션 방식은, 다름 아닌 자연에 대한 사람의 태도와 그 양식을 개혁하는 데에 있다는 것을 알 수 있다.

---

45 『神師法說』, 「靈符呪文」.
46 『神師法說』, 「誠・敬・信」, "한 어린이가 나막신을 신고 빠르게 앞을 지나니, 그 소리 땅을 울리어 놀라서 일어나 가슴을 어루만지며, 「그 어린이의 나막신 소리에 내 가슴이 아프더라」고 말했었노라. 땅을 소중히 여기기를 어머님의 살같이 하라."
47 표영삼, 앞의 책(2005), 134-135쪽.

만물이 시천주 아님이 없으니 능히 이 이치를 알면 살생은 금치 아니해도 자연히 금해지리라. 제비의 알을 깨치지 아니한 뒤에라야 봉황이 와서 거동하고, 초목의 싹을 꺾지 아니한 뒤에라야 산림이 무성하리라. 손수 꽃가지를 꺾으면 그 열매를 따지 못할 것이오, 폐물을 버리면 부자가 될 수 없느니라. 날짐승 삼천도 각각 그 종류가 있고 털벌레 삼천도 각각 그 목숨이 있으니, 물건을 공경하면 덕이 만방에 미치리라.[48]

이를 통해 최시형은 천도의 순리에 알맞은 이천식천이 가능해지고, 나아가 만물이 서로의 삶을 촉진하고 상승시키는 상생의 삶이 가능해진다고 판단한 것 같다. 사람을 포함한 천지 만물의 삶이 서로 이렇듯 불가분의 유기적 관계에 놓인 것이라면, 최시형 퍼실리테이션의 대상이 사람에만 국한될 수 없다는 것은 필연적으로 도출될 수밖에 없는 결론이다. 퍼실리테이션의 관점에서 최시형은 그가 인식하고 있든 그렇지 않든, 혹은 원하든 원하지 않든 이미 퍼실리테이션의 대상을 존재 전체로 삼은 유일한 전일적 퍼실리테이터인 셈이다.

최시형의 퍼실리테이션 지향점과 파트너십

그렇다면 전일적 퍼실리테이터로서 최시형 퍼실리테이션이 지향하는 궁극의 지점은 과연 어디일 수 있는지를 고민해 볼 필요가 있다. 바꾸어 말하면, 사람이 사람에 대해 갖는 태도와 생활양식을 개혁하고, 그와 동시

---

48 『神師法說』, 「待人接物」.

에 사람이 자연에 대해 취할 태도와 생활양식을 개혁함으로써 그가 궁극적으로 지향하는 바는 무엇일까?

물론 여기엔 관점에 따라 여러 형태의 답변이 가능할 것이다. 이를테면, 사람 안의 한울을 키워 '함께 자란다'는 양천주적 의미에 초점을 두어 이것의 가장 확장된 형태인 만물존중사상을 그 지향점으로 볼 수 있다. 혹은 이천식천에 초점을 맞춰 우주 공동체 전체의 상생적 삶을 최시형 퍼실리테이션의 지향점으로 삼았을 것이라는 시각도 가능하다. 또는 만물의 평등과 평화를 말할 수도 있을 것이고, 이와 동일한 사회적 맥락에서 상호존중이라는 키워드를 찾을 수도 있을 것이다.

만약 최시형의 퍼실리테이션 지향점을 위의 글 〈슈퍼리더십과 수양〉의 맥락 안에서 접근하여 찾는다면, 이는, 모든 사람에게 내재한 고귀한 가치가 수행을 통해 안정적으로 발현하도록 도움을 준다는 점에서, 퍼실리테이션의 핵심 가치인 동시에 슈퍼리더십의 완결된 형태라고도 할 수 있을 것이다. 그렇지만 지금 이 자리에서는 최시형 퍼실리테이션의 궁극적 지향점을, 다름 아닌 '일상의 재발견'이라는 맥락에서 찾고 싶다. 즉 사람들에게 일상의 소중함을 다시 찾을 수 있도록 사람들 안의 하늘(한울)을 깨우고 키우는 데에 기여하려는 것이 바로 최시형 퍼실리테이션의 궁극적 목적일 수 있다는 것이다.

이는 우선, 일상의 개혁을 통해 변화되는 것은 자신의 삶을 수용하는 마음가짐일 뿐 결코 피안 세계로의 도피가 아니며, 결국 마음의 변화를 통해 다시 자신의 일상으로 올곧이 돌아와 일상 삶의 소중함을 깨닫는 데에 그 목적이 있다는 점 때문이다. 최시형에게 도는 곧 일상의 삶 자체였다.[49]

---

49 『神師法說』,「其他」, "도는 높고 멀어 행하기 어려운 곳에 있는 것이 아니라 일용행사

다음으로, 그 개혁은 '특별함의 특별함'이 아닌 '일상의 특별함'을 강조하는 일관된 방향성을 갖는다는 점 때문이다. 예컨대 천어와 같은, 특별해서 특별해 보이는 현상에 대해서도 역시 최시형은 '참된 말이면 천어 아닌 것이 없다'는[50] 상식의 잣대로 자칫 비일상의 세계로 비약해 버릴 만한 사안마저 일상의 수행 영역 안으로 포용할 수 있었다.[51]

결국 최시형 퍼실리테이션의 궁극적 지향점은 '지금 여기' 자신이 딛고 있는 일상을 소중하게 살아갈 수 있도록 도움을 주는 일상의 재발견에 있었다고 할 수 있는 것이다. '일상의 삶을 소중하게 살기', 이는 바로 퍼실리테이터 형 리더 최시형의 비전이었다.

정리하면, 최시형은 사람이 사람을 대하는 태도와 방식, 그리고 사람이 자연을 대하는 태도와 방식에 일대 변혁을 요구한 인물이다. 하지만 그가 취한 방법론은 상급자인 리더로서 하급자인 집단 구성원을 이끌어갔다기보다는 모든 사람에게 내재한 숭고하고 고귀한 가치를 스스로 발현하도록 도움을 주는 형태로서였다.

이는 사람을 비롯한 천지 만물 모두가 바로 하늘(한울)이라는 대전제를 공유하기 때문이다. 최시형은 자신을 비롯한 모든 사람에게 내재한 하늘됨(한울됨)의 발현에 기여하는 퍼실리테이터 형 리더이자, 동시에 인간과 자연 간에 놓인 불가분의 존재론적 관련성으로부터 자연의 하늘됨(한울됨)까지 퍼실리테이션의 대상으로 삼은 전일적 퍼실리테이터였다. 이를 통

가 다 도 아님이 없나니…."
50 표영삼, 앞의 책(2005), 41쪽.
51 『神師法說』, 「天語」, "내 항상 말할 때에 한울님 말씀을 이야기하였으나 한울님 말씀이 어찌 따로 있으리오. […] 말이 이치에 합하고 도에 통한다 하면 어느 것이 한울님 말씀 아님이 있겠느냐."

해 최시형의 퍼실리테이션이 궁극적으로 지향한 바는 바로 일상을 소중하게 살아갈 수 있는 일상 가치의 재발견에 있었다. 그가 추구한 도, 혹은 '내 안의 하늘님 발현'은 일상의 수양을 통해 도달할 수 있는 매우 친근한 것이었다.

이는 천어의 청취와 관련하여 신비적 색채가 채 가시지 않은 선대의 리더 최제우의 시기에 비해 동학사상에 동의하고 이를 수용하는 사람들의 수를 파격적으로 늘어나게 만든 주된 요인 중의 하나로 작용했다. 그곳에서 사람들은 특별한 신비 체험을 통한 증명 없이도 누구나 한울님으로 대접받을 수 있었다.

특정 조직에 한정된 특정 형태의 리더십이 아닌, 전 우주를 대상으로 하는 전일적 퍼실리테이션의 사례로부터 인간과 세계에 대한 두 가지 의미 있는 원리적 관점이 도출되는 것으로 보인다. 하나는 파트너십으로서의 인간관이다. 사람과 사람 사이에 높낮이가 있을 수 없으므로, 이제 인간관계의 지평은 더 이상 '리더-팔로워'의 관계가 아니라, 서로 역할이 다를 뿐인 파트너로 인식되어야 마땅하다.

다른 하나는, 파트너십으로서의 자연관이다. 인간과 자연 간의 관계가 파트너십일 수밖에 없는 이유는 사람과 사람 간의 관계가 파트너십일 수밖에 없는 이유와 같다. 자연은 더 이상 인간을 둘러싸고 있는 '환경'이 아니며, 양자는 서로의 생존과 번영을 위해 협력해야 할 상생의 파트너인 때문이다. 그리고 이 모든 것들은 다시 한번 자기 자신과 타인, 그리고 자연을 일상의 눈으로 관찰하여 있는 그대로의 현실을 직시한 최시형의 자각이 있었기에 가능한 일이었다.

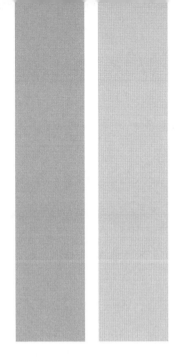

11장
좋은 것과 나쁜 것*

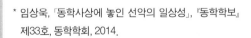

* 임상욱, 「동학사상에 놓인 선악의 일상성」, 『동학학보』
제33호, 동학학회, 2014.

선과 악의 일상성

가치에 대한 논의가 존재 세계의 제반 대상들에 대한 '좋고 나쁨'을 따지는 작업이라면, 그 좋고 나쁨의 초점을 특히, 인간 사회에 맞춘 담론은 바로 윤리라고 할 수 있다. 즉 윤리란 우리가 따르는 어떤 행위규범이 우리 삶의 '좋은' 모습을 촉진하고, 동시에 어떤 것이 저해하는가를 따져 가는 작업이다. 요컨대 윤리는 우리 인간 사회에 '선'한 것과 '악'한 것이 과연 무엇인지를 구분해 가는 작업인 셈이다.

인간 사회의 선악을 구별하는 기준과 방법론은 나름의 다양한 배경이 있겠지만, 이 중 가장 근원적인 것은 아마도 그러한 윤리적 담론의 배후로 작동하는 존재론적 배경일 것이다. 이원론의 경우처럼, 만약 이것이 서로 다른 두 가지 차원의 세계를 상정한 존재론이라면, 이때 상대적으로 저급한 차원의 윤리관, 즉 대체로 인간의 윤리관은 좀 더 고차원의 세계, 예컨대 신의 세계에 의존적인 형태를 보이기 쉽다.

이원론에 기반을 둔 대개의 서구적 윤리관과는 달리, 지기일원론을 채택하는 동학사상에는 체계화된 윤리관이 마련되어 있다고 보이지 않는다. 윤리적 가치체계는 필연적으로 가치의 높낮이를 전제로 할 수밖에 없는 반면, 지기일원론적 기반 위에서는 그 존재론적 특성상[1] 무엇을 최고

---

1 『神師法說』, 「靈符呪文」, "어찌 반드시 사람만이 홀로 한울님을 모셨다 이르리오. 천

가치로 삼고 무엇을 하위의 가치로 두는지에 대한 논의 자체가 무의미하기 때문이다. 이는 서구적 윤리관이 인간을 우주의 정점에 두는 인간중심주의로 발전해 온 데 비해, 동학의 윤리적 마인드는 필연적으로 만물존중사상을[2] 태동시키게 된 이유이기도 하다.

서구 윤리관의 외형적 완성도에 견주어 비록 아직 뚜렷한 독자적 체계로 정립된 것은 아니더라도, 이는 앞으로의 동학적 윤리관의 모습을 가늠해 볼 수 있는 핵심적 특성 중 하나인 것만은 분명해 보인다. 원리적으로, 인간은 인간 아닌 것과 그 '좋고 나쁨'을 가르는 기준이 다를 수 없기 때문이다. 즉 인간이 지향하는 가치는 우주 전체가 지향하는 가치와 다른 기준을 가질 수 없다. 요컨대 인도와 천도는 서로 다른 것일 수 없는 것이다.[3]

지기의 일원적 존재론 안에서 선과 악은 다만 서로 그 드러나는 존재 양상이 다를 뿐인 상대개념에 해당한다. 선 그 자체 혹은 악 그 자체의 존재를 허용한다면, 이는 이미 질적으로 서로 다른 차원의 존재를 인정하는 다원론일 것이기 때문이다.

그렇지만 선악의 상대개념이 궁극적으로 수렴되는 장소는 선악의 부재를 지시하는 사실 선언에 있다기보다는 양자가 서로 상호 의존적인 존재 구도 아래 놓여 있다는 것의 의미, 다시 말해, 바로 우리 삶의 실천 전략에 있다. 즉 상대적으로 더 작은 선은 이보다 더 큰 선에 대해 악(혹은, 차선)으로 간주될 수 있고, 이와 마찬가지로 상대적으로 더 작은 악은 이보다

지만물이 다 한울님을 모시지 않은 것이 없느니라. 저 새소리도 또한 시천주의 소리니라."

2 ibid.
3 『神師法說』, 「其他」, "천도와 인도 그 사이에 한 가닥의 머리털이라도 용납하지 않을 것이니라."

더 큰 악에 대해 선(혹은, 차악)으로 자리매김할 수 있다는 현실 인식에 있다.(그리고 이런 상대적 존재 구도에서라면, 논리적으로 오히려 우리는 그야말로 끊임없이 점점 더 높은 수준의 선을 지향하고 실천해 갈 수 있다.)

예컨대 인간의 특정 행위 및 자연의 개별 현상은 또 다른 누군가나 자연의 다른 일부에 대해 각각 상호 대칭적으로, 혹은 동시에 상호 교차적 방식으로 '인간-인간' 간 그리고 '인간-자연' 간 (상대적) 선과 (상대적) 악으로 작동할 수 있는 이중의 가능성을 내포한다. 하물며 햄버거 한 조각을 먹는 행위에서조차 어떤 사람에게는 이것이 칼로리 부족을 빠르게 회복시켜 주는 선으로 이해되는 반면, 또 다른 누군가에게는 비만의 주범인 악으로 간주된다.

이와 동시에, 위와 같은 행위는 필연적으로 자연에 대한 일련의 연쇄반응을 수반한다. 이를테면 얼핏 소소해 보이는 인간의 먹는 행위는 패티 공급을 위한 소 개체 수의 증가, 목초지 조성에 따른 삼림 감소, 대량 사육된 소가 방출한 메탄가스로 인한 대기 구성 물질의 변화 등으로 나타난다. 마치 나비효과로 대표되는 카오스 이론이 시사하는 바처럼, 이런 식의 행위가 초래하는 상대적 선악의 연쇄는 사실 지구 생태계 내에 무한히 확장해 가는 것으로 예측할 수 있다.

그런데 이 같은 선악의 관계성은 실상 동학사상에 잠재된 여러 형태의 의미 있는 가치 중 오늘날의 우리 사회에 즉각 제안 가능하며, 매우 시의 적절한 화두 한 가지를 드러낸다. 그것은, 위의 글 〈퍼실리테이션과 파트너십〉에서 도출된 결과이기도 한, 바로 일상(적 가치)의 재발견이다.

현재의 맥락에서 이 화두가 가능한 이유는 첫째, 선악이 펼쳐지는 무대가 우리의 일상을 떠나 있지 않으며, 둘째, 그로부터 필연적인 가치 탐색의 장소 역시 바로 우리가 살아가는 현실 세계, 즉 일상일 수밖에 없기 때문이다. 다시 말해 가치는 일상을 떠난 특별한 장소가 아니라, '지금 여기' 로 대변되는 우리 주변에서 찾을 수 있고, 또 그래야만 한다는 점이다.

그렇다면, 선악의 문제 역시 이것이 다루어지는 배타적인 고유 영역이 나 특별한 방법론이 있다기보다는 온전히 일상의 영역에 속한 일상의 문 제로 귀결되는 셈이다. 다시 말해, 선악의 문제란 우리의 삶 속에서 늘 체 험하는 일상의 선과 일상의 악에 대한 것이며, 오직 그것이 문제의 핵심이 다. 이런 의미에서, 앞으로 이 글에서 다루게 될 선악의 문제는 선이나 악 그 자체의 존재론적 담론보다는 인간과 자연 모두를 포함하는 전체 존재 자들 간의 역동적 관계에서 발현되는 (사회) 현상으로 이해할 것이다. 그렇 지만 비록 선악의 문제를 존재자들 간에 놓인 관계로부터 기인한 현상, 즉 삶의 모습으로 인식하더라도, 그에 대한 접근 방법론은 다분히 동학의 존 재론적 특성을 기반으로 삼을 것이다. 현상은 존재의 특성에 의존적일 수 밖에 없기 때문이다.

이에 이 글에서는, '동학적 담론에서 선과 악의 문제를 다루는 시발점은 무엇일까?'라는 문제의식으로부터 과연 그에 대한 접근 방법론이 동학의 존재론에 따른 일상의 관점일 수 있는지 논의해 보려고 한다. 이를 위해, 동학사상에서 도출해 낼 수 있는 윤리적 판단의 보편적 준거는 무엇일 수 있는지를 중심에 두고 검토해 가겠다.

또한 이를 좀 더 다양한 관점에서 조명해 보기 위해, 동학사상과 다른 이 원 존재론적 배경을 가짐에도 불구하고 악의 문제를 일상성의 관점에서 접근한 아렌트(H. Arendt)의 방법론과는 어떤 점에서 비교·대조될 수 있 는지 보조적으로 살피려 한다.

선악에 대한 동학사상의 보편적 판단 준거

'특별함'이 부각되는 이유

넓은 의미에서, '특별함'에 대한 생각, 예컨대 세상에는 특별한 사람이 있다거나, 혹은 특별한 물건이 있다는 생각은 얼핏 당연해 보일지라도, 한 개인 삶의 여정이나, 넓게는 우리 인류 역사에 과연 언제부터 특별함과 평범함이 서로 구분되기 시작했는지 따져보는 것은 우리 삶의 통찰을 위해 매우 의미 있는 작업일 것이다.

이는 한편, 자신이 속한 사회의 관습에 익숙해지기 이전의 어린 시절엔 누구도 그런 식의 확고한 구분을 하지 않았을 것이기 때문이고(적어도 어린 아이의 눈에는 모든 것이 무차별하게 보였을 것이다.), 다른 한편, 이것이 구분되기 시작했다면 거기엔 분명 그에 합당한 뚜렷한 이유가 자리 잡고 있을 것이기 때문이다.

예컨대 다이아몬드와 값싼 유리구슬을 아무런 구별 없이 가지고 놀았을 한 어린아이가 어느 날 문득 양자의 차이점을 자각했다면, 그 아이는 아마도 각각의 '장난감'에 놓인 희소성의 가치가 서로 다르다는 점을 알아챘기 때문일 것이다. 이때 언제든 접근 가능한 유리구슬의 가치는 거의 그대로인 반면, 다이아몬드에 부여되는 가치는 급격하게 상승한다. 즉 평범한 대상과 특별한 대상이 서로 구분되기 시작하는 것이다.

그렇지만 희소성의 요인이 어떤 대상에 특별함을 부여하는 유일한 기준일는지의 여부는 불투명하다. 모든 사람이 다이아몬드를 원하는 것은 아니기 때문이기도 할 테지만, 무엇보다 희소성은 다수성에 대한 양적인 차이에 불과하기 때문이다. 즉 양적으로 다르되 질적으로는 동일한 대상이라면, 그로부터 특별함의 정당한 지위를 지속하기는 어려워 보인다. 이때의 특별함은 상대적이고, 따라서 언제든 변할 수 있기 때문이다.

이와 달리, 좀 더 안정적인 동의를 끌어낼 만한 수준의 특별함은 단순한 양적 차이를 넘어 질적으로 다른 대상, 즉 다른 차원의 존재에 대해서일 수 있다. 이런 의미에서 서구적 이원론은 존재를 일상 세계와 특별 세계로 나누어 바라보는 세계 이해 방식인 셈이다. 이 같은 전통에 익숙한 서구 사회에서는 지상의 특별함을 단지 천상 세계와의 연관성에 한정해 인정하려는 경향을 보여 왔다. 예를 들어, 카리스마 형 리더는 신이 부여한 재능을 가진 특별한 사람으로 간주되었다.[4]

특별한 세계와의 각별한 관계를 강조하는 분위기는 동양이라고 해서 크게 다르지 않다. 이때의 특별함은 단순한 주관적 느낌에 불과한 것이 아니라, 다른 차원의 세계에 연결된, 실제로 존재하는 어떤 것이다. 요컨대 이런 식의 특별함을 이용 가능한 형태로 바꿀 수 있다면, 이보다 더 유용한 것은 없으리라는 인식에 이른 것이다. 이를테면 중국의 천자는 하늘로부터 통치 권한을 위임받았으므로, 설령 그가 중국에서 가장 현명한 통치 능력을 갖춘 인물은 아닐지라도 자신보다 더 현명한 다른 사람에게 권좌를 양위해 줄 필요는 없다.

문제는 이런 식의 사고 양상이 특정한 이해관계에 맞물려 있는 종교, 정치 영역을 넘어 사회 전반에 걸쳐 일반화되었다는 점이다. 그러다 보니 사회 구성원들 사이에 보이는 역량의 자연스러운 양적 차이는 질적으로 해석되어, 그 차이를 줄여 가려는 개선의 노력보다는 오히려 이를 당연시하

---

4 강정애 외, 『리더십론』, 서울: 시그마프레스, 2010, 118쪽. cf. J. Conger & R. Kanungo, "Toward a behavioral Theory of Charismatic Leadership in Organizational Settings", *Academy of Management review*, Vol. 12, 1987.

는 경향이 고착되어 갈 수 있다. 예컨대 '한 명의 천재가 10만 명을 먹여 살린다'는 어느 기업인의 진술은 특별함과 평범함의 구별을 전제로 특별함의 중요성을 강조한 말이다. 만약 이 진술에 동의한다면, 기업 활동에 따른 열매 대부분을 '천재'로 대변되는 특별한 인물, 혹은 특별한 조직이 수확해 가는 현상 역시 용인될 수밖에 없다.

요컨대 '하늘이 내린' 국가 수장에게 절대 권력에 가까운 권한이 주어지고, 몇몇 '신화를 이룬' 기업인들에게 국가의 부가 집중되고, 몇몇 '천재'만 입학하는 대학의 학생들에게 장밋빛 삶의 기회가 부여되는 현상은 기이하게도 매우 자연스러워지고 마는 것이다.

일상이 특별할 수 있는 이유

비록 특별함과 평범함을 뚜렷이 구별하는 이분법적 사고 양상의 수혜자는 극히 소수에 그치더라도, 특별함을 추구하는 열정만은 나머지 대개의 99% 사회 구성원에게서도 마찬가지인 듯하다. 이러한 양상은 우리 삶의 영역 어디에서든 쉽게 관찰할 수 있다.

하물며 만남 자체로 이미 특별할 것 같은 연인 관계인 젊은이들조차 새로운 특별함을 찾아 다양한 이벤트를 진행하는 경우가 대부분이다. 설령 이벤트 후의 허전함에 의아해했을지라도, 그 원인을 찾아 분석해 보기보다는 대체로 또 다른 새로운 이벤트로 덮어 버리려는 경향을 보인다. 물론 현재 교제의 대상 역시 특별한 사람이다. 다시 말해, 사랑하다 보니 자신에게 특별해진 사람이 아니라, 실제로 특별해서 특별한 사람이라고 판단해서 선택한 것이다.

이러한 의사결정 패턴은 사실 우리 사회가 그들의 어린 시절부터 특별한 것을 찾아가도록 강제해 온 결과이기도 하다. 그들에게 교육된 특별한 것은, 예를 들어, '그' 대학, '그' 기업, '그' 집, '그' 배우자와 같은 것들이다. 이는 특별한 어느 특정 대상을 갖게 되면 좋을 것이라는 가치 판단 체계를 학습하도록 강제한다. 예컨대 돈과 같은 재화는 행복에 이르는 수많은 수단 중 하나라고 생각하게 하기보다는 돈과 행복을 단순히 동일시하도록 만드는 것이다.

그렇지만 특별한 어떤 대상을 소유하면 행복할 수 있다는 판단 체계는 현실적으로 심각한 역설을 초래한다. 만약 특정 대학 진학을 위해 어린 시절을 포기하고, 특정 직장의 취업 준비를 위해 대학 생활을 포기하는 식의 패턴이 이어진다면, 약속된 행복은 끝없이 지연되는 셈이고, 결국 행복하기 위한 전 과정이 오히려 불행일 수 있을 것이기 때문이다.그리고 이러한 역설과 악순환의 최대 요인은 질적으로 서로 단절된 두 존재 세계, 바꾸어 말하면 이원론적 존재 구도 아래 놓인 불연속적인 소통에 기인하는 것으로 보인다. 즉 우리가 살아가는 현실 세계에 익숙하고 자연스러운 방식으로는 다른 존재 차원의 특별함에 이르는 길이 요원하기 때문이다. 더구나 그런 식의 특별함은 거의 예외 없이 해당 존재 세계를 주관하는 주재자의 의지에 의존하기 때문에, 더더욱 그에 다가가기 어렵다. 의지는 언제든 자연법칙에 역행하는 지향성을 표출할 수 있기 때문이다.

반면, 동학사상이 제안하는 바와 같이 가치 탐색의 장소를 (지기) 일원론적 존재론의 기반 위에 둔다면, 그로부터 도출되는 세계 이해 방식은 앞의 경우와 전혀 다를 수 있다. 설령 평범함과 다른 특별함이 존재하더라도, 이것이 존재하는 장소 역시 필연적으로 우리가 살아가는 존재 세계일 테고, 나아가 우리에게 익숙하고 자연스러운 방식으로 탐색 가능할 것이기 때문이다. 요컨대 우리가 살아가는 세계의 자연법칙은 어떤 형태의 인격적 의지의 개입도 허용하지 않는다. 또한 지기 존재론은 존재자들 간의 질적 차이를 원천적으로 허용하지 않는다.[5] 그렇다면 일원적 존재 구도 아래 모든 대상 및 현상은 단지 그 발생 빈도에서 차이를 보일 뿐이다. 다시 말해, 세상에는 드물게 접하는 '낯선(혹은, 특별한)' 평범함과 다른 한편, 자주 보게 되는 '익숙한(혹은, 일상적)' 평범함이 있을 뿐인 셈이다.

바꾸어 말하면, 평범함이란 다름 아닌 우리가 살아가는 매일의 일상 중 높은 빈도의 경험을 총칭하는 표현일 수 있다. 다른 한편, 특별함이란 그 보다 덜 높은 빈도의 경험을 지시하는 것일 수 있다. 그렇다면 평범한 것과 특별한 것은 모두 우리 일상의 삶이라는 한 장소에 녹아 있는 셈이다. 더 정확히 말하면, 존재하는 모든 것은 다 평범하며, 동시에 특별할 수 있다. 만약 양자가 여전히 서로 다른 양상의 존재로 인식된다면, 이는 평범함과 특별함을 철저히 분리하는 이원론적 존재 구도에 여전히 묶여 있기 때문이다.

동학사상의 관점에 따르면, 이런 식의 이원론적 특별함에 대한 믿음은 존재자들 간에 놓인 (유기적) 관계성을 간과한 소치이다. 요컨대 존재자들 상호간의 관계성을 강조한 불연기연의 의미를 현재의 맥락 안에서 해석하면, 존재자들 간의 관계가 가시적이며 분명한 경우를 기연, 즉 평범함, 다른 한편, 각 존재자 간의 관계가 불분명하여 잘 드러나지 않은 경우를 불연, 즉 특별함으로 오해한다는 점일 것이다.

그렇지만 우리가 그 관계성을 인지하고 있는가에 상관없이, 불연기연은 바로 모든 존재자 간의 필연적 관계성을 적시하는 말이다.[6] 다시 말해, 우

---

5 『神師法說』,「靈符呪文」, "어찌 반드시 사람만이 홀로 한울님을 모셨다 이르리오. 천지만물이 다 한울님을 모시지 않은 것이 없느니라."
6 『東經大全』,「不然其然」, "노래하기를 천고의 만물이여, 각각 이룸이 있고 각각 형상이 있도다. 보는 바로 말하면 그렇고 그런듯하나 그로부터 온 바를 헤아리면 멀고도

리가 안다고 그 관계가 성립되는 것도 아니고, 반대로 모른다고 그런 관계가 없다는 의미도 아니라는 점이다. 이는 무엇보다 존재자들 간 단절이 있을 수 없는 (지기) 일원론적 존재론에 기반을 둘 때 가능한 해석이다. 즉 모든 존재가 함께 어우러져 살아가는 모습이야말로 우리가 살아가는 일상의 자연스러움이다. 그리고 그 자연스러움의 근거는 바로 존재자들 간의 단절 없는 관계성이다.

가치론의 관점에서 동학사상의 불연기연을 살피면, 이렇듯 좋은 것과 나쁜 것, 특별한 것과 평범한 것, 혹은 선과 악 모두가 우리의 일상에 놓인 관계성으로부터 자연스레 드러나는 각양각색의 현상들인 셈이다. 이때 각각의 관계적 현상들이 서로의 대척점에 마주 선 개별 존재가 아니라면, 동학사상의 가치론적 논의는 필연적으로 그것의 실천적 의미에서 유효하다는 점이 추론된다. 바꾸어 말하면, 동학적 의미의 좋고 나쁨, 혹은 동학적 의미의 선악은 각 존재자 간에 맺어진 특정한 관계의 맥락에서 역동적으로 결정된다. 이는 곧 인간 사회에 적용되는 선악의 개념 역시, 우리 인간이 자연에 대해 어떤 관계를 맺는가에 따라 달라진다는 의미이다.

이제 현시점에서 던질 수 있는 질문은, "그렇다면 동학사상의 관점에서 도출될 수 있는 '좋은 것'과 '나쁜 것', 즉 동학의 가치는 무엇을 판단 기준으로 삼을 수 있는가?"일 것이다. 다시 말해, 존재자들 간 어떤 관계성은 선하고, 또 어떤 것은 악하다고 판단할 수 있는 준거가 무엇인지에 관한 질문이다.

심히 멀도다. 이 또한 아득한 일이요 헤아리기 어려운 말이로다. 나의 나 된 것을 생각하면 부모가 이에 계시고, 뒤에 뒤 될 것을 생각하면 자손이 저기 있도다. 오는 세상에 견주면 이치가 나의 나 된 것을 생각함에 다름이 없고, 지난 세상에서 찾으면 의심컨대 사람으로서 사람 된 것을 분간키 어렵도다."

동학적 가치 판단의 준거

동학의 선악 판단 준거를 검토하는 과정에서 무엇보다 눈여겨보아야 할 점은 우리에게 좋은 것, 즉 인간의 윤리와 존재 전체에 좋은 것, 즉 보편적 가치가 과연 서로 합치하는지의 여부이다. 물론 양자에 놓인 존재의 구체적 양상이 서로 다른 이상 가치론적 논의의 각론 역시 다를 수 있겠지만, 이의 통론에서는 그 본질적 동일성이 반드시 담보되어야 한다. 동학사상의 존재론, 즉 지기의 일원론적 특성상 양자는 서로 다른 존재일 수 없기 때문이다.

존재자들 간의 역동적 관계성을 조명하기 위해 유용한 것은 존재 자체보다는 그것의 존재 양상이다. 이때 동학사상의 존재론이 지시하는 존재 자체는 지기이지만, 이것의 존재 양상은 성쇠명암으로 표현되는 천의 길, 즉 천도이다.[7] 다시 말해, 천도는 어떤 신비한 색채를 지닌 형이상학적 존재 양상을 지칭하는 것이라기보다는 일상의 경험적 관찰을 통해 도출 가능한 자연의 존재 양상을 의미한다.

이런 의미에서 만약 천도를 번역 가능한 현대의 용어로 바꾼다면, 천도는 자연의 존재 양상 전체를 포괄하는 규칙, 즉 자연법칙 정도로 이해할 수 있을 듯하다. 우선, 이 법칙이 자연에 대해 말하는 바는, '성한 것이 오래면 쇠하고 쇠한 것이 오래면 성하고, 밝은 것이 오래면 어둡고 어두운 것이 오래면 밝다'는 성쇠명암이다.[8] 다음으로 인도, 즉 인간에게 해당하

---

7 『神師法說』, 「開闢運數」, "성한 것이 오래면 쇠하고 쇠한 것이 오래면 성하고, 밝은 것이 오래면 어둡고 어두운 것이 오래면 밝나니 성쇠명암은 천도의 운이요, 흥한 뒤에는 망하고 망한 뒤에는 흥하고, 길한 뒤에는 흉하고 흉한 뒤에는 길하나니 흥망길흉은 인도의 운이니라."

8 ibid.

는 존재 양상의 법칙은 '흥한 뒤에는 망하고 망한 뒤에는 흥하고, 길한 뒤에는 흉하고 흉한 뒤에는 길하다'는 흥망길흉이다.[9]

이제 필요한 것은, 이러한 존재 양상의 과정을 통틀어 그에 대한 가치론적 판단은 무엇을 기준으로 할 것인가에 대한 판단이다. 이 과정을 일반적인 상식에 비추어 보면, 얼핏 '성하고 밝은 것', 그리고 '흥하고 길한 것'이 좋고, 그렇지 않은 다른 양상들을 나쁘다고 평할 수 있을 듯하다. 만약 이런 판단이 온당한 것이라면, 그에 대한 별다른 판단 기준이 필요할 이유도 없을 것이다.

그렇지만 모든 존재자가 상호 간의 유기적 관련성 아래 놓인 동학 존재론의 특성상 성명과 흥길, 그리고 쇠암과 망흉만을 따로 떼어내어 각각을 좋거나, 혹은 나쁘다고 평가하기는 어렵다. 어느 한쪽의 존재 양상은 오직 다른 한쪽의 존재 양상을 전제로 가능할 것이기 때문이다.

이때 천도와 인도의 양자 모두에게 공통으로 적용될 수 있는 키워드는 바로 변화이다. 좀 더 정확히 말하면, 시간에 따른 변화이다.[10] 즉 성한 것이 쇠하게 되는 변화의 전제는 바로 시간이다. 문헌에 따르면, 그것도 '오랜' 시간이다. 이에 대응하는 시간의 길이는 아마도 너무 빠르지도 않고, 그렇다고 너무 느리지도 않은 충분한 시간 정도로 이해할 수 있을 듯하다. 요컨대 존재자 각각의 라이프 사이클에 가장 어울리는 길이의 시간일 것이다. 이를테면, 자연 전체를 한몫으로 보아 그다음의 변화를 위해 필요한

---

9 *ibid.*

10 이에 적용 가능한 다른 하나의 키워드는 순환성일 수 있다. 이는 당시 일반적으로 통용되던 개벽의 순환성을 의미하는 것이며, 현재의 맥락에서는 '변화의 영원성' 정도로 해석 가능할 듯하다. 그렇지만 이것은 현재 다루고 있는 가치론적 판단의 준거와는 직접적인 관련성이 없으므로, 그에 대한 논의는 다른 기회로 미루기로 한다.

시간은 큰 변화의 경우 만년, 중간 변화의 경우 천년, 그리고 작은 변화의 경우 백 년이다. 이와 마찬가지로, 그중 인간사의 대·중·소 변화에 어울리는 시간의 길이는 각각 천년, 백 년, 그리고 십 년이다.[11]

문헌에는 각각의 변화에 필요한 시간의 길이가 왜 그런지, 혹은 각각의 변화를 통해 드러나는 존재의 모습은 어떤 것인지에 대해 따로 설명된 바는 없으나, 설령 그 근거가 과학적인 것이 아니라 할지라도 이 진술을 통해 전달되는 메시지의 의도를 파악하는 데에 큰 무리는 없어 보인다. 요컨대 그것이 천도이든 아니면 인도이든 가장 바람직한 변화, 즉 가장 자연스러운 형태의 변화는 바로 저마다 필요한 만큼의 충분한 시간이 주어질 때 이루어진다.

이처럼 존재 양상의 본질이 곧 시간의 흐름에 따른 변화라면, 그로부터 도출해 낼 수 있는 가장 적절한 형태의 가치 지향성은 바로 각양의 존재에 본연한 시간을 온전히 허용하는 데에 있을 것이다. 그것이 무엇이든 개별 존재 자신에 본연한 시간을 온전히 허용한다는 것은 곧 그 존재에 대한 제약 없는 존재 긍정이기 때문이다. 즉 이때의 관계성은 다름 아닌, 모든 존재자에 대해 있는 그대로의 존재 긍정을 전제로 한 상생의 관계라고 할 수 있다.

이는 인간과 자연 간에 상정 가능한 가장 안정된 형태의 관계성이자, 동시에 양자 간 지금껏 설정된 관계의 적절성 여부를 판단하고, 나아가 미래 지향적 가치 탐색을 위한 판단의 준거로 작동할 수 있을 것이다. 양자 간의 관계성을 존재 긍정과 상생의 방향으로 촉진하는 것은 좋은 것, 즉 선

---

11 『神師法說』, 「開闢運數」, "만년에 대일변, 천년에 중일변, 백년에 소일변은 이것이 천운이요, 천년에 대일변, 백년에 중일변, 십년에 소일변은 이것이 인사이니라."

이고, 다른 한편, 이의 관계성을 저해하는 방향의 관계성은 나쁜 것, 즉 악일 것이기 때문이다.

흔히, 아무것도 하지 않는다는 의미의 무위는 지금 다루고 있는 동학사상의 가치론적 맥락에서 볼 때 마주한 대상에 대한 존재 긍정으로 해석할 수 있고, 동시에 이를 통해 도달한 조화는 바로 상생의 삶을 지시하는 것으로 이해할 수 있다. 이런 의미에서, 무위이화는 "사람이 만물과 더불어 천도천리에 순응하는 우주만유의 참된 모습"[12]이다.

이렇듯 동학사상의 가치론적 준거를 도출해 내려는 시도는 바로 존재 긍정을 통한 상생이라는 지점으로 귀결될 수 있는 것으로 보인다. 이로부터 파생될 수 있는 윤리적 명제의 세부 방향은, 이를테면 저마다에게 주어진 존재의 본연한 시간을 온전히 지속하는 것으로부터 존재 긍정 혹은 상생의 삶을 촉진하는 영역까지의 어딘가에서 찾을 수 있다.

예컨대 '(생명의 시간을 늘리거나 줄이기 위해) 유전자 조작을 하지 말라'든가, '(존재 긍정에 반하는) 생태계를 파괴하지 말라', 혹은 '(상생의 삶에 역행하는) 살인을 하지 말라' 라는 등의 명제가 그에 해당할 수 있을 것이다. 이 중 특히 존재 긍정에 관한 한 최시형은 아마도 다른 누구보다 민감한 생태 윤리적 태도를 가졌던 인물로 보인다. 그는 어린이가 나막신을 신고 뛰는 것조차 자연을 상하게 하는 행위로 간주할 정도였다.[13]

---

12 『神師法說』,「其他」.
13 『神師法說』,「誠・敬・信」, "땅을 소중히 여기기를 어머님의 살같이 하라. 어머님의 살이 중한가, 버선이 중한가. 이 이치를 바로 알고 공경하고 두려워하는 마음으로 체행하면, 아무리 큰 비가 내려도 신발이 조금도 젖지 아니 할 것이니라. 이 현묘한 이치를 아는 이가 적으며 행하는 이가 드물 것이니라. 내 오늘 처음으로 대도의 진담을 말하였노라."

다만, (땅을 어머님의 살 같이 소중히 여기는 이치를 바로 알고 체행하면) "아무리 큰 비가 내려도 신발이 조금도 젖지 아니 할 것이니라."는 진술은[14] 문자 그대로 받아들이기 어렵다. 그렇지만 이를 현재 맥락인 판단 준거의 관점에서 보면 '서로에 대한 온전한 존재 긍정이 인간과 자연 간 완벽한 상생의 삶을 구현할 수 있다'는 정도의 의미로 해석할 수 있을 듯하다.

이에 현재의 맥락에서, 동학의 가치론적 판단 준거에 가장 근접한 것으로 간주되는 기존의 윤리 실천 강령을 검토해 보는 것은 의미 있어 보인다. 이를 통해, 현대의 패러다임에 적용할 수 있는 가장 적합한 형태의 동학적 가치체계, 즉 인간과 우주의 상생을 촉진하는 보편적 가치체계는 무엇일 수 있는지에 대한 논의 역시 비로소 시작될 수 있을 것이다.

동학 문헌 안의 윤리적 명제들

일반적으로 우리가 알고 있는 윤리적 명제의 형식은 대개 명령문이다. 특히 유럽-기독교적 전통을 기저에 둔 윤리적 명제는 100% 명령문의 형식을 취하고 있다. 그 이유는 우선, '좋은 것'에 대한 반복적인 경험은 더 이상의 검증이 필요하지 않을 만큼의 확실성을 담보했기 때문이다. 이를테면 진리의 가변성을 전적으로 허용하는 상대론적 윤리설의 명제들조차 그 진술의 정당성을 보장하는 명령문의 형식을 취한다.

다음으로, 비록 검증을 거치지 않은 것이더라도, 신과 같은 절대적 권위자에 의해 그 명제의 정당성이 담보되기 때문이다. 이는 대개 절대자의 직·간접적 진술을 인용한 형태로 보고되곤 한다. 동학의 문헌에 드러나는 윤리적 명제의 형식 역시 대개 명령문이다. 물론 「내칙」이나 「내수도

---

14 *ibid.*

문」과 같은 좀 더 부드러운 형식의 청유형 진술을 포함할 수도 있겠으나, 양자는 그 진술의 형식이나 내용의 특수성에 비추어 윤리적 명제인지가 불투명하다. 따라서 이보다는 윤리적 명제의 좀 더 명확한 형식과 내용을 갖춘 「십무천」과 「임사실천십개조」를 살필 필요가 있다.

「십무천」은 한울에게 하지 말아야 할 열 가지 항목을 담은 윤리적 명제이다.[15] 물론 이때의 한울은 그 진술의 맥락상 초인격적 존재가 아닌, 사람을 지칭한다. 「십무천」을 지금까지의 논의를 통해 도출된 동학적 가치 판단 준거인 존재 긍정을 통한 상생의 관점에서 관찰하면, 이에 부합하는 것으로 분류 가능한 것은 3, 5, 7, 그리고 10번의 4개 항목이다. 즉, 상대를 상하게 하거나, 죽게 하거나, 주리게 하거나, 혹은 굴하게 하는 것은 상대방의 존재를 긍정하고 다 함께 상생하며 살아가는 모습과는 거리가 있다.

반면, 1, 2, 4, 6, 8, 그리고 9번 항목, 즉 상대방을 속이거나, 거만하게 대하거나, 어지럽게 하거나, 더럽히거나, 허물어지게 하거나, 혹은 싫어하게 하는 것은 대부분 인간의 심리 영역에 해당하는 것으로서 과연 이 역시 동일한 범주에 드는지를 확인하기 위해서는 좀 더 심도 있는 논의가 필요해 보인다. 인간의 심리 영역에서는 자극에 대한 저마다의 반응 방식에 따라 '상처받지 않는' 주체적 태도가 가능하기 때문이다.

이렇게 보면 「십무천」에서 진술되는 윤리적 명제는 뚜렷하게 동학사상 고유의 지기일원론에 기초한 항목과, 이와 더불어 당장의 피폐한 현실을 극복하기 위해 한시적으로 마련된 상황 윤리적 성향의 항목이 한 데 뒤섞여 있다. 이는 물론 이상과 현실의 요구가 적절히 조합된 결과로 해석할 수도 있겠지만, 이보다는 오히려 당시의 동학 공동체가 윤리적 명제 정

---

15 『神師法說』, 「十毋天」.

립을 위한 신뢰할 만한 원칙을 아직 갖추지 못했기 때문으로 보는 편이 좀
더 설득력이 있어 보인다.

그렇지만 「십무천」에 놓인 더욱 중요한 의미는, 이 명제의 형식적 특징
이 무엇 무엇을 금지하는 형식으로 구성된 이른바 부정의 윤리학이라는
점에서 찾을 수 있다. 다시 말해 역설적으로, 여기엔 동학사상의 가치 지
향성을 좀 더 적극적으로 표현할 수 있는 긍정 윤리학의 가능성이 내포되
어 있다. 이는 오늘날 우리 사회에서 동학사상의 가치론적 논의가 어떤 형
태를 지닐 수 있는가에 대한 중요한 단서를 제공한다.

「십무천」이 대인관계에서 금해야 할 바람직하지 않은 윤리적 태도에 주
안점을 둔 명제라면, 「임사실천십개조」는 명칭 그대로 업무에 임했을 때
요구되는 업무 수칙 조항을 명기한 것이다.[16] 요컨대 윤리적 명제의 비즈
니스 버전인 셈이다. 앞의 판단 준거를 통해 그에 부합하는 조항들을 나열
하면, 4, 5, 6, 그리고 7번 조항 정도가 해당한다. 즉 공정하거나, 빈궁한 상
태를 살피거나, 남녀 구분을 잘하거나, 혹은 예법을 지키는 것은 상대방을
존중하여 상생하려는 삶의 태도와 관련이 깊다.

---

16 『神師法說』, 「臨事實踐十個條」
　"1. 明倫理하라　　윤리를 밝히라.
　2. 守信義하라　　신의를 지키라.
　3. 勤業務하라　　업무에 부지런 하라.
　4. 臨事至公하라　일에 임하여 지극히 공정하라.
　5. 貧窮相恤하라　빈궁한 사람을 서로 생각하라.
　6. 男女嚴別하라　남녀를 엄하게 분별하라.
　7. 重禮法하라　　예법을 중히 여기라.
　8. 正淵源하라　　연원을 바르게 하라.
　9. 講眞理하라　　진리를 익히고 연구하라.
　10. 禁淸雜하라　　어지럽고 복잡한 것을 금하라."

반면, 1, 2, 3, 8, 9, 그리고 10번 조항, 즉 직업윤리를 강조하고, 업무상 신의를 지키고, 부지런히 일하고, 업무의 핵심을 파악하고, 업무 지식을 넓히고, 더불어 업무 처리를 명확하게 하는 것은 존재 긍정을 통한 상생의 삶이라기보다는 오히려 비즈니스 영역의 생산성 향상에 주목적을 둔 것으로 보인다. 따라서 이 조항들에 업무 수행 매뉴얼 이상의 의미를 부여할 수 있는지는 차후 더욱 확장된 논의를 거쳐 가리는 것이 타당할 듯하다.

지금까지 다루어 온 논의의 대전제는 가치의 문제가 바로 매일을 살아가는 우리의 일상에서 시작된다는 점이다. 도가 "따로 높고 먼 곳에 있는 것이 아니라 너의 몸에 있으며 너의 세계"[17]에 있는 이유는 무엇보다 동학의 존재론이 일원론에 근거를 두기 때문이다.

그런데 20세기 중반 무렵 명백한 이원적 존재론의 입장을 유지하면서도 일상의 측면에서 악의 문제에 접근하려는 한 여성 철학자의 시도가 서구의 윤리 담론에 큰 반향을 불러일으켰다. 이에 지금까지의 논의를 조금 다른 관점에서 조명해 본다는 보조적 의미에서, 이 시도와 동학사상의 접근법은 서로 어떤 점에서 비교되고, 또 대조되는지 살펴볼 수 있다.

악의 일상성에 대한 이원 존재론적 해석

아렌트(H. Arendt)의 문제 제기와 일상

한나 아렌트는 홀로코스트 범죄에 연루된 한 사형수의 재판 과정을 추적하여 기술함으로써 기존의 서구식 윤리 담론에 새로운 문제의식을 제공

---

17 『神師法說』, 「其他」.

한 인물이다. 그녀가 제기한 문제는 바로 우리 주변에서 집단적인 악이 발생할 수 있다는 점이었다.[18] 현재의 맥락에서 아렌트의 작업이 의미 있는 이유는, 우리 세계와 다른 차원에 속한 '특별한' 악의 존재에 의해서가 아니라 일상의 관점에서 악의 문제에 접근했다는 점에 있다.

예컨대 사형수 아이히만(O. Eichmann)은 그의 인격 자체가 악해서, 혹은 악의 유혹에 빠져 홀로코스트라는 희대의 악행에 동참한 것이 아니었다. 오히려 그는 법을 잘 지키는 선량한 사람이었고, 유대인 혐오자도 아니었다. 그는 다만 군인으로서 자신에게 부여된 임무를 충실히 수행했을 뿐이었다. 요컨대, 넓은 의미에서, 선한 전제로부터 악한 결과가 도출되는 역설적 상황이 발생한 것이다.

사실 아이히만의 사례는 법리적으로나 외교적으로 적지 않은 논란을 일으켰던 재판이다.[19] 우선 아이히만을 예루살렘 법정에 세운 것은 국제법을 위반한 것이 거의 분명했고, 다른 한편 이스라엘의 정보기관인 모사드가 아르헨티나에 피신해 있던 그를 납치해 온 사실 역시 외교적으로 용인할 만한 사안은 아니었기 때문이다. 아이히만은 결국 사형 당했지만, 그 역시 희생자일 수 있었다는 일부의 시선은 완전히 사라지지 않았다.

실제 홀로코스트의 학살자들은 일반 독일인들 중에서 무작위로 선발된 사람들이었다. 나치 독일은 특별한 목표를 위해 특별한 사람을 선발하거나 특별한 훈련을 부과하지 않았고, 그럴 필요도 없다고 스스로 공언했다. 심지어 현직 목사가 수천 명을 학살하는 장본인이 되는 현상마저 있었

---

18 한나 아렌트 지음, 김선욱 옮김, 『예루살렘의 아이히만』, 서울: 한길사, 2007.
19 위의 책, 342-343쪽.

다.[20]

사실 아렌트에게 악의 문제를 적극적으로 다루는 것은 용이한 일이 아니다. 그녀는 유대인으로서 악 자체를 인정하지 않는, 종교적 이원론의 입장을 버릴 수 없을 것이기 때문이다. 창조설의 입장에서 악의 존재는 '뜨거운 감자'에 해당한다. 악한 현상을 보고 악의 존재를 추론하는 것은 논리적으로 가능하지만, 선한 창조주가 악을 창조했다는 사실은 심리적으로 수용하기 어려운 때문이다.

이에 창조설의 옹호자들은 악을 '선의 결여'로 해석함으로써 악한 현상에 대한 논리적 근거와 심리적 안정을 동시에 만족시키는 해결점을 채택했다. 그럼에도 한 민족 전체를 향해 가해진 학살 상황, 즉 '선의 결여'라기보다는 다분히 '악의 창발'로 보이는 당시의 상황은 아렌트 자신에게 악의 문제에 대해 어떤 식으로든 설명이 필요했던 지점이다.

동학 존재론과의 태생적 차이로 인해 아렌트가 지칭하는 악은 선악의 상대적 관계성에 기반을 둔 개념이 아니다. 종교적으로뿐만 아니라, 그녀의 박사학위 논문에서 드러나듯, 학문적으로도 아렌트는 절대 선의 존재를 인정하는 입장을 표명하고 있기 때문이다.[21] 그렇지만 아렌트는 당시 자신의 지도교수였던 야스퍼스(K. Jaspers)로부터 훗날 자신의 지적 활동에 지대한 영향을 미친 실존 개념을 전수했다고 한다.[22] 이로부터 아렌트는

20 R. Hilberg, *The Destruction of the European Jews*, New Haven-Conn: Yale University Press, 2003, p. 291, 341, 963, 1084. 김학이, 「홀로코스트 학살자들의 양심」, 『독일연구』, 제16호, 2008, 140-142쪽에서 재인용.

21 H. Arendt, *Der Liebesbegriff bei Augustin: Versuch einer philosophischen Interpretation,* Philosophische Forschungen; Heft 9, Berlin: [s.n.], 1929.

22 마리트 룰만 외 지음, 이한우 옮김, 『여성 철학자』, 파주: 푸른숲, 2005, 552쪽.

선악 문제의 탐색 장소를 초월 세계보다는 현실 세계에 두게 된 주요 요인으로 작동한 듯하다.[23]

그리고 이는 아렌트에게 악의 일상성은 강조되는 반면, 선의 일상성은 부각되지 않는 이유가 되었다. 즉 아렌트는 절대자와 위상을 함께하는 절대 선은 초월성을 지닌 반면, 일상의 악은 절대적일 수 없으므로 인간 사회의 어느 곳이든 등장할 수 있다고 본 것 같다. 물론 아렌트는 『전체주의의 기원』에서[24] '절대 악'이라는 표현을 사용하지만, 이를 존재론적 의미에서 문자 그대로 받아들일 필요는 없어 보인다. 이는 나치의 집단수용소를 '지옥'으로 표현하는 것과 동일한 방식의 문학적 과장, 혹은 실존적 표현에 불과하기 때문이다.

다시 말해, 절대 악이 아닌 악은 신적인 특별한 것이 아니므로, 그 드러나는 양상 역시 일상의 인간 사회를 통해 얼마든지 가능할 수 있는 것이다. 이런 의미에서 'banality of evil'은 '악의 평범성',[25] 혹은 '악의 진부성'[26]이라기보다는 '악의 일상성'이라는 맥락에서 이해하는 것이 좀 더 자연스러워 보인다.

이렇게 보면, 아렌트가 제기한 문제의 본질은 듣는 사람의 머리를 갸웃거리게 했던 '선한 의도를 가진 선한 사람의 행위가 왜 악한 결과를 낳는가?'일 수 없다. 이 물음이 가능하려면, 무엇보다 선악의 존재가 전제되어야 하기 때문이다. 즉 그것 자체로 존재하는 악을 인정할 수 없는 입장의

23 홍원표, 「한나 아렌트 정치철학에서 선악의 문제」, 『정치사상연구』 Vol.11, No.2, 2005, 185쪽.
24 한나 아렌트 지음, 이진우 옮김, 『전체주의의 기원 1』, 파주: 한길사, 2006.
25 cf. 한나 아렌트 지음, 김선욱 옮김, 『예루살렘의 아이히만』, 서울: 한길사, 2007, 349쪽.
26 cf. 김학이, 앞의 논문, 150쪽.

아렌트로서는 수용할 수 없는 물음의 형식인 셈이다.

즉, 아렌트가 던진 질문의 본질은 실상 '악하지 않은 의도를 가진 악하지 않은 사람의 행위는 왜 악해 보이는 결과를 초래하는가?'에 있다. 요컨대 아렌트가 제기한 문제의 원인 진단 및 그로부터 제안될 해법은 모두 인간 사회의 특정 영역에 제한될 뿐 동학사상에서와 같이 존재 전체를 아우르는 가치의 문제와 연결점을 찾을 수는 없다. 따라서 '일상'이라는 키워드를 매개로 동학사상과 아렌트 사이에 보였던 일련의 공통점은 단지 외형적인 것에 머물고, 일상에 대한 양자의 접근 방식은 서로 근본적으로 다른 것이라는 점이 분명해진다. 다시 말해, 이원적 존재론으로부터 일상을 위한 보편적 가치 탐색은 원리적으로 불가능하며, 설령 가능하다고 하더라도 십무천의 일부 항목에서 보였던 바와 같은 상황 윤리적 특성에 한정해서일 것이다. 그리고 이는 그 특성상 한시적으로 유효할 뿐이다.

동학사상의 관점에서 접근하든, 아니면 아렌트의 문제 제기를 따라가든 가치 충돌의 문제에 대해 양자 모두는 나름의 해법을 필요로 한다. 비록 일상을 바라보는 양자의 시각은 다를지라도, 저마다의 '악'한 현상에 대한 해법은 유의미한 상호 참조가 될 것이다.

'악'의 제거를 위한 아렌트의 해법

재판의 변론 과정에서 아이히만은 "나는 괴물이 아니다. 나는 그렇게 만들어졌을 뿐이다."라고 항변했다. 또 "나는 오류의 희생자이다."라고도 했다.[27] 그의 주장을 수용한다면, 악행은 악인만 저지르는 것이 아니다. 오히려 우리 주변의 곳곳에 제2, 제3의 아이히만이 존재할 수 있다. 그들은 평

---

27 한나 아렌트 지음, 김선욱 옮김, 『예루살렘의 아이히만』, 서울: 한길사, 2007, 343쪽.

범하며, 악의를 갖지 않았기에 범죄자로 분류된 이들보다 우리 사회에 더 큰 해악을 끼칠 수 있다. 그들의 악행은 일상의 평범한 삶 속에 은폐되어 있기 때문이다.

하물며 수험생을 둔 우리 주변의 평범한 가정에도 악의 없는 수많은 '아이히만'이 은폐되어 있을 수 있다. 그들은 공부만을 강제하는 자신들의 '악행'이 탄로 난 이후에도 어쩌면 '아이를 사랑했기 때문이다.', 혹은 '다른 방법이 없었다.'라고 항변할지 모른다. 이들의 행위를 앞서 논의한 동학사상의 가치 판단 준거에 따라 판단하면, 이들은 자기 자녀들에게 필요한 시간, 예컨대 잠자는 시간, 놀이하는 시간, 생각하는 시간을 충분히 허용하지 않은 악행을 저지른 셈이다. 즉, 자녀의 성장에 필요한 본연의 존재 긍정이 결여되었던 것이다.

이와 달리, 아렌트가 제안한 해법의 핵심은 정신적 삶의 고양에 있다.[28] 이에 따르면, 생각의 능력을 깨우는 것이 도덕적 삶을 영위하는 것보다 더 중요하다. "도덕은 아이히만에게 목숨과도 바꿀 만한 가치"[29]였고, 따라서 악행을 예방하거나 저지하는 데에 아무런 도움이 안 될 것이기 때문이다. 즉 악이 창궐해서 일상이 되는 이유는 도덕성이 부족해서가 아니라, 비판적 마인드가 작동하지 않는 생각의 부재 때문이다.

이는 물론 매우 유의미한 해법이다. 생각이 깨어 있지 않으면, 설령 어떤 아이디어가 광범위하게 형성된 편견에 불과할지라도 무의식적으로 그에 편승하게 될 가능성이 크기 때문이다. 아이히만을 비판하는 아렌트의 요지도 바로 이 점에 있다. 즉 나치 정권이 내세운 이데올로기는 국민을

---

28 한나 아렌트 지음, 홍원표 옮김, 『정신의 삶 1 - 사유』, 파주: 푸른숲, 2004.
29 김학이, 앞의 논문, 138쪽.

전체주의로 내몰았고, 아이히만은 생각의 부재로 인해 바로 그 잘못된 틀 안에서 모범적으로 행동한, 즉 반인륜적 이데올로기의 확산에 적극적으로 동조한 인물이 되어 버렸을 뿐이다.

그러나 아렌트의 견해는 다음의 두 가지 관점에서 더욱 엄밀한 설명을 필요로 하는 것으로 보인다. 하나는, 가치 판단의 원리적인 측면에서이다. 아렌트는 아이히만 식의 '생각 없는 사람'을 제대로 된 판단 능력이 결여되었다고 비난하지만, 나치의 반인륜적 범죄와 같은 몇몇 명백한 경우를 제외하면 서로 충돌하는 가치 중 어느 한쪽의 정당성을 판단해 내기는 결코 쉬운 일이 아니기 때문이다.

게다가 아렌트 식의 논의에 따르다 보면, 다시 한번 '그렇다면 깨인 생각이란 과연 무엇인가?'라는 더욱 난해하고, 심지어 왜곡의 소지마저 다분한 또 다른 문제에 맞닥뜨릴 수 있다. 일단 판단의 정당성을 확보하려면, 그에 필요한 만큼의 충분한 경험 사례가 수집되어야 하고, 판단은 그 이후에나 비로소 가능할 것이기 때문이다. 요컨대, 아렌트에게는 가치 판단을 위한 보편적 판단 준거가 부족해 보인다.

다른 하나는, 가치 판단의 실천적인 측면에서이다. 즉, 한 개인이 특정한 행위를 하는 동기는 과연 오직 각자의 지적 수준에서 결정되는가의 문제이다. 개인을 둘러싸고 있는 다양한 형태의 환경적 요인 역시 그 자신이 알고 있는 바, 혹은 옳다고 믿는 바에 우선하는 행위 동기일 수 있을 것이기 때문이다. 이 같은 사실은 예일대학의 심리학자 밀그램(S. Milgram)의 실험을 통해서도 확인할 수 있다.

한나 아렌트가 그랬던 것처럼, 스탠리 밀그램 역시 아이히만 재판을 관심 있게 지켜보던 사람 중 하나였다. 재판이 진행될수록 밀그램을 의아하게 만든 것은 바로 나치 전범들의 이중적 삶의 태도였다, 즉 어떻게 한편

으론 대량 학살을 자행하고, 또 다른 한편으론 아무렇지도 않게 일상을 살아갈 수 있었는지에 대한 의문이었다. 실험 결과는 우리가 자기 자신의 생각과 상충하는 다른 방식의 삶을 선택하는 것이 가능하다는 것을 보여주었다. 1%를 예상한 실험자의 생각과 달리 실험실 안의 사람을 위험에 빠뜨릴 수 있는 450볼트의 전기 충격 버튼을 누른 피실험자는 전체의 65%에 달했다. 이것이 자유주의국가 미국에서의 실험이었다는 점을 고려하면, 2차 대전 당시 독일 국민의 90%가 나치를 지지했다는 사실 역시 별반 이상해할 것이 없어 보인다.

잘 알려진 바처럼, 밀그램 실험의 키워드는 '권위에 대한 복종'이었다. 안전한 실험실 안에서조차 권위가 주는 압박에 굴복하여 복종하게 된 피실험자의 비율은 65%였다. 나머지 35%의 피실험자가 권위를 거부하며 감수한 압박 역시 단지 심리적인 영역에 국한되어 있었다. 만약 이것이 전쟁과 같은 위험 상황이었다면, 그들이 감수해야 할 압박은 아마도 실재하는 생존의 위협이었을 것이다. 요컨대 아렌트가 제안한 해법과 달리, 자신이 아는 것과 행동하는 것은 여러 형태의 환경적 요인에 따라 뚜렷하게 달라질 수 있는 것이다.

이는 나치의 또 다른 '아이히만'이나, 수험생 가정의 낯익은 '아이히만'에게도 마찬가지일 것이다. 힐베르크(R. Hilberg)의 보고에 따르면, 심지어 나치의 학살 책임자인 친위 대장 힘러(H. Himmler)조차 처형 대상자를 줄이려고 노력했다.[30] 현재의 맥락에서, 힘러에게 처형자의 수를 최소화하려는 행위 동기로 작동한 것은 앎이 아니라, 도덕과 양심이었다. 이와 마찬가지

---

30 R. Hilberg, *The Destruction of the European Jews*, New Haven-Conn: Yale University Press, 2003, p. 337, 343-344. 김학이, 앞의 논문, 138쪽에서 재인용.

로, 우리나라의 부모들이 자기 자녀들에게 공부를 강제하는 행위 역시 단지 그로 인한 폐단을 몰라서라고 예단하기에는 무리가 있어 보인다.

그렇다면, 선악의 문제와 관련하여 이 두 가지 난점을 해결할 방안이 동학사상에는 마련되어 있는가? 동학적 가치론에 대한 논의는 비록 초기 형태지만, 아마도 그래 보인다. 우선 아렌트의 경우와 달리, 한 개인의 인지 역량에 좌우되지 않을 안정적인 가치 판단의 장치를 천도에서 찾을 수 있기 때문이다. 즉 앞의 논의대로 천도의 현대적 의미 중 하나를 자연법칙으로 해석할 수 있다면, 이를 안다는 것은 곧 여기에 놓인 '타당한 인과율의 오성'을 갖는 것일 터이기 때문이다.[31] 다시 말해, 동학 존재론의 특성상 천도와 인도는 동일한 규칙성 아래 놓이기에, 자연과 인간에게 좋고 나쁜 것이 각각 무엇인지 양자의 존재 양상에 관한 객관적 관찰을 통해 유추해 갈 수 있다.

다음으로, 동학적 가치론의 선한 행위, 혹은 악을 거부하는 행위의 동기는 '존재 긍정을 통한 상생'이라는 보편적 판단 준거로부터 찾을 수 있다. 특정 행위나 사안에 대한 선악 여부의 판단 역시 이 준거를 통해 가능할 것이다. 물론 아렌트의 경우에서처럼, 여기에도 역시 현실적인 특정 환경 요인이 개입되어 보편적 판단 준거로부터 도출된 결과와는 다른 양상이 나타날 수도 있다. 아마도 자녀 교육 과정에서 종종 등장하는 '아이히만'은 이런 사례에 해당할 것이다.

그렇지만 이런 현상을 개선할 가능성 역시 위의 판단 준거를 통해 모색할 수 있어 보인다. 먼저, 일상의 삶을 가치 있게 살아가기 위해 개선 가능

---

31 스티븐 내들러 지음, 김호경 옮김, 『스피노자와 근대의 탄생』, 파주: 글항아리, 2014, 257쪽.

한 소극적 방식은 인간의 방종한 충동을 억제하는 것에 있을 수 있다. 다만 이는 개인의 판단 준거가 더 이상 작동하지 않을 경우를 전제로 하는 것이기에, 사회적 차원의 시스템을 구축하는 것이 필수적이다. 예컨대 핀란드와 같은 교육 선진국의 시스템을 벤치마킹하여 교육의 패러다임 자체를 변혁하는 정책을 고려해 볼 수 있을 것이다.

내들러(S. Nadler)에 따르면, 정치 체계와 강압이 없는 어떤 사회도 존속할 수 없다. 이는 사람들의 욕망과 그들의 방종한 충동을 통제하고 억제할 방법이 없다는 것을 의미하기 때문이다.[32] 동학의 마인드로 보면, 방종한 충동은 천도를 벗어난 행위이다. 즉, 일상의 영역을 벗어난 특수 사례에 해당한다. 어쩌면 방종한 충동이 오히려 일상이 되어간 곳이 인간 사회이며, 이러한 방종한 충동은 동학의 마인드, 즉 천도의 관점에서 보면 '악'으로 간주될 수 있다.

다른 한편, 일상의 삶을 가치 있게 만들기 위한 더욱 적극적인 방식은 만물의 존재 양상을 긍정하는 성숙한 태도 아래 서로의 상생을 촉진하는 삶의 양식을 체계적으로 구축해 가는 것이다. 이 역시 개인의 범주를 넘어선 사회·국가적 차원의 개선 방안으로서 여기엔 생태, 문화, 외교 등의 전 분야가 망라될 수 있다. 특히, 인간과 지구생태계 모두에게 지속 가능한 상생의 방식을 찾아내어 적용하는 것은 무엇보다 시급해 보인다.

---

32 앞의 책, 254쪽.

존재 긍정과 상생

동학사상에 내포된 여러 가지 의미 있는 가치 중에서 현대 사회에 적용 가능한 것으로 유용한 것은 아마도 일상(적 가치)의 재발견일 것이다. 동학의 존재론에서 보면, 허상에 불과한 동시에, (표현 자체에 내포된 의미대로) 양적으로도 소수에 불과한 '특별함'을 추구하느라 많은 현대인은 정말로 특별한 대부분의 일상을 놓치고 있기 때문이다.

그렇지만 동학사상의 가치론을 다루려는 시도는 다음과 같은 이중의 어려움에 봉착할 가능성이 크다. 하나는, 과연 가치를 찾아내는 작업 자체가 의미 있는가의 문제이다. '특별한' 것을 제공하는 이원론적 존재 구도와 달리, 동학사상의 존재론적 토대로부터 추구할 수 있는 가치 탐색의 장소는 온전히 우리가 살아가는 매일의 일상이기 때문이다. 즉 동학적 의미의 가치 추구는 일상의 '특별한' 의미를 찾을 수 있을 때 비로소 가능해진다.

다른 하나는, 상호 관계성으로 묶여 있는 존재 양상의 특성에 비추어 볼 때, 과연 가치 판단의 준거를 마련하는 작업이 가능한지의 문제이다. '좋은' 것과 '나쁜' 것은 각각 서로의 존재를 전제로 하여 맞물려 있는 개념이기 때문이다. 따라서 동학적 의미의 좋은 것과 나쁜 것은 어떤 대상을 지칭하는 개념일 수 없다. 즉 저마다의 존재 양상을 긍정하는 삶의 성숙한 태도가 좋은 것이고, 각 존재자 간 상생을 촉진하는 삶의 양식이 좋은 것이다.

이 같은 점을 염두에 두고 도출 가능한 동학의 가치 지향은 존재자들 간의 관계를 통해 존재 긍정이나 상생이 촉진하는 것을 선, 이와 반대로, 존재자들 간의 관계 구축에서 존재 긍정이 전제되지 않거나, 또는 상생을 저해하는 것을 악으로 구분해 낼 수 있다. 이 같은 가치 지향성은 인간 세계와 존재 세계 전반에 걸쳐 적용된다는 점에서 다분히 보편적이며, 이로부터 동학사상의 가치론적 준거는 존재 긍정을 통한 상생이라고 할 수 있을 것이다.

비록 프로토타입에 불과하지만, 이 판단 준거를 통해 기존의 동학 문헌에 명기된 윤리적 언명들에 대한 좀 더 심도 있는 논의를 할 수 있고, 나아가 글로컬리제이션의 관점에서 동학적 보편 가치의 창출에도 일조할 수 있어 보인다. 이 점에서, 이 글은 동학의 선악 담론을 위한 단초로서의 의미를 가지며, 다시 강조하건대, 동학의 가치를 둘러싼 모든 담론은 바로 우리의 일상에서 출발해야 한다는 점은 분명해 보인다.

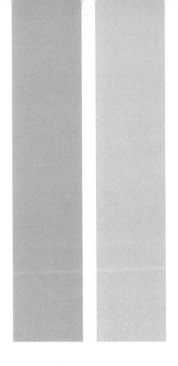

12장
동학의 행복[*]

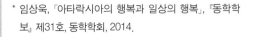

[*] 임상욱, 「아타락시아의 행복과 일상의 행복」, 『동학학
보』 제31호, 동학학회, 2014.

동학 행복론의 단초

최시형은 우리가 매일 대하는 일상의 삶에서 천도의 가치와 의미를 온전히 찾을 수 있다고 믿었던 인물이다. 이를 위해 그가 제안한 실천 방안 또한 기적이나 신비와는 거리가 먼 일상의 수양이었다. 수양을 통해 그가 도달하려는 가장 이상적인 동학의 인간상은 바로 성인이다. 그렇지만 이는 범인과 질적으로 구별되는 존재라기보다는 누구든 자신의 의지와 노력으로 수심정기 할 수 있는 존재를 의미한다.

즉 성인은 한울의 마음을 그대로 품고 태어난 '아기 성인'이 천도에 따르는 삶을 지속하는 존재이다.[1] 이때 수양은 우리에게 타고난 한울의 마음을 지속해서 유지해 내도록 할 뿐 아니라, 우리가 고단한 삶의 여정에서 '잊고, 잃어버린' 한울의 마음을 되찾는 데에도 결정적인 도움을 준다.

한울의 마음을 품고 천도에 따르는 삶이란 곧 존재론적으로 가장 자연스러운 상태의 삶을 영위해 가는 것을 의미한다. 이천식천의 묘리에 따르는 천도의 운이 성쇠명암이듯, 흥망길흉이 인도의 운인 이유 역시 이것이

---

1   『神師法說』, 「聖人之德化」, "아이가 난 그 처음에 누가 성인이 아니며, 누가 대인이 아니리오마는 뭇 사람은 어리석고 어리석어 마음을 잊고 잃음이 많으나, 성인은 밝고 밝아 한울님 성품을 잃지 아니하고, 언제나 성품을 거느리며 한울님과 더불어 덕을 같이 하고, 한울님과 더불어 같이 크고, 한울님과 더불어 같이 화하나니, 천지가 하는 바를 성인도 할 수 있느니라."

존재의 가장 자연스러운 양상이기 때문이다. 천도와 인도는 동일한 일원적 존재, 즉 지기의 다른 양상일 뿐이다.

최시형에 따르면, 천도에 순응하여 일상을 살아가는 삶은 '기쁘고 즐거운' 듯하다. 마음이 기쁘고 즐겁지 않으면 한울이 감응하지 않을 것이기 때문이다.[2] 물론 '기쁜 마음으로 한울과 감응한다'는 진술의 의미가, 설령 힘들더라도 기꺼이 올바른 방향을 선택하여 자신의 삶을 살아가라는 것인지,[3] 아니면 기쁘고 즐거운 실제의 심리 상태를 지시하는지는 확실히 가려낼 수 없다. 그렇지만 동학이 지향하는 이상적 인간상인 성인의 삶은 적어도 불행한 것이 아니라는 점만은 분명해 보인다.

당시의 시대 정황상 비록 오늘날과 같은 적극적 형태의 담론 형식으로 발전해 갈 수는 없었을지라도, 최시형이 제안한 일상의 수행적 삶에는 분명 '행복론'이라 칭할 수 있는 매우 드물고 독특한 형태의 원리와 방법이 함축되어 있다. 행복을 말하는 대다수 이원적 존재론의 철학적·종교적 담론들은 거의 예외 없이 피안의 세계에 그 행복의 장소를 국한하고 있을 뿐 아니라, 그 행복의 양상 역시 현실의 삶에서는 상상조차 할 수 없는 특별함을 갖고 있기 때문이다.

이와 달리, 지기로 대변되는 일원적 존재론의 원리로부터 최시형 식의 동학적 행복이 실현되는 장소는 필연적으로 '지금 여기'일 수밖에 없으며, 그 행복의 양상 역시 이것의 존재 원리에 부합하는 가장 자연스러운 생활

---

2 『神師法說』,「守心正氣」, "마음이 기쁘고 즐겁지 않으면 한울이 감응치 아니하고, 마음이 언제나 기쁘고 즐거워야 한울이 언제나 감응하느니라. 내 마음을 내가 공경하면 한울이 또한 즐거워하느니라."

3 표영삼, 『동학 2. 해월의 고난 역정』, 파주: 통나무, 2005, 39쪽. "동학의 수행은 내일을 참되고 바르고 뜻있게 사는 길을 가려서 살아가는 것을 핵심으로 한다."

방식을 적용하여 추구하는 행복, 바로 일상의 행복이다. 이는 삶의 과정을 단순한 물질적 메커니즘의 연속으로 간주하는 대개의 기계론적 일원론과도 다른 점이다.

그러나 설령 일상의 행복이 가능하더라도, 이것은 과연 오늘날과 같은 고도로 발달한 현대의 자본주의 사회에서 어떤 의미를 갖는 것일까? 요컨대 최시형이 제안하는 동학의 행복, 즉 일상의 행복은 극한의 특별한 행복을 추구하는 현대사회에서 어떻게 기능할 수 있는가의 문제의식으로부터 이 글은 행복과 관련한 기존의 주요 논의를 살펴 가며 이 물음에 접근하려 한다.

이에 이 글은, 먼저 일원적 존재론의 특성으로부터 도출되는 일상의 의미를 살펴, 이것이 인간 행복의 문제와 어떻게 연결되는지를 검토하겠다. 다음으로, 양자 모두 일원적 존재론에 기반을 둔 아타락시아와 동학적 일상의 행복관은 각양의 사회적 특수성을 두루 포괄할 수 있는 보편적 원리로 기능할 수 있는지에 대한, 즉 오늘날의 현대사회에 어떤 의미를 갖는지에 대한 제반 논의를 전개해 가려 한다.

일상과 행복

존재 구도에 따른 일상의 범위

일상과 비일상을 나누는 기준과 의미는 일반적으로 존재자들 간에 질적 차이를 인정하는지에 따라 결정된다. 현재의 맥락에 어울리는 논의 중 이러한 차이를 적극적으로 인정하는 대표적인 경우는 바로 플라톤 식 이원론이다. 예를 들어, 이 전통을 이어받은 유럽의 기독교적 이원론은 존재를 구분하는 질적 차이의 기준을 영속성에서 찾는다.

즉 영원한 존재는 감각의 영역을 벗어난 '저세상'에 속하는 반면, 유한한 존재가 귀속되는 장소는 우리가 살아가는 바로 '이 세상'이다. 따라서 천사와 같이 불멸하는 저세상의 존재가 이 세상에 현현하는 것은 비일상이며, 이때의 비일상은 곧 특별함을 의미한다. 이러한 존재 구도 아래의 인간은 대체로 일상에 큰 의미를 두지 않고 비일상, 즉 특별함을 동경하는 성향을 보인다.

반면 동학의 일원적 존재론은 존재자들 간 아무런 질적 차이를 두지 않으므로, 원리적으로 존재 세계의 모든 현상은 단 하나의 예외도 없이 일상에 속한다. 각양의 존재는 모두 지기의 소산으로서 서로에게 무한히 소중하되, 그렇다고 특별한, 즉 비일상의 존재는 아니다. 지기 일원적 존재 구도 아래 모든 존재는 어떤 논리적 비약이나 상상 없이도 수용할 수 있는 존재 양상으로 나타날 것이기 때문이다.

나아가 존재를 둘러싸고 우리가 경험하게 되는 모든 현상은, 그것이 물리 · 화학, 혹은 심리 · 정신의 어느 영역에 속하는가에 관계없이 일원적 존재의 주어진 특성 아래 당연히 일어날 수 있는 일이 일어난 결과이다. 이 점에서, 일원적 존재 구도 아래 이해되는 일상과 특별의 대립 개념은 이원적 존재 구도에서와 달리 더 이상 질적 차이에 의해서가 아닌, 단지 발생 빈도의 높고(즉, 일상) 낮음(즉, 특별)으로 나뉘는 양적 차이에 따라 구분될 뿐이다. 요컨대 일원적 존재론 아래 세상에는 보기 흔한 일상과 보기 드문 일상이 있을 뿐이다.

이런 관점에서, 동학의 행복이란 바로 일상의 행복을 의미한다. 지기 일원적 존재 양상의 특성상 관찰 가능한 모든 현상이 다름 아닌 일상에 속하는 것이라면, 우리가 추구할 수 있는 행복의 장소 역시 온전히 일상의 영역일 것이기 때문이다. 그렇다면 이러한 존재 구도 아래 행복이란 과연 어떤 의미이고, 또 어떤 방식으로 드러나게 되는가를 살펴볼 필요가 있다. 이 경우의 행복은 이원론적 세계 구조 아래 진술되는 피안의 행복과는 분명 다른 모습을 띠게 될 것이기 때문이다.

즉 이원론적 존재 구도 아래 이해되는 행복의 일반적인 특징은, 우선 행복의 발현 장소가 피안의 세계에 국한되어 그에 대한 구체적인 검토가 여의치 않고, 더불어 완벽한 형태의 행복이 주장되어 현세의 행복 추구 방식과는 그 궤를 완전히 달리할 수밖에 없다. 이로부터, 아래에서는 피안의 세계보다는 현세에 좀 더 방점을 두는 전통의 철학, 종교, 그리고 심리학의 영역에서 행복의 의미는 과연 어떻게 이해되는지를 개략적으로 살필 것이다.

아리스토텔레스의 일상과 행복

플라톤의 이데아론을 거부하고, 우리가 살아가는 현 세계의 개별 존재자 자체에서 존재의 본성을 찾았다는 점에서 아리스토텔레스를 이원론자로 간주할 수는 없다. 플라톤의 형이상학적 구도에 따르면, 현실의 모든 개체는 이데아의 보편성을 공유하는 술어에 해당하는 반면, 아리스토텔레스에게 각각의 개별 개체는 그것 자체로 이미 제1실체(prote ousia)이자 고유명사인 주어에 해당하기 때문이다.[4]

하지만 그렇다고 그의 존재론적 토대가 온전히 일원적이며, 존재 지평 전체에 해당하는 것이라고 단정하기도 어렵다. 아리스토텔레스 역시 당

---

4   버트란트 러셀 지음, 한철하 옮김, 『서양철학사』, 서울: 대한교과서주식회사, 1982, 232-233쪽.

시 그리스철학에 일반적이던 형상과 질료라는 이중의 존재 개념을 수용하고 있었기 때문이다.

물론 형상과 질료는 모두 불생불멸의 영속적 특성을 가짐으로써 그 존재의 지속 양상이 서로 질적으로 다르다고 말할 수는 없다. 이 점에서, 아리스토텔레스의 '일상'은 동일한 질료를 기반으로 하되 각기 다른 형상의 작용으로 현현되는 존재 양상을 의미할 것이다. 그렇지만 아리스토텔레스는 당시 그리스철학에 일반적으로 통용되던 형상 개념을 그대로 차용했다기보다는 그 역할에 해당하는 자신만의 독자적 구상을 구체화했다. 그리고 아리스토텔레스의 존재 구도로부터 상정할 수 있는 일상의 의미 역시 바로 이 점에서 더욱 뚜렷해진다.

아리스토텔레스 철학에서 실질적으로 형상의 역할을 담당한 개념은 엔텔레키(Entelechie)이다. 즉, 각 개체의 자아 완성을 추동해 갈 목적이다.[5] 예를 들어, 식물이 꽃을 피우고, 나무가 열매를 맺는 것은 각각 식물과 나무에 내재한 저마다의 엔텔레키가 발현한 때문이다. 현대 언어로 '유전자 지도'쯤으로 번역해 낼 수 있는 엔텔레키는 아리스토텔레스의 목적론과 불가분의 관계에 놓인 개념이다. 다만 그 목적은 외부로부터 주어진 것이 아닌, 만물의 생장 과정에 대한 관찰에서 얻어진 귀납적 추론이었다.

이렇게 보면, 아리스토텔레스의 존재 구도에 가장 근접한 형태의 '일상'은, 다름 아닌, 동일한 질료를 기반으로 형성된 만물이 저마다의 자아 완성을 위해 변화해 가는 장이라고 할 수 있다. 요컨대 주위를 둘러볼 때 시야에 들어오는 나무, 나비, 돌 등이 실은 모두 자신의 자아 완성을 위해 생

---

5 W. Weischedel, *Über Philosophen*, München: Deutscher Taschenbuch Verlag, 1975, p. 55.

장해 가는 과정 중에 있는 셈이다. 이는 인간에게도 역시 마찬가지이며, 다른 동물들과 구별되는 인간만의 독자적 엔텔레키이자, 동시에 인간 자신의 자아 완성을 위한 목적으로 아리스토텔레스가 발견한 것은 바로 로고스였다.[6]

그런데 이 로고스는 실체로서의 정신이나 이성을 의미한다기보다는 온전히 인간의 인식 능력과 관련한 것이다. 즉 인간이 자신의 자아 완성을 위해 발현시켜야 할 엔텔레키는 바로 '세계 인식 능력'을 갖추는 것을 의미한다.[7] 물론 다른 동물들 역시 외부 세계에 대한 인식 능력을 갖추고 있지만, 이는 단지 그들을 둘러싼 생활세계에 국한된 반면, 인간의 인식 능력은 주변 환경을 넘어선 우주 전체에까지 미칠 수 있다는 점에 양자 간의 차이가 놓여 있다.

아리스토텔레스는 인간이 자신의 본성을 실현하는 상태를 '진정한 선[8]으로 간주했고, 이로부터 일상의 삶과 행복의 관계를 인간 삶에 두드러진 세 가지 유형을 통해 분석했다.[9] 첫째, 향락적인 삶이다. 이는 행복을 쾌락과 동일시하는 저급한 형태의 삶으로서 짐승에게나 어울릴 만한 삶의 유형이다. 둘째, 정치가의 삶이다. 이는 행복을 명예나 미덕과 동일시하는 피상적인 삶의 형태로서 자기과시나 존경받기를 원하는 삶의 유형이다. 그리고 셋째, 관조적인 삶이다. 이는 개별적인 상황 변화에 일희일비하지 않고 유덕한 일에 전념하는 활동적 삶의 형태로서 이를 끊임없이 유지해

---

6 op. cit, p. 56.
7 ibid.
8 op. cit, p. 55.
9 cf. 아리스토텔레스 지음, 천병희 옮김, 『니코마코스 윤리학』, 고양: 도서출판 숲, 2013, 26-30쪽.

가는 삶의 유형이다.[10]

삶의 세 가지 유형 중 행복의 최상위 단계를 관조적 삶에서 찾았다는 것은 당시 세계로 뻗어가던 그리스인의 진취적이고 쾌활한 성향에 비추어 볼 때 다소 심심해 보인다. 그렇지만 의미 있는 유덕한 일을 평생에 걸쳐 지속하려는 관조적 삶의 태도는 인간의 로고스를 세계 인식 능력으로 이해한 아리스토텔레스의 목적론적 관점에 곧바로 맞닿아 있다. 목적 수행을 위해 요구되는 것은 끊임없는 움직임인데, 이것의 궁극적인 목적은 바로 행복이기 때문이다.[11] 이때 지속적인 인식 능력의 확장 노력과 유덕한 일의 지속적인 수행은 각각 인간 삶의 내·외면에 걸쳐 드러나는 동전의 다른 면에 불과하다.

아리스토텔레스의 존재론적 일상사인 '목적을 향한 움직임'은 그 목적이 실현되는 장소가 바로 우리가 살아가는 현 세계라는 점에서 자신이 살아가는 세계에 대한 무한한 존재 긍정을 의미하는 것이기도 하다. 반면, 여기엔 마치 충분한 시간만 흐르면 저절로 달성될 것 같은 우주 만물의 제반 목적들과 시간의 흐름과는 직접 관련성이 적어 보이는 인간의 목적 간에는 서로 어울리기 힘든 갭이 존재하는 것도 사실이다.

게다가 인간의 행복이 세계 인식 능력이라는 인간의 자아 완성과 연계되어 있다면, '여기에서 제안된 행복은 과연 지적 능력이 탁월한 소수의 인간에게만 허용된 것인가'라는 근본적인 물음을 제기하게 한다. 요컨대 여기엔 '과연 행복이란 무엇인가?'라는 질문을 두고 가치 외적인 답변만 기대할 수 있는 난점이 자리한다.

---

10 앞의 책, 47-52쪽.
11 앞의 책, 26쪽.

이 지점에서, '모든 존재가 지기의 소산'인 존재 양상을 일상으로 갖는 지기일원론의 입장에 대해서도 같은 문제의식으로부터의 같은 질문을 던질 수 있을 듯하다. 즉 첫째, '지기 일원적 일상에서도 무한한 존재 긍정이 가능한가?', 동시에 '만약 가능하다면, 그 근거는 무엇인가?'이다. 둘째, '지기 일원적 일상에서 추구할 수 있는 행복은 모든 사람에게 가능한가?', '만약 그렇지 않다면, 행복이 제약되는 조건은 무엇인가?'이다.

이 같은 의문을 염두에 두고, 다음으로는 종교적 입장에서 바라보는 행복의 의미를 살펴볼 필요가 있다.

달라이 라마의 일상과 행복

오늘날 존재하는 수많은 종교와 종파 중 피안보다는 현세에 좀 더 방점을 두는 종교는 아마도 달라이 라마로 대변되는 티베트 불교일 것이다. 우선 이들은 끊이지 않는 중국의 정치적 압박으로 말미암아 자연스레 현실 감각을 키워 가지 않을 수 없었다. 예컨대 제14대 달라이 라마인 텐진 가초는 중국을 비롯한 지구촌 곳곳의 자유, 민주주의, 평화 등 각종 현안의 관철을 위해 직접 몸으로 뛰어다니는 인물이다. 다른 한편, 이들이 채택한 대승불교의 특성상 수행자 개인의 구원보다는 일반 대중의 구원에 더 큰 가치를 두는 현실 참여 전통이 강하기 때문이다.[12]

대개의 이원론적 종교가 현재의 삶을 내세의 영원한 행복을 위한 준비 과정 정도로 이해하는 반면, 그리고 때로 그 준비 과정이 매우 고통스러울 수도 있다는 점을 전적으로 허용하는 반면, 달라이 라마는 삶의 목표가 오

---

12 H. Greschat, *Die Religion der Buddhisten*, UTB 1048, München-Basel: Ernst Reinhardt Verlag, 1980, pp. 98-102.

직 행복에 있다는 점을 여과 없이 주장한다.

삶의 목표는 행복에 있다.
종교를 믿든 안 믿든, 또는 어떤 종교를 믿든
우리 모두는 언제나 더 나은 삶을 추구하고 있다.
따라서 우리의 삶은 근본적으로
행복을 향해 나아가고 있는 것이다.
그 행복은 각자의 마음 안에 있다는 것이
나의 변함없는 믿음이다.[13]

물론 이 진술엔 행복의 시점이 명시되지 않아 이것이 반드시 현세의 행복을 의미한다고 단정할 수는 없다. 그럼에도 "그 행복은 각자의 마음 안에 있다"는 점에서 다분히 현세적이다. 설령 여기에 특별한 방식의 종교적 함의가 내포되어 있을지라도, 넓은 의미에서, 마음은 오직 현실의 삶을 살아갈 때 육체와 관련하여 작동하는 기재가 분명할 것이기 때문이다.

이 점에서, 달라이 라마의 존재론적 구도에 따른 '일상'은 얼핏 우리가 살아가는 물리적 세계 전체인 듯 보인다. 그렇지만 달라이 라마에게 마음이란 단순한 의식의 흐름이나 지성에 그치는 것이라기보다는 오히려 정신이나 영혼에 더 가까운 개념이다.[14] 마치 아리스토텔레스에게 질료 세계 외에 형상의 역할을 담당하는 엔텔레키가 따로 있었듯, 달라이 라마에겐

---

13 달라이 라마 · 하워드 커틀러 지음, 류시화 옮김, 『달라이 라마의 행복론』, 파주: 김영사, 2004, 5쪽.
14 앞의 책, 16쪽.

물리적 존재 세계 외에 마음이 따로 있는 것이다. 즉 마음은 자신 안에 생각, 지성, 느낌과 같이 육체와 관련된 일상의 측면과, 나아가 실체로서의 특별함이 모두 들어 있는 다소 애매하고 포괄적인 의미를 갖는 존재이다.

달라이 라마에 따르면, 이때 행복에 이르기 위해 변화해야 할 대상은 외부 세계가 아닌, 바로 마음이다. 즉 마음의 수행을 통해 불행의 요소가 될 의식들을 억제하고, 행복의 요소가 될 생각들을 키워 가는 것이다. 그가 제안하는 수행의 핵심적인 단계는 배움에 있다.[15] 이의 중요성은 긍정적이거나 부정적인 생각·행동이 자신은 물론 사회와 세계의 미래에 얼마나 다양한 인과적 영향을 주는지를 깨닫는 데에 있다.

사실 달라이 라마가 행복에 이르는 길로 던진 메시지는 매우 명료하고, 단순하며, 또 매력적이다. 그의 제안대로, 마음만 고쳐먹는다면 당장에라도 행복해질 수 있을 것처럼 보이기 때문이다. 그러나 여기엔 앞서 살펴본 아리스토텔레스의 경우보다 오히려 더 많은 원리적·현실적 문제가 내포되어 있는 것도 사실인 듯하다.

먼저 원리적인 측면에서, 마음이란 존재는 그것이 의식적인 심리 현상의 결과이든, 아니면 윤회의 본체이든 상관없이 외부 세계와의 상호작용을 통해 얻어지고 변화되어 온 결과물이다. 그럼에도, 달라이 라마가 제안하는 방식은 마음이 생성·변화하는 이러한 원리적 방식의 고리를 끊고 오직 현재 마음의 내부 조정을 통해 외부 세계에 반응하라는 의미로 들리기 때문이다.

사실 마음을 '잡는' 것이 어려운 이유는, 우리 마음은 오감을 통해 수집된 외부 세계의 정보를 통해 외부 세계와 끊임없이 소통하기 때문이다. 요

---

15 cf. 앞의 책, 44-48쪽.

컨대, 오감의 판단은 '붉은색'인데, 마음의 판단을 '푸른색'으로 정해두기 어렵다는 점이다. 따라서 설령 이 방법이 옳더라도, 마음의 수행에 소요되는 시간은 비정상적으로 길어질 수밖에 없다.

바로 이 점은, 다음으로, 현실적 측면의 주요 문제 중 한 가지에 직결되어 있다. 사람들은 대부분 생활인으로서 사회에서 자신이 담당한 역할 수행을 위해 외부 세계와 끊임없이 소통한다. 그런데 달라이 라마 자신의 고백처럼 마음의 수행을 위해선 매우 오랜 시간이 필요할 뿐 아니라, 그처럼 네 살 때부터 수행할 기회를 얻는 경우도 극히 드물다.[16] 요컨대 마음의 수행은 바쁘게 유한한 삶을 살아가는 대개의 인간에게 다소 비현실적으로 들린다는 점이다.

현실의 측면에서 또 다른 문제일 수 있는 것은 수행을 위한 배움의 과정 자체에도 있다. 달라이 라마는 마음의 수행을 통해 모든 사람이 행복해질 수 있다고 단언하지만,[17] 과연 자신 안에 엉켜 있는 수천의 마음들을[18] 정확히 분류해 내어 부정적인 것을 버리고, 긍정적인 것을 키워 가는 작업이 정말 모든 사람에게 가능할 수 있을까? 여기엔 분명 세계 인식 능력과 관련한 아리스토텔레스의 문제점과 동일한 맥락의 어려움이 내재해 있는 것으로 보인다.

요컨대 마음의 수행을 통해 행복에 이르려는 달라이 라마 식 방법론은 그 원리와 실천적인 측면에서 많은 제약이 있을 수밖에 없는 것으로 보인다. 그런데 만약 마음을 다스려 행복에 이른다는 달라이 라마의 방법론이

---

16 cf. 앞의 책, 51쪽.
17 앞의 책, 15쪽.
18 앞의 책, 47쪽.

동학의 성인에 이르는 수심정기의 방법론과 동일한 맥락에서 서로 연결될 수 있는 것이라면, 동학적 행복의 가능성 또한 매우 제한된 소수의 엘리트에게만 가능한 일이 되고 말 것이다. 수심정기는 모든 어려움 가운데 가장 어려운 수행일 수 있기 때문이다.[19]

그렇다면, 아마도 행복에 관한 가장 현실적인 조언을 기대할 만한 심리학의 관점에서 행복의 의미는 과연 어떻게 다루어지는가를 살펴볼 필요가 있다. 다만, 여기에선 논의의 지나친 확장을 피하기 위해 인물보다는 내용 중심의 서술 방식을 택하는 것이 적절할 듯하다.

심리학에서 바라본 일상과 행복

비록 심리학은 철학 및 종교와 밀접한 연관을 맺고 있지만, 그것의 '일상'이 될 수 있는 존재의 지평은 다른 두 가지 분과에 비해 훨씬 분명해 보인다. 연구방법론의 측면에서 심리학은 실증 연구를 수행하는 경험과학에 속하기 때문이다. 이때 연구 대상은 물론 인간의 마음과 행동이다. 즉 심리학의 존재 기반이 되는 '일상'은 우리가 살아가는 바로 이 세계이며, 그 연구 대상은 다름 아닌, 인간의 심리 상태와 그에 따른 행동 양상이다.

경험과학의 특성상 심리학이 행복의 문제에 접근하는 연구방법론은 꽤 다양하고, 그간 축적되어 온 연구 성과 또한 방대하다. 그렇지만 이에 관련된 논의들은 상반된 방향의 두 가지 맥락과 각 맥락에 적용되는 세 가지 방법론으로 구분할 수 있어 보인다. 우선 행복의 문제를 다루는 맥락은 그 방향성에 따라 두 가지로 나뉜다. 하나는, 심리적 만족감의 총량을 증가시켜 가는 방향이고, 다른 하나는, 결핍이 초래한 불만족을 감소시켜 가는

---

19 『神師法說』,「守心正氣」, "수심정기는 모든 어려운 가운데 제일 어려운 것이니라."

방향이다. 그에 따른 방법론은 각각 전자의 맥락에 두 가지, 후자의 맥락에 한 가지가 해당한다.

먼저 전자의 맥락에 적용되는 첫 번째 방법론은 소위 '주관적 안녕(subjective well-being)'을 증가시켜 가는 방식이다.[20] 주관적 안녕은 앞서 달라이 라마의 마음 수행법이기도 했던 긍정 정서의 증가와 부정 정서의 감소를 통해 행복을 증대시킨다는 정서적 구성 요소와 함께, 삶에 대한 만족도 평가인 인지적 구성 요소라는 두 가지 하위 지표를 갖는다.[21]

다른 한편, 이와 동일한 맥락의 두 번째 방법론은 '심리적 안녕(psychological well-being)'을 증가시켜 가는 방식이다.[22] 이를 지지하는 학자들은 개인뿐 아니라 사회적으로 가치 있는 삶의 구현 과정을 행복으로 간주하며, 특히 현대의 대표적인 긍정 심리학자 중 하나인 셀리그먼(M. Seligman)은 '즐거운 삶(pleasant life), 몰입하는 삶(engaged life), 그리고 의미 있는 삶(meaningful life)을 영위하는 것이 바로 행복에 이르는 길'이라 주장한다.[23]

위의 두 가지 방법론이 심리적 만족감의 총량을 증가시켜 가는 맥락의 방향성을 가졌다면, 다른 한 가지 맥락은 행복을 욕망과의 관계에서 접근하는 것으로서 결핍감의 해소를 그 방향성으로 둔다. 즉 사람에게 욕망이 발생하는 이유는 여러 요인에 의해 사람의 내·외부적 평정 상태에 균열이 생겼기 때문인데, 이때 욕망의 대상 지향적 행동을 통한 결핍 해소에 따라 사람은 다시 자신의 내·외부적 평정 상태로 회귀하고, 그 회귀 과정

---

20 권석만, 「심리학의 관점에서 본 욕망과 행복의 관계」, 『철학사상』 제36호, 2010, 124쪽.
21 위의 논문, 125쪽 〈표 1〉 주관적 안녕의 구성 요소 참조.
22 위의 논문, 126쪽.
23 위의 논문, 127쪽.

에서 체험하게 되는 긍정적인 심리 상태가 바로 행복이라는 관점이다.[24]

심리학에서 도출하는 대표적인 행복의 의미 세 가지는 동학적 행복의 윤곽을 가늠해 보는 데에 적지 않은 도움을 준다. 이는 양자의 '일상'이 서로 거의 유사한 존재론적 토대를 갖고 있기 때문으로 보인다.

먼저 정서적 기쁨 없이 행복을 말하기 힘들다는 점에서, 주관적 안녕은 동학적 행복이 고려해야 할 가장 기본적인 행복의 밑그림일 수 있다. 다만 이와 동시에, 달라이 라마에게 보였던 원리적·현실적 난점 또한 피해 가기 어렵다. 아울러 이 지점에선 한 가지 중대한 문제가 더 추가될 수 있다. '새소리도 시천주의 소리'라는 최시형의 만물존중사상에 비추어 볼 때, 여기엔 '왜 유독 인간만이 정서적 기쁨을 누려야 하는가?'라는 근본적 물음이 제기될 수 있기 때문이다. 요컨대 다람쥐나 나무와 같은 여타의 존재자로부터 인간의 정서적 기쁨에 비견할 수 있는 어떤 징후도 발견하지 못하는 한, 인간 역시 정서적 기쁨을 인간 행복의 기본 조건으로 주장할 수 있는 아무런 존재론적·현실적 근거도 남아 있지 못할 것이기 때문이다.

이와 달리, 개인과 사회의 가치 있는 삶을 구현함으로써 행복을 느끼는 심리적 안녕은 현재의 동학적 수행과 본성적으로 서로 맞닿아 있는 측면이 있다. 동학의 수행 역시 개인의 실존 조건은 물론 사회적 실존 조건도 아울러 극복하는 데에 그 초점을 두고 있기 때문이다.[25] 그리고 이러한 가치 지향성은 만물을 한울같이 대하는 동학 정신으로부터 필연적으로 도출된다는 점에서 주관적 안녕보다는 한결 안정적인 동학적 행복의 의미로 자리매김할 수 있다.

---

24 위의 논문, 147쪽. 146쪽의 〈그림 8〉 욕망과 행복의 관계에 대한 통합적 설명 모델 참조.
25 표영삼, 앞의 책, 39-40쪽.

또한 이에 따라 일을 처리하는 방식인 우·묵·눌[26] 역시 심리적 안녕의 '즐겁게 몰입하는 의미 있는 삶'에서와 같이 그것을 통해 행복에 이르는 동학적 방법론일 수 있을 것이다. 우·묵·눌 석 자에 대한 최시형의 강론에서 보는 바와 같이, 우는 우직함(고지식함), 묵은 묵중함(말없이 신중함), 그리고 눌은 눌지함(어눌하지만 정직함)을 의미한다. 즉, 우·묵·눌은 의미 있는 삶을 위해 즐겁게 몰입하는 동학적 방법론일 수 있다.

특히, 내·외면의 평정 상태를 행복에 결부시킨 심리학의 세 번째 방법론은 이천식천의 원리에 따라 만물 간의 조화와 균형을 중시하는 동학의 관점에서 볼 때 가장 주목해야 할 행복의 방법론으로 보인다. 요컨대 동학적 행복의 존재론적 의미인 일상의 행복은 이천식천의 원리를 통해 균형잡힌 평정 상태를 유지하는 일상의 삶에서 찾을 수 있을 것이다. 더불어 이러한 평정 상태의 유지는 지기 일원적 존재론에 따른 만물 존중의 태도를 강화하는 가장 가치 있는 활동일 수 있다는 점에서, 그 실천적 의미 역시 찾을 수 있을 것이다.

다만, 심리학의 영역에서 진행되는 현재의 논의만으로는 이러한 행복이 매우 우연적이고 일시적일 수밖에 없다는 난점을 피해 갈 수 없다. 더구나 여기엔 내·외부적인 평정 상태를 잘 유지하는 사람일수록 행복할 가능성이 줄어들게 되어, 행복을 원할수록 자기 삶의 평정 상태를 깨뜨리게 되는 윤리적 역설마저 존재한다.

여기에서 보이는 난점을 최소화하고, 동학적 행복의 관건인 일상의 행복에 이를 수 있는 좀 더 뚜렷한 단서를 찾기 위해 다음으로는 에피쿠로스가 말하는 행복의 의미를 살펴볼 필요가 있다.

---

26 위의 책, 40쪽.

아타락시아(Ataraxia)의 행복

에피쿠로스 행복관의 관찰 필요성

동학적 행복의 의미를 가늠해 볼 최초의 밑그림을 얻기 위한 앞의 다면적 관찰에 덧붙여, 여기 다시 별도의 자리에서 에피쿠로스의 행복관을 살피려는 것은 다음의 몇 가지 이유에서이다. 궁극적으로, 이는 물론 균형감각을 갖춘 동학적 행복관을 도출해 내기 위해서이며, 동시에 이는 앞의 논의를 전제로 할 때 비로소 고찰의 의미가 극대화될 수 있다.

첫째, 에피쿠로스의 행복관은 동학적 행복론의 프로토타입으로 기능하기 때문이다. 신, 인간, 그리고 만물을 아우르는 에피쿠로스의 일원적 존재 지평은 앞의 제반 논의들과는 다르게 최시형의 그것과 거의 동일한 양상의 존재론적 특성을 가짐으로써 이에 근거한 행복관에 대해서도 역시 동학적 행복론의 전향적 논의를 위한 적극적인 참조가 필수적이다. 즉 동학적 행복론에서 도출 가능한 긍정적 측면을 사전에 예측하여 이를 더욱 촉진하고, 이와 동시에 부정적 측면을 억제할 수 있는 상호 교차적 탐색 작업이 요구된다.

둘째, 우리 사회의 긍정적 변화를 추동해 갈 현대적 의미 도출이 가능하기 때문이다. 에피쿠로스의 행복관은 프랑스 계몽운동으로 이어진 근대 시민 사회의 변화에 적지 않은 영향을 주었다.[27] 이를테면 이는 이성적 고찰을 통해 사람들이 신과 죽음의 공포에서 벗어나게 함으로써 현재 자기 삶에 놓인 불필요한 불행의 요소에 대한 객관적 관찰을 가능하게 했기 때

---

27 강대석, 「에피쿠로스의 철학과 윤리설에 관한 연구」, 『철학논총』 제3호, 1987, 105쪽.

문이다.[28] 이와 마찬가지로, 동학적 행복관 역시 예컨대 동학의 행복에 관한 합리적 논의를 통해 우리 삶의 모습을 재조명해 볼 객관적 단초를 찾아, 그로부터 우리 사회의 긍정적 변화를 끌어내기 위한 합리적 제안을 마련할 수 있을 것이다.

그리고 셋째, 이를 바탕으로 동학의 글로컬리제이션에 일조할 수 있기 때문이다. 현대인의 주요 화두 중 하나인 행복의 문제는 누구에게든 큰 관심거리일 테고, 이에 일상의 삶에서 체험 가능한 동학의 행복은 세계시민 모두에게 매력적으로 다가설 수 있을 것이다. 또한 동학의 행복은 동학의 존재론을 바탕으로 하는 것이기에 자연스레 동학사상의 확산에도 일조할 수 있다.

에피쿠로스의 일원적 원자론

에피쿠로스의 행복관을 검토하려는 위의 세 가지 이유를 염두에 두고, 이제 그의 존재론을 관찰해 볼 수 있다. 잘 알려진 바와 같이, 그의 존재론적 입장은 일원적 원자론이다. 동학의 존재론이 모든 만물을 지기(의 소산으)로 보는 것처럼, 에피쿠로스에게 실제로 존재하는 것은 오직 원자뿐이다.[29] 요컨대 우주는 '무수한 원자들과 빈 공간'으로 이루어졌다.[30] 이러한 존재론적 구도 아래 신을 비롯한 모든 존재는 원자로 구성되어 있다.

존재론적 논의를 하면서도 에피쿠로스가 원자의 기원을 따지지 않은 것은, 물론 당시 그리스철학에 일반적이던 불생불멸의 개념을 수용했기

---

28 cf. Epikur, *Von der Überwindung der Furcht,* München: dtv, 1991.

29 송영진, 「에피쿠로스의 원자론과 신의 문제」, 『동서철학연구』 제65호, 2012, 33쪽.

30 앞의 논문, 38쪽.

때문이다. 다만, 그는 '원자의 무게'를 만물 생성 과정의 동력으로 이해했다.[31] 외형상의 형식적 소박함에도, 그의 일원적 원자론은 물질적·정신적 현상 모두를 아우른다는 점에서 지기일원론과 동일한 존재 지평의 입장을 취하고 있다.

물론 에피쿠로스의 존재론은 좀 더 엄밀한 의미에서 소위 '감각 존재론' 정도로 불릴 수도 있겠지만,[32] 사실 존재론 자체의 특성보다는 존재를 바라보는 에피쿠로스의 이성적 해석에 더욱 주목할 필요가 있다. 이 중 대표적인 것이 바로 그를 행복론의 대표 주자로 자리매김하도록 만든 죽음과 신에 대한 해석이다. 그가 보기에 죽음과 신에 대한 공포는 인간의 행복을 가로막는 가장 큰 저해 요인이기 때문이다. 요컨대 우리 인간은 신도, 죽음도 두려워 할 필요가 없으며, 만약 두려워한다면 이는 단지 잘못된 해석에 기인할 뿐 사실이 그래서이기 때문이 아니다.

먼저 죽음을 두려워할 필요가 없는 이유는 죽음이 산 사람이나 죽은 사람 모두에게 아무런 상관이 없는 현상이기 때문이다. 즉 산 사람이라면 그에게 죽음은 없는 것이고, 죽은 사람이라면 그는 이미 존재하지 않을 것이기 때문이다.[33] 물론 이런 식의 인식론적 해석을 통해 죽음의 공포를 비켜갈 수도 있겠지만, 여기엔 '원자는 사라지지 않고 다만 그 조합이 달라질 뿐이다.'라는 식의 존재론적 설명이 더욱 설득력 있어 보인다. 물론 최시형의 경우에도 이런 식의 죽음에 대한 공포는 나타나지 않는다. 동학의 지기 존재론에 입각한 해석에 따라 생로병사는 모두 자연스러운 지기의 순

---

31 앞의 논문, 39쪽.
32 강대석, 앞의 논문, 94쪽.
33 송영진, 앞의 논문, 44쪽.

환 과정일 것이기 때문이다.

다른 한편, 에피쿠로스에게 신을 두려워할 필요가 없는 이유는, 신들은 인간과 다른 원자로 구성되어 인간 세계에 관심이 없을 것이라는 이신론적 입장에서이다. 단, 신이 우리와 다른 원자로 구성된 것은 다분히 우연에 의한 것이며, 이런 점에서 신들은 축복받은 존재이기도 하다.[34] 그리고 이 대목은 바로 한울의 노이무공함에[35] 비견될 수 있는 지점이기도 하다. 동일한 지기의 소산으로서 에피쿠로스의 신에 대비될 수 있는 한울의 현현과 대화, 즉 (음성을 통한) 한울과 인간의 조우 현상은 지기일원론의 존재론적 특성으로 설명하기에는 어려움이 있기 때문이다.

차후 이 현상에 대한 더욱 철저한 존재론적 검토는 필수적이다. 적어도 지기일원론적 관점에서 유일신의 특성을 보이는 한울의 등장은 결코 논리적으로 추론될 수 있는 현상이 아니기 때문이다. 사실 이보다 더욱 시급히 검토되어야 할 부분은 바로 지기로부터의 만물 생성 과정에 대한 설명이다. 여기엔 과연 어떤 이유로 지기의 어느 일부는 사람이 되었고, 또 어느 일부는 새가 되었는지가 생략된 채로 남아 있기 때문이다. 이로부터 동학 내부에서는 한때 그에 대한 진화론적 설명이 주어지기도 했지만, 앞의 글 〈정신과 시천주적 인간학〉에서 살펴본 바처럼, 이 역시 성공적이었다고 판단할 수는 없어 보인다.

---

34 위의 논문, 45-46쪽.

35 『龍潭遺詞』, 「龍潭歌」, "한울님 하신말씀 개벽후(開闢後) 오만년(五萬年)에 네가또한 첨이로다 나도또한 개벽이후 노이무공(勞而無功) 하다가서 너를만나 성공(成功)하니 나도성공 너도득의(得意) 너희집안 운수(運數)로다"

에피쿠로스 존재 구도 하의 필연적 행복: 아타락시아

다음으로, 현재의 맥락에서 중요한 것은, 이 같은 존재론으로부터 행복의 요소를 과연 필연적으로 기대할 수 있는지에 대한 검토이다. 이원적 존재론의 입장과 달리 일원적 존재론에는 행복 가능성을 미루어 둘 '저세상'이 존재하지 않으므로, 만약 행복을 말할 수 있다면 오직 주어진 존재 구도에서 필연적으로 도출되어야 한다. 바꾸어 말하면, 이는 곧 에피쿠로스가 말하는 행복이 과연 우리 삶에 보편적 원리로 기능할 수 있는지를 묻는 것이기도 하다.

에피쿠로스는 자신의 존재 구도 아래 행복 도출의 필연성을 생명체의 생물학적 특성에서 찾는다. 즉 "모든 생물은 태어난 순간부터 이성과 관계없는 자연적 원인으로 인해 쾌락을 즐기고 고통에 저항"[36]하기 때문이다. 이 같은 생물학적 특성으로부터 얻어진 쾌락을 '동적이고 일시적'이라고 한다면, 에피쿠로스에겐 '정적이고 지속적'인 특성을 가진 쾌락의 종류가 한 가지 더 있다. 그것은 바로 육체의 쾌락을 기억하여 지속시켜 주는 이성의 통찰을 통한 쾌락이다.[37] 그렇다면, 이성의 통찰을 통한 기억이 축적되어 갈수록 점점 더 행복한 상태가 지속될 수도 있으며, 에피쿠로스의 쾌락에는 고통의 감소도 포함된다.[38] 고통의 감소 역시 쾌락의 증가와 논리적으로 다를 바 없을 것이기 때문이다.

그런데 실상 에피쿠로스의 쾌락은 곧 아타락시아와 동의어이다.[39] 쾌락

---

36 디오게네스 라에르티오스, 137. 앤소니 롱 지음, 이경직 옮김, 『헬레니즘 철학』, 서울: 서광사, 2000, 130쪽에서 재인용.

37 강대석, 앞의 논문, 97쪽.

38 위의 논문, 98쪽.

39 M. Hossenfelder, *Epikur*, Beck'sche Reihe 520, München: Verlag C.H.BECK

을 내면의 평정 상태와 동일시한다는 것은 얼핏 이상해 보이지만, 여기엔 서로 다른 두 가지 방향의 설명이 가능하다. 하나는, 에피쿠로스의 쾌락이 온전히 "자연적 원인"에 기인한다는 점에서이다. 이는 인간의 욕심이 (과도하게) 개입되기 이전의 상태를 말하며, 이 경우 대개의 쾌락은 갈증이나 배고픔과 같은 결핍의 해소를 의미한다. 즉 앞서 심리학의 관점에서 본 평정 상태와 거의 흡사한 맥락이라고 할 수 있다. 이 점에서, 에피쿠로스는 쾌락이 자신의 존재론적 구도로부터 필연적으로 도출된다는 점을 확인시켜 주었을 뿐 아니라, 이것의 의미를 아타락시아 개념을 통해 매끄럽게 설명해 낼 수 있었다.

다른 하나는, 존재 양상을 바라보는 에피쿠로스의 또 다른 이성적 해석에 따른 방향에서이다. 요컨대 밥을 지나치게 많이 먹으면 배가 아프듯, 모든 종류의 쾌락에는 고통이 수반되기 마련이다. 이로부터 에피쿠로스는 정지 상태의 쾌락을 동적 쾌락보다 더 높은 단계의 쾌락으로 간주한 듯하다.[40] 즉, 쾌락의 적극적 추구가 아닌 고통을 멀리하는 방식의 소극적 쾌락에 행복의 더 높은 목표를 두었으며, 이는 쾌락을 아타락시아와 동일시하게 되는 에피쿠로스 행복관의 가장 큰 특징으로 자리 잡았다.

MÜNCHEN, 1991, p. 63.
40 강대석, 앞의 논문, 98쪽.

일상의 행복

최시형과 그 동료들의 일상

최시형이 말하는 수양은 다름 아닌, 천도를 따르는 삶의 태도를 의미한다. 만약 우리가 수양을 통해 일상의 소중함을 깨달을 수 있다면, 우리는 우리 자신의 평범한 일상을 살아가며 항상 행복할 수 있을 것이다. 삶의 소중함을 느낀다는 것은 곧 자기 삶에 대한 심리적 만족 상태를 의미하는 것이기 때문이다.

그런데 표영삼이 전하는 일련의 보고에 따르면, 최시형을 비롯한 동학의 일부 핵심 멤버들은 당시 자신들이 처한 상황이 과연 긍정할 만한지에 대해 푸념하는 장면들이 나온다. 이를테면, '물만 마셔 가며 10여 일을 쫓겨 다니거나',[41] '하늘을 부르며 통곡하거나',[42] "'언제쯤 발 뻗고 동학을 하겠느냐'거나",[43] 혹은 비록 반농담조의 에피소드에 불과하더라도 심지어 최시형 스스로 자살을 언급한[44] 사실에 이르기까지 이런 장면들은 매우 다양하다.

좀 더 극적으로는, '36년간 50여 곳을 숨어 다닌'[45] 최시형의 생애는 과연 일상에 속하는 것일까, 아니면 예외적인 비일상에 불과할까? 그렇다면 일상의 영역은 도대체 어디에서 어디까지이고, 그것을 정하는 기준은 과연 무엇일까? 굶주림이나 죽음의 공포와 같은 것들은 일상과 비일상 중 어느

---

41 표영삼, 앞의 책, 26쪽.
42 위의 책, 50쪽.
43 표영삼, 「신사 최시형의 생애」, 『동학연구』 제7호, 2000, 43쪽.
44 표영삼, 앞의 책, 35-36쪽.
45 표영삼, 앞의 논문, 24쪽.

영역에 속하는 것일까?

인간을 비롯한 천지 만물이 모두 지기의 소산이라는 동학의 지기 일원적 존재 구도에 따르면, 모든 만물은 본질적으로 천도에 따르는 삶을 살아갈 수 있다. 즉 일상을 살아갈 수 있다. 천도에 따르는 삶이란 결국 자연을 닮은 삶, 즉 일상을 살아가는 것이기 때문이다.

일상을 통한 동학의 행복 프로세스

일상에 대한 정의가 중요한 이유는, 이것이 곧 개인적 행복의 주관성 여부를 결정짓는 잣대로 작용하기 때문이다. 예를 들어, 천도의 흥망성쇠에 지진이나 화산 폭발, 혹은 빙하기 등의 모든 자연 현상을 한 범주에 넣는다면, 이것의 개념 짝인 인도의 길흉화복에도 역시 기아나 전쟁, 혹은 광기 등이 모두 포함되는 것을 전적으로 허용해야 한다. 이때 '일상을 소중하게 생각하기'란 곧 '모든 자연적·인위적 현상을 긍정하고 수용하기'가 된다. 그러나 이런 식의 절대적 존재 긍정은 일원적 존재 구도 아래 결코 오래 지속될 수 없다. 당장에라도 곳곳에서 수많은 불만이 터져 나올 것이기 때문이다.

다른 한편, 최시형이 전하는 일상이란 실은 천도에 따를 만한 여건이 마련된 상황을 전제로 하는 것이라는 의견이 가능할 수 있다. 이는 앞의 경우에 비해 훨씬 더 현실적인 판단임이 틀림없지만, 그럼에도 여기엔 일상과 비일상을 나누는 기준의 모호성으로 인해 모든 개인은 저마다의 주관적 판단을 따를 수밖에 없을 것이다.

요컨대 그것이 어느 경우이든 일상의 소중함으로부터 얻게 되는 행복감은 결코 보편적 원리로 기능할 수 없을 것이라는 점이다. 개인의 행복은 스스로 자신의 상황을 일상으로 인정한 경우에 한해 비로소 가능할 것이기 때문이다. 달리 말해, 자신의 상황을 일상으로 인정하는지는 하루에 몇 번이라도 바뀔 수 있기 때문이다.

그렇다면 지기 존재론에 따른 행복의 프로세스, 즉 일상의 소중함을 깨달아 이를 통해 항상 행복하게 산다는 구도는 단박에 무너지고 만다. 에피쿠로스의 시각을 빌리면, 다양한 형태의 극단적 상황들은 행복이 가능한 상태라기보다는 아타락시아를 유지할 수 없는 고통의 상태라는 점이 더욱 확연히 드러난다. 갈증이나 배고픔에 대한 "자연적 원인"이 해소되지 않았기 때문이다. 요컨대 '수양을 통해 일상의 소중함을 깨달아 행복하게 살기'라는 최시형의 암묵적 제안은 현실적으로 실현 가능성이 매우 낮아 보인다.

그럼에도 여기엔 인간의 행복과 관련한 매우 의미 있는 관점 한 가지가 제기되는 것으로 보인다. 요컨대, 때로 행복은 개인의 문제로 접근해 갈 수 있는 성질의 것이 아니라는 관점이다. 마음의 수행을 강조하는 달라이 라마 역시 '행복에는 마음의 상태가 가장 중요하다고 하더라도 의식주와 같은 기본적인 욕구까지 무시해야 한다는 것은 아니라는'[46] 점을 강조한다. 이때 필요한 것은 마음의 수행이라기보다는 일상을 평범하게 유지할 수 있는 사회 안전망의 구축이다.

일상의 행복: 한계와 제안

비록 실험적 성격이 강했으나, 지기의 일원적 존재론으로부터 안정적인 형태의 행복관을 도출해 내려는 시도는 일단 어려움에 봉착한 것으로 보인다. 이를 위해서는 행복의 근거를 우리가 살아가는 일상에서 찾아야 하

---

46 달라이 라마 · 하워드 커틀러 지음, 류시화 옮김, 앞의 책, 44쪽.

는데, 지기의 존재론적 입장인 일상으로부터 행복의 필연성은 도출되지 않았기 때문이다.

　존재의 일원적 특성으로부터 행복의 근거를 현실 자체에서 찾으려 했다는 점에서 에피쿠로스와 최시형 양자는 얼핏 운명공동체인 듯 보일 수 있다. 그럼에도 보편적 원리로 기능할 수 있는 행복관의 성취 여부에서 양자 간 차이가 나타나는 이유는, 에피쿠로스의 방법론이 최시형의 그것보다 더욱 현실 지향적이고 구체적이었다는 점에 있는 것으로 보인다. 즉 에피쿠로스는 행복의 필연적 원리를 인간에게 뚜렷한 생물학적 특성에서 찾은 반면, 최시형의 그것은 '일상'이라는 매우 포괄적이고 애매한 개념 속에 함몰되고 말았기 때문이다. 또한, 이것의 적용 범위 역시 에피쿠로스는 고도의 상상력과 기대치를 가진 인간의 행복을 생명 유지 정도의 만족도 수준으로 제한하는 최소화 전략을 구사한 반면, 최시형은 인간 행복의 가능 범위를 전체 일상, 즉 심리 영역 전체로 확대했다는 점에서도 양자 간 차이의 이유를 찾을 수 있다.

　그렇지만 이를 다른 관점에서 보면, 전자가 존재자 대다수의 특성에 초점을 맞추고 인간의 특성을 그에 맞추려 한 반면, 최시형은 오히려 존재자 전체로 보면 소수에 불과한 인간에게 주된 초점을 맞추고 다른 나머지 존재자들을 고려하지 않은 결과로 볼 수도 있다.

　이런 차이에도 불구하고, 에피쿠로스와 최시형에게 각각 행복의 원리로 기능하는 '쾌'와 '천도'는 단 하나의 예외적 사례를 제외하면 서로 거의 완벽할 정도로 일치한다. 그 이유는 쾌의 원리와 천도에 따른 생명체의 존재 양상은 서로 거의 동일하게 나타나기 때문이다.

　예를 들어, 배고픈 호랑이가 쾌의 원리에 따라 다시 이전의 평정 상태에 도달했다면, 즉 배고픔을 해소했다면, 그 호랑이는 더 이상 사냥에 나서지 않는다. 이와 마찬가지로, 자연의 원리인 천도에 따라 호랑이가 배고픔을 해소하는 과정 역시 조금 전의 상황과 크게 다르지 않을 것이기 때문이다.

요컨대 각각 쾌와 천도의 원리에 따라 기능하는 아타락시아의 행복과 일상의 행복은 그 행복의 양상이 서로 매우 흡사할 수밖에 없다. 이렇게 보면, 에피쿠로스의 행복관 역시 실은 최시형의 그것처럼 천도를 따르는 행복관이라는 관점도 가능할 것이다. 그러나 양자에 공통된 단 하나의 예외적 존재는, 다름 아닌, 인간이다. 인간은 에피쿠로스와 최시형의 행복관 모두에서 유일하게 문제 상황을 연출하는 존재이기도 하다. 오직 인간만이 극단적으로 쾌를 추구하거나, 혹은 천도에서 벗어나 자연에 거스르는 행동을 의식적으로 할 수 있기 때문이다.

그리고 바로 이 점에서, 비록 동학적 행복의 실현 가능성이 아직 만족할 만한 수준에까지 이르지는 못했지만, 이것이 오늘날과 같은 현대사회에서 어떤 모습으로 다가오고, 또 어떻게 적용될 수 있는지에 대한 예상 지점만은 분명해 보인다. 요컨대 성공을 가정한 동학적 행복관의 현대적 의미는 우리 인간이 욕심을 덜 부리고, 좀 더 현 상황에 만족하고, 또 win만이 아닌 win-win을 생각할 때 이전보다 더욱 행복해질 수 있다는 전령의 임무를 다할 때일 것이다.

이에 덧붙여, 위에서 언급한 우·묵·눌의 현대적 의미 역시 이와 동일한 맥락에서 찾을 수 있을 듯하다. 어쩌면 우리는 만물의 가치 실현을 위한 우직함이나 묵직함, 혹은 눌지함을 갖춘 일상의 삶 속에서 행복을 느끼게 될는지도 모를 일이다. 우·묵·눌이란, 다름 아닌, 일상의 삶에서 이익과 효율성만을 좇아 분주히 움직이는 현대인에게 좀 더 천천히, 좀 더 느리게 가라는 의미를 담고 있기 때문이다. 이를 존재론의 관점에서 다시 보면, 개인의 과다한 이익 추구(win)보다는 이천식천의 원리에 따른 공동체의 상생(win-win)을 지향하라는 의미일 것이다.

마지막으로, 최시형의 수양 방법론을 현대적 의미에 맞는 방향으로 재구조화하는 작업 역시 동학적 행복의 단초를 발견해 가는 매우 의미 있는 작업일 수 있다. 이를테면, 앞의 글 〈슈퍼리더십과 수양〉에서 제안한 바와 같이, 당시 위생이나 질병에 연관되었던 이슈를 이제 몸이나 환경의 영역으로 옮겨오고, 이를 다시 몸의 리더십, 환경리더십 등의 발전적 프로그램으로 구상해 볼 수도 있을 것이다.

일상적 행복의 실천적 유효성

동서고금을 막론하고 행복이 실현되는 최상의 장소는 대부분 피안의 세계에 한정되었다. 이는 대개 플라톤 식의 이원적 존재 세계가 상정된 구도 아래에서 발생한 일이었다. 사람들이 피안의 세계에 행복을 약속한 이유는, 때로 녹록지 않은 현세의 삶에 대한 보상으로서, 또 때로는 영원한 행복이 보장된 꿈의 장소로서였다.

문제는, 이로부터 가뜩이나 과한 인간의 욕심이 무한 팽창되는 결과를 가져왔다는 점이다. 이제 사람들은 피안의 세계에 들어서기 전부터 자신의 내부에 한껏 부풀려진 욕망을 현세인 지구 생태계에 쏟아놓기 시작했다. 이원적 존재론에 보이는 행복에 관한 논의는 이렇듯 대체로 욕망이 플러스되어 가는 경향을 보이는 것이 일반적이다.

이에 비해 일원적 존재 구도 아래 진행되는 행복에 대한 논의는 대개 그 행복의 볼륨과 적용 범위가 점차 마이너스되어 가는 경향을 보인다. 현세에서 행복의 유효성은 언제나 검증의 대상이기 때문이다. 이런 이유로부터, 일원적 존재 구도 아래 행복의 논의를 세상에 내놓기는 쉽지 않다.

하물며 행복보다는 죽음의 위협을 피해 다녀야 했던 최시형과 그의 동료들에게서는 더욱 그랬을 것이다. 그럼에도 최시형이 제안한 수행론의 근저에는 동학의 존재론을 근거로 도출될 수 있는 행복의 단초가 분명히 들어 있다. 더구나 지기일원론처럼 일원적 존재론을 가진 에피쿠로스의 행복관은 자신의 존재론으로부터 필연적으로 도출된 것이었으며, 동시에 성공적이었다. 각각 아타락시아의 행복과 일상의 행복으로 칭할 수 있는 에피쿠로스와 최시형의 행복관은 서로 많이 닮아 있다. 양자에겐 행복의 주관성 문제를 뛰어넘어 좀 더 일반적인 형태로 발전해 갈 수 있는 여지도 충분하다. 아타락시아의 평정 상태는 개인 간 쾌의 간격을 어느 한도 이상으로 넓히지 않을 것이기 때문이고, 일상의 행복은 천도를 매개로 한 사람들 간의 간 주관적 윤리마저 기대할 수 있도록 해줄 것이기 때문이다.

그러나 에피쿠로스의 경우와는 달리, 최시형의 존재 구도로부터 필연적인 행복은 도출되지 않는다. 일상의 행복 이전에 일상의 개념 자체가 안정적이지 않아서이다. 그럼에도 동학적 행복의 윤곽을 잡아보려는 시도는 다양한 각도의 이론적·실천적 맥락에서 계속 진행될 수 있을 것이다. 더불어 화합과 조화를 중시하는 동학의 전체 그림이 행복과 관련하여 우리에게 전해줄 수 있는 메시지 역시 비록 요청적 의미에서이되 다분히 실천적 유효성을 갖는 듯하다: '우리는 욕심을 덜 부릴 때 이전보다 더 행복해질 수 있다.'

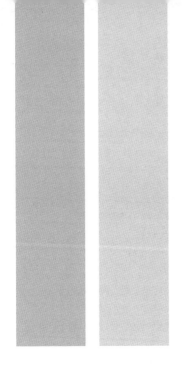

참고문헌
찾아보기

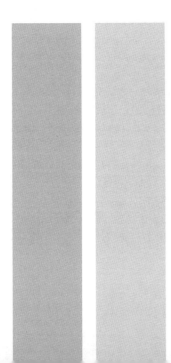

참고문헌

제1장 Drang과 지기

김용휘, 「최제우의 시천주에 나타난 천관」, 『한국사상사학』 제20호, 2003.

노태구, 「동학의 지기와 천주의 변증법적 관계에 대해」, 『동양정치사상사』 Vol.1, No. 2, 2002.

스티븐 굴드 지음, 김동광 옮김, 『인간에 대한 오해』, 서울: 사회평론, 2003.

이돈화, 『新人哲學』, 서울: 천도교중앙총부, 1982(3판).

이원희, 「동학의 시천주 사상에 관한 연구」, 대구가톨릭대학교 박사학위논문, 2003.

이정희, 「동학의 생명철학에 관한 연구」, 충남대학교 박사학위논문, 2008.

임상욱, 「쉘러의 meta-인간학에 나타난 정신 개념」, 『汎韓哲學』 23집, 범한철학회, 2001 봄.

장열이, 「동학 통합사상의 교육적 함의」, 경상대학교 박사학위논문, 2008.

천도교중앙총부(편), 『天道敎經典』, 서울: 천도교중앙총부 출판부, 1997(3판).

표영삼, 『동학 1. 수운의 삶과 생각』, 파주: 통나무, 2004.

_____, 『동학 2. 해월의 고난 역정』, 파주: 통나무, 2005.

황경선, 「존재와 신 사이에서」, 『존재론 연구』 제15호, 2007.

Darwin, Charles, The Descent of Man. And Selection in Relation to Sex, second edition, revised and augmented, New York: D. Appleton and company, 1899.

_____, The Origin of Species. By Means of Natural Selection. Or the Preservation of favored Races in the Struggle for Life, with additions and corrections from sixth and last english edition, Vol. I-II, New York: D. Appleton and company, 1899.

Frings, Manfred S, Max Scheler. A Concise Introduction into the World of a Great Thinker, Pittsburgh, Pa: Duquesne University Press, 1965.

_____, "Drang und Geist", in: Grundprobleme der groβen Philosophen. Philosophie der Gegenwart II, Göttingen: Vandenhoeck & Ruprecht Verlag, 1991.

Heidegger, M, Kant und das Problem der Metaphysik, 2. Aufl., Frankfurt am Main: Vittorio Klostermann Verlag, 1951.

Leonardy, H, Liebe und Person. Max Schelers Versuch eines "phänomenologischen" Personalismus(Diss.), Den Haag: Martinus Nijhoff Verlag, 1976.

Nota, J, Max Scheler. Der Mensch und seine Philosophie, Fridingen a.D., 1995.

Plessner, H, Philosophische Anthropologie. Lachen und Weinen - Das Lächeln - Anthropologie der Sinne, Frankfurt am Main: Fischer Verlag, 1970.

Scheler, M, Gesammelte Werke Bd.1-15, Bern-München-Bonn, seit 1957.

Whitehead, A, Function of Reason, Boston, 1958.

제2장 영겁회귀와 후천개벽

강영계, 「니체의 영겁회귀의 의미」, 『인문과학논총』, 제25호, 건국대학교 인문과학연구소, 1993.

구니도미 쓰요시 지음, 황병수 옮김, 『앞서가는 리더의 행동학』, 서울: 한국산업훈련연구소, 1996.

권인호, 「김지하-저항 정신과 후천개벽적 생명 사상」, 『시대와 철학』, Vol. 7, No. 2, 한국철학사상연구회, 1996.

류병덕 외, 「영겁회귀사상에 입각한 주체주의 종교관 모색」, 『한국종교』, 제20집, 원광대학교 종교문제연구소, 1995.

배영순, 「동학사상의 기본구조」, 『민족문화연구총서』, 제19호, 영남대학교 민족문화연구소, 1998.

백승종, 『한국의 예언문화사』, 서울: 푸른 역사, 2006.

서태원, 「東學의 後天開闢思想과 彌勒思想」, 『역사와 실학』, 제14호, 역사실학회, 2000.

소광희, 「회귀사상에 관한 연구」, 『논문집』, 제12호, 서울대학교, 1966.

스티븐 코비 지음, 김경섭 옮김, 『성공하는 사람들의 7가지 습관』, 서울: 김영사, 2004.

오문환, 「동학의 후천개벽사상」, 『동학학보』, 제1호, 동학학회, 2000.

요시다 요이치 지음, 정구영 옮김, 『0의 발견』, 서울: 사이언스북스, 2002.

윤이흠, 「동학운동의 개벽사상」, 『한국문화』, 제8호, 서울대학교 한국문화연구소, 1987.

윤지산, 『고사성어 인문학 강의』, 서울: 디스커버리미디어, 2011.

이찬구, 「역학의 선후천과 최수운의 "다시개벽" - 『주역』과 『정역』의 비교를 중심으로」, 『신종교연구』, 제22호, 한국신종교학회, 2010.

이현희, 「수운의 개벽사상연구」, 『동학사상과 동학혁명』, 서울: 청아출판사, 1989.

정우일 외, 『리더와 리더십』, 서울: 박영사, 2009(2판).

차남희, 「최제우의 후천개벽사상」, 『한국정치학회보』, Vol. 41, No. 1, 한국정치학회, 2007.

램 차란 외 지음, 김은숙 옮김, 『현명한 의사결정(하버드 비즈니스 클래식)』, 서울: 21세기북스, 2009.

천도교중앙총부(편), 『天道敎經典』, 서울: 천도교중앙총부 출판부, 1997(3판).

최민자, 「수운의 후천개벽과 에코토피아」, 『동학학보』 제7호, 동학학회, 2004.

표영삼, 『동학 1. 수운의 삶과 생각』, 파주: 통나무, 2004.

_____, 『동학 2. 해월의 고난 역정』, 파주: 통나무, 2005.

한장경, 『주역 · 정역』, 서울: 삶과 꿈, 2001.

황선명, 「종말론과 후천개벽」, 『민족과 문화』, 한양대학교 민족학연구소, 1999.

Drews, A, Nietzsches Philosophie, Heidelberg: Carl Winter's UB, 1904.

Heidegger, M, Nietzsche, 2 Bände, Pfullingen: Neske Verlag, 1961.

Kaufmann, W, Nietzsche. Philosoph - Psychologe - Antichrist, Darmstadt: Wiss. Buchges. Verlag, 1988.

Löwith, K, Sämtliche Schriften, Bd. 6. Nietzsche, Stuttgart: J. B. Metzler, 1987.

Nietzsche, F, Werke in drei Bänden(hrg. von Karl Schlechta), Darmstadt: Wissenschaftliche Buchgesellschaft, 1982.

_____, Der Wille zur Macht, Stuttgart: Kröner Verlag, 1980.

Yim, S, Die Möglichkeit des Übermenschen in der Werdenswelt bei Nietzsche, Regensburg, 1992.

제3장 허무주의와 후천개벽

강정애 외, 『리더십론』, 서울: 시그마프레스, 2010.

김용휘, 「시천주사상의 변천을 통해 본 동학 연구」, 고려대학교 박사학위논문, 2004.

_____, 『우리 학문으로서의 동학』, 서울: 책세상, 2007.

데이비드 코돈 지음, 제정관 옮김, 『리더십의 철학』, 서울: 철학과현실사, 2006.

버트란트 러셀 지음, 한철하 옮김, 『서양철학사』, 서울: 대한교과서, 1982.

마이클 해크먼 & 크레이그 존슨 지음, 김영임 · 최재민 옮김, 『소통의 리더십』, 파주: 에피스테메, 2010.

오문환(편저), 『수운 최제우』, 서울: 예문서원, 2005.

윤석산, 『수운 최제우 연구』, 경주대학교 경주문화연구소, 2001.

이돈화, 『천도교창건사』, 서울: 경인문화사, 1970.

천도교중앙총부(편), 『天道敎經典』, 서울: 천도교중앙총부 출판부, 1997(3판).

최동희, 「니이체와 최수운 - 니힐리즘과 개벽사상을 중심으로」, 『한국사상총서』 III, 1960.

최민자, 「수운의 후천개벽과 에코토피아」, 『동학학보』 제7호, 동학학회, 2004.

표영삼, 『동학 1. 수운의 삶과 생각』, 파주: 통나무, 2004.

_____, 『동학 2. 해월의 고난 역정』, 파주: 통나무, 2005.

황선희, 『동학 · 천도교 역사의 재조명』, 서울: 모시는사람들, 2009.

Conger, J. & R. Kanungo, "Toward a behavioral Theory of Charismatic Leadership in Organizational Settings", Academy of Management review, Vol.12, 1987.

Etzioni, A, A Comparative Analysis of Complex Organizations, New York: The Free Press, 1961.

Heidegger, M, Der europäische Nihilismus, Pfullingen: Neske Verlag, 1967.

Kaufmann, W, Nietzsche. Philosoph - Psychologe - Antichrist, Darmstadt: Wiss. Buchges.
   Verlag, 1988.
Nietzsche, F, Werke in drei Bänden (hrg. von Karl Schlechta), Darmstadt:
   Wissenschaftliche Buchgesellschaft, 1982.
_____, Der Wille zur Macht, Stuttgart: Kröner Verlag, 1980.
Weber, M, Max Weber on Charisma and Institution Building (ed. by S. Eisenstadt),
   Chicago-London: Chicago Uni. Press, 1968.
Yim, S, Die Möglichkeit des Übermenschen in der Werdenswelt bei Nietzsche,
   Regensburg, 1992.
Yukl, G, Leadership in Organizations(7th. ed.), N. J.: Prentice-Hall, 2008.

제4장 지기와 상생

김용옥, 『도올 심득 東經大全 1』, 파주: 통나무, 2004.
김용휘, 「최제우의 시천주에 나타난 천관」, 『한국사상사학』 제20호, 2003.
노태구, 「동학의 지기와 천주의 변증법적 관계에 대해」, 『동양정치사상사』 Vol.1, No.2,
   2002.
서성교, 『한국형 리더십을 말한다』, 서울: 원앤원북스, 2011.
소이원, 『21세기 화랑도: 한국적 리더십 사상의 근원과 미래』, 서울: 에세이, 2010.
스티븐 굴드 지음, 김동광 옮김, 『인간에 대한 오해』, 서울: 사회평론, 2003.
이원희, 「동학의 시천주 사상에 관한 연구」, 대구가톨릭대학교 박사학위논문, 2003.
이정희, 「동학의 생명철학에 관한 연구」, 충남대학교 박사학위논문, 2008.
장열이, 「동학 통합사상의 교육적 함의」, 경상대학교 박사학위논문, 2008.
정우일 외, 『리더와 리더십』, 서울: 박영사, 2009(2판).
존 밀 지음, 서병훈 옮김, 『자유론』, 서울: 책세상, 2006.
천도교중앙총부(편), 『天道教經典』, 서울: 천도교중앙총부 출판부, 1997(3판).
표영삼, 『동학 2. 해월의 고난 역정』, 파주: 통나무, 2005.
황경선, 「존재와 신 사이에서」, 『존재론 연구』 제15호, 2007.
Mackintosh, N, IQ and Human Intelligence, 1998.
Merrill, M. & Terman, L, Stanford-Binet Intelligence Scale, 2000.
Sandel, M, Liberalism and the Limits of Justice, Cambridge University Press, 1998.
Spearman, Ch, The Abilities of Man: Their Nature and Measurement, New York:
   Macmillan, 1927.
Thurstone, L, Nature of Intelligence, 1999.
Wagman, M, Cognitive Science and Concept of Mind: Toward a General Theory of

Human Artificial Intelligence, 1991.

Yukl, G, Leadership in Organizations (5th. ed.), N. J.: Prentice-Hall, 2002.

http://www.chondogyo.or.kr/c01/insa.php

http://www.donghaks.org/sub01.asp

http://www.kdonghak.com/modules/doc/index.php?doc=intro

제5장 정신과 시천주적 인간학

김용휘, 「시천주사상의 변천을 통해 본 동학 연구」, 고려대학교 박사학위논문, 2004.

_____, 『우리 학문으로서의 동학』, 서울: 책세상, 2007.

이돈화, 『新人哲學』, 서울: 천도교중앙총부, 1982(3판).

천도교중앙총부(편), 『天道敎經典』, 서울: 천도교중앙총부 출판부, 1997(3판).

표영삼, 『동학 1. 수운의 삶과 생각』, 파주: 통나무, 2004.

_____, 『동학 2. 해월의 고난 역정』, 파주: 통나무, 2005.

Bollnow, Otto F, "Die philosophische Anthropologie und ihre methodischen Prinzipien",
    in: Philosophische Anthropologie heute, Beck'sche Schwarze Reihe(Bd.89), hrg. von
    Roman Rocek und Oskar Schatz, München: C.H. Beck Verlag, 1972.

Darwin, Charles, The Descent of Man. And Selection in Relation to Sex, second edition,
    revised and augmented, New York: D. Appleton and company, 1899.

_____, The Origin of Species. By Means of Natural Selection. Or the Preservation of
    favored Races in the Struggle for Life, with additions and corrections from sixth and
    last english edition, Vol. I-II, New York: D. Appleton and company, 1899.

Frings, Manfred S, Max Scheler. A Concise Introduction into the World of a Great Thinker,
    Pittsburgh, Pa.: Duquesne University Press, 1965.

_____, "Drang und Geist", in: Grundprobleme der groβen Philosophen.
    Philosophie der Gegenwart II, hrg. von Josef Speck, 3. durchgesehene Aufl.,
    Göttingen: Vandenhoeck & Ruprecht Verlag, 1991.

Heidegger, Martin, Kant und das Problem der Metaphysik, 2. Aufl, Frankfurt am Main:
    Vittorio Klostermann Verlag, 1951.

Hiller, Kurt, "Scheler spukt", in: Die Weltbühne. Wochenschrift für Politik-Kunst Wirtschaft.
    Vollständiger Nachdruck der Jahrgänge 1918-1933, Königstein/Ts.: Athenäum
    Verlag, 1978.

Kant, Immanuel, Kritik der reinen Vernunft, hrg. von Raymund Schmidt, Hamburg, 1956.

Leonardy, Heinz, Liebe und Person. Max Schelers Versuch eines "phänomenologischen"
    Personalismus, Den Haag: Martinus Nijhoff Verlag, 1976(Diss.).

Mühlmann, Wilhelm, Rassen und Völkerkunde. Lebensprobleme der Rassen, Gesellschaften und Völker, Braunschweig: Friedr. Vieweg & Sohn Verlag, 1936.

_____, Rassen, Ethnien, Kulturen. Moderne Ethnologie, Neuwied, 1964.

_____, Geschichte der Anthropologie. 2. verbesserte und erweiterte Aufl, Frankfurt am Main-Bonn: Athenäum Verlag, 1968.

Plessner, Helmuth, Philosophische Anthropologie. Lachen und Weinen - Das Lächeln - Anthropologie der Sinne, hrg. mit einem Nachwort von Günter Dux, S. Frankfurt am Main: Fischer Verlag, 1970.

_____, "Erinnerungen an Max Scheler", in: Max Scheler. Im Gegenwarts- geschehen der Philosophie, hrg. von Paul Good, Bern-München: Francke Verlag, 1975.

Scheler, Max, Gesammelte Werke Band 2, 3, 5, 9, 11, 12, Bern-München-Bonn, 1954(- 1987).

Spinoza, Benedictus de, Die Ethik. Nach geometrischer Methode dargestellt (Philosophische Bibliothek; 92), Hamburg: Meiner Verlag, 1967.

Yim, S, Die Meta-Anthropologie M. Schelers (Diss.), Regensburg, 1998.

제6장 초인과 신인적 인간학

강정애 외, 『리더십론』, 서울: 시그마프레스, 2010.

김인환, 『동학의 이해』, 서울: 고려대학교 출판부, 1994.

버트란트 러셀 지음, 한철하 옮김, 『서양철학사』, 서울: 대한교과서, 1982.

신일철, 『동학사상의 이해』, 서울: 사회비평사, 1995.

이돈화, 『新人哲學』, 서울: 천도교중앙총부, 1982(3판).

_____, 「인내천의 연구」, 『개벽』 창간호, 1920.

정우일 외, 『리더와 리더십』, 서울: 박영사, 2009(2판).

천도교중앙총부(편), 『天道敎經典』, 서울: 천도교중앙총부 출판부, 1997(3판).

최동희, 「니이체와 최수운 - 니힐리즘과 개벽사상을 중심으로」, 『한국사상총서』 III, 1960.

황문수, 「이돈화의 신인 사상」, 『동학학보』 제1호, 2000.

허수, 「이돈화의 『신인철학(新人哲學)』 연구」, 『史林』 제30호, 2008.

Conger, J. & Kanungo, R, "Charismatic Leadership and Follower Effects", Journal of organizational behavior, Vol. 21(No. 7), 2000.

Darwin, Ch, The Descent of Man. And Selection in Relation to Sex, second edition, revised and augmented, New York: D. Appleton and company, 1899.

_____, The Origin of Species. By Means of Natural Selection. Or the Preservation of favored Races in the Struggle for Life, with additions and corrections from sixth and last english edition, Vol. I-II, New York: D. Appleton and company, 1899.

Etzioni, A, A Comparative Analysis of Complex Organizations, New York: The Free Press, 1961.

Kaufmann, W, Nietzsche. Philosoph - Psychologe - Antichrist, Darmstadt: Wiss. Buchges. Verlag, 1988.

Nietzsche, F, Werke in drei Bänden(hrg. von Karl Schlechta), Darmstadt: Wiss. Buchges. Verlag, 1982.

_____, Der Wille zur Macht, Stuttgart: Kröner Verlag, 1980.

Weber, M, Max Weber on Charisma and Institution Building(ed. by S. Eisenstadt), Chicago-London: Chicago Uni. Press, 1968.

Yim, S, Die Möglichkeit des Übermenschen in der Werdenswelt bei Nietzsche (MA), Regensburg, 1992.

Yukl, G, Leadership in Organizations(7th. ed.), N. J.: Prentice-Hall, 2008.

제7장 동학의 리더십과 팔로워십

김덕수 · 최태현, 「공공부문 팔로워 유형화 연구: 한국의 지방자치단체 공무원의 규정 준수 및 성과 인식을 중심으로」, 『한국사회와 행정연구』 제25권 제2호, 서울행정학회, 2014.

김효석 · 이인환, 『당신을 행복으로 이끄는 인생의 원리. 팔로우』 서울: 미다스북스, 2012.

로버트 켈리 지음, 장동현 옮김, 『성공기업을 창출하는 폴로어십과 리더십』 서울: 고려원, 1994.

바버라 켈러먼 지음, 이동욱 외 옮김, 『팔로워십』 서울: 더난출판, 2011.

바버라 켈러먼 지음, 이진원 옮김, 『세상을 바꾸는 새로운 리더십, 팔로어십. 리더십의 종말』 서울: 씨앤아이북스, 2012.

배정훈 · 송경수, 『리더십 에센스』 서울: 형설출판사, 2014(개정증보3판).

백기복, 『조직행동연구』, 서울: 창민사, 2006(제4판).

신인철, 『팔로워십, 리더를 만드는 힘』 서울: 한스미디어, 2007.

심윤섭, 『리더십의 또 다른 얼굴, 팔로워십』 서울: 예문당, 2013.

아이라 샬레프 지음, 박영수 옮김, 『겁 없는 폴로어가 리더를 만든다』 서울: 시그마북스, 2007.

안성호 · 김일석, 『현대 리더십의 이해』, 파주: 신광문화사, 2010.

요시다 덴세 지음, 구현숙 옮김, 『조직을 성공으로 이끄는 리더십 & 팔로워십』 서울: 멘토르, 2010.

조엘 커츠먼 지음, 신순미 옮김, 『공동 목적의 힘』 서울: 리드리드출판, 2011.
천도교중앙총부(편), 『天道敎經典』, 서울: 천도교중앙총부출판부, 1997(3판).
최진, 『참모론』, 파주: 법문사, 2009.
Erich Fromm, Escape from Freedom, New York: Holt, Rinerhart and Winston, Inc, 1941.
Robert E. Kelley, "In Praise of Followers", Harvard Business Review, Boston: Harvard Business Publishing, November-December 1988.
Robert E. Kelley, The Power of Followership, New York: Doubleday Publishing, 1992.
http://www.chondogyo.or.kr/niabbs4/inc.php?inc=sub1
http://www.donghaks.org/sub01_5.asp

제8장 영해 '혁명'의 빛과 그늘

고승제 외, 『전통시대의 민중운동(하)』, 서울: 풀빛, 1981.
김기선, 『동학정사 2: 최해월과 동학』, 서울: 정민사, 2010.
김기현(편저), 『최초의 동학혁명-병풍바위의 영웅들』, 서울: 황금알, 2005.
김교빈, 「동아시아 민중운동에 나타난 유토피아 사상: 갑오농민전쟁 과정에서 설치된 집 강소를 중심으로」, 『시대와 철학』 Vol.10, No.1, 1999.
김용휘, 「해월 최시형의 기초문헌연구; 해월의 마음의 철학」, 『동학학보』 제4호, 2002.
김정호, 「해월 최시형 사상에 나타난 정치사회적 실천론의 인식론적 토대와 의의」, 『동학 학보』 제15호, 2008.
김철, 「동학 대도주 해월 최시형 선생과 동학혁명 전봉준장군의 기본사상 차이점」, 『동학 연구』 제12호, 2002.
문영석, 「해월 최시형의 사상 연구; 신관, 인간관, 자연관을 중심으로」, 『동학학보』 제3호, 2002.
박맹수, 『교남공적 해제』, 한국정신문화연구원, 1991.
박맹수, 「최시형의 종교사적 위치」, 『한국종교사학회』 제5호, 1996.
박맹수, 『사료로 보는 동학과 동학농민혁명』, 서울: 모시는사람들, 2009.
박맹수, 『개벽의 꿈, 동아시아를 깨우다』, 서울: 모시는사람들, 2011.
신복룡, 『동학사상과 갑오농민혁명』, 선인, 2006.
연갑수, 「이필제 연구」, 『동학학보』 제6호, 2003.
윤대원, 「이필제난 연구」, 『한국사론』 제16호, 1987.
윤대원, 「이필제, 때 이른 민중운동의 지도자」, 『내일을 여는 역사』 제21호, 2005.
윤석산(역), 『도원기서』, 서울: 문덕사, 1991.
윤석산, 「해월 최시형의 기초문헌연구; 최시형 법설의 기초문헌연구」, 『동학학보』 제4호, 2002.

윤승용, 「한국 근대 종교의 탄생: 한국의 근대 신종교, 근대적 종교로서의 정착과 그 한계; 개벽사상을 중심으로」, 『종교문화비평』 제22호, 2012.

이돈화, 『천도교창건사』, 서울: 경인문화사, 1970.

이이화, 『인물한국사』, 서울: 한길사, 1988.

이이화, 『발굴 동학농민전쟁 인물열전』, 서울: 한겨레신문사, 1994.

이현희, 「동학혁명의 전개와 근대성」, 『동학학보』 제3호, 2002.

이현희, 「동학과 근대성」, 『민족사상』 Vol.2, No.2, 2008.

임중재, 「동학사상의 근대적 개체성 논리와 인간관에 관한 고찰」, 『동학학보』 제4호, 2002.

임태홍, 「최시형의 양천주 사상 형성과정」, 『종교와 문화』 제12호, 서울대학교 종교문제 연구소, 2006.

조경달, 『이단의 민중반란』, 역사비평사, 2008.

조성운, 「해월 최시형의 도교 전수와 초기 포교활동(1862-1875)」, 『동학연구』 제7호, 2000.

차남희, 「노동의 신성화와 동학의 근대성-최시형을 중심으로」, 『한국사회역사학회』 Vol.13, No.2, 2010.

천도교중앙총부(편), 『천도교백년약사(상권)』, 서울: 미래문화사, 1981.

천도교중앙총부(편), 『天道敎經典』, 서울: 천도교중앙총부 출판부, 1997(3판).

채길순, 「동학의 사상적 특성과 흐름 분석: 경상북도 지역의 동학 활동 연구 - 사적지를 중심으로」, 『동학학보』 제27호, 2013.

표영삼 외, 『해월 최시형과 동학사상』, 예문서원, 1999.

표영삼, 「신사 최시형의 생애」, 『동학연구』 제7호, 2000.

표영삼, 『동학 2. 해월의 고난 역정』, 파주: 통나무, 2005.

황묘희, 「해월 최시형의 기초문헌연구; 동학혁명운동과 남북접 문제」, 『동학학보』 제4호, 2002.

황묘희, 「동학의 근대성에 대한 고찰」, 『민족사상』 Vol.1, No.1, 2007.

제9장 슈퍼리더십과 수양

강정애 외, 『리더십론』, 서울: 시그마프레스, 2010.

마이클 해크먼 & 크레이그 존슨 지음, 김영민·최재민 옮김, 『소통의 리더십』, 서울: 에피스테메, 2010.

새뮤얼 리마 지음, 황을호 옮김, 『셀프 리더십』, 서울: 생명의말씀사, 2003.

송봉구, 「동학의 수양론 연구」, 『유학연구』 제20호, 2009.

송봉구, 「의암 손병희의 심성 수양론 연구」, 『유학연구』 제22호, 2010.

신인철, 『따라야 따른다』, 서울: 한스미디어, 2011.

앨빈 토플러 지음, 원창엽 옮김, 『제3의 물결』, 서울: 홍신문화사, 2006.
이길용, 「수양론적 시각에서 바라본 동학의 신 이해」, 『宗敎硏究』 제45호, 2006.
李尙俊, 「本敎歷史」, 『天道敎會月報』 第3卷 第2號.
이정희, 「동학의 수양관」, 『동학학보』 제11호, 2006.
임태홍, 「동학의 수양론에 나타난 유학적 성격」, 『유교문화연구』 제8호, 2006.
찰스 만즈 & 헨리 심스 주니어 지음, 김남현 옮김, 『슈퍼리더십』, 서울: 경문사, 2002.
천도교중앙총부(편), 『天道敎經典』, 서울: 천도교중앙총부출판부, 1997(3판).
표영삼, 『동학 2. 해월의 고난 역정』, 파주: 통나무, 2005.
하이럼 스미스 지음, 김경섭 옮김, 『성공하는 시간관리와 인생관리를 위한 10가지 자연법
    칙』, 서울: 김영사, 1998.
「海月先生文集(1906)」, 『신인간』 Vol. 470-471, 1989.
Conger, J. & R. Kanungo, "Toward a behavioral Theory of Charismatic Leadership in
    Organizational Settings", Academy of Management review, Vol. 12, 1987.
Neck, Ch. & Manz, Ch, Mastering Self-Leadership: Empowering Yourself for Personal
    Excellence, Prentice-Hall, 2007.
Soemmerring, Th, Über die körperliche Verschiedenheit des Negers vom Europäer,
    Frankfurt am Main-Mainz, 1875.

제10장 퍼실리테이션과 파트너십

강정애 외, 『리더십론』, 서울: 시그마프레스, 2010.
게리 유클 지음, 이상욱 옮김, 『현대조직의 리더십 이론』, 서울: 시그마프레스, 2004.
김용휘, 「해월 최시형의 기초문헌연구; 해월의 마음의 철학」, 『동학학보』 제4호, 2002.
김정호, 「해월 최시형 사상에 나타난 정치사회적 실천론의 인식론적 토대와 의의」, 『동학
    학보』 제15호, 2008.
김철, 「동학 대도주 해월 최시형 선생과 동학혁명 전봉준 장군의 기본사상 차이점」, 『동학
    연구』 제12호, 2002.
로저 슈워즈 지음, 봉현철 외 옮김, 『퍼실리테이션 스킬』, 서울: 다산서고, 2003.
문영석, 「해월 최시형의 사상 연구; 신관, 인간관, 자연관을 중심으로」, 『동학학보』 제3호,
    2002.
마이클 해크먼 & 크레이그 존슨 지음, 김영민·최재민 옮김, 『소통의 리더십』, 서울: 에피
    스테메, 2010.
박맹수, 「최시형의 종교사적 위치」, 『한국종교사학회』 제5호, 1996.
윤석산(역), 『도원기서』, 서울: 문덕사, 1991.
윤석산, 「해월 최시형의 기초문헌연구: 최시형 법설의 기초문헌연구」, 『동학학보』 제4

호, 2002.

이규성, 「최시형에서 '표현'과 시간」, 『동아시아문화연구』 제39호, 2005.

이돈화, 『천도교창건사』, 서울: 경인문화사, 1970.

임태홍, 「최시형의 양천주 사상 형성과정」, 『종교와 문화』 제12호, 서울대학교 종교문제연구소, 2006.

잉그리드 벤스 지음, 이영석 · 오동근 옮김, 『퍼실리테이션 쉽게 하기』, ORPPRESS, 2006.

정우일 외, 『리더와 리더십』, 서울: 박영사, 2010(2판).

조성운, 「해월 최시형의 도교 전수와 초기 포교활동(1862-1875)」, 『동학연구』 제7호, 2000.

조순, 「해월 최시형의 현실인식과 동학의 대중화」, 『동학연구』 제19호, 2005.

차남희, 「노동의 신성화와 동학의 근대성-최시형을 중심으로」, 『한국사회역사학회』 Vol.13, No.2, 2010.

천도교중앙총부(편), 『天道教經典』, 서울: 천도교중앙총부 출판부, 1997(3판).

표영삼 외, 『해월 최시형과 동학사상』, 서울: 예문서원, 1999.

표영삼, 「신사 최시형의 생애」, 『동학연구』 제7호, 2000.

표영삼, 『동학 2. 해월의 고난 역정』, 파주: 통나무, 2005.

허호익, 「해월 최시형의 천지인 삼경론과 천지인의 신학」, 『한국기독교신학논총』 제27호, 2003.

호리 기미토시 지음, 현창혁 옮김, 『문제 해결을 위한 퍼실리테이션의 기술』, 서울: 일빛, 2005.

황묘희, 「해월 최시형의 기초문헌연구; 동학혁명운동과 남북접 문제」, 『동학학보』 제4호, 2002.

Burns, J, Leadership, New York: Harper & Row, 1978.

Fiedler, F, A Theory of Leadership Effectiveness, New York: McGraw-Hill, 1967.

Stogdill, R, "Personal Factors Associated with Leadership: A Survey of the Literature", Journal of Psychology 25, 1948.

Stogdill, R, Leadership, Columbus: The Ohio State Univ. Pr, 1977.

제11장 좋은 것과 나쁜 것

강정애 외, 『리더십론』, 서울: 시그마프레스, 2010.

고은강, 「아이히만 구하기. 아감벤의 '말없는 저항의 형식'에 대한 일고찰」, 『인문연구』 제85호, 영남대학교 인문과학연구소, 2012.

김종국, 「창조된 자유. 한스 요나스의 철학적 신학」, 『철학』 제99호, 한국철학회, 2009.

김학이, 「홀로코스트 학살자들의 양심」, 『독일연구』, 제16호, 한국독일사학회, 2008.

스티븐 내들러 지음, 김호경 옮김, 『스피노자와 근대의 탄생』, 파주: 글항아리, 2014.

버트런드 러셀 지음, 서상복 옮김, 『서양철학사』, 서울 : 을유문화사, 2009.

마리트 룰만 외 지음, 이한우 옮김, 『여성 철학자』, 파주: 푸른숲, 2005.

서유경, 「다문화 공생의 정치원리로서 아렌트주의」, 『한국시민윤리학회보』, Vol.21, No.1, 한국시민윤리학회, 2008.

한나 아렌트 지음, 김선욱 옮김, 『예루살렘의 아이히만』, 서울: 한길사, 2007.

한나 아렌트 지음, 이진우 옮김, 『전체주의의 기원 1』, 파주: 한길사, 2006.

한나 아렌트 지음, 홍원표 옮김, 『정신의 삶 1-사유』, 파주 : 푸른숲, 2004.

양창아, 「한나 아렌트의 행위 개념. 가면과 퍼포먼스의 은유를 중심으로」, 『코기토』, 제74호, 부산대학교 인문학연구소, 2013.

양해림, 「생태계의 위기와 책임윤리의 도전. 한스 요나스의 책임개념을 중심으로」, 『철학』 제85호, 한국철학회, 2000.

이상철, 「악의 평범성에 대한 보고서」, 『제3시대』 제7호, 제3시대그리스도교연구소, 2010.

이진우, 「한스 요나스의 생태학적 윤리학」, 『철학과 현실』 제11호, 철학문화연구소, 1991.

천도교중앙총부(편), 『천도교백년약사(상권)』, 서울: 미래문화사, 1981.

천도교중앙총부(편), 『天道敎經典』, 서울: 천도교중앙총부 출판부, 1997(3판).

천명주, 「한나 아렌트의 '사유하는 시민'과 도덕교육적 방법」, 『윤리교육연구』 제28호, 한국윤리교육학회, 2012.

홍원표, 「한나 아렌트 정치철학에서 선악의 문제」, 『정치사상연구』 Vol.11, No.2, 한국정치사상학회, 2005.

Arendt, Hannah, Der Liebesbegriff bei Augustin: Versuch einer philosophischen Interpretation, Philosophische Forschungen; Heft 9, Berlin: [s.n.], 1929.

Conger, J. & R. Kanungo, "Toward a behavioral Theory of Charismatic Leadership in Organizational Settings", Academy of Management review, Vol.12, New York: Academy of Management, 1987.

Hilberg, Raul, The Destruction of the European Jews, New Haven-Conn: Yale University Press, 2003.

Weber, M, Max Weber on Charisma and Institution Building(ed. by S. Eisenstadt), Chicago-London: Chicago Uni. Press, 1968.

제12장 동학의 행복

강대석, 「에피쿠로스의 철학과 윤리설에 관한 연구」, 『철학논총』 제3호, 1987.

권석만, 「심리학의 관점에서 본 욕망과 행복의 관계」, 『철학사상』 제36호, 2010.

김미영, 「에피쿠로스J.S. 밀에 있어서 쾌락과 행복」, 『철학연구』 제63호, 1997.

달라이 라마 · 하워드 커틀러 지음, 류시화 옮김, 『달라이 라마의 행복론』, 파주: 김영사, 2004.

버트란트 러셀 지음, 한철하 옮김,『서양철학사』, 서울: 대한교과서주식회사, 1982.

버트란트 러셀 지음, 이순희 옮김,『행복의 정복』, 서울: 사회평론, 2009.

송영진,「에피쿠로스의 원자론과 신의 문제」,『동서철학연구』제65호, 2012.

아리스토텔레스 지음, 천병희 옮김,『니코마코스 윤리학』, 고양: 도서출판 숲, 2013.

앤소니 롱 지음, 이경직 옮김,『헬레니즘 철학』, 서울: 서광사, 2000.

앨버트 엘리스 · 로버트 하퍼 지음, 이은희 옮김,『마음을 변화시키는 긍정의 심리학』, 서
　　울: 황금비늘, 2008.

이재혁 · KBS스페셜제작팀,『행복의 리더십』, 서울: RHK, 2012.

이진남,「에피쿠로스의 욕망과 쾌락: 인간 중심의 윤리」,『인문사회과학연구』Vol.13,
　　No.1 2012.

이창대,「에피쿠로스 감각론」,『철학연구회』제67호., 2004.

이창대,「에피쿠로스 학파 인식론에서 사유의 에피볼레와 비감각적인 것들」,『서양고전학
　　연구』제24호, 2005.

이창우,「행복, 욕구, 그리고 자아: 헬레니즘 철학의 이해」,『철학연구』제62호, 2003.

전헌상,「에피쿠로스와 죽음」,『철학논집』제33호, 2013.

천도교중앙총부(편),『천도교백년약사(상권)』, 서울: 미래문화사, 1981.

천도교중앙총부(편),『天道敎經典』, 서울: 천도교중앙총부 출판부, 1997(3판).

칼 막스 지음, 고병권 옮김,『데모크리토스와 에피쿠로스 자연철학의 차이』, 박사학위논
　　문, 서울: 그린비, 2001.

표영삼,「신사 최시형의 생애」,『동학연구』제7호, 2000.

표영삼,『동학 2. 해월의 고난 역정』, 파주: 통나무, 2005.

Epikur, Von der Überwindung der Furcht, München: dtv, 1991.

Greschat, H.-J, Die Religion der Buddhisten, UTB 1048, München-Basel: Ernst Reinhardt
　　Verlag, 1980.

Hossenfelder, M, Epikur, Beck'sche Reihe 520, München: Verlag C.H.BECK MÜNCHEN,
　　1991.

Weischedel, W, Über Philosophen, München: Deutscher Taschenbuch Verlag, 1975.

찾아보기

[ㄱ]

가장 무거운 중력 54
각자위심 189
감응 109
개벽 58, 83, 92, 99, 103, 185, 252
개벽 사상 95
개인 권리 250
개혁 95, 309, 310
계층 간 불평등 197
공경 308
공동체주의 124
관계성 123, 131
관조적인 삶 356
광제 67
광제창생 84
교조 신원 운동 247
구원자 177
권위에 대한 복종 344
권위형 리더 80
규격화 266
근대성 250, 251, 252
기능화 153
기도 281
기본적 정신 능력 118
기억 18
기운 덩어리 29
김용옥 131
김지하 70

[ㄴ]

나의 변화 287
낙관주의 279
낙타 175
내수도 280
「내수도문」 279, 280
내유신령 114, 115, 117, 120, 121
내적 체험 262
「내칙」 279
능동적 자연 150
니체 48, 49, 55, 63, 84, 171
니힐리즘 84, 86, 87, 90, 91, 100

[ㄷ]

다양성 128
다윈 155
다윈주의 172
달라이 라마 358, 359, 360
대인관계지향형 303, 304
대인 전략 272
데카당스 97, 185
『도원기서』 246
도적떼 242
독립적 사고 204
『동경대전』 169
『동래부계록』 232, 236
동료애 299
동학 27, 40, 70, 76, 77, 165, 191, 200, 310
동학 공동체 196, 207, 219
동학다운 혁명 249
동학사상 14, 41, 47, 322, 324, 327
동학운동 43
동학의 가치 329
동학의 인간상 217

동학의 행복 353
동학적 가치 판단 330
동학적 인간 218
동학적 인간상 220
동학적 인간학 140, 141
동학적 행복론 366
동학학회 132
동학 행복론 350
동학혁명 254
되어감 157
되어감의 세계 58, 87, 177
두려움 209
드랑(Drang) 147

[ㄹ]

레오나르디 151
로고스 356
로버트 켈리 197
리더 73, 188, 189, 190, 191, 192, 196, 197,
    198, 305, 307
리더십 264, 265, 267, 287, 288, 290, 291
리더십 상황이론 292
리더십 스타일 80, 300, 301, 304
리더십 특성이론 292
리더십 행동이론 292, 294
리더 정체성 291, 296
리더-팔로워 196, 197, 200

[ㅁ]

마음 360
마음의 수행 361
막스 셸러 16
만물 38
만물 간 평등 36

만물 생성의 과정 25
만물존중사상 38, 40, 43, 123, 160
만민 평등사상 84
명령문 334
모범형 팔로워 215, 216
모심 33, 34, 40, 41
무기체 19
물리적 힘 16
물질 16, 30
물화 117
민주적 82, 302
민주적 리더십 78
민주형 301
민주형 리더십 82
믿음 278, 279, 307, 308
밀그램 343

[ㅂ]

반생명적 폭력 254, 255
범신론적 세계관 150
범재신론 17
베버 78
변혁적 리더십 71, 296
변화 133, 267, 331
보국안민 68, 72, 164
보편성 127, 133
본능 18, 40
봉기군 233
불생불멸 50
불연기연 328, 329
불택선악 122
비실체성 145
비전 273, 298
비전을 제시 192, 218
비지속성 145

비판적 마인드 192, 218

[ㅅ]

사고실험 53, 54
사인여천 310
사자 175, 185
사회계약 252
사회의 영속성 188, 189
사회적 책임 192, 218
사회주의 사상 189
사회 참여 164
삶 18
삶의 성화 165
상상력 25
상생 67, 122, 123, 125, 129, 132, 133, 134,
    135, 161, 187, 192, 218, 332, 333,
    347, 348
상생의 리더십 218
상호 호혜적 파트너십 38
새로운 인간 168, 171, 178, 179
생명 사상 70
생물학적 우주관 146
생태 존재론 41
생태학 39
생활양식 310
선악 320, 321, 323, 324, 329
선천 · 후천개벽 59, 61
성 · 경 · 신 263, 264, 278, 279, 280, 281,
    282, 283
성숙함 178
성실한 사람 185
성화 162
세속화 102
셀리그먼 363
셀프리더 260

셀프리더십 69, 272
셀러 16, 17, 21, 23, 144, 147
셀러 인간학 21
셀러 존재론 21, 23
셀러 철학 151
소산적 자연 150
소외형 유형 220
소외형 팔로워 206, 207
소통 297
속성이원론 112
수동형 팔로워 212
수심정기 162, 264, 362
수양 269, 271, 287, 350
수양론 261, 262, 263, 264, 270, 272, 277,
    283, 284, 287, 288
수양 방법론 377
수양법 40, 279
수평적 관계 152, 197
수평적 인간관계 271
수행 103, 250
수행론 378
순응형 220
순응형 팔로워 208, 210
슈워즈 306
슈퍼리더 278
슈퍼리더십 271, 272
스마트 원칙 277
스톡딜 292
시(侍) 115, 262
시간 331, 332
시민운동 251
시민적 근대성 252, 253
시천주 92, 95, 103, 104, 143, 163, 166,
    187, 310
시천주 개벽 101
시천주 인간학 157, 159, 160, 162, 165

시천주자 91, 187
시천주적 세계관 43
신뢰 299
신의 무공 180, 181
신의 죽음 181
신인 170, 171, 178, 184, 186, 191
신인의 5가지 조건 186
신인적 인간학 193
『신인철학』 179, 181
신인합일 92, 94
신적인 정신 148
실무형 팔로워 210
실재 119
실천 강령 277
심고 280, 281
심리적 안녕 363, 364
심리학 362
「십무천」 335, 336

[ㅇ]

아렌트 339, 343
아리스토텔레스 25, 31, 354, 355
아이히만 338, 344, 345
아타락시아 366, 370, 371
악의 일상성 337, 340
「안심가」 82
양자의 존재론 42
양천주 250, 270, 296, 309, 310
어린이 175, 176, 185
에너지 16
에너지보존 63
에피쿠로스 367, 370, 371, 375, 378
에피쿠로스의 쾌락 370, 371
에피쿠로스 행복관 366, 371
엔텔레키 355, 356

역동성 65, 66
열 가지 금기사항 311
열정 299
영겁회귀 48, 49, 53, 54, 55
영부 92, 94, 98
영원성 64
영해 민중 봉기 226, 228, 247, 248
영해 봉기 223
『영해부적변문축』 236
영해의 민중 봉기 224
외유기화 116
『용담유사』 169
우·묵·눌 365, 376
우주 만물 33
우주의 주기 변화 61
운명애 100
원동자 32
위계 127
유기적 관계성 125
유기체 19
유생 242
육임직 311
윤대원 227
윤리 123
윤리적 리더 126
윤리적 리더십 107, 124, 125, 126, 127,
  128, 133
윤리적 명제 335
윤리적 퍼실리테이션 309
이기주의 88
이돈화 28, 154, 158, 170, 178, 182
이상사회 97
이성 31
이천식천 313, 365
이필제 222, 223, 234, 235, 236, 237, 239,
  246, 254

인간 39, 65, 66, 114, 140, 141, 149, 158, 376
인간 개벽 66
인간격 158, 182
인간격 중심 사상 182
인간격 중심주의 28
인간적인 정신 148
인간 존중 사상 160
인간중심주의 42, 182
인간중심주의 사상 156
인간학 20, 141, 142, 144, 162
인격주의 28
인격체 310
인내천의 자각 183
인도 102, 330
인시천 276, 310
인식 능력 153
일상 274, 348, 352, 372, 373, 374, 375
일상의 삶 275, 315
일상의 수행 250
일상의 재발견 274, 315
일상의 특별함 316
일상의 행복 352, 353, 372
일상이 곧 도 274
일상(적 가치)의 재발견 347
일상적 행복 377
일원론 94
일원적 원자론 367
일월의 덕 35
「임사실천십개조」 335, 336
임파워먼트 298, 299

[ㅈ]

자기 쇄신 69
자료의 현대화 131

자연관 317
장수복록 72
재창조 70
적극적 사고 204
전일적 퍼실리테이션 312
전일적 퍼실리테이터 314, 316
전주화약 253
〈정감록〉 239, 244
정서적 기쁨 364
정성 308
정신 21, 30, 142, 144, 147, 148, 150, 153, 157, 174
정신개벽 184, 188, 192
정신-삶 32
정신의 힘없음 143
정체성 69, 70, 207
정치가의 삶 356
조령 봉기 241
조직 전략 272
조직화 251
조화 41
존재 긍정 176, 177, 187, 332, 346
존재론적 58, 107
존재 세계 58, 87
존재의 무한성 23
존재자 36
주관적 안녕 363, 364
주문 92, 94, 98, 162
주술적 종교 59
주인의식 219
주체적 존재 192, 218
죽음 368
지기 14, 15, 26, 29, 107, 108, 109, 110, 111, 112, 113, 114, 115, 122, 369
지기 기반 리더십 106
지기의 존재론 30

지기일원론 29, 112
지기 존재론 14, 15, 26, 36, 125, 126, 127, 128
지상천국 97, 190
지성 18, 40
직향경성 243
진보 173
진정한 인간 21
진주 봉기 239
진화 172, 173, 174, 181, 182
진화론 158, 182
짐멜 53
집단지성 307

[ㅊ]

차별 128
차이의 권리 134
창의성 296
창조 176
창조설 339
창조자 177
창조적 적응력 189
창조적 존재 192, 218
천도 101, 102, 330
천도교 133
천심 즉 인심 185
천주 29, 59, 108, 110, 113
천지 만물 160
천지의 은혜 35
천지조화 281
철학적 인간학 152
초인 171, 172, 173, 174, 176, 177, 178, 184, 188
최동희 169, 185
최시형 40, 180, 200, 222, 223, 234, 244, 246, 254, 270, 271, 274, 276, 279, 284, 287, 288, 290, 291, 293, 294, 296, 301, 304, 307, 308, 309, 333, 350, 351, 372, 375, 378
최시형 퍼실리테이션 314, 315
최제우 46, 59, 72, 76, 79, 94, 98, 104, 168, 170, 200

[ㅋ]

카리스마 82
카리스마 리더 79
카리스마적 리더십 78
카리스마적 방법론 300
켈리 198, 218
코비 67
쾌락 371

[ㅌ]

통일성 266
특별함 324, 325, 328
특수성 127, 133
티베트 불교 358
팀 전략 272

[ㅍ]

파트너십 214, 215, 317
팔로워 196, 198, 199, 201, 202
팔로워십 202, 214, 215, 219
패러다임 266
패러다임 변화 266
퍼실리테이터 304, 305, 306, 307
퍼실리테이터 유형 306
퍼실리테이터형 리더 305

평등 37
평등의 권리 36
평등주의 82
평범함 328
포덕 67
포덕광제 72
포덕천하 84
표영삼 95, 228, 229, 301
플라톤 식 이원론 352
피드백 283
피들러 292
필제의 난 234

[ㅎ]

하늘님 131
학살 338
한나 아렌트 337
한울님 43, 131, 308
행복 352, 376, 377, 378
행복관 378
행복론 351
행복 프로세스 373
향락적인 삶 356
허무주의 86
현대화 작업 287
현실의 이익 68
현실 참여 163
현재성 65, 66
형이상학적 인간학 152
호혜성 67
후천개벽 46, 47, 48, 51, 57, 59, 60, 65, 72,
83, 91
후천개벽 사상 46
흥망길흉 331
흥망성쇠 181

힘에로의 의지 57

[기타]

Drang 14, 15, 16, 17, 18, 19, 20, 26
Drang 존재론 25, 32, 34
7조목 280
21세기 리더십 271

동학연구총서001

동학, 우리 삶의 방식

등록 1994.7.1 제1-1071
1쇄 발행 2024년 12월 24일

지은이 임상욱
펴낸이 박길수
편집장 소경희
편 집 조영준
관 리 위현정
펴낸곳 도서출판 모시는사람들
　　　　 03147 서울시 종로구 삼일대로 457(경운동 수운회관) 1306호
전 화 02-735-7173 / 팩스 02-730-7173
홈페이지 http://www.mosinsaram.com/

인 쇄 피오디북(031-955-8100)
배 본 문화유통북스(031-937-6100)

값은 뒤표지에 있습니다.
ISBN　　　　979-11-6629-214-9　94100
ISBN(세트)　979-11-6629-213-2　94100